Rainer Gruenter
Vom Elend
des Schönen

Studien
zur Literatur und Kunst

Herausgegeben
von
Heinke Wunderlich

Carl Hanser Verlag

ISBN 3-446-15290-3
Alle Rechte vorbehalten
© 1988 Carl Hanser Verlag München Wien
Satz: Dörlemann-Satz, Lemförde
Druck und Bindung: Ludwig Auer, Donauwörth
Printed in Germany

Inhalt

Vorwort

Die Auswahl der in diesem Band gesammelten Schriften ist eine Geburtstagsgabe der Mitarbeiter, die den Autor seit seinen Berliner Jahren auf seinem akademischen Wege begleitet haben. Michael Krüger hat sie angeregt, und wir danken ihm und dem Verlag für ihr großzügiges Entgegenkommen, das die Auswahl weder beschnitt noch änderte. Sie schließt alle Abhandlungen des Autors über mittelalterliche Literatur und die Narren-Literatur der Reformationszeit aus, die gesonderten Publikationen vorbehalten sind. Auch wurde abgesehen von einem Wiederabdruck des oft zitierten Aufsatzes über Ernst Jünger *(Formen des Dandysmus)*, der 1952 in der Zeitschrift *Euphorion* erschien.

Der zeitliche Rahmen der Auswahl umfaßt drei Jahrzehnte. Äußere Anlässe – Vortragseinladungen, Verlagswünsche, Festschriftbeiträge – bestimmten die Mehrzahl der Texte. Dennoch verbindet sie, wenn nicht alle, so doch einige, so unterschiedlich ihre Themen auch sein mögen, eine gemeinsame Fragestellung. Sie tritt im Essay über Oscar Wilde am deutlichsten zutage: die Misere der ästhetischen Existenz.

Die Texte dieser Auswahl werden unverändert abgedruckt. Satzfehler und andere Errata wurden korrigiert. Der Vortrag über ›Jugendstil‹ in der *Literatur* mußte auf die Bildbeigaben des Abdrucks im *Jahrbuch 1976* der Deutschen Akademie für Sprache und Dichtung Darmstadt verzichten.

Im Januar 1988
Heinke Wunderlich

Präambel

Wie, warum und zu welchem Ende
wurde ich Literaturhistoriker?
(1972)

Il ne disait jamais rien de vague
über Valéry

Der Unschuldsstand des Lesens ist gefährlich. Eine Pathologie des Lesens wüßte davon zu berichten. Von der Leselust zur Lesesucht, zum Laster ist es nur ein kleiner Schritt. Lesen als Lebensform – anders ist man kein ›Leser‹ – kann auch Lebensverfehlung bedeuten. Man kann am Leben vorbei lesen. Der verführte Leser ist nicht nur eine wohlbekannte komische und tragische Figur der Literaturgeschichte, sondern auch eine kaum bekannte, aber umso mehr verbreitete Krankheitserscheinung, von der sich selten ein Lebenslauf des professionellen Lesers, des Literarhistorikers, verschont zeigt. Wer jedoch das Lesen zum Beruf macht, wer das Lesen lernen will, muß sich vom Lesen verabschieden, muß es wie die Entrückungen einer Leidenschaft überleben, die nur das Ressentiment der Selbstrechtfertigung als Sensationen einer latenten Pubertät verdächtigt. Der Verlust der Unschuld des Lesens stürzt jeden Leser in eine Krise, deren Spuren keine gelernte Lektüre, keine philologische Vernunftehe mit den Zeugnissen des legalisierten Lesevergnügens völlig tilgen können. Das Paradies des unschuldigen Lesens bleibt dem, der auszog, das Lesen zu lernen, verschlossen.

Doch nicht nur Wehmut, die traditionelle Melancholie des Gelehrten ist von nun an ständige Begleiterin der gelernten Lektüre, sondern auch die nagende Skepsis: ist der gelernte Leser der bessere Leser? Mit sonderbarem Neid habe ich immer die Lektüre-Notizen von Leuten gelesen, die keine beruflichen Leser waren. Claudel über Rimbaud, Eliot über Vergil, Rilke über Jens Peter Jacobsen, Rudolf Borchardt über George – was wäre aus ihren Gedanken geworden, wenn sie sie als zünftige Leser hätten fassen und äußern müssen? Claudel als bestallter Romanist, Rilke als beamteter Germanist! Eine Vorstellung, die nicht nur erschreckt, sondern auch die Grenze zum Komischen überschreitet.

Wird die Ergiebigkeit, der Wert des Lesens nicht beeinträchtigt, wenn ich es professionell betreibe? Ist der bekannte Satz, daß gelehrte Beschäf-

11

tigung mit einem Text Verzicht auf sein Verständnis bedeute, doch wahrer, als er als ironische Bescheidenheitsformel des Gelehrtenhochmuts behaupten will? Man kann diesen Verdacht verstärken: was wäre aus Hofmannsthal, was aus Walter Benjamin als *Lesern* geworden, wenn ihre Bemühungen, Katheder-Leser, Literaturprofessoren zu werden, erfolgreich gewesen wären? Freilich kann man diese Frage auch anders stellen, und zwar von der Position des gelernten Lesers aus: was würde aus der Literaturwissenschaft, wenn solche Leser sie betrieben? Jetzt wird deutlich, worin sich der spontane und der gelernte Leser unterscheiden. Der unbefangene Zugriff, der »tiefe Blick«, das divinatorische Verständnis des Lesens sind Gaben des Kenners und Liebhabers von Literatur. Dieser Liebhaber hat ein merkwürdig entpflichtetes Verhältnis zu seiner Lektüre. Lektüre als Pflicht? Unmöglich für den Liebhaber, der sich den Geschichten seiner Lektüre nur in freier Wahl seiner Erwählten hingeben kann. Er fühlt sich nur dem Genuß verpflichtet. Ihn allein kann er in Geist umsetzen, der den »professorierenden« Leser beschämt.

Lektüre als Pflicht und Pflichtlektüre bestimmen den Werktag des gelernten Lesers. Er hat in der ersten Lesestunde gelernt, daß nicht *er* Interesse erwecken soll, wenn er sich mit einem Text beschäftigt, sondern der *Text*, mit dem er sich beschäftigt. So überläßt er dem Liebhaber den Sonntag der Literatur und die feierliche Predigt. Er entschließt sich zur Arbeit. Arbeit ist ein System der Pflicht, das die Musen fliehen, und mit ihnen flieht die Gunst jener unorganisierten Einsichten und Eingebungen, die den Liebhaber heimsuchen. Um mit der Metapher des Liebhabers weiter zu sprechen: der gelernte Leser gestattet sich kein erotisches Verhältnis zu seinen Texten, sondern, wenn überhaupt etwas, das eine solche Bezeichnung zuließe, dann nur im Ehestand der Philologie, der keine Abenteuer des Geistes, sondern nur die Freuden der Pflicht kennt.

Deutlicher noch als in den Vorzügen treten in den Nachteilen die Unterschiede hervor, die den Liebhaber und den Arbeiter der Lektüre trennen. Der Liebhaber ist oft ein Dilettant, der Arbeiter nicht weniger häufig ein Pedant. Beide Pejorationen sind unerträglich. Aber wer wird in der Qual der bangen Wahl leugnen wollen, daß die Literatur beim letzteren besser aufgehoben ist? Denn Pedanterie ist die Verkümmerungsform eines geistigen, ursprünglich geistlichen Prinzips, der Askese, deren Form die Pflicht, deren Stoff die Arbeit ist. Dilettantismus ist die Wucherungsform eines fleischlichen Prinzips, der luxuria, die mit allem und jedem buhlt und in der Liederlichkeit des Tuns und Trachtens alles, was sie anfaßt, betrügt, und nicht zuletzt sich selbst.

Die Geschichte der Literaturwissenschaft, die Gelehrtengeschichte ist, zeigt wie ein Lehrstück den gelernten Leser im Kampf gegen beide Prinzipien in ungezählten Wandlungen und Mischungen. Nicht nur die Psychomachie der Personen, sondern auch der Antagonismus der Schulen und Richtungen bettet Wissenschaftsgeschichte in Moralgeschichte ein, die ihre private mit ihrer öffentlichen Bedeutung eng verknüpft.

Die private Bedeutung des bellum intestinum gegen Pedanterie und Dilettantismus, das jeder, der das Lesen lernt, auszufechten hat, liegt darin, daß er begreift: Philologie ist nicht nur ein Beruf, eine sozial definierte und honorierte Tätigkeit, sondern vor allem eine Lebensform. Genau lesen, genau denken, genau schreiben ist nicht nur Maxime eines edlen Handwerks, sondern zählt auch zu den moralischen Entscheidungen, die den Bau der Persönlichkeit bestimmen. Sie gibt ihr das, was die Engländer am Manne schätzen: consistency.

Der stille Kult des Genauen, der unablässige geistig-moralische Appell der Präzision des Lesens und Schreibens waren die Motive der Anziehung, die die ersten Lernstunden philologischen Lesens auf einen ebenso ungeübten wie unwilligen Alleinleser, einen hochmütigen und leidenschaftlichen Kettenraucher des Leseverzehrs ausübten. Vom fünfzehnten bis fünfundzwanzigsten Lebensjahr war ich Leser, wenn ich nicht Spaziergänger war. Die riesigen Kahlstellen von Warte-, Transport- und Genesungszeiten im Kriege hatten die üppigste Lesewillkür begünstigt. Ich gewöhnte mich daran, die Literatur als unerschöpfliche Apotheke stimulierender Edelgifte in Gebrauch zu nehmen. Mein damaliger Zustand wäre als sehr belesene, wenn man will, gebildete Verwahrlosung zu beschreiben. Dem setzte auch ein Studium in dürftiger Zeit nur langsam ein Ende. Intelligenz, so behauptete ich, wird durch Befragung entwürdigt. Geist, so behauptete ich weiter, ist kein akademischer Prüfungsgegenstand. So zog ich das Gespräch mit Gelehrten dem Exercitium vor, und es ist gewiß nicht nur ein Spiel besonderer Gelegenheiten, wenn ich Lesen nicht von Lehrern, sondern von Büchern lernte, die – wiederum kein Zufall – nicht von Germanisten, sondern von Romanisten geschrieben waren: Leo Spitzers *Stilstudien*, Erich Auerbachs *Mimesis*, Ernst Robert Curtius' Mittelalter-Buch. Curtius' Polemik zeigte mir zum ersten Mal den Todfeind des philologischen Lesens: die breitmäulige Paraphrase des Textes, der im Schlamm einer rhapsodierenden Auslegung erstickt, die verblasene Hochstapelei, die die Wahrheit aus der Luft greift, die aus dem Boden gegraben werden muß. Freilich gab ich meinen Leserabsolutismus nicht auf. Ich lernte auf eigene Faust und Kosten lesen. Das ist die kostspieligste Art der Lehre. Nun, jeder bezahlt sein Lehrgeld aus eigener Tasche.

Ein Wort zur öffentlichen Bedeutung des Kampfes der Lesekunst gegen die Pedanterie und den Dilettantismus. Die Pedanterie ist schwer anzugreifen. Sie erzeugt täuschende Ähnlichkeit mit der Sorgfalt, die in der Andacht zum Unbedeutenden dem Gelehrten im Sanctuarium der Philologie die höheren Weihen verleiht. Wer keinen Geist hat und kein Schöngeist werden will, wird Pedant. Pedanterie ist das Alibi der Geistlosen, wenn sie anderes nicht vorzuweisen haben. Das reicht – nur Konsequenz und geistige Abstinenz sind vonnöten – zum Sitz in den Akademien. Die Pedanterie muß man frontal angreifen, das heißt, man muß ihr Können prüfen. Da stellt sich dann heraus, daß die Zelebritäten des philologischen Positivismus sich aller Fehler schuldig machten, die zugleich den Mythos ihrer Unfehlbarkeit schufen. Welcher Schwachsinn hat nicht oft im Namen der sakrosankten Konjektur mit einem platten Lesefehler Ruhm erworben? Das mag Narrheit sein; doch Narrheit neigt, mit Heinrich Heine zu sprechen, oft zur Schurkerei. Die Pedanterie verrät ihre moralische Verfassung in ihrer Grausamkeit. Ein Pedant straft ohne Gnade. Entdeckt er einen lapsus calami, so kann das tödlich sein. Gefährlicher als ein kluger Gedanke. Denn den begreift er nicht. Doch von Buchstaben versteht er etwas. Das ist sein Ruhm unter Philologen, die es freilich mit dem logos, dem Geiste, halten sollten. So hat die falsche Aussprache eines Konsonanten schon manche Karriere beendet. Oder schlimmer: sie erhält den Unglücklichen in wohlkonservierter Lächerlichkeit dem Gedächtnis einer neidischen Zunft. Der Pedant wird schon dafür sorgen. Der Neid – die Wonne der Humanisten! Wer hätte nie das füchsische Gesicht der invidia collegarum gesehen? Pedanterie bedeutet also nicht nur geistige Auszehrung, sondern auch sittliche Verrohung. Man hat heute vergessen, daß solche Pedanten jahrzehntelang nicht nur die Zunft tyrannisierten, sondern auch Einzelexistenzen vernichteten.

Der Pedant kann buchstabieren, aber nicht lesen. Der Dilettant kann beides nicht. Wie der Pedant unverschämt im Königsmantel des Humanisten, des großen Philologen auftritt, so beruft sich der Dilettant unverfroren auf den »lebendigen Geist«. Geschickt nutzt er den Spott der mächtigen Verächter widerkäuender Literaturprofessoren, von Friedrich Schlegel bis Rudolf Borchardt. Nicht minder pfiffig weiß er für sich die illustren Zwittergestalten der Zunft in Anspruch zu nehmen, die ihrer nicht froh werden konnte, wie diese der Zunft nie froh wurden, wie die Dichter-Professoren des George-Kreises. Falls er sie noch kennt. Auch Dilettanten haben Generationsprobleme. Wie Pedanterie das Alibi der Geistlosen, so ist »geistige Neugierde« das Alibi der Dilettanten, wenn ihre proteische Unzuverlässigkeit nach ihrem Namen und Wert gefragt wird. Die intellektuelle Ubiquität, der kommerzielle Sinn des Dilettanten sichern ihm in der Epoche der »Information« sich ständig vergrößernde Märkte für seine Wegwerfprodukte, und damit gewinnt er, indem er auf allen Hochzeiten tanzt, um auf keiner identifiziert zu werden, an Macht. Die Stunde ist günstig. Die Universitäten als Institutionen und Kontrollinstanzen zerfallen und ordnen sich über neuen Kraftfeldern völlig neu. Wenn diese Bereiche früher von Despoten der Pedanterie mehr oder minder regiert oder doch schikaniert, aber auch amüsiert wurden, so droht ihnen heute eine levée en masse der Dilettanten, die keineswegs toleranter und gewiß sehr viel weniger amüsant als die Pedanten der alten akademischen Intrigue sind.

Und was bedeutet das für das Metier der beiden? Der Pedant kannte sich in den Buchstaben aus, er beherrschte das Alphabet. Der Dilettant hingegen zeigt unverkennbare Züge eines ausgereiften Analphabeten. Seine Rebellion gegen das Alphabet ist älter als die Verse in Shakespeares *The Tempest* (I, 2):

> *You taught me language; and my profit on't*
> *Is, I know how to curse. The red plague rid you*
> *For learning me your language! –*

Wozu hat man lesen gelernt und zu welchem Ende? Das war und ist die Frage. Philologie als Lebensform ist, wie ich meinte gestehen zu sollen, Begründung genug. Genauer Umgang mit Worten, genauer Gebrauch von Wörtern, den man lesend, schreibend, sprechend zu beachten und beachtet zu sehen wünscht, ist mehr als Profession, ist Konfession. Als solche ist Philologie auch mehr als private Lebensform, sie ist, für uns gebrannte Kinder dieses Landes ungenauer Redner, öffentliche Widerstandsform.

Vorträge

›Jugendstil‹ in der Literatur
(1976)

Dort oder nirgends wird unser Athen sein!
Hermann Bahr an Ernst Ludwig,
Großherzog von Hessen und bei Rhein (1900).

*Kein Wissen um Edles, kein grosses Thun kann uns
mehr genügen, sondern nur ein volles Dasein im Guten
und Schönen selbst, dem jeder frohe Augenblick neue
Flügel ansetzen wird. Dies, im Stillen lang gehegt, aber
in die breite Welt verstreut, eilt nun auf Ihren Ruf,
Hoheit, beglückt herbei. Es ist Ihr Entschluß, dass in
Ihrem Hessen wahr werde, was an den anderen Orten
blos erträumt und gewünscht werden darf: Dort soll die
Kunst nicht mehr ein äusserer Schmuck und blosser
Tand der Menschen sein, sondern die innere Uhr ihres
ganzen Wesens. Jetzt brauchen wir mit unserer Hoff-
nung in keine Fernen mehr zu schweifen: Dort oder
nirgends wird unser Athen sein!*
Sankt Veit, September 1900.
Bildung. Essays von Hermann Bahr.

Wer konnte diese Anrede, diesen Anspruch sich gestatten? Diesen
rhetorischen Ornat eines öffentlichen Fürstenlobs? Ein zudringlicher
Schmeichler? Ein höfischer Lohnredner? Ein bestellter académicien?
Ein Eitler in der Pose des Präceptors? Ein rückwärtsgewandter Schwarm-
geist, der mit dem Worte Goethes den *fürstlichen Mann* beschwört, die
Ordnung einer neuen Bildung zu bestimmen, *nach welcher sich Tausende
richten?*

Nichts dergleichen. Hermann Bahr gestattete sich diese Anrede. Sie
beschließt die Zueignung einer Sammlung von Essays an den hessi-
schen Landesherrn. Hermann Bahr ist, im Jahre 1900, ein großer Herr
der Literatur. Zuweilen auch der geschickte Schauspieler eines großen
Herrn. Er kennt die Töne, die man anschlagen muß und auf die man
hört. So wirbt er nicht. Noch weniger schmeichelt er. Er stimmt zu. Er ist
der Wortführer und Kritiker der ›Moderne‹, ihr neugieriger und kundi-
ger Begleiter und Erklärer. Er ist mit allen Strömungen und Richtungen

vertraut. Er ist ihr Richter und Bewunderer, der die Bêtisen und tückischen Phrasen des machtgeschützten Philistertums nicht fürchtet. Er irrt oft, aber ebenso oft ist er der richtigen Einsicht der Anderen um »zehn Jahre« voraus.

Er hat nichts dagegen, seine Standpunkte mit seinen besseren Einsichten zu wechseln. Er überschätzt manches und er übersieht einiges, was Bestand haben wird. Er vergleicht das Unvergleichbare, er ermuntert das Belanglose. Seine Leichtentzündlichkeit, seine generöse Freundlichkeit spielen ihm auch unverzeihliche Streiche. Er kann ungerecht sein, wie gegen Robert Montesquiou, den *dandy* der Décadence, oder Oscar Wilde oder Herman Bang, aber seine Verzeichnungen und Übertreibungen sind häufig überzeugender als die herablassenden Nichtssagenheiten von Gegnern, die nicht Karl Kraus oder, später, Theodor Haecker heißen.

Eines ist unbestreitbar: er ist im Europa der Jahrhundertwende, jenem kostbaren Gebilde, z u h a u s e, das der Erste Weltkrieg für immer zerstörte.

Dieser Virtuose der *Freizügigkeit,* zu der er sich am Schluß seines Lebensberichts bekannte, setzte im Jahre 1900 mit den Besten der neuen Bewegung in Deutschland und Österreich, die den unerhörten Anspruch auf einen neuen *Stil* erhob, die Hoffnung auf einen *fürstlichen Mann,* daß unter seinem Schutz eine neue Ästhetische Erziehung des Menschen bedacht und vorbereitet werde, daß ein Schönwerden des gesamten modernen Lebens, eine neue *Cultur* in Deutschland gedeihe.

Bildung ist der Titel der literarischen Gabe an den *fürstlichen Mann,* die der Insel-Verlag *geschmückt von Vogeler–Worpswede* zu Weihnachten 1900 vorlegte. Im gleichen Jahre hatten Rudolf Alexander Schröder und Alfred Walther Heymel in München Heinrich Vogeler für die *bremische Gründung* der neuen Zeitschrift DIE INSEL gewonnen, der *Monatsschrift mit Buchschmuck und Illustrationen,* der Nachfolgerin des Berliner PAN, dessen Ansehen Otto Julius Bierbaum, einer der von den ›Geheimräten‹ des PAN denkwürdig entlassenen Redakteure, der neuen Zeitschrift einbrachte. Dem königlichen Mäzen des künftigen Darmstädter Athens stellt Hermann Bahr in einem besonderen Essay des zugeeigneten Buches die Münchner Zeitschrift der Dichter-Trias vor.

Die naturalistischen *Schreckschüsse auf das Publicum* sind verhallt. Der Tumult der ›Richtungen‹ verstummte. Noch 1890 sind alle Künstler *Agitatoren* gewesen, heute – 1900 – sind sie *Eremiten* geworden. Eine Epoche der Stille, der Selbstbesinnung, der bildenden Einsamkeit hat begonnen. Sie hat nichts gemein mit der lüsternen Klausur, dem kulti-

vierten Gefängnis, in dem die Nervösen und *Estheten* der Décadence das sinnliche Studium neuer Reize betreiben. In der Literatur, in der Malerei, herrscht wieder die Ordnung der getrennten Gattungen. *Ordnung ist jetzt die Parole der Zeit. [...] Der Sinn der Zeit ist ein anderer geworden; so muß er andere Mittel verlangen: Mittel eines ruhigen Verkehrs der Künstler untereinander und mit den Laien, damit der Maler das Nötige vom Dichter, der Dichter vom Maler erfahre, Einer dem Anderen suchen helfe oder von ihm finden lerne und Alle, durch leise Erinnerungen, der Vergangenheit eingedenk bleiben, von der wir nichts einbüßen wollen. Das will nun die neue Revue sein . . .: DIE INSEL.*
So stellt Bahr die Zeitschrift vor, so stellt er sie sich vor. Otto Julius Bierbaum, der *Herold der Ruhe*, läßt gewiß nicht an den Georgeschen *Freund der Fluren* denken, aber die Einleitung der von Melchior Lechter ›geschmückten‹ *Blätter für die Kunst*, die 1892 zu zirkulieren begannen, hat mit Bahrs INSEL-Prospekt etwas wenn nicht Vergleichbares so doch Gemeinsames: den Sinn für eine *neue fühlweise und mache.* Freilich nicht das Programm einer *kunst für die kunst*. Die neue Bewegung lehnt eine *Kunst für die Kunst* ab. Sie will keine neue Kunst, sondern ein neues Leben, ein Leben, das wie nie zuvor seine gesamten Veranstaltungen und Instrumentarien unter das Gesetz des Schönen stelle. DIE INSEL soll diesen Gedanken darstellen und verbreiten helfen. *Klarheit und Ruhe*, die das Leben und die Kunst bestimmen, sind Grundbegriffe des Klassischen, die durch den Gebrauch Baudelaires in dem vielzitierten Vers von *L'invitation au voyage* eine neue Dimension gewonnen haben. Der Pariser *Art Nouveau*, eines der vielen Familienmitglieder der neuen Bewegung, setzt ihn *unauffällig auf ein Möbel*. Doch nicht Eleganz, *luxe*, ist Sache der INSEL, sondern jedes Heft, so empfiehlt es Bahr einer erziehlichen deutschen Öffentlichkeit, erfreut durch den Ernst, die Würde, den guten Anstand seiner Absichten. *Auch eine schöne Sorge für das Papier, für die Wahl und Anordnung der Lettern, für einen angenehmen Wechsel von weiß und schwarz wird nicht versäumt.* Grundregeln des Ornamentalen werden im Druckbild erprobt und ausgereizt. Der Sinn für das Erlesene ist eine Qualität des Anstands, kein nervöses Organ für die Sensationen des *Ästheten*. Diesem wird Hofmannsthal entgegengestellt, den Bahr, der sich gegen ein *dümmstes* Mißverständnis des Dichters verwahrt, einen *Moralisten* nennt.
DIE INSEL ist keine Zeitschrift für geistige Schönlinge und morbide Eliten. *Wir haben noch kein Blatt in deutscher Sprache gehabt, das nach dem Geiste und nach der Form, so vornehm im höchsten Sinne gewesen wäre.*
Die Gründung der Darmstädter Künstler-Kolonie, ein junger Landesherr, der einen Künstler beruft, der inmitten einer gleichgestimmten

und -gesinnten Confrérie eine Schule des guten Geschmacks gründen soll, ein Publizist, der sich ihrer mit Leidenschaft annimmt, eine neue Kultur der Literatur, die sich, verschwistert mit den graphischen Künsten, in Zeitschriften wie PAN und INSEL eigene Organe ihrer neuen Kunstgesinnung schafft – das ist ein ideales Zusammentreffen des Zusammengehörigen, das schon im Jahre 1901 als *Ein Document deutscher Kunst* in Darmstadt festlich gefeiert werden und Epoche machen soll. Man lese den von Wilhelm Deims verfaßten Vorbericht und Hermann Bahrs Ankündigungen und Ermunterungen. Nichts Geringeres als die Vision einer Gesamterneuerung des Lebens – kein Wort ist in dieser Zeit so in aller Munde wie»Leben« – wird hier entfaltet.

›Jugendstil‹ und Mode

Darmstadt 1900 – diese besondere Szene der Jahrhundertwende, dieser kurzlebige Glücksfall einer Koinzidenz von Bestrebungen, die sich ebenso ergänzten, wie sie einander zu ihrer Verwirklichung bedurften, sollte uns hinführen zu einer geschichtlichen Szene, die seit geraumer Zeit eine Mode der öffentlichen Anteilnahme hervorgerufen hat. Die Zustände, die diese Anteilnahme immer wieder zu erregen und zu erhalten verstanden, tragen ebenfalls alle Anzeichen einer Mode – mit ihrem Initial-Elan, ihrer Ausbreitungsgeschwindigkeit, mit der Übertragungsflexibilität ihrer Qualitäten auf alle Dinge und Ideen, die sie berührt, bis ihr unumschränkter Erfolg sie als Mode verbrauchen wird. Aber erschöpft sie sich im Geschick einer Mode? Lübkes *Grundriß der Kunstgeschichte*, der den Bücherschrank des Bürgertums vor dem Ersten Weltkrieg zierte, ein gelehrtes Handbuch, das bis 1913 fünfzehn Auflagen aufweisen konnte und vom Berliner *Volkserzieher* als *erste Bibel der Kunst* gepriesen wurde, nimmt in einem Beitrag des Greifswalder Kunstgeschichtsprofessors Friedrich Haack mit großer Verve für diese Mode Partei. Der *Lübke* stand auch im Bücherschrank meines Vaters, im verglasten Mittelteil, dem die Prunkstücke der Sammlung vorbehalten waren. Die ›neue Bewegung‹ schildert der Kathederhistoriker mit Worten einer Frohen Botschaft. Der Macht der Mode unterwirft er sich beglückt. *Die neue Bewegung aber sucht das gesamte moderne Leben, auch das Leben des einfachen Mannes aus dem Volke zu durchdringen.* Sie nimmt sich des Bahnwärterhäuschens ebenso an wie des monumentalen Kaufhauses. Die Darmstädter Ausstellung von 1908 zeigt ein *Arbeiterdorf* im neuen Stil. *Die neue Bewegung breitet sich auf alle Gebiete aus.* Nichts entgeht ihr, weder das Postautomobil, noch die *wundervollen Eisenbahnwagen des Luxuszuges. Geradezu reformatorisch hat die Moderne auf Anlage der Schaufenster und Ausstattung der Läden gewirkt.* Die Schaufenster der großen Geschäftsstraßen in den Metropolen der Jahrhundertwende: welch ein Thema! Der Professor scheut sich nicht, in seinem gelehrten Handbuch-Beitrag von den Errungenschaften der Schaufensterdekoration zu schwärmen, von dem Verzicht auf protzigen Effekt, vom Eigenleben einfacher und nobler Hölzer und Metalle, von der Kunst des farbharmonischen Auslagenarrangements – *wenige, aber auserlesene Stücke.* Renommierte Maler, Architekten, ein Mann wie van de Velde, sind sich nicht zu schade, sich an dieser ganz neuen *Kunst in der Straße* zu beteiligen. *Vorbildlich in dieser Hinsicht ist das Pelzwarengeschäft von Revillon an der Rue de Rivoli in Paris.*

Gelehrte, die dergleichen notieren, bringen uns dem Geist der Zeiten näher als ihre Kollegen, die in der akademischen Hierarchie würdiger Behandlungsgegenstände keine Stilgeschichte des Schaufensters dulden können. Die Geschichte der Dinge kann uns mehr erzählen und belehren als eine »Geistesgeschichte«, die übersieht, daß die Wahrheit nicht aus der Luft gegriffen, sondern aus dem Boden gegraben wird. Über die neue Bewegung, die ›Moderne‹ der Jahrhundertwende als Mode, kann uns eine Brosche oder ein Ring von Lalique oder auch eine 1910 gekaufte Silbergarnitur mit floralen Ornamenten, die auf dem Frisiertisch der Mutter dem Verzehr der Zeit entkommen ist, mehr sagen und unmittelbarer als das Gedicht *Auf dem vergoldeten Blumenschiff* von Arno Holz oder Bierbaums Chanson *Josephine.* Der Expansionsvehemenz einer Mode erliegen die Dinge rascher und gefügiger als die Sprache.

Man hört und liest immer wieder, daß der ›Jugendstil‹ eine Mode gewesen sei. Wir müssen diese Behauptung überprüfen, wenn wir uns ihrer Trivialität nicht anschließen wollen. Ein Exkurs sei daher gestattet. Die Macht der Mode liegt in ihrem Alleingeltungsanspruch, der nicht ruht, bis auch das alltäglichste Detail sich ihm unterworfen hat. Mode ist erst Macht, wenn sie den Alltag einer Zeit, wenn diese auch nur die Spanne einer Saison hat, in allen seinen Gegenständen und Vorgängen beherrscht. Der Preis dieser Herrschaft über den Alltag ist ihr Alltäglichwerden, das zugleich ihr Altwerden verrät. Das Neue, sobald es allgemein wird, ist das Alte. Die Paradoxie einer Mode besteht darin, daß ihr Alleingeltungsanspruch, sobald sie ihn durchgesetzt hat, sobald sie M o d e geworden ist, sie ihres Lebensnervs, ihres individuellen Reizes beraubt. Denn dieser Reiz ist ihre besondere Neuheit, den sie so lange ausübt, wie sie ihre sozialen Funktionen, die Privilegien des Anders-sein-als-Andere, garantieren kann. Diese Konfliktstruktur von Macht, die ihre eigene Ohnmacht bewerkstelligt, enthüllt die geheime Dynamik der Mode, die immer der Komplize ihrer Nachfolgerin ist. Das Neue ist an das Gesetz der zeitlichen Kürze gebunden. Nicht alles, was kurz währt, ist neu; aber alles, was neu ist, währt kurz. Diese unauflösliche Affinität von Neuheit und Kürze hat die Eigenschaften eines Vergnügungsartikels, den wir alle kennen: die Kürze einer Entladung, die Überraschung, zuweilen mit dem Effekt des Chocs, die souveräne Unnützlichkeit seines Aufwands, die Wertlosigkeit seiner Materialien, wenn sein Auftritt vorbei ist. Oscar Wilde, ein großer Kenner der Mode, ein Virtuose des Modischen, hat ein Selbstbildnis als Gleichnisbeschreibung dieses Vergnügungsartikels gezeichnet: *The Remarkable Rockett.*

Ich nehme den Begriff der Mode durchaus so ernst, wie ihn der Soziologe René König genommen hat. Mode ist ein gesellschaftliches Regelungssystem, *das alle Lebensäußerungen umfaßt.* Nur als solches verdienen geschichtliche Erscheinungen wie die ›neue Bewegung‹ der Jahrhundertwende die Bezeichnung Mode. Die pejorative Verwendung des Wortes Mode sollten wir uns verbieten. Sie verwischt sogar den Gegensatz von »modisch« und »altmodisch« im Medium der Spottsprache. Beide Wörter disqualifizieren denjenigen, auf den sie angewendet werden. Wenn ich sage:»Das Wort démodé zählt zum verbalen Chic der intellektuellen Snobs, die à la mode sind«, so wird die Abwertungsfunktion von »altmodisch« und »modisch« deutlich. Gewiß gibt es outrierte Formen und Verhaltensweisen, Posen der Mode, die sie kompromittieren. Das ist sogar die Regel. Die Gründe müssen in der Sache selbst, der Mode, liegen. Aber wir sollten den unzulänglichen Umgang mit der Mode, den Opportunismus ihrer Verbraucher, nicht mit der Mode selbst, auch wenn sie ihn begünstigt, verwechseln. Dann werden wir auch das besondere Verhältnis von Mode und Stil unvoreingenommen betrachten können.

Auf diese Betrachtung konnten wir nicht verzichten, wenn wir den Stellenwert des ›Jugendstils‹ in der Mode der ›Moderne‹ ermitteln wollen. Die Dialektik von Mode und Stil hat den Kunst- und Literaturhistoriker bisher wenig beschäftigt. Seine methodische Ausstattung reicht freilich nicht aus zur Klärung oder gar Lösung dieses Problems. Man hat die Mode ein *soziales Totalphänomen* genannt, dessen Ergründung die unterschiedlichsten Wissenschaften zusammenführen muß, von der Verhaltensforschung bis zu den Wirtschaftswissenschaften. Zu viele und zu verschiedene Faktoren bestimmen das besondere Spannungsverhältnis von Stil und Mode, in dem beide auf den ersten Blick wechselseitig als Ursache und Folge auftreten zu können scheinen. Aber näherer Prüfung hält dieser Anschein nicht stand. Gewiß ist die Totalität homomorph stilisierter Gebilde, sei dies ein Gedicht, ein Möbelstück, ein Kleid, die Fassade eines öffentlichen Nutzbaus, ein Fest, als Mode anzusprechen. Aber wenn wir sagen, daß der ›Jugendstil‹ eine Mode der Jahrhundertwende gewesen sei, so ist das falsch. Stil kann Mode machen, Mode aber nicht Stil. Mode kann einen Stil jedoch propagieren, kann ihn popularisieren und in einer Epoche unbegrenzter Vervielfältigungsmöglichkeiten und Billigprodukte auch vulgarisieren. Das ist der Preis, den ein Stil, der Mode macht, zahlen muß. Auch der Jugendstil hat ihn zahlen müssen.

›Jugendstil‹

Ein Eisenbau, der zu gar nichts dient: und Eisen ist bloß zweckentsprechend! Doch so ein Vorgefühl von Kommendem, von Raumberaubern, die der Verstand noch nicht erbringen konnte, hat diesen aufgeschoßnen Überjüngling vor Paris gestellt.
Theodor Däubler über den Eiffelturm.

L'Allemagne exprime la rêverie par la ligne.
Baudelaire *Fusées*.

Wer von ›Jugendstil‹ spricht, spricht von der Geschichte der Kontroversen, die er veranlaßt hat. Diese Geschichte ist nicht abgeschlossen. Das zeugt von einer bemerkenswerten Vitalität ihres Gegenstandes, die freilich allein den geistigen Aufwand, den man ihm gewidmet hat, nicht rechtfertigen kann. Eine Sache kann dem einen ein Ärgernis, dem anderen eine Erlösungsbotschaft sein, ohne daß sich beide über den Begriff streiten, der die Sache definiert. Über Buddhismus kann man streiten, aber nicht bestreiten, daß er eine Religion sei. Über ›Jugendstil‹ hat man gestritten und streitet man, ohne sich über den Begriff einigen zu können, der allein sicherstellt, daß man über die gleiche Sache spricht.

Das Dilemma ist die Sache selbst. Daher gestattet sie nur dilemmatische Aussagen. Es gibt also nicht nur einen Streit über die Sache, sondern auch einen Streit über die Begriffe. So lassen wir vorerst die Frage unbeantwortet, ob Wort und Begriff ›Jugendstil‹ sachlich und sprachlich geeignet seien, seinen Wirkungsbereich zutreffend zu bezeichnen. Als Orientierungsmarke, welche die ›Jugendstil‹-Forschung mit unterschiedlichen Vorbehalten verwendet, lassen wir das Wort gelten, bis wir es entweder bestätigen oder durch ein angemesseneres ersetzen können.

25

Um es gleich zu sagen: es kann nicht meine Absicht sein, die Geschichte der ›Jugendstil‹-Kontroverse zu berichten und kritisch zu erläutern. Wir müssen jedoch die Kompetenz der Begriffe festlegen, die wir in unserer Erörterung des ›Jugendstils‹ benutzen, und uns einigen über seine zeitlichen und lokalen Grenzen, deren Beachtung unsere definitorischen Anstrengungen womöglich erleichtert.

Schon ein erster Versuch einer solchen Grenzbestimmung läßt erkennen, daß der ›Jugendstil‹ nur die Variante einer geschichtlichen Bewegung ist, der andere temporale und räumliche Grenzen gesetzt sind als dieser Bewegung selbst. Sie möchte der Pole Mieczyslaw Wallis in seinem Buch *Secesja* – dessen deutscher Titel wiederum *Jugendstil* heißt – *modernism* nennen. Sein Argument: es gebe freilich Analogien zwischen Beardsley und Wilde, zwischen Gallé und Verlaine oder Debussy, zwischen Munch und Przybyszewski, aber man könne schwerlich von ›Jugendstil‹-Dichtung oder -Musik sprechen. Der Terminus »Modernismus« sei dagegen für alle Künste der Jahrhundertwende zu gebrauchen.

Aber hilft uns dieser diffuse Oberbegriff weiter?

In einem Punkte ja. Der ›Jugendstil‹ ist T e i l h a b e r an einer Bewegung, die mit den Unterschieden des Orts, der Herkünfte und zeitlichen Dauer Europa das Gepräge einer gemeinsamen Kunst-Epoche gab. Sie ist spezifisch europäisch. Das unterscheidet ihn vom Naturalismus und Expressionismus, die enger lokalisiert und thematisiert sind. Der ›Jugendstil‹ ist auch als »nationale Variante« des europäischen »Modernismus« nicht der Alleinbesitzer seines Stils. Teilhaben bedeutet eine gemeinsame Sprache, die durch verschiedene Dialekte nicht beeinträchtigt wird. Sie ermöglicht jenes System der Vergleichbarkeit, in dem der ›Jugendstil‹ strukturell auf alle Erscheinungen bezogen ist, die der Betrachter der Jahrhundertwende, obschon sie ein mixtum compositum unterschiedlicher Fühl- und Ausdrucksweisen ist, als stilistische Einheit empfindet. Diese Einheit, das System ihrer komparablen Teile, gestattet nicht nur, stilistische Gemeinsamkeiten und Besonderheiten der bildenden Künste und der Literatur zu ermitteln, sondern auch die Gemeinsamkeit der durch das Epochengepräge stilisierten oder doch motivierten Lebensäußerungen in seine Betrachtungen einzubeziehen.

Doch ist immer zu berücksichtigen, was man bereits empfahl, als der für ein kunstgewerbliches Ornament in den neunziger Jahren geprägte Name ›Jugendstil‹ einer Stilepoche der europäischen Malerei zugesprochen wurde: daß ›Jugendstil‹ nur ein Element unter anderen Bestandteilen von Mischungsprodukten ist, das sich immer anders verbinden und daher auch andere Wirkungen hervorrufen kann. Das Ingrediens ›Jugendstil‹ wird andere Farben und Formen hervorrufen in naturalistischen, andere in neuromantischen Texten. ›Jugendstil‹ ist gleichsam ein Ferment, das ein bestimmtes formales Prinzip, das Prinzip des Dekorativen, der ornamentalen Vereinfachung, in den Zusammensetzungen und Verschmelzungen mit anderen Bild- oder Textbestandteilen zum Ausdruck bringt.

Was bedeuten nun die Feststellungen, die wir bisher getroffen haben, für den engeren Bereich der Literatur?

Ich meine, daß sie unsere Bemühungen methodisch absichern, wenn wir nicht nur auf den sehr unterschiedlichen literarischen Ebenen der »nationalen Variante« des deutschen ›Jugendstils‹, sondern auch in der französischen und belgischen »époque symboliste«, bei Marcel Proust, in Italien bei D'Annunzio, in Irland und England bei William Butler Yeats und Oscar Wilde Elemente des ›Jugendstils‹ ermitteln wollen. Die deutsche Variante versammelt so unvergleichliche Teilhaber wie Stefan George und Cäsar Flaischlen, wie Dehmel, Rilke, Hofmannsthal und Otto Julius Bierbaum und den Worpsweder Lyriker-Zeichner Heinrich Vogeler, das Frühwerk von Thomas und Heinrich Mann und Agnes Günthers Volksliebling *Die Heilige und ihr Narr*, und so unterschiedliche literarische Gattungen wie die dramatischen *Moralitäten* des jungen Hofmannsthal und das Zeitungsfeuilleton Wiens und Berlins, von der sogenannten »Gebrauchs-Poesie« des Kabaretts, des Varietés, der kommerziellen Werbung zu schweigen!

›Decoration‹

My story is an essay about decorative art.
Oscar Wilde über *The Picture of Dorian Gray.*

Demeurons simplement, ici, des ornemanistes.
La Décoration! tout est dans ce mot.
Mallarmé unter dem Pseudonym
Marguerite de Ponty in seiner Zeitschrift
La Dernière Mode (1. 8. 1874) über *Bijoux.*

Wenn wir nun einige Texte betrachten und vergleichen, so müssen wir zwei Befunde unterscheiden. Die in diesen Texten beschriebenen Gegenstände und Situationen – der Personen, der Schauplätze, der Stimmungen, Gefühle, Gespräche – lassen sich ohne besondere methodische Kautelen registrieren. Wir können ihnen Stilqualitäten zusprechen.

Den anderen Befund liefern die formalen Spezialitäten der Beschreibung, ihrer Sprache und ihrer kompositionellen Ordnung. Man hat zutreffend bemerkt, daß ein Text Motive des ›Jugendstils‹ enthalten könne, ohne daß sprachliche oder kompositionelle Strukturelemente des ›Jugendstils‹ erkennbar sein müßten. Wenn der Schriftsteller Spinell in Thomas Manns *Tristan* Gabriele Klöterjahn in einen alten Garten mit Springbrunnen und lilafarbenen Lilien hineinträumt, den ein Kreis von singenden Jungfrauen im Schein der sinkenden Sonne umgibt, so enthält die Beschreibung zwar alle Requisiten und seelischen Einstimmungen eines ›Jugendstil‹-Motivs, aber das muß nicht zugleich bedeuten, daß die sprachliche Struktur der Beschreibung durch Elemente des ›Jugendstils‹ bestimmt ist.

Ich schlage daher ein Verfahren vor, das beide Befunde getrennt behandelt. Das ›Jugendstil‹-Motiv der jungen Frau oder des Mädchens ist bekannt genug, mir zu gestatten, uns den zeitraubenden Gang durch die Bildnisgalerie der »Seelchen« und der Sünderinnen, der Nixen und der Engel, der berückenden Mischwesen, der Undinen, der Kindfrauen und Sphinxfrauen, der Unnahbaren, der Unergründlichen, der Unverstandenen, der Koketten und der Erlösungsschönheiten einer ›edlen Lüge‹ zu ersparen. Ich möchte nur zwei Beispiele anführen, die nicht – und das ist aufschlußreich – der fiktiven Literatur angehören. Richard Dehmel beschreibt in einem Brief von 1899 einen Traum, in dem ihm eine Krankenschwester von *sonderbarer Schönheit* begegnet: *ein Gesicht wie von Khnoopff* [sic!], *so üppig als regelmäßig, doch ohne eine Spur seiner Kränklichkeit, ganz blühend trotz seiner theerosenbleichen Hautfarbe, mit großen Rehaugen und glattem kastanienbraunen Haar, und in der schneeweißen Schwesterntracht sah sie so fröhlich und feierlich aus wie ein Einsegnungskind.*

Bevor ich diese Briefstelle erörtere, möchte ich ihr eine Stelle aus einem anderen Brief, einem Brief Oscar Wildes aus dem Jahre 1883 an die *Venus Victrix of our age,* die Schauspielerin Lily Langtry, voranstellen: *I am going to be married to a beautiful girl called Constance Lloyd, a grave, slight, violet-eyed little Artemis, with great coils of heavy brown hair which make her flower-like head droop like a blossom, and wonderful ivory hands which draw music from the piano so sweet that the birds stop singing to listen to her.*

Einen Monat später, in einem Brief an den Bildhauer Waldo Story, variiert Wilde das Portrait seiner Braut in einigen Nuancen (22. 1. 84): *Her name is Constance and she is quite young, very grave, and mystical, with wonderful eyes, and dark brown coils of hair.*

Dehmel in seiner Beschreibung einer weiblichen Traumerscheinung bezieht sich auf die Frauenköpfe des belgischen Malers Fernand Khnopff.

Khnopff hat immer wieder seine Schwester, *son modèle familier*, gemalt und gezeichnet. *Le silence* (1890) ist ihr mystifiziertes Portrait, unverkennbar auch *L'isolement* (1894). Beide Bilder wurden in Ausstellungen in Deutschland gezeigt. Khnopff bewunderte Gustave Moreau und die Präraffaeliten. Er war mit Dichtern des belgischen Symbolismus befreundet, und sein Einfluß auf Gustav Klimt ist unbestritten. Dehmel erscheint nun dieses Khnopffsche Traum-Gesicht *theerosenbleich* mit *großen Rehaugen* entrückter Sanftmut und Stille. *Kastanienbraun* ist die bevorzugte Haarfarbe der ›Jugendstil‹-Frauen. Der Kontrast von *braun* und *bleich* ist ein farbliches Faszinosum von starkem sinnlichen Reiz. Er wird freilich streng gemildert durch die *schneeweiße Schwesterntracht*, und nichts ist falschen Wünschen so entzogen wie die fröhliche Feierlichkeit eines *Einsegnungskindes*. – Oscar Wildes Briefportrait seiner Braut Constance ist zwar nicht wörtlich auf eine Bildnisvorlage bezogen, aber ohne Zweifel präraffelitischen Frauengestalten nachgezeichnet. Die wundervollen Elfenbeinhände der Braut (*the wonderful ivory hands*), ihr blumengleiches Köpfchen (*the flower-like head*), das sich wie eine Blüte neigt, ihr Musizieren, das die Vögel zum Schweigen bringt, die schweren Flechten dichten braunen Haars (*great coils of heavy brown hair*), sind in Literatur umgesetzte optische Erinnerungen an Dante Gabriel Rossettis *La Ghirlandata* (die 1883 in der Londoner Royal Academy ausgestellt wurde). Der Oxforder Gräcist ist sich freilich den Vergleich mit der griechischen Göttin der Jagd schuldig, der Schützerin der Jungfräulichkeit. Dehmels *Einsegnungskind* und Wildes *Artemis*, wie verschieden auch immer, bezeichnen Distanz-Gebote an den männlichen Appetit.

Dehmels Traumbericht und Wildes Brief über Constance gestatten beide den Nachweis, daß die Eindrücke, die sie durch bestimmte Bilder empfangen haben, nicht nur ihre Darstellungsweise, die Auswahl der Details (Haar, Augen, Hautfarbe, Hände) und der Wörter und Vergleiche (teerosenbleich, blumengleich) regeln, das heißt, stilisieren, sondern auch ihre Sehweise gleichsam prästabilisieren. Oscar Wilde konnte solche durch Kunsteindrücke präformierten Sehweisen wechselnden Objekten und Adressaten seiner Darstellung anpassen. Eine Dame der Gesellschaft oder eine Künstlerin, die *already civilised the Marquis of Lorne*, sieht und beschreibt er in der malerischen Manier dessen, an den er schreibt: James McNeill Whistler.

Of course the Salon is a success [...] *The little pink lady* [Lady Meux]. *I remember so well, tell me about them. And the Moon-Lady, the Grey Lady, the beautiful wraith with her beryl eyes, our Lady Archie* [Lady Archibald Campbell], *how is she?*

Die Künstlerin, die *bereits den Marquis von Lorne zivilisiert hat*, ist, wie Wilde schreibt, weniger *hingerissen* von den Bildern Whistlers als vielmehr von *meinen Beschreibungen der Bilder, die ebenso gut, ja oft noch besser sind*. Diese provozierende Übertreibung erlaubt den Einblick in ein Verfahren, das uns noch beschäftigen wird: der Betrachter eines Kunstwerks, der ein Künstler ist, *the critic as artist*, kann durch Beschreibung nicht nur das Kunstwerk ersetzen, förmlich überflüssig machen, sondern auch dem Kunst-Zitat als Substitut der Wirklichkeit vor dieser selbst den Vorzug geben.

Genau dieses geschieht in den beiden Frauenschilderungen, die ich zur Verdeutlichung ihres Verfahrens auswählte. Ein Kunst-Zitat, *ein Gesicht wie von Khnoopff*, ersetzt bei Dehmel die Beschreibung, *so üppig als regelmäßig*, auch da noch, wo sie abweicht von der präformierten Vorstellung (*ohne Spur seiner Kränklichkeit*). Alle dieser Vorstellung zugeordneten Farb-, Form- und Inhaltsattribute unterstützen das Kunst-Zitat, und die wesentliche Funktion dieser Unterstützung ist eine Erlesenheitssuggestion, für die uns ein angemessener Begriff der angewandten Künste, des Kunstgewerbes, zustatten kommt: das D e k o r a t i v e. Auf die Brautbeschreibung Oscar Wildes treffen unsere Feststellungen in gleichem Maße zu. Die Braut wird als ›Bild‹ beschrieben, das aus Kunst-Zitaten zusammengesetzt wird (blumengleiches Köpfchen, Elfenbeinhände), die ihm die Erlesenheitssuggestion des Dekorativen verleihen. Die gleichen Kunst-Zitate begegnen uns in Wildes Gedicht *In the Gold Room* mit dem obligaten Untertitel *A Harmony*, das beginnt: *The ivory hands on the ivory kees*. Über D'Annunzios Gedicht schreibt Hermann Bahr [*Premièren*, S. 118]: [. . .] *die Verse D'Annunzios haben einen Reiz, den wir uns kaum erklären können, und doch eine Kälte, die wir wieder nicht begreifen können. Beides aus demselben Grunde: einem ganz merkwürdigen Verhältnis zur alten Kunst. Für diesen Dichter ist die alte Kunst das, was für andere die Natur ist. In einer doppelten Weise. Erstens, indem er alle Mittel aus der alten Kunst holt, die man sonst aus der Natur nimmt. Ein anderer will uns in eine Stimmung bringen und braucht dazu einen Baum oder eine Wiese, den Frühling oder den Winter, kurz eine Erinnerung an etwas, das wir erlebt haben. D'Annunzio thut dasselbe, indem er ein Diadem nimmt, das irgend eine Königin getragen, oder ein Schloß oder eine Statue, ein altes Bild. Und zweitens, indem er das Gefühl, das das Thema eines Gedichtes sein soll, auch nicht aus seinem Leben, sondern wieder aus der alten Kunst zu nehmen scheint.* Verse, die ihre Metaphern durch erlesene Antiquitäten- und Kleinodien-Zitate bilden, sind ›Dekorations‹-Poesie; deren Herkunft und Verbreitung, deren unterschiedliche Stilebenen noch der Beschreibung harren.

Wir müssen uns versagen, der Frage nachzugehen, was es bedeutet, wenn der Dichter im Umgang mit seinen inneren und äußeren Realitäten in sprachlichen Dekorationszwang gerät – wann, wo und durch was veranlaßt die Symptome dieses Zwangs sich zeigen. Wir erläutern, um gröbsten Mißverständnissen vorzubeugen, mit gebotener Kürze das Stilprinzip des ›Dekorativen‹, das man bereits sehr früh in der Literatur des ›Jugendstils‹ und mit unterschiedlichen Bewertungen in der Literatur über den ›Jugendstil‹ festgestellt hat.

Schon im Jahre 1902 konnte man lesen: *Der dekorative Fall in der Lyrik unserer Tage ist Stefan George.* Man brachte ihn mit Bierbaum in engsten Zusammenhang. George freilich setzte sich ab vom *decorations-unfug.*

Bei Maeterlinck wollte man *Dekoratives und Ornamentales* finden. In einem Brief an den Herausgeber des *Daily Chronicle* schreibt Oscar Wilde am 30. Juni 1900 über *The Picture of Dorian Gray: Meine Erzählung ist ein Essay über Dekorationskunst (My story is an essay about decorative art). Sie wendet sich gegen die häßliche Brutalität des nackten Realismus (the crude brutality of plain realism).*

Wir sehen, die Bewertung des »Dekorativen« schwankt, doch über Herkunft und Einfluß ist man sich einig. Das »Dekorative« ist ein Begriff des Kunstgewerbes, das, wie Kurt Breysig im Jahre 1900 in einem Aufsatz *Der Lyriker unserer Tage* schreibt, *vor unserem Auge in herrlich starkem Wachstum emporschießt.* Breysig spricht in diesem Zusammenhang auch von *stilisierender Lyrik,* erkennt und begrüßt die neue Beziehung von *Dekoration* und Dichtung. Die neuen großen Kunst-Zeitschriften widmen sich dieser Beziehung. Die Schönheit des Textes wird Programm. Der einzelne Buchstabe soll graphischer Ausdruck des neuen Formgefühls sein. Das Druckbild des Wortes soll nicht nur gedanklichen Sinn, sondern sinnlichen Genuß vermitteln. Der Text wird nicht nur von Zierleisten umrahmt, mit Vignetten und Initial-Miniaturen geschmückt, sondern Text und graphische Dekoration, die Maler und Zeichner von Rang entwerfen, werden aufeinander abgestimmt. Diese Zier-Graphik kann wechseln zwischen abstraktem Ornament und gegenständlicher Illustration, die freilich ihre Objekte ›stilisiert‹. Dieser enge Bezug von graphischem ›Schmuck‹ und Text verleiht diesem die dekorativen Reize, die er durch abgestimmte Wortwahl steigert. So wurden die Texte selbst ein integrierender Bestandteil des ›Schmucks‹. Die neuentdeckte Schmuck-Funktion der Wörter brachte Hermann Bahr auf den Gedanken, das Bild einer phantastischen Straßen-Kunst zu entwerfen, die anstelle von Plakaten Wörter, Verse, Sinnsprüche auf Häuserwände malt, in Straßen ausstellt.

Im Café sehen wir ein Placat an der Wand, das uns einen Schnaps empfiehlt. Würde es uns nicht lieber sein, an der Wand eine Strophe von Baudelaire oder ein Sonett von Héredia zu sehen? [...] Welche Erfolge könnte diese Methode haben! Die Stadt wäre ein offenes Buch, für jeden Flaneur zu lesen.

Hier übernimmt die Dekoration die Funktionen der Reklame, und in der Dialektik dieses Bezugs werden zwar die mit Versen dekorierten Nutzbauten ›poetisiert‹, aber die Poesie wird da auf einen Nutzwert reduziert, der sie zur Gebrauchs-Poesie macht. Als literarisches Kunstgewerbe, als kommerzialisierte Gebrauchs-Poesie kann sie neuen Strategien der wirtschaftlichen Werbung nutzbar gemacht werden. Was bekanntlich geschah.

Es blieb nicht aus, daß eine Literatur, welche die neuen Errungenschaften des Kunstgewerbes, der Architektur, der überall sich bildenden »Sezessionen«, der dekorativen Buch- und Zeitschriftenausstattung diskutierte und propagierte, sehr bald eine besondere *écriture* erfand. Sie war der Stil einer *dekorativen Kritik (critique décorative)*, die Oscar Wilde 1890 in *The Critic as Artist* gefordert hatte. *Dekorative Kritik* bedeutet künstlerische Beschreibung von Kunst-Objekten. Diese *écriture*, ihr Stilprinzip des Dekorativen, entdeckte Oscar Wilde nicht nur für die Prosa seines *Dorian-Gray*-Romans, jenes *essay on decorative art*, nicht nur für seine *Poems*, sondern auch für *Salomé* und seine Märchen. Die literarische Mode dieser *écriture* – im Sinne unserer terminologischen Verabredung über Mode – ist noch zu schreiben, wie vieles darüber auch schon gesagt sein mag. Auch in ihrem Entstehungsbereich, in der Literatur über Kunst, der künstlerischen Kunstkritik, eint diese Mode noch, was durch Unterschiede des Niveaus entschieden getrennt ist, so Hofmannsthals Besprechungen über *Gedichte von Stefan George* oder über Walter Pater und feuilletonistische Tagesschriftstellerei Bahrs, Bierbaums, Schaukals und anderer.

Wenn Dehmel ein Frauengesicht mit Köpfen des Malers Khnopff vergleicht, Oscar Wilde die Beschreibung seiner Braut präraffaelitisch »stilisiert«, so zählt das ebenso zur dekorativen *écriture* wie Spinells Bildnis Gabriele Klöterjahns im alten Garten, eines Schriftstellers, der selbst ein Autor der dekorativen *écriture* ist und einen *raffinierten und zugleich unmenschlich langweiligen Roman geschrieben hat, der in mondänen Salons, in üppigen Frauengemächern, die voller erlesener Gegenstände waren, voll von Gobelins, uralten Meubles, köstlichem Porzellan, unbezahlbaren Stoffen und künstlerischen Kleinodien aller Art, spielt.*

Ich meine, daß die Überlegungen, die wir angestellt haben, die Feststellung erlauben, daß das ›Dekorative‹ eine habituelle Eigenschaft jenes proteischen Literaturgebildes ist, das immer wieder der Etikette des ›Jugendstils‹ spottet. Das ›Dekorative‹ kann sowohl stilisierte Simplizität wie Raffinement bedeuten. Stilisierte Einfachheit, Schlichtheit, Armut ist nicht weniger maniert als die ›Mache‹ des Erlesenen, und wir können – nun noch einmal zum *Tristan* Thomas Manns zurückkehrend – mit guten Gründen sagen, daß es sich im Brief Spinells an Klöterjahn nicht nur um eine stilistisch irrelevante Verwendung eines Motivs der ›Jugendstil‹-Malerei handelt, sondern um unverkennbare Züge des ›Dekorativen‹ in der sprachlichen Struktur dieses Briefes.

Der Brief ist eine ›Jugendstil‹-Etüde, die Thomas Mann den empfindsamen *Ästheten* Spinell komponieren läßt, ein Stil-Zitat, das mit dem Brief-Motiv der Brunnen-Jungfrauen auch seine sprachliche ›Dekoration‹ einführt. Das läßt sich unschwer nachweisen. Das Motiv, eine Jugenderinnerung Gabrieles, wird zweimal behandelt. Einmal erzählt Gabriele selbst den Vorgang, ein zweites Mal berichtet ihn Spinell in seinem Brief an Klöterjahn. In Gabrieles Darstellung läßt nichts auf jene ›dekorativen‹ Auslegungen des Ortes und der Handlung schließen, die in Spinells Brief der Begebenheit erst die Würde eines ›Jugendstil‹-Motivs verleihen. In Gabrieles Erzählung sitzt sie mit ihren *Freundinnen* auf *kleinen Feldsesseln um den Springbrunnen herum*. Sie *häkeln* und *schwätzen*. Schon hier unterbricht Spinell den Bericht Gabrieles mit stilisierenden Verschönerungsvorschlägen, mit Schmuck-Klischees einer sprachlichen Prachtausstattung, die Thomas Mann mit der unverkennbaren Distanz des ironischen Zitats ausstattet (*Königin*, symbolische Siebenzahl der jungfräulichen Runde, die *kleine goldene Krone*, die im Haare Gabrieles blinkte). Im Brief an Klöterjahn, dem erst durch das *Wort* Spinells die geschilderte Garten-Szene zur *Bedeutung eines Erlebnisses* erhoben wird, erfährt das Motiv die sprachliche Spezial-Behandlung, die das ›Jugendstil‹-Motiv der *sieben Jungfrauen im alten Garten* am Springbrunnen mit den *lilafarbenen Lilien* als ›dekorative‹ Einlage absetzt vom Erzählungstext, in den sie als ironisches Kunst-Zitat eingebettet ist.

Das Ornament

Der Gang unserer Erwägungen hat uns an einen Punkt geführt, der uns den Blick öffnet für ein kompositionelles Arrangement des ›dekorativen‹ Schreibens, das die angewandten Künste mit ›Ornament‹ bezeichnen.

Die Bedeutung des Ornaments ist in der ›Jugendstil‹-Debatte früh erkannt worden. Im Anfang des ›Jugendstils‹ war das Ornament, schrieb

Dolf Sternberger bereits vor vierzig Jahren. Fritz Schmalenbach wollte Begriff und geschichtliche Leistung des ›Jugendstils‹ strikt auf sein Ornament beschränkt wissen. Diesem terminologischen Purismus, dem er selbst später mit Vorbehalten begegnete, haben die Theoretiker und Historiker der modernen Kunst widersprochen. Die Debatte über die Wirkungsweisen und -grenzen des ›Jugendstil‹-Ornaments, seines Formen-Kanons, in der modernen Kunst ist noch nicht abgeschlossen. Es lag nahe, daß diese Ornament-Debatte nicht ohne Einfluß auf die Literaturbetrachtung bleiben konnte. Die Vorstellung, daß Texte, die eine besondere Affinität der Motive und Themen mit der bildenden Kunst verbindet, auch formale Analogien erkennen lassen müssen, verführte zu der Annahme, daß das Offenkundige bereits das Plausible, die Behauptung bereits der Beweis sei. Nirgends schaltet *wishful thinking* ungestörter als im Auftrag der wechselseitigen Erhellung der Künste. Eine geordnete Reihe von Fragen soll den behaupteten Sachverhalt für Antworten, die vertretbar sind, vorbereiten.

Welcher textliche Befund läßt auf formale Analogie zum ›Jugendstil‹-Ornament schließen? Und angenommen, ein Text würde eine solche Analogie aufweisen, die sich dann auch nachweisen ließe, ist sie dann nicht nur eine der sprachlichen und kompositionellen Schmuck-Formen, die so alt und variabel sind wie der Formen-Bestand, den die antike Rhetorik unseren Literaturen überliefert hat? Wie und wodurch unterscheidet sich der sprachliche Ornatus rhetorischen Kolorierens vom sprachlichen ›Jugendstil‹-Ornament, wenn beides eine manieristische Grundstruktur verbindet? Müßte ihre Differenz nicht die gleichen Merkmale aufweisen, die das bildnerische ›Jugendstil‹-Ornament von anderen Ornamenten unverkennbar absetzen? Die Ornamente, die Otto Eckmann, August Endell, van de Velde, Emil Rudolf Weiß – um mit diesen Namen nur einige bedeutende Beispiele des ›Jugendstil‹-Ornaments ins Gedächtnis zu rufen – nicht nur als Vorlage für die Titelblätter, Zierleisten, Kapitelvignetten des Buchschmucks, sondern auch für alle Objekte und Geräte ihres künstlerischen Zuständigkeitsbereiches verwenden, lassen erkennen: das ›Jugendstil‹-Ornament schmückt nicht, es ist selbst Schmuck. Seine applizierenden Funktionen werden Selbstzweck. Es dekoriert nicht, sondern die Dekoration wird zum autonomen Kunstgebilde. Das ›Jugendstil‹-Ornament ist nicht Ornament an Gegenständen, sondern es ornamentalisiert die Gegenstände.

Der lineare Kanon dieser Ornamentalisierung wird bestimmt durch die lineare Affinität gewisser Blumen, Tiere, Naturerscheinungen, die sich der dekorativen Imagination der Künstler der Jahrhundertwende wie nie zuvor und danach bemächtigten: die Lilie, die Rose, der Pfau, der Schwan, der Flamingo, das fallende und wehende Frauenhaar, die Welle, die Wolke. Doch nicht dieser lineare Kanon erklärt den singulären Rang des ›Jugendstil‹-Ornaments, sondern die Verselbständigung seiner dekorierenden Funktionen. Wie in der Gebrauchsgraphik, in der Buchillustration die gegenständliche Vorlage als dekoratives Element in das ornamentale Gefüge der Illustration eingeschlungen wird, so können Gebrauchsgegenstände dingliche Ornamente werden, die ihren Gebrauchswert völlig eingebüßt haben. Es sind Kunstobjekte geworden.

Was könnte uns nun berechtigen, die Ergebnisse dieser Beobachtungen auf das ›Ornament‹ des dekorativen Schreibens anzuwenden? Ich notiere eine Stelle aus Rudolf Kassners erdachtem Dialog über *Stil*, den ein englischer und ein deutscher Student in einer Studentenwohnung in der Oxforder Highstreet führen. Der Dialog erschien im Jahre 1900 als Anhang der ersten Ausgabe von *Die Mystik, die Künstler und das Leben*, dem Erstling Kassners, der englischen Dichtern und Malern im Neunzehnten Jahrhundert gewidmet war. Kassner vergleicht in dem Dialog über *Stil* das vollkommene englische Gedicht – er nennt hier Swinburne – mit den *liebend sich verrankenden* Linien eines Ornaments, und er fährt dann fort: *und Burne-Jones ist England's erster decorativer Künstler. Hier ist Schmuck Natur, und Natur ist Schmuck, und Swinburne's Frauen sprechen von ihren Brüsten und ihrem Blute wie von Halsketten und Armbändern, die sie tragen, und dem Weine, den sie ihrem Geliebten in die Becher gießen.*

Beide Künstler, der Maler und der Dichter, so läßt Kassner seinen beneidenswert gebildeten Studenten Walther sagen, lassen Natur als Schmuck, Schmuck in floralem Linienspiel als Natur erscheinen. Die vollkommene Darstellung der Natur, ihrer Dinge und Lebewesen, wird geprägt durch die schmückenden Energien des Ornaments. Weibliche Brüste werden mit Juwelen-Gefügen verglichen, weil das tertium comparationis der mystische Schmuck-Charakter der Natur ist.

Daß Schmuck (*bijouterie*) die vollkommenste Form des Ornaments ist, weil nirgends sonst so den linearen Einfall die Kostbarkeit der Mittel krönen kann, hat den Schmuck für einen bestimmten Typus des ›ornamentalen‹ Gedichts der Moderne – nicht anders bei Swinburne als bei Stefan George und William Butler Yeats – nicht nur metaphorisch, sondern auch kompositionell so ergiebig gemacht.

Yeats' Gedicht *He gives his Beloved certain Rhymes* aus dem Band *The Wind among the Reeds*, der 1899 erschien, in seiner durch Verszahl und Reim-Anordnung streng durchgeführten Zwei-Strophen-Symmetrie, zählt zu diesem Typus. Die Geliebte, in der linear ungemein suggestiven

Gebärde des Haaraufbindens, steckt ihr langes Haar, (*every wandering tress*) jede fallende Strähne, mit einer goldenen Spange fest. Der präraffaelitischen *Belle Dame sans merci* mit ihrem kostbaren Haarschmuck gibt der Dichter das arme Kunstwerk seiner Verse.

Tag und Nacht hat das Herz des Dichters an ihrer traurigen Lieblichkeit (*the sorrowful loveliness*) gearbeitet. Die Schöne hebt nur eine perlenblasse Hand (*a pearl-pale hand*), ihr langes Haar aufbindend, seufzend, und sogleich sind ihrem leichtem Fuß nicht nur *all men's hearts*, sondern vom Meer bis zu den Sternen alles, was Licht ist, untertan.

Stefan Georges Gedicht *Die Spange*, das den Zyklus *Die Pilgerfahrten* als kompositionelle Pointe schließt, faßt in zwei vierzeiligen Strophen das Wollen einer neuen Dichtung im Bilde eines kostbaren Schmuckstücks zusammen. Die florale Vorstellung der *dolde* bestimmt seine Form:

> *Wie eine grosse fremde dolde*
> *Geformt aus feuerrotem golde*
> *Und reichem blitzendem gestein.*

Diese Sprache muß den künstlichen Paradiesen, die sie beschwört, gleichförmig sein. *Paradis artificiels* sind ornamentalisierte Natur. Erst die Wahrnehmung des sprachlichen Ornamentalisierungsdrucks, dem der Dichter die Darstellung erlesener Motive und Themen aussetzt, lassen die üppige Preziosen-Metaphorik des *Hymnen-, Pilgerfahrten-* und *Algabal*-Dichters in der rechten Weise deuten. Ebenfalls die Schmuck-Funktion seiner bis ins Detail durchformten Kompositionseinheiten. Es ist belanglos, Motiv-Verwandtschaften aufzuzählen, die der junge George mit den Malern und Zeichnern der Jahrhundertwende verbindet, und dann davon zu sprechen, daß ein Gedicht wie das Eingangsgedicht des Vorspiels zum *Teppich des Lebens noch [...] ganz unverkennbar den Geschmack des Jugendstils* aufweise. Aber von Bedeutung ist es, daß *Teppich* als gewebtes Schmuck-Stück wiederum Prunk-Metapher eines ornamentalen Ordnungswillens ist, den diese mit dem Formgefüge bestimmter ›Jugendstil‹-Ornamente teilt. Die Ornament-Struktur früher Gedichte Georges ist noch nicht untersucht worden und bedarf anderer Zurüstungen als sie die bisherigen gelehrten Zuschreibungen Georges zum ›Jugendstil‹ sich zumuten wollten.

Auf sichererem Boden bewegen wir uns, wenn wir die Lyrik Richard Dehmels in unsere Erwägungen über das ›Ornamentale‹ einbeziehen. Auch germanistische Dissertationen sind nicht immer das, was eifernde Tagesschriftsteller gern, doch nur zuweilen zu Recht, behaupten: eine Hölle aufgeblähter Nichtigkeit.

Da gibt es eine gescheite Studie über die *Salomé* Oscar Wildes. Wildes

Salomé, mit Sudermanns *Johannes*-Drama verglichen, läßt die ›ornamentale‹ Struktur ihrer Personen und Vorgänge ebenso unleugbar wie unmißverständlich hervortreten. Da schreibt ein Mainzer Doktor der Germanistik in seiner Arbeit über Richard Dehmel ein grundgediegenes Kapitel mit dem Titel *Liebesdichtung als Ornament*. Wie Wildes *Salomé* auf Beardsleys Zeichnungen durch strukturelle Analogien des ›Ornamentalen‹ bezogen sind, so wird, ohne unser Plausibilitätsbedürfnis zu brüskieren, der großformatige Farbholzschnitt *Der Kuß* von Peter Behrens, in dem die Linien des Haargeflechts, welche die beiden Köpfe umschließt, sich verselbständigen und ein ornamentales Gefüge bilden, als stilistisches Interpretament für das Dehmelsche Gedicht *Liebe* nutzbar gemacht. Man kann durchaus die einzigartige Symbiose von Wort und Bild im ›Jugendstil‹ auf einem anderen Deutungsniveau beschreiben als auf dem der kulinarischen Bemerkung, daß Stefan George sein *Campagna*-Gedicht und *Südliche Bucht* in den *Liedern von Traum und Tod* dem Maler Ludwig von Hofmann gewidmet hat.

Ornamente des Schreckens

Ich möchte meinen Hinweis auf das ›Ornament‹ nicht beenden, ohne einen Gedanken vorzutragen, der mich seit vielen Jahren intrigiert und während der Niederschrift meiner Beobachtungen zum ›Jugendstil‹ in einen neuen Zustand der Beunruhigung versetzt hat. Es mag sein, daß dieser Gedanke vom Thema des ›Ornaments‹ so weit wegführt, daß ich keinem widersprechen kann, der sagt, er hätte überhaupt nichts damit zu tun.

Die moderne Sittengeschichte macht uns mit einem gesellschaftlichen Typus bekannt, dem Baudelaire in *Le peintre de la vie moderne* ein eigenes Kapitel vorbehalten hat: dem *dandy*. Er hat, *élevé dans de luxe*, an den Gehorsam anderer von Kind an gewöhnt, keinen anderen Beruf als die Eleganz. Seine *indépendance* prägt seine materielle, seine intellektuelle, seine moralische Verfassung. Eleganz, auch die äußere, ist nicht Ziel seiner Bemühung oder Gegenstand seines Interesses, sondern Ausdruck seiner Verfassung, seiner Unabhängigkeit. Vollkommene Einfachheit, *simplicité absolue*, ist das Prinzip seiner Distinktion. Auf keine bessere Weise kann man sich von anderen unterscheiden. Seine geistigen Energien konzentrieren sich im Selbst-Kult, *culte de soi-même*, seine moralischen auf das Vergnügen, Staunen zu erregen, und die Genugtuung, niemals erstaunt zu sein. Seine Disziplin, die Baudelaire mit den Formen strengster monastischer Zucht vergleicht, gestattet ihm nicht die vulgäre Erleichterung, zu leiden. Wenn ihm, weil der *dandy* Gefahren nicht ausweicht, Unbilden widerfahren, wird er lächeln wie der Spartaner unter dem Biß des Fuchses, *il sourira comme le Lacédémonien sous la morsure du renard.* Der Habitus des Stoikers gehört zum Typus des *dandy.*

Dieser Typus ist, soziologisch betrachtet, nicht der Gruppe der provozierenden Sonderlinge zuzuordnen, der müßiggehenden Flaneurs, der Abenteurer, der *snobs,* die einen besonderen Fall extremer Abhängigkeit von mißverstandenen Werten der *upper-class* darstellen, sondern er ist innerhalb des menschlichen *contrat social* eine Nicht-Person, eine Abstraktion, das Ornament perfekter Weisen des Verhaltens, das nicht auf Menschen und Dinge bezogen ist, sondern auf sich selbst als Kult-Figur einer auf ihre Formen reduzierten Selbstvervollkommnung. So bietet der *dandy* den Anblick eines *Hercule sans emploi,* eines Herkules ohne Beschäftigung. Dennoch hat er ein eigentümliches Verhältnis zur Macht. Der catilinarische Typus des *conspirateur-dandy* hat Baudelaire sehr beschäftigt. Der *dandy,* wie oft gemeint wird, amüsiert nicht, er dominiert. Seine vollendete Selbstbeherrschung, seine wesentliche *supériorité,* beherrscht die Szene, wo er auch auftritt. Die Aura dieses Auftretens ist die Kälte. Sie ist Ausdruck seiner *impassibilité,* niemals bewegt zu sein, *être ému.* Sie ist zugleich die besondere Form seiner Schönheit. *Le caractère de beauté du dandy consiste surtout dans l'air froid.*

Der Typus des *dandy* begegnet uns in vielen Spielarten und Mischformen, die durch die unterschiedlichen geschichtlichen Umstände, die ihn bestimmen, bedingt werden. Baudelaire entdeckte Züge des *dandy* bei Alkibiades, bei Caesar. Macht und Gefahr begünstigen den Typus des *dandy.* Das widerspricht nicht der wesentlichen Beziehungslosigkeit, durch die der *dandy* seine *indépendance* gegenüber seiner Umwelt bewahrt. Im Gegenteil, der Typus tritt in dramatischen Ausnahmesituationen besonders deutlich hervor. Deshalb ist er in den Zentren der Macht, ihren Professionen des Soldatischen und Politischen, ebenso anzutreffen wie in den Schaltstellen des großen Geldes und den elitären Clubs und großen Salons. Was ihn in diesen Umgebungen von allen anderen unterscheidet, ist seine perfekte Beachtung der Formen in seinen Handlungen und Entscheidungen, ist die formale Behandlung und Lösung der Probleme, deren Resultate ihn nicht interessieren. Eine Handlung, die gut ist, ein Gedanke, der wahr ist, gelten ihm nichts, wenn beide nicht seinem formalen Anspruch genügen, wenn sie nicht schön sind. Dieser Anspruch gestattet ihm auf typische Weise Distanz ebenso von seinen eigenen Handlungen wie von den Handlungen der anderen. Diesen hochformalisierten, ja ritualisierten Abstand von sich als Akteur und von seinen Mit- oder Gegenspielern nenne ich o r n a m e n t a l . Er erlaubt ihm eine Betrachtungsweise des Geschehens, die das Gräßliche und Schreckliche wie das Schöne als kontrastierende Elemente und Segmente eines dramatischen Ornaments genehmigen und genießen kann.

Man weiß, daß uns in der romantischen Restauration nach der Französischen Revolution der Typus des *dandy* in der reinsten Prägung entgegentritt. Erst jetzt wurde er zum Thema der literarischen Reflexion, und er tritt in bestimmten Produkten der fiktiven Literatur eine Dauerrolle an, deren Reiz nicht nachzulassen scheint bis in die Gegenwart.

Die Autoren interessieren sich nicht nur für ihn als faszinierende Neuheit im Rollenrepertoire ihrer Romane, sondern nehmen selbst Züge des *dandy* an, wie Chateaubriand, Stendhal und Byron. Der Künstler, angezogen von der essentiellen Unbürgerlichkeit des *dandy*, wie dieser ein Gegen-Typus des Bürgers, mißverstand sich im romantischen Mythos des *dandy* als ›Ästhet‹. Aber der *dandy* ist kein Ästhet, wiewohl ein Ästhet dandystische Allüren haben kann. Ihnen ist gewiß dasjenige, was ich sprachlichen Dekorationszwang nannte, zuzuzählen; gewiß auch die ornamentale Behandlung des Bösen und Grausamen, des Perversen und Obszönen. Dieser ›Ästhetizismus‹ kann Formen der Aggression entwickeln, auf die die angegriffene und zugleich demaskierte und überführte Öffentlichkeit nicht minder aggressiv reagiert.

Es wird nun deutlich, welche Beobachtungen mich bei meiner Erörterung des ›Ornamentalen‹ im ›Jugendstil‹ veranlaßten, nach bestimmten Herkünften und Folgen eines solchen dekorativen Abstraktionsverfahrens zu fragen. Künden sich nicht in den seismographischen Figuren dieses Verfahrens geschichtliche Veränderungen an, die Siegfried Kracauer in seinem großen Essay *Das Ornament der Masse* in der richtigen Weise zu sehen und zu erklären unternommen hat? Walter Benjamin hat bereits auf die ornamentalen Strukturen einer *Ästhetisierung der Politik* aufmerksam gemacht, *die der Faschismus betreibt*, indem er das Manifest zum äthiopischen Kolonialkrieg des Futuristen Marinetti erläutert.

Man wird nun fragen: was hat der *dandy* mit dem Ornament, was hat die Auflösung des Gegenständlichen im ›Jugendstil‹-Ornament, was die algabalische Ornamentalisierung des Bösen mit dem *Ornament der Masse*, der *Ästhetisierung der Politik* und des Krieges im 20. Jahrhundert zu tun?

Der Versuch einer Antwort, die bessere Einsicht ermöglichen soll, wird gestattet sein.

Als ich mir nach dem Kriege über gewisse Wirkungen, die einzelne Textpassagen von Ernst Jünger auf mich ausübten, Rechenschaft ablegen wollte, schrieb ich einen Aufsatz über *Probleme des Dandysmus*. Es waren nicht die jungen Fliegeroffiziere mit seidenem Halstuch und Monokel, die im Ritual des Duells die tödlichen Flugfiguren ›ästhetisierten‹, ›sportlich‹ durchführten, die meine Beschäftigung mit dem *dandy* bestimmten, so sehr der ›sportlichen‹ Auffassung des tödlichen Zweikampfes, der überdies in den Massenkriegen ein Privileg ist, ein dandystisches Moment innewohnt. Es waren eher surrealistische Stellen des *Abenteuerlichen Herzens*, die bestimmte Manieren der literarischen *décadence* sich zu eigen gemacht hatten. Der *dandy* in Huysmans *A Rebours* meldet sich in diesen Präzisionsanfertigungen des Horrors deutlich zu Wort. Die dandystischen Qualitäten der Kälte, der Distanz, der *impassibilité*, werden hier in eigentümlicher Brechung literarisch reproduziert. Die dandystische Position des *Zuschauers*, der allein vor einer Bühne sitzt, eröffnet jene Perspektiven registrierender Betrachtung, in denen unerträgliche Abläufe des Quälens ornamental gerinnen. Die dandystischen Qualitäten der Zuschauer-Position setzen sich um in den Duktus des Beschreibens, wenn das Traumreferat *Violette Endivien*, das die unterirdischen Kühlräume eines Schlemmerladens schildert, in denen Menschen wie Hasen vor dem Laden des Wildbrethändlers hängen, mit der lakonischen Pointe schließt: *Als wir die Treppe wieder hinaufstiegen, machte ich die Bemerkung:»Ich wußte nicht, daß die Zivilisation in dieser Stadt schon so weit fortgeschritten ist«* – *worauf der Verkäufer einen Augenblick zu stutzen schien, um dann mit einem sehr verbindlichen Lächeln zu quittieren.*

Daß das Capriccio *Violette Endivien* nicht nur ein literarisches Ornament ist, sondern daß dieses durch eine bestimmte Weise des Sehens, ich möchte sagen, durch einen besonderen Apperzeptionstypus Jüngers als solches sich formt, zeigt ein spätes Beispiel jener ornamentalisierenden Distanz-Schau auf einen Vernichtungsvorgang des Krieges, die Walter Benjamin *die Vollendung des l'art pour l'art* genannt hat. *Vom Dache des ›Raphael‹ sah ich zweimal in Richtung von Saint Germain gewaltige Sprengwolken aufsteigen, während Geschwader in großer Höhe davonflogen. Ihr Angriffsziel waren die Flußbrücken. Art und Aufeinanderfolge der gegen den Nachschub gerichteten Maßnahmen deuten auf einen feinen Kopf. Beim zweiten Mal, bei Sonnenuntergang, hielt ich ein Glas Burgunder, in dem Erdbeeren schwammen, in der Hand. Die Stadt mit ihren roten Türmen und Kuppeln lag in gewaltiger Schönheit, gleich einem Kelche, der zu tödlicher Befruchtung überflogen wird. Alles war Schauspiel, war reine, vom Schmerz bejahte und erhöhte Macht.*

Mein Exkurs ist zuende. Ich kehre zum Jahrhundertjahr 1900 zurück. Ich müßte anfangen, wo ich aufhöre. Immer enthüllt erst der letzte Blick einer Betrachtung ihre Versäumnisse.[1]

Rede über Stefan George
Zum 100. Geburtstag (1868–1968)
(1968)

Wir geben uns keinen schönen Täuschungen hin. Zu einer Festrede ist
kein Anlaß. Ein Stefan George-Jubiläum wäre eine absurde Veranstaltung. Der tote Dichter ist – wir versichern uns dieser Einsicht ohne
Schnörkel der Abschwächung – vergessen.
Die Jugend, die heute von sich reden macht, kennt seinen Namen und
sein Werk nicht mehr. Wer mit ihren Erregungen und Hoffnungen
vertraut ist, wird wissen, daß ihr nichts fremder wäre, kennte sie es, als
sein Werk, fremder noch seine Lehre. ›Fremd‹ ist ein maßvoll gewähltes
Wort. Eine Jugend, die mit Denkern und Lehrern wie Walter Benjamin,
Adorno, Bloch, Herbert Marcuse zu denken, zu handeln, zu leben sich
anschickt, müßte die Ansprüche des *Algabal*-Dichters verstiegen, ja ab-
stoßend empfinden; müßte die Lehren des *Neuen Reichs* als ihrem Trachten und Agieren, ihrer Ideologie zuwider und gegnerisch bekämpfen.
Die Argumente ihrer Gesellschafts- und Staatskritik sind von Gesinnungen getragen, die durch Brecht und Peter Weiss, durch Enzensberger
und die Prager Literaten zu Worte kommen. Was politisches Theater,
politische Lyrik dieser Prägung sie lehren, läßt sie sich von der existentialistischen Dichtung der Ionesco, Beckett, Sartre bestätigen: die abgrün-
dige Verlorenheit und unaufhaltsame Verfaulung des Einzelnen in spät-
kapitalistischen Gesellschaftszuständen. Dichtung ist dieser Jugend nur
als politische – oder sagen wir es mit ihrem Revolutionswort – als
kritische erträglich und ergiebig. Das ist ein Faktum. Wer es leugnet,
scheidet aus der Diskussion dieses Faktums aus. Sie hat erst begonnen,
und keiner der Teilnehmer ist vor Überraschungen sicher, vor allem
diejenigen nicht, die heute schon die Resultate gewiß zu besitzen meinen und peremptorisch verkünden.
Man wird einwenden, daß die geschilderten Tendenzen sich nur einer
Minderheit der heute mit Literatur Beschäftigten bemächtigt haben, ja
daß innerhalb dieser Minorität die Jugend selbst nur in einer ebenso
gern wie unstatthaft dramatisierten Kleinzahl, in einer kritischen Elite
von Rebellen die Politisierung der Dichtung verlange und mit allen,

auch unvertretbaren Mitteln durchzusetzen versuche. Dieser Einwand hat kein Gewicht, solange die Mehrheiten, die anders denken, ihre Gedanken nicht in Façon gebracht haben, solange sie den an allen Toren unseres Staatsbaus angeschlagenen Thesen einer radikalen Politisierung unseres öffentlichen und privaten Lebens nichts anderes entgegensetzen als die Abneigung der Irritierten, die Empörung der im reibungslosen Verzehr der Glücksgüter Gestörten, die mächtige Solidarität der Verärgerten. Solidarisch erklären sich die Vielen immer, wenn sie als Einzelne nicht denken wollen oder können.

Dieses Denken anzuregen, ist heute der Tag und die Stunde. Denn Stefan Georges Werk, so wenig Lehre – aber umso heftiger Anspruch – seinen Anfängen beigemischt war, gewann zunehmend politische Dimensionen. George ist ein politischer Dichter, und die Wirkung seiner Lehre konnte nur eine politische sein, so sehr sie das Politische im Sinne grober, das heißt, faktischer Gesellschafts- und Staatsinteressen ablehnte und geringschätzte. Wie das Politische Georges zu verstehen sei, unter welchen Umständen und Bedingungen, aus welchem Anlaß die leitenden Motive dieses Politischen sich bildeten, welche Folgen ihm beschieden und angelastet wurden – die Klärung dieser Fragen soll zum Jahrhunderttage eines großen Mannes der Vergegenwärtigung weniger eines vollendeten Werks und Lebens als seiner Wirkung oder Nichtwirkung auf uns dienen. Denn die Bedenken und Beschwerden, welche die Gestalt Stefan Georges erregt, der wie kein Zweiter Beschwerde gegen seine Zeit erhob und ihre Nachkommen, uns, finsteren Untergangssprüchen unterwarf, gehen uns an. Sie sind zu prüfen und zu wägen. Der in Haßliebe gequälte Bewunderer Stefan Georges, Rudolf Borchardt, hat schon früh, in seiner bösen Abfertigung des *Siebenten Rings*, den einzigartigen Rang Georges behauptet: den Rang eines nationalen Ärgernisses.

Dieses Ärgernis bewahrt der Gestalt Georges Gegenwart. Gegenwart, die wir bestimmen müssen. Georges Gestalt dem klassischen Schutze des Vergessens zu überlassen, wäre gewiß der Rat schweigender Verehrer und verschwiegener Erbwalter. Doch ein Ärgernis hat keine Verwalter. Es ist auch nicht durch den Anschlag historischer Memorialveranstaltungen zu treffen oder gar zu beseitigen. Auch nicht durch philologische Platzanweisung im Museum der Literaturgeschichte. – Wie ist das ›Politische‹ Georges zu verstehen? Hier müssen wir auf Unterscheidungen und Bestimmungen dringen, die nicht nur kritische Kraft, sondern auch kritische Gerechtigkeit abverlangen.

Was bedeutet ›Staat‹ bei George, früher und später? Was ›Kreis‹ und ›Bund‹, was ›Volk‹ und ›völkisch‹, was ›Führer‹ und ›Reich‹ – Begriffe und

Motive des Spätwerks, die zu ärgsten Fehlverständnissen geführt haben? Wie haben wir Georges Haltung, die ja nicht mit dem Verhalten übereinstimmen muß, sein Sichäußern, sein Schweigen, seine Anweisungen, Winke, Erziehungsmaximen zu verstehen zum Wilhelminischen Reich, zum Ersten Weltkrieg, zur Weimarer Republik, zum Jahre 1933? Die Erörterung dieser Fragen ist heute nicht mehr auf die gleichsam offiziellen Verlautbarungen des George-Kreises angewiesen, auf Gundolfs George-Buch und Wolters' fatal ›hagiographisches‹ Opus und pressenden Herrscher-Preis. Wir besitzen das reiche Kommentarwerk Boehringers, das uns zahlreiche nur dem Gespräch anvertraute Urteile und Verdikte Georges bekanntmacht, und die Zeugnisse und Erinnerungen Edgar Salins von Eckermannscher Intimität und Verehrungsbefangenheit, die freilich durch das mitgeteilte Detail neutralisiert wird. Nicht nur die Notizen und Briefe der Freunde und Freundinnen Georges, die Briefwechsel der Mitglieder des ›Kreises‹ oder ihre Korrespondenzen mit Adressaten extra muros, sondern auch derjenigen, die sich, wie Kommerell, von George lösten.

Was wir nun zu Beginn unserer Bestimmungen des ›Politischen‹ bei George mit Sicherheit ausscheiden können: er konnte an keiner Stelle seines Werks und seines Lebens mit einer konkreten politischen Macht oder Strömung, gar einer Doktrin oder Partei in Verbindung treten. Das ist wichtig für unsere weiteren Feststellungen. Die konkreten politischen Mächte – nennen wir sie mit Salin unterscheidend die *zeitpolitischen* – sind jene von Gundolf, Wolters, Salin, Claude David ins Zentrum der Georgeschen ›Politik‹ gerückten *Zeitmächte*, denen Georges ganze Gegnerschaft galt: seine ›politische‹ Gegnerschaft. Denn George war in dem Maße ›politisch‹, in dem er sich allem Zeitpolitischen entzog, wie sehr er auch mit seiner ›Politik‹ auf die Zeit, nicht nur auf ihre Wirren, sondern auf ihre als verfault und verworfen gescholtenen Zustände zielte. Das ist nicht paradox. Wann wäre – um einen aus dem ›Politischen‹ Georgescher Prägung zum Zeitpolitischen, ja schließlich zur politischen Aktion und Agitation überwechselnden Zeitgenossen Georges zum Zeugen anzurufen – wann wäre Thomas Mann politischer gewesen als in den *Betrachtungen eines Unpolitischen?* Dieses Unpolitische – wie das *Unzeitgemäße* Nietzsches – ist eine ironische Verheimlichung und Behauptung des Gegenteils.

Wir sehen die Differenz von Politisch und Zeitpolitisch, die eine dialektische Einheit beider Begriffe bildet. Wie nun das Zeitpolitische ein reales Moment, eben die *Zeitmächte* mit ihren realen Institutionen, bestimmend treibt und entwickelt, so ist die Gegenposition des ›Politischen‹ Georges als utopisch, um das Wort mythisch zu meiden, zu bezeichnen. Der Begriff des Utopischen innerhalb des Politischen ist durch die gängige Diskussion des *Prinzips Hoffnung* so geklärt worden, daß wir keinen Definitionsexkurs einschieben müssen.

Betrachten wir, wie das ›Politische‹ im Denken und Handeln, im Dichten und Leben Georges sich darstellt und wirksam wird. Wir verstehen nach dem Gesagten ohne Verwunderung, daß Vertraute Georges berichten, sie hätten in längstem Lebensumgang mit dem Dichter nie ein Wort zur Tages- und Parteipolitik vernommen. Wenn diese Äußerungen auch nur, auf bestimmte Personen beschränkt, begrenzte Geltung haben – denn andere Freunde Georges und viele Briefe und Aufzeichnungen bezeugen das Gegenteil –, so ist diese Urteilszurückhaltung Georges im Gespräch, seine Weigerung, sich tagespolitisch zu äußern, nur ein Modus seines ›politischen‹ Pathos. Der Dichter politisiert nicht. Er tut es auch höchst unwirsch ab, wenn Mitglieder des ›Kreises‹ – selbst im klassischen Augenblick des Politischen, beim Ausbruch des Krieges – politisieren. Da wird selbst Gundolf wegen seiner politischen Auslassungen wie ein unreifer Schulknabe abgefertigt. Wörtlich heißt es: *Was Du in Deiner franzosen-wut sagst ist auch ganz unpolitisch. An keiner DEUTSCHEN stelle (nicht einmal bei den eseln) hab ich so etwas wie einen gründlichen Haß gegen die Franzosen gespürt! – Du bist darin einzig.* Und Wolfskehl, der einen öffentlichen Brief an Romain Rolland geschrieben hat, wird einer *Alle Welt AUCH DIE BESTEN DEUTSCHEN beherrschenden humanitär-sentimentalen Beschränkheit* geziehen. Wir sehen: dem Politisieren wird im Namen des ›Politischen‹, des Wissens um den wahren Gegner, den – wie George sagt – *wirklichen feind + widerdämon,* eine mythische, keine geschichtliche Größe, der Prozeß gemacht.

Wie hat sich dieser – nennen wir ihn nun beim richtigen Namen – dichterische Begriff des Politischen entwickelt? Georges ›Kreis‹- und ›Staats‹-Gedanke ist in principiis dichterische Politik. Die *Blätter für die Kunst* sind vom Eröffnungssatz des ersten Heftes an ihr politisches Organ. Dieser Satz enthüllt schlagend die Dialektik der durch schneidende Zurückweisung der *Zeitmächte* gerade auf diese bezogene Politik. Im Namen einer *geistigen KUNST* wird proklamiert, *alles staatliche und gesellschaftliche aus dieser Kunst auszuscheiden, die sich nicht beschäftigen* (kann) *mit weltverbesserungen und allbeglückungsträumen in denen man gegenwärtig bei uns den keim zu allem neuen sieht.* Im Initialakt der *Blätter* ist also jene hochpolemische und -politische Abweisung der *Zeitmächte* beschlossen, die mehr oder minder häufig die gesamten programmatischen Vorreden, die Regierungserklärungen der *Blätter*-Folgen stimuliert.

Wenn wir das Politische als menschliche Verhaltensform begreifen, die man die Kunst der Einflußnahme, die dem Machtwillen innewohnende Bemächtigungsintelligenz und -potenz, die Fertigkeit zum Oktroi nennen kann, so ist leicht einzusehen, daß Georges Ausschließen der Massen und Mehrheiten, der geläufigen Werte und allgemein geteilten Tendenzen ein sublimes Mittel der Machtergreifung war. Wer wie George Macht als Rang bestimmt, das heißt, wer Macht durch den consensus und die Wahl der Mehrheiten nicht nur nicht will, sondern als kompromittiert, *befleckt* empfindet, muß die Attraktion der Ausnahme, der durch Angriff oder Ablehnung grober Majoritäten nicht zu erweichenden und zu erreichenden Minorität aufs äußerste steigern. Jeder Versuch dieser Mehrheiten, die angemaßte Geltung des elitären Ranges einzuschränken oder zu desavouieren, läßt nur die Rechnung dieses Machtwillens aufgehen. Alle berüchtigt-berühmten, bewunderten und gescholtenen Ansprüche des jungen George: das ›Geweihte‹, das ›Schöne‹, das ›Entrückte‹, das unverfrorene *Noli me tangere* des Fin de siècle-Heiligen, des ›Ästheten‹, sind keineswegs in sich selbst selige Erfindungen eines neuromantischen Narzißmus, sondern wohlbedachte Spiel-Züge eines glühenden Machtwillens. Ludwig Klages hat diesen Machtwillen des *Algabal*-Dichters erkannt und als solchen benannt. Dieses Phänomen ist keine Georgesche Spezialität. Baudelaires Theorie des Dandy stellt es in seinen geschichtlichen und psychologischen Zusammenhang. Doch Georges Machtwille ist eben nicht im Dandytum ›ästhetisch‹ und unverbindlich geworden. Er ist politisch und muß so in blanken Gegensatz zum ›Ästheten‹, zum genüßlichen Kult des Schönen geraten. Dieser Vorgang hat Gründe, über die noch zu reden sein wird. Hier nur soviel: Georges – sagen wir es so dürr als möglich – Nicht-Ästhetentum, das, worin er sich in der elementaren Zusammensetzung seines dichterischen Ingeniums von den ›Ästheten‹ seiner Epoche unterscheidet, ist einfach zu sagen, schwer zu erweisen: George nahm das Schöne als Form des Sittlichen auf. In seinen Algabalischen Anfängen mag dieses Schöne ihm in der Stimmung und im Stile Baudelaires als *Blume des Bösen* erscheinen. Aber Algabals *dunkle große schwarze blume* bleibt besonderes, dann abgesondertes Gewächs des Georgeschen Schönheitstriebes. Dieser gedeiht und erfüllt sich nur im Sittlichen.

Der Gegensatz des romantischen Interessanten und des klassischen Schönen ist bekannt. Dem Interessanten gilt das Sittliche wenig, wenn es keine Steigerungen, Sensationen verspricht und erbringt. Die interessante Algabalische Irritation des moralischen Schönheitstriebes Georges ist nur zu verstehen im Hinblick auf den erörterten Machtwillen Georges.

Diese Irritation ist Ausdruck des Machtwillens. Sie tritt noch einmal in verführerischer Stärke ein mit der Münchner ›Kosmiker‹-Runde. Die Zeit-Verachtung des Lustknaben Manlius im Alfred Schuler gewidmeten PORTA NIGRA-Gedicht zeigt starke Züge des Algabalischen ›Immoralismus‹. In dem Maße jedoch, in dem das Schöne die Renommierphase des Interessanten überwindet und die Form des Sittlichen gewinnt, enthüllt sich der Kern des Georgeschen Machtwillens als Ethos, wird der interessante Drang zu reizen, zu berücken, zu skandalisieren zur Aufgabe zu bilden, zu erziehen. Sensation und Ethos – beides ist bei George vom Pathos eines Machtwillens geprägt, der sich im moralischen Zucht-, später im religiösen Sendungsgedanken bindet. Das Unbändige dieses Machtwillens ist von vielen, selbst von dem so ›entzauberten‹, jeder Pose und falschen Mache abholden Max Weber, als *dämonisch* empfunden und immer wieder mit diesem Worte genannt worden.

Hier nehmen wir den Faden des Politischen wieder auf. Das *Dämonische* des Georgeschen Machtwillens führt wie im ästhetischen Bereich zu Algabalischen Entzündungserscheinungen im politischen zu den mit Nietzsche umgewerteten Werten, zum Jenseits der Moral, wo der ›Vornehme‹ der moralischen Rücksicht auf die ›Menge‹ enthoben ist. Die sittlichen Werte des Platonischen Staats, die George den Werte-Kanon Nietzsches, den hier begründeten moralischen Primat des starken und schönen Lebens, den Rang- und Elitebegriff der Stärke anders sehen und einschränken lehren, gewinnen in dem Grade Gewicht, in dem George das Schöne im Platonischen Sinne als das Gute faßt.

Doch das *Dämonische* wird im Sittlichen nie ganz aufgezehrt. *Abgrund* ist ein Lebensmotiv Georges.

     . . . . .

> *Mein leben sah ich als ein glück*
> *Reiß mich an deinen rand*
> *Abgrund – doch wirre mich nicht!*

Der ständig gesuchte und ständig behauptete Standort am Rande des *Abgrunds* ist dämonischer Natur. Das geforderte und geformte Aushalten der Absturz-Spannung teilt sich allem mit als geheime und allgegenwärtige Gewalttätigkeit des Sinnens und Tuns, des Liebens und Hassens, des Wunsches und des Verzichts, bis in das gequält Outrierte bestimmter Wortfindungen und Wendungen hinein, die wie Mordanschläge auf die Sprache wirken. Sabine Lepsius trifft die geheime Gewalttätigkeit Georges mit sinnlicher Genauigkeit: *Er gräbt nicht wie ein Gärtner; er gräbt wie ein Schatzgräber.* Damit ist mit den Worten einer klugen Beobachtung einer der Gründe ausgesprochen, die dem Werk Georges nur in seltenen Gebilden Segen und Anmut gelöster und lösender Wohltat verleihen.

Wir sehen nun auch deutlicher, wie sehr alle ›politischen‹ Unternehmungen Georges, sei es die Einrichtung der *Blätter für die Kunst*, sei es die Gründung des ›Kreises‹ und ›Staates‹ mit seinen Ordensregeln und Prüfungs- und Verhaltensvorschriften, sei es das Äußere einer Publikation, die weniger manierierte als auf den Grund des Angemessenen bohrende Sorge um Papier und Letter eines Drucks, dem Geiste einer dämonischen Überanstrengung unterworfen sind. Man kann sie das Sittliche als Exzeß, die Tugend im Ausnahme- und Überlastungszustand des Trotzes und Stolzes nennen. Sie ist es letztlich, die allen seinen Unternehmungen die Qualität des ›Politischen‹, das heißt, den Willen zu erzieherischer Unterwerfung, zur Machtausübung einflößt.

Friedrich Wolters, dessen Buch über George die ›Politik‹ Georges ins Extrem trieb und depravierte, gibt wie kein Anderer Zeugnis von der inneren Gefährdung, der äußeren Gefährlichkeit der aus sittlichem Überdruck entstandenen ›Politik‹ Georges. Wolters sagt es: *George ist der Herrscher. Wir sehen es als ein hohes Glück unseres Geschickes an, daß heute der Dichter unseres Volkes auch zutiefst ein staatlicher Mensch ist, der irdische Herrschaft will und formt und zugleich mit dem ersten Wachwerden seiner dichterischen Kräfte den Keim seines Reiches zu bilden begann. Die seltsame Verkennung, daß George sich nur um ästhetische nicht um staatliche Dinge kümmere, rührte daher, daß seine Ansicht vom Staate gerade den denkenden Zeitgenossen eine völlig fremde ja feindliche war, daß sie vom Bild eines geistigen, das heißt alle Seelenkräfte umfassenden und bewegenden Herrschertums kam, nicht von irgendeiner der verbrauchten oder teilhaften Formen der Gegenwart. Schon in ›Manuel und Menes‹, im ›Algabal‹, in den ›Hängenden Gärten‹ brechen die staatlichen Sichten mit einer Wucht ohnegleichen auf; aber vom Herrscher aus gesehen nicht vom Volke, von der heldischen Person nicht von der öffentlichen Freiheit, vom ›Menschenrechte‹ auf der höchsten Stufe der Gesellschaft, nicht von den ›allgemeinen Menschenrechten‹ aus. In der Zeit, wo alles Große – auch auf den Thronen – herabgedrückt und alles Kleine ohne Recht und Sinn übersteigert wurde, litt George wie keiner an der Not des Untergangs aller hohen Menschenbilder und am Verlust jeder adligen Menschenart, für deren Bildung und Erfüllung alle bestehenden Einrichtungen der bürgerlichen Gesellschaft weder Raum noch Nahrung boten. Diese Seelenlage des europäischen Menschtums war von keinem Punkte der vorhandenen Praktiken oder Theorien des Staates zu ändern. Sie erforderte die Schaffung einer neuen geistigen Sphäre für ein Menschtum, das aus einer gänzlich gewandelten Anschauung vom Aufbau staatlicher Gemeinschaft die Lebensformen erzeugen könnte, die George als Bild einer würdigen Daseinsweise des Volkes in sich trug.*

Und so sind wir beim Thema. *Die würdige Daseinsweise des Volkes* – wie wurde sie von George und seinem ›Kreis‹ gesehen? Wie sollte sie gewonnen, wie begründet werden, wie nach innen und außen durchgesetzt und beschützt?

Kenner des Werkes und Vertraute des Dichters stimmen darin überein, daß der ›Staat‹ und der ›Kreis‹ Georges in keinem Sinne und keinem Betracht an nationale Grenzen gebunden waren. Später änderte sich das. Georges ›Staat‹ ist eine Geburt aus dem Geiste der Schönheit. Der ›Staat‹ spottete jeder nationalen und sozialen Einschränkung. Der Dichter kennt kein anderes Vorrecht als dies: *mit ernst und heiligkeit der KUNST zu nahen.* In diesen ›Staat‹ lädt George Dichter, die der Nationalität nach Franzosen, Belgier, Niederländer, Polen, Engländer, Schweizer sind: Bestimmungen lokalen Zufalls, die nicht zählen.

Dennoch ist Georges ›Staat‹ nicht zu vergleichen mit den Zirkeln, den Écoles um Mallarmé oder anderen zeitgenössischen Dichterschulen Frankreichs, die in Mode waren; ebensowenig wie der ›Maître‹ Mallarmé mit dem ›Meister‹ des ›Kreises‹. Von diesen Écoles unterschied sich der ›Kreis‹ durch das, was wir als das ›Politische‹ beschrieben haben. Der ›Staat‹ zielt auf den ›Kreis‹ als die Zelle seiner Verwirklichung. Der *dichterische Mensch* ist der Träger des ›Kreises‹, der ihn zum Zweck seines Wirkens und Werbens macht. Der ›Kreis‹ wirbt und wirkt, wie wir zeigten, durch Reiz und Anspruch des Esoterischen und Hermetischen. Denn das Schöne ist nicht nur selten im Sinne des Vorkommens, sondern auch unverständlich für alle, denen die Empfindung des Schönen versagt ist. Dieser Schönheitsbegriff und die durch ihn nobilitierte Minorität des ›Kreises‹ entsprechen einander. Anstelle der gesellschaftlichen Metapher ›nobilitiert‹ könnte die religiöse Metapher ›geweiht‹ stehen. Adel und Weihe sind Programm-Metaphern der Auslese und Aufnahme des *dichterischen Menschen* in den ›Kreis‹.

Das Gefälle von ›edel‹ und ›gemein‹, von ›geweiht‹ und ›profan‹ erzeugt den Gegensatz, der das ›politische‹ Grundmuster aller Gesinnungen und Äußerungen des Dichters und seines ›Kreises‹ bildet: der Einzelne und die Menge.

Man hat mit Recht bemerkt, daß die *menge*, dieses Wort unversöhnlichen und unverminderten Abstands, weniger die sozialen Schichten der Bauern und Arbeiter meine als die Bourgeoisie und die machthörige Wilhelminische Militär- und Verwaltungsaristokratie. Ihre Könige und

Landesherren – mit Ausnahmen, der betontesten des Zweiten Ludwig von Bayern – sind ebenso *menge* wie der Untertan, um das berüchtigte Spottwort des literarischen Oppositionslagers des ›Kreises‹ dem Meister zuzumuten. Die Arbeiter, deren soziale Verhältnisse, deren Milieu mit seinen Leidens- und Häßlichkeitszuständen der Naturalismus literarisch zu entdecken und darzustellen begann, sind für George nur graue Unzahl, Sklavenheere. Der Arbeiter ist für George kein Thema. Welch ein Thema aber ist diese später von Max Weber so scharf bemängelte Unterlassung Georges für eine historische Betrachtung! Wir kommen darauf zurück.

Die *menge* mit ihren unheilbar degenerierten großstädtischen Massen hat nicht nur Handel und Wandel, sondern auch alles ›Große‹, vor allem den Großen Menschen den Machenschaften des Käuflichen und Verkäuflichen unterworfen. Alles wird Ware, und der abgefeimteste Nutznießer des allgemeinen Verkäuflichkeitsprinzips, der Kommerzialisierung des Geistigen, ist der Lieferant geistiger Waren, der Literat. Goethe wird zu vulgären Erbauungs- und Schmuckzwecken der Bourgeoisie von ihren bestallten Festrednern auf das Niveau hinabgewürdigt, wo heute *bellt allein des volkes räude* – wie es im Zeitgedicht *GOETHE-TAG* heißt. Nietzsche wird erwürgt von der *menge*, die im Nietzsche-Gedicht das *getier* heißt,

. . . das ihn mit lob befleckt
Und sich im moderdunste weiter mästet

In diesem *moderdunste* läßt sich die *menge* dann die Maskerade der Macht, das theatralische Staats- und Machtgepränge eines Kaisers mit *bühnenkrone* gefallen.

George prangert diese öffentliche Gemeinheit der Gesellschaft immer wieder mehr oder minder unmittelbar in den Vorreden zu den *Blättern für die Kunst* im Namen des ›Preußentums‹ an. Das Preußentum – *ein wirksames aber aller kunst und kultur feindliches system*, wie George 1901 in den Merksprüchen dekretiert – ist für den *bildungsstaat zweiter ordnung*, das kulturelle Niveau des Kaiserreiches verantwortlich. Wie auf George preußische ›Größe‹ wirkt, hat er in dem 1902 im Hause Bondis vorgelesenen, dann sekretierten, zu Teilen vernichteten Zeitgedicht *Der Preuße* festgehalten. Dieses Gedicht, das George in einem Ausschnitt von dreiundzwanzig Versen noch in Minusio bei wenigen Papieren mit sich führte, hat Boehringer unter dem Titel *BISMARCK* veröffentlicht. Bismarck ist dem Dichter der *herold . . . seelloser jahrzehnte* in der *kalte[n] stadt von heer- und handelsknechten.*

Tat so nach väter traum der berg sich auf?
Sei ungeschmält dir was du deinem herrn
Errangst und klug erdachtest – doch entrissen
Was du dir nahmst und toren auf dich luden
Als vorbild unsres ganzen volks

Du griffest – doch nicht weit genug . . . du trogest
Nicht kühn genug . . . drum wird lästrung heissen
(Für gimpel leim): wir Deutsche fürchten Gott!
Du siegtest stets mit schlag und list im feld
Du fielest stets in heim und frieden – sahest
Vor abend deine liebsten kähne scheitern . . .

Nie war dir schritt noch regung die das blut
Uns höher trieb – nie wort das niederzwang
Uns staunend noch vorm korsischen kometen . . .
Bei macht gebrach dir edelfreie hand
Und stolz des schweigens als man dich entliess
Du wolltest diener sein – kein Großer. fänden
Wir andre grabschrift dir als du dir selbst?

Dieses Gedicht, dessen Fragment uns nur bekannt ist, sollte als Zeitgedicht im *Siebenten Ring* erscheinen. Seine Entstehungszeit fällt also in die Jahre, die man als die *deutsche Wende* Georges bezeichnet hat. Vor dieser Wende hatte seine ›politische‹ Lehre vom ›Staat‹ noch keine zeitpolitische, keine nationale Note. Sein ›Staat‹ wurde nun mehr und mehr zum Gegen-Staat des kaiserlichen und später des demokratischen Staates, der die nationale Misere der Deutschen nur in anderen, nicht minder angegriffenen Formen fortsetzte. So wurde der Georgesche ›Staat‹ zum Geheimstaat im Staate, wurde *Geheimes Deutschland*.

Schon in der Vorrede im Fünften Bande der Dritten Folge der *Blätter für die Kunst* im Jahre 1896 weckt George das Gefühl nationaler Konkurrenz, macht er aufmerksam auf das nationale Zurückbleiben in *stil und geschmack . . . hinter allen gebildeten ländern*. Schuld gibt er unüberhörbar der deutschen Erziehung, der Reserveoffizier-Gesinnung der Lehrer und Juristen. Er spricht jetzt mit neuem Ton von *unserem volke, von hoher liebe zu ihm und seiner angestammten art*. Zugleich werden die exemplarischen Einflüsse der *ausländisch hervorragenden meister* zurückgedämmt auf das Niveau des Anregens und Ergänzens.

Friedrich Gundolf war der erste, der das Maximin-Erlebnis Georges mit seiner *deutschen Wende* öffentlich und feierlich in anläßlichen Zusammenhang brachte. Boehringer, der Georges *Begegnung mit Maximin . . . Mitte und Erfüllung von Georges Leben* nannte, schweigt sich darüber aus. Andere sind der Deutung Gundolfs gefolgt. Maximin ist für Gundolf der *deutsche Jüngling.* Die *Vergottung eines deutschen Jünglings dieser Zeit . . . ist der Ursprung seines* [Georges] *Dichtens, der Grund seines Wesens, die Kraft seiner Welt. Deutsche Jugend, im ›Deutschen Jüngling‹ von Siegfried bis Parszifal* [sic!], *von Simplex bis Walt immer wieder verkörpert, ist eine Weltkraft, von der Jugend aller anderen Völker unterschieden, . . . seit dem griechischen Jüngling, seit dem Tod Alexanders auf Erden nimmer erschienen . . . Es gibt keinen romanischen oder slawischen ›Jüngling‹ in diesem prägnanten Sinn, sondern junge Männer, und es gibt den englischen ›boy‹: aber überall dort ist der junge Mensch die Vorstufe des Mannes, wenn nicht gar des Greises . . . nur bei dem Volke des Blühens und bei dem Volke des Werdens, bei den Griechen und den Deutschen war Jugend selbst geistig voll-kommen.*

Soweit die nationale Jünglings-Theorie, oder treffender, Jünglings-Theologie Gundolfs, die der Maximin-Begegnung das Wesen des religiösen Initialaktes, der Erweckung und Berufung, zubestimmt. Kein Zweifel, daß diese Begegnung George auf jene Bahnen bringt, die ihn mehr und mehr sich als National-Propheten in keineswegs metaphorischer Bedeutung des Wortes erfüllen läßt.

Dies gibt dem ›Staat‹ die verengende Bindung an ein bestimmtes Volk, an eine bestimmte Gemeinde. Die Nation wird als zugeordneter Boden angenommen, auf dem allein die Saat der prophetischen Botschaft fruchten kann. Der schöne, der *dichterische* Mensch des Georgeschen ›Staates‹ wird der in Maximin empfangene schöne Mensch deutscher Nation.

Wie auch den Auffassungen Georges vom Beruf des Dichters in *ZEITEN DER WIRREN* neue Bedeutungen hinzugewonnen werden, so bleibt doch das von Anfang an gesetzte Gefälle vom Einzelnen, der sieht, zur Menge, die nicht begreift, bestehen. Dieser polemische Verein, den Einzelner und *menge* unlöslich bilden, steigert sich auf der prophetisch gewonnenen Höhe zu dem, was wir das negative Verhältnis des Propheten zum Gottes-Volk nennen können.

Diese Negation, der eifernde Vorwurf des Ungenügens an das zu führende und zu stachelnde Volk, enthält eine wichtige Bestimmung des Georgeschen ›Nationalismus‹. Er ist k r i t i s c h e r Nationalismus. Das bedeutet, daß sowohl der Nationalismus als auch die Nation zum Gegenstand der Kritik werden kann. So ist zwar der kritische Nationalismus Georges das Gegenteil dessen, was im üblichen Gebrauch des Wortes Nationalismus heißt; aber es handelt sich nicht um kritische Aufkündigung der irrationalen Zugehörigkeit zu Ort und Herkünften der Geburt.

Dieser kritische Nationalismus greift nicht die gegebene Unvergleichbarkeit nationaler Qualitäten als Unübertrefflichkeit nach außen an, sondern er richtet, nach innen gewandt, die Schwächen der Nation, mehr noch, er distanziert sich, so im ersten *HYPERION*-Gedicht im letzten Gedichtband *DAS NEUE REICH,* vom Gesamtzustand der Nation. Die prophetische Kritik der Nation erreicht hier ihren Höhepunkt. Sie löst den polemischen Verein von Prophet und Volk. Hier wirft der Dichter sich nicht, wie in den *ZEIT-GEDICHTEN,* auf das *was mürb und feig und lau.* Hier kehrt er sich ab als Fremdling unter den Deutschen, als Sohn *besseren Vaters:*

> *Ihr die in sinnen verstrickten*
> *Ihr die in tönen verströmten*
> *Schlaff dann beim werke:*
> *. . .*
>
> *Lernt nicht des tanzenden schritte*
> *Holde gebärde der freude*
> *Roh da ihr schwank seid*
> *Fruchtbarem bund nicht gefüge*
> *Ihr auch zu zweien allein:*
> *Ihr mit dem spiegel.*

Dies bleibt freilich seltener Ton. Der Stolz der tiefempfundenen Fremdheit unter Deutschen führt ihn in die Versuchung: zur Scheidung vom zugewachsenen Volke. –

Der kritische Nationalismus Georges wird zuweilen gedämpft, ja aufgehoben durch Wendungen reiner Zustimmung. Sie wird im Lob des vaterländischen Weins mit dem Gewicht spruchhafter Besiegelung gleichsam letzte Verfügung: *Des edlen edelstes gedeiht nur hier.*

Volk ist ihm freilich nur *unverdorben volk,* nur im bäuerlichen Volk, das er schützt vor dem Gerede der professionellen Volksvertreter:

> *Schweigt mir vom volk: da euer keiner ahnt*
> *Den fug von scholle und gesteinter tenne*

Wie also George nach innen loben kann, so kann er auch nach außen aburteilen und Trennung schneidend fordern. Er verabschiedet sich von den Helfern von damals, den Franzosen, die zum *verruchten end* treiben,

> *Dass einem rudel von verrassten hunden*
> *Der beste nachwuchs gleicht –* . . .

Österreich hat seinen Reichsanspruch verloren und als deutsche Kultur-provinz Kraft und Gabe verspielt, den ›neuen Menschen‹ Georges zu begreifen oder gar hervorzubringen.

Der kritische Nationalismus Georges, das nach innen, über das eigene Volk, die *menge*, gesprochene Strafgericht, dessen Zerstörungsflüche ein nicht anders als religiös zu bezeichnender Glaube an die Zukunft, die Erneuerung der Deutschen, ungeduldig und unduldsam hervorstößt, gewinnt im *Stern des Bundes* jene Intransigenz eines Sendungs- und Begnadungsbewußtseins, die älteste und engste Freunde wie den Nie-derländer Verwey zum Bruch mit George führte. Edgar Salin hat ver-sucht, Licht in das Dunkel dieses Vorgangs, dessen Geschichte noch zu schreiben ist, zu bringen. George warf, nach Salins Worten, Verwey vor, daß er das *Selbst- und Ehrgefühl des Geheimen Deutschland mit dem landläufi-gen Patriotismus zusammengeworfen* habe. Doch wie sollte Verwey Georges prophetische Erhebung der Deutschen zum Auserwählten Volk anders verstehen als eine Begrenzung jenes geistigen Reiches, in dem sich Verwey früh mit George verbündet hatte, auf eine bestimmte Nation, auf ihre politischen Grenzen? Verwey mußte diesen Umschlag der ›Politik‹ eines Reiches freier und schöner Geister der Kunst in eine jetzt und hier nur unter Deutschen wirksame Heilslehre als baren Nationalismus emp-finden. Ihr Verkündigungspathos war ihm nicht nur fremd, sondern unheimlich. Er mußte als gefährliche Anmaßung abwehren, was Ge-orge als Erfüllung dichterisch verhieß: *Hölderlins Germanien, das wehrlos Rat gibt rings den Königen und Völkern.* Verwey spürte, daß das mythische Germanien Hölderlins und Georges dem geschichtlichen Deutschland, in dem Geister wie Wolters auf die konkrete politische Verwirklichung des Mythos drängten, jeder nationalistischen Theorie und Praxis das Alibi einer rohen Machtergreifung liefern konnte.

Uns heute erschwert der bis ins letzte Gefüge unseres nationalen Zustandes gedrungene Mißbrauch der idealen Nationalisierung des ›schönen‹ Menschen die unbefangene Sicht auf die Georgesche Prophe-tie. Das im Ideal angesiedelte Nationale, geschichtlich und zeitpolitisch betrachtet ein ungeheurer Gewaltakt, konnte eben von der als *Zeitmacht,* als Macht verkannten, als quantité négligeable verachteten *menge* in den Bereich der elendsten Zwecke herabgezerrt und im Laufe ihres politi-schen Handelns buchstäblich verschlungen und verdaut werden.

Rudolf Borchardt, in leidenschaftlicher Fehde mit dem ›Kreis‹, angezo-gen und abgestoßen von dem ›Meister‹, zugleich dem Freunde Hof-mannsthal mit der ganz sich unterordnenden Hingabe einer großen Freundschaft zugewandt, hat wie kein Zweiter mit George gerungen um

Gerechtigkeit vor diesem *außerordentlichen* Mann, *dem die deutsche Jugend eine neue Spiritualität verdankt, die Künste eine neue Epoche der Geltung und der Mittel, die Poesie eine neue Höhe.* Borchardts Urteil ist tief gespalten. Dem ›Nationalismus‹ Georges gesteht er höchste Sittlichkeit zu. Er sieht ihn als kritischen Nationalismus. George hat *bei äußerster Kampfstellung gegen das meiste gegenwärtige Deutsche, das Schicksal, deutsch zu sein, die Pflicht, deutsch zu werden, auf sich genommen.* Borchardt fühlt sich ermächtigt zum wuchtigsten Preise: *Er ist nach Schiller und mit Schiller der sittlichste aller deutschen Dichter, wie er nach Klopstock der empfindendste ist.* George steht für eine *ganze hohe Phase der deutschen inneren Gesittung, ein Phänomen, das ganz und gar sittlich ist und keine anderen als sittliche Voraussetzungen haben kann.*

Das ist das eine. Das andere ist, daß Borchardt Stefan George in nacktem Affront *Hybris* im antiken Sinne der Schuld vorwirft. In dieser Hybris schlägt die sittliche Verachtung in *Lästerung* um. In Georges *PORTA NIGRA*-Gedicht, das Borchardt zu den *herrlichsten* Schöpfungen des Dichters, zu den *außerordentlichsten Wagnissen der Weltliteratur* zählt, verschmäht der Lustknabe Manlius, *das unsaubere und ekelhafte Vieh, das im Halbschatten des gigantischen Tores verschminkt und eingeölt auf der Lauer nach trunkenen Legionären gestanden haben mag,* das Zepter zu schwingen über einer verkommensten Gegenwart, *gedunsne[n] larven* von *fürsten priester[n]* und *frauen die ein sklav zu feil befände.* Borchardt schaudert zurück vor einem sittlich inspirierten, aber lästernd ausartenden Erniedrigungs-, Zertretungswillen, der *furchtbar auch in diesem Munde bleibt und jedem minder mächtigen schon über die Grenze in unbeträchtlichen Irrsinn umschlagen müßte.*

Den gleichen sittlich delirierenden Verstoßungswillen, dem eine Psychologie, genauer Pathologie des sittlich argumentierenden menschlichen Aggressionstriebes auf die Spur zu kommen hätte, finden wir im *ZEITGEDICHT: DIE TOTE STADT. Schon eure zahl ist frevel* ist das wahrhaft grauenhafte Verdammungswort, das uns noch beschäftigen wird.

An dieser Stelle werden wir zurückgeführt zu unseren Erwägungen über den Machtwillen Georges, den wir in verschiedenen Verkleidungen, hinter wechselnden Masken wirken sehen. Als seine ›Politik‹, wie wir die höchst bewußte Organisation seines Lebens und seiner Lehre nannten, in die Phase des kritischen Nationalismus trat, riß dieser Machtwille, dem Borchardt höchste Sittlichkeit nicht aberkennen wollte, das prophetische Richteramt so an sich, daß neben den aufbauenden die niederreißenden Mächte dieses Willens hervortraten, ja -brachen und untrennbar den einen als letzte erzieherische *Härte*, den anderen als *höchst bedeutende Kraft des Verzerrens* erschienen. Diese Kraft bewies noch auf der rhetorischen Stimmungs- und Stilebene des alttestamentlichen Prophetenzorns, des *dies irae*-Tons, seine grandiose Künstlichkeit. Der ›Kreis‹ freilich sprach hier von formender Härte, fordernder Männlichkeit.

Das Männliche. Männlichkeit bedeutet als Energie und Gesinnung die Fähigkeit und die Haltung, unaufhebbare Gegnerschaft zu setzen und anzunehmen, Ja oder Nein zu sagen, Entweder-Oder zu verlangen. Sie bedeutet als Handeln den Willen zum Schmerz, sowohl ihn zu ertragen als ihn zuzufügen. Hofmannsthal, hier unverdächtigste Autorität, sagte es auf seine Weise: *Was du getan hast mußt du tragen, so das Lächeln wie den Mord.*

Begriff und Tugend der Männlichkeit sind heute, in einer Epoche, in der der physische und seelische Aggregatzustand der Pubertät über einen Welt-Stil eine Welt-Macht gewinnt, schwer zu beschreiben – an den Mann zu bringen. Denn Männlichkeit wird gern mit Impertinenz verwechselt. Welcher ›Aufgeklärte‹ wollte das ›Männliche‹ nicht zu den Attributen der allerorten soziologisch und psychologisch durchleuchteten Vater- und Autoritätsstrukturen einer ›repressiven‹ Gesellschaft zählen? Zuviel blutige Tollheit und Niedertracht wurde freilich im Namen des ›männlichen‹ Gehorsams gefordert.

Was nun bei George das noble Gleichgewicht des Männlichen stört, das Hofmannsthals Dictum bestimmt, ist die weniger männliche als männische Disziplin und Schule, in die er sich und die Seinen nimmt, ist der wie auch immer sittlich begründete Haß auf das ›Faule‹, ›Seichte‹, ›Laue‹, das er auszureißen, auszutilgen, in den Abgrund zu stoßen gewillt ist. Züge des Fanatischen haben einige Betrachter empfunden. Das Fanatische, wie das Brutale, ist niemals männlich. Wo Hofmannsthal dem Unangemessenen, dem was George ›Pöbel‹ nennt, mit der Waffe der undurchdringlichen Diskretion, des Verstummens, des Entzuges, im Letzten im Selbstopfer entgegentritt, beschwört George den Reinigungsakt der Barbarei und die bis auf den Grund der Verderbnis rodende Wohltat dessen, der sagt:

> *Ich bin gesandt mit fackel und mit stahl*
> *Dass ich euch härte nicht dass ihr mich weichet.*

Hier müssen sich die Geister scheiden. Den kritischen Nationalismus Georges haben die *gedunsne[n] larven*, auf die George das Feuer herabbeschwor, mit s e i n e n Worten, mit s e i n e n Hoffnungen entstellt und mit der brutalen Fertigkeit der Gemeinheit sich so gefügig gemacht, daß ihre

Volksgerichtshöfe die letzten Edlen Georges vernichten konnten wie *geziefer* – ihnen das Wort antaten, das George auf die *larven* münzte. Wie konnte das geschehen? Wie haben wir diese ungeheure Pervertierung seiner Lehre vom Deutschen zu verstehen, diese Rache an den Seinen unter dem Zeichen, jenem seiner und der Lehr-Bücher des ›Kreises‹, das eine große deutsche Zukunft verbürgen wollte? War dies schon vorbereitet in dem Buch von Friedrich Wolters, das 1930 erschien und unter den Auspizien Georges entstanden ist? Wie Salin berichtet, wurde das Buch auf Drängen Georges zum Druck befördert. Das Imprimatur Georges bedeutet nicht allseitiges Einverständnis mit diesem aus schiefem Blickwinkel die geschichtlichen Proportionen verzerrenden Herrscherpreis des letzten offiziösen ›Kreis‹-Apologeten. Doch George gab in diesem besonderen Falle seine bekanntlich geübte Zurückhaltung bei Veröffentlichungen der *Jahrbücher* und dem *Kreis der Blätter für die Kunst* auf. Er griff ein, veränderte, tilgte, setzte hinzu, arbeitete mit Wolters gemeinsam an der letzten Fassung für den Druck. Hier bürgen Salins Worte: *Er* [George] *wollte durch scharfe Grenzziehung nach allen Seiten den Staat, das Reich, das zu gründen er ausgezogen war, klären und sichern, wollte das Bild vom Herrscher, vom Priester-König, das er in sich trug, nicht nur im Gedicht, sondern im beschwörenden Prose-Anruf gesichert wissen.*

Das war ein fataler Mißgriff der verlöschenden aura vitalis des Meisters, ein letzter Gewaltakt, der sein hermetisches Werk nicht dem *volk*, das er im *Geheimen Deutschland* dem deutschen Lande der Verheißung entgegenführen wollte, sondern des *volkes räude*, den Goebbelsschen Plünderungen freigab. Der Rat Salins, das Buch von Wolters heute *historisch* zu lesen, wäre zynisch, wenn ihm nicht die naive Befangenheit kreisbrüderlicher Solidarität zuzubilligen wäre. Kommerells unschätzbarer Brief an den Freund Hans Anton vom 7. Dezember 1930 sagt zum Buch von Wolters das Nötige, das Treffende.[1]

Gundolf konnte in seiner George-Darstellung noch des Dichters *erste geschichtliche Aufgabe in der Wiedergeburt der deutschen Sprache und des Dichtertums* sehen. Wolters hingegen zeigt im Kapitel *Der Dichter und die Zeitmächte* den gewandelten Geist, in dem der Dichter seine *geschichtliche Aufgabe* begreift. Dem *Weltbilde* Georges stand entgegen die *erdumgreifende Macht der heutigen Wirtschaftsgesellschaft* mit ihren kapitalistischen und sozialistischen Formen. In Max Weber, dem Heidelberger Staats- und Wirtschaftslehrer, trat ihm ein Geist entgegen, der mit klarem Gefühl für den menschlichen Rang Georges die Bodenlosigkeit seiner geistigen Politik begriff. Dieser Heidelberger *Popanz der Objektivität*, wie George ihn im Kreise der Jünger verspottete, sah mit ganzer Schärfe das soziale und politische In-der-Luft-Schweben der Georgeschen Kirche. Georges programmatische Esoterik, die den Seinen unmittelbares Einwirken auf das politische Handeln des Tages verbot, mußte für Max Weber den Charakter eines durch dichterische Ambitionen doppelt suspekten Kulturkonservativismus, einer ästhetizistischen ›Reaktion‹ annehmen, auf die sich politische Parteien allzu leicht berufen könnten. George mit den wissenschaftlichen Mitteln des Nationalökonomen zu überzeugen, mußte Weber als fruchtlos erkennen. Freilich enthüllte seine wissenschaftliche Analyse, die soziologische Standortbestimmung des ›Kreises‹, den Kern des Unbehagens Webers. Er nannte den ›Kreis‹ lakonisch eine Versammlung von ›Rentner‹-Existenzen. Arbeit und Arbeiter – diese waren die *Mächte der Zeit,* die auch das Essen, Reisen, Bücherkaufen und das Büchermachen jener sozialen Sekten von der Art des ›Kreises‹ ermöglichten und mehr bestimmten, als die kostbare Verachtung der *menge* sich träumen ließ. *Es ist –* so bemerkt Max Weber – *bei einer primär künstlerischen charismatischen Jüngerschaft denkbar, daß die Enthebung aus den Wirtschaftskämpfen durch Begrenzung der im eigentlichen Sinn Berufenen auf ›wirtschaftlich Unabhängige‹ (also: Rentner) als das Normale gilt (so im Kreise Stefan Georges).*

Wie der ›Kreis‹ dem zeitpolitischen Engagement seiner Mitglieder als unvereinbar mit der ›Politik‹ des ›Kreises‹ widerriet, so war für sie auch der Dispens von Erwerbspflichten erstrebenswert, wenn auch selten zu erreichen in den Nachkriegszeiten der Vermögensentwertung. Max Weber, der, wie sein Heidelberger Kollege Karl Jaspers sich erinnert, bequem als Wilhelminischer ›Nationalist‹ und ›Imperialist‹ gescholten werden konnte, hielt es weniger mit den Moden der Macht, den *Zeitmächten,* als mit der Realität des geschichtlichen fait accompli. Die Rentner-Existenz vor allem dann, wenn sie sich zeitkritisch betätigte, wenn sie die Ansprüche an die Einzelnen dieser Zeit so hoch trieb, wie das George und die Seinen taten, war für Weber zwar nicht sittlich unglaubwürdig, aber realitätsblind. Diese Blindheit schränkte für Weber die sittliche Glaubwürdigkeit der Georgeschen ›Politik‹ ein. Weber verlangte, daß politische Sittlichkeit im *Widerstand der Welt* ihre Sache zu behaupten und die Kraft zu beweisen habe, *mit Leidenschaft und Augenmaß harte Bretter zu bohren.* Das *harte Brett* war für Weber die konkrete Lage Deutschlands, sei es unter Wilhelm dem Zweiten, sei es unter dem Reichspräsidenten Ebert.

Max Weber hat sich in langen Gesprächen bemüht, George, wie er einmal sagt, vor der *Erstarrung* zu bewahren. Politisch und menschlich. Denn Weber empfand stark das menschliche Problem der sittlichen

Versteinerung Georges, die diesem als Entartungserscheinung seines kritischen Nationalismus drohte. Weber nannte Georges Haltung *unbrüderlich*. Hier tritt der unüberbrückbare Gegensatz, der sittliche Antagonismus zweier großer Moralisten offen zutage: der eine sieht Sittlichkeit allein in der politischen und sozialen Brüderlichkeit zu verwirklichen; der andere, dem politische Repräsentation der Massen ein Unding und Unsinn ist – so allein ist der üble Leumund des Wortes *schon eure zahl ist frevel* zu beseitigen –, dieser andere sieht Sittlichkeit nur im *neuen adel* der Einzelnen wirksam werden können. Tugend ist für ihn nicht lehrbar, und keine noch so fortschrittliche Staats- und Gesellschaftskonstruktion, keine Hebung des allgemeinen Bildungs- und Verantwortungsniveaus kann sittliche Werte, die an Individualentscheidungen gebunden sind, erzeugen. Der sittlich-politischen Brüderlichkeitsforderung Max Webers setzt George Bild und Bildung eines *neuen adels* entgegen, die Hoffnung auf ein *Geheimes Deutschland,* das freilich auch Max Weber nicht entbehren konnte und wollte. Doch das ›Deutsche‹, wie Weber es kritisch begriff und skeptisch festhielt, schuldet nichts der politischen Unverbindlichkeit eines dichterischen Mythos, sondern konkretisiert sich als Sinn seiner politischen Tätigkeit. Mit den Worten von Jaspers: *Am Deutschen überhaupt und ganz und für immer und in jeder Gestalt zu verzweifeln, wäre für Max Weber nicht möglich gewesen.*

Max Webers Hoffnung auf das ›Deutsche‹ war keine Utopie, die bekanntlich im geschichtlichen Prozeß und durch ihn als *faul* im Sinne der Hegelschen Geschichtsphilosophie nicht zu widerlegen ist, sondern eine Illusion, die ein geschichtlich geprüfter und gescheiterter Optativ der politischen Mitsprache ist. Thomas Mann, der ›bürgerliche‹ Dichter, ließ schon früh den Nationalismus der *Betrachtungen eines Unpolitischen* fahren und bekannte sich in der *Rede von Deutscher Republik* zu einem demokratischen Sozialismus. Später näherte er sich mehr oder minder, gewiß in der Theorie, einer gemäßigten marxistischen Interpretation des Sozialismus. Wir erwähnen das nicht, um Unvergleichbares zu vergleichen – George und Thomas Mann. Doch gestattet Thomas Manns feierliche Vergegenwärtigung Gerhart Hauptmanns, des Hauptes des deutschen ›Naturalismus‹, in der *Rede von Deutscher Republik* eine Bemerkung, die von einem literarhistorischen Gesichtspunkt aus Licht auf die geschilderten Entwicklungen und Positionen wirft.

Für Gundolf und Borchardt war George der Erneuerer der deutschen Dichtung, eines neuen Hohen Stils der Dichtung, den Gundolf mit dem kontemporären Naturalismus konfrontierte. Gundolf nahm den Naturalismus ernst als den *Versuch, dem Zeitalter der Arbeit, der Wirtschaft, der*

Wissenschaft sein eigenes Wort, seine ehrliche Stimme zu geben, seine Wahrheit.
Wie sehr nun auch der Naturalismus Gerhart Hauptmanns und anderer naturalistischer Schulen, wie Gundolf sagt, *aus der Not des Alltags die Tugend des Feierabends* machten, so hat doch der Naturalismus als stilistischer Habitus der unbezweifelbar siegreichen ›Zeitmacht‹ des Arbeiters sich durchgesetzt. Der Hohe Stil so unterschiedlicher Schattierungen wie derjenigen Georges, Rilkes, Hofmannsthals, Borchardts, alle an Literaturtraditionen gebunden, hat sich als traditionssteril erwiesen, hat weder Nachfolge finden noch den Sinn für seine stilistischen und idealen Qualitäten erhalten können. Indessen hat der nicht selten ›kulinarische‹ Naturalismus der Gründer-Jahre und der Zwanziger Jahre heute in den Prosen von Grass, Böll, Zwerenz und der Kölner Wellershoff-Schule eine neue Form gewonnen und sich in dieser fähig bewiesen, eine Tradition zu bilden, deren Anfängen George sein politisch-ästhetisches Anathema entgegenschleuderte. So hat die ideengeschichtliche Entwicklung der Jahre seit 1890, dem Stichjahr der deutschen *Geistesgeschichte* von Wolters, eine denkwürdige stilgeschichtliche Parallele.

Die Richtung, die diese Entwicklung nahm, ist heute leicht, damals war sie schwerlich herauszulesen aus einem polemischen Kabinettstück Rudolf Borchardts, das unter dem Titel *Baccalaureus und Faust* am 24. August 1928 in der *Deutschen Allgemeinen Zeitung* erschien. Baccalaureus ist kein Geringerer als Bertolt Brecht; Faust kein Größerer als Stefan George. Borchardt hat, ein Glücksfall literarkritischer Intuition, die wahren Antipoden der deutschen Dichtung dieser Zeit im satirischen Bilde der dreisten Baccalaureus-Anmaßung vor der *Majestät des Geistes* vereint. Brecht – so Borchardt – *der Schmeichler des Pöbels ... ein talentloser Dialogisierer von ödem Radau, der sich kalt aufregt, um wie ein echter Verrückter zu wirken,* sagt kurz und bündig, daß die Gedichte Georges *leer* sind. Leer. Punktum. *Ich habe nichts gegen Leere,* konzediert der unbotmäßige Baccalaureus; aber Georges Ansichten erscheinen ihm *belanglos und zufällig, lediglich originell.*
Er hat wohl einen Haufen von Büchern in sich hineingelesen, die nur gut eingebunden sind, und mit Leuten verkehrt, die von Renten leben.
Ob Brecht den ominösen Passus aus Max Webers *Wirtschaft und Gesellschaft* kannte? So bietet George für Brecht *den Anblick eines Müßiggängers, statt den vielleicht erstrebten eines Schauenden.*
Wie kaltschnäuzig im Ton, wie oberflächlich in der Argumentation dieser insolente Ausfall des jungen Brecht, der hier, George gegenüber, die snobistische Redepose nicht verschmäht, auch sein mag, so deutlich macht Brecht das Parachronische der Gestalt und des Werks Stefan

Georges. Denn nicht nur Marxisten, sondern auch so unterschiedliche Nicht-Marxisten wie Max Weber und ein mit dem Orden Pour le mérite ausgezeichneter junger *Führer* im ersten Weltkrieg, Ernst Jünger, haben begriffen, daß keine *geistige Bewegung* des Zwanzigsten Jahrhunderts ohne oder gar gegen den ›Arbeiter‹ antreten kann. Dies begriff vor allem jene Arbeiter-Partei, die als *völkische Bewegung* im Todesjahr Georges die Macht in Deutschland übernahm und den bürgerlichen Nationalismus bis ins Mark vergiftete und zerstörte.

Georges kritischer Nationalismus war Zeit-Kritik, war *unzeitgemäß* im Sinne Nietzsches und zugleich geschichtswidrig. Indem er Gebrechen und Laster einer Zeit geißelte, die dürftig für ihn jeder Größe bar war, handelte er im geschichtslosen Raum, wurde er als geschichtliche Potenz, mit Brechts unverfrorenem Wort, *belanglos*.

Wir kommen zum Schluß, beschließen, was wir bedacht haben. Es ist Charakter, geborene und gekorene Eigenart, nicht geistige Laune und Mode, wenn George das Schöne und Große nur den Erwählten, den Einzelnen, erreichbar und zubestimmt lehrte. Doch Schönheit und Größe – große Worte, die im goldenen Rauch der Georgeschen Sage versunken sind – erscheinen heute im Leutnant der Schwarzhüte, in Johanna Dark, der *Heiligen Johanna der Schlachthöfe*.

George ein nationales Ärgernis? So sagten und fragten wir zu Beginn. Er ist es, wenn Ärgernis die Kraft wecken kann, die klärt und bestimmt. Georges ›Nationalismus‹ kann uns über das Deutsche herb und heilsam belehren; aber nicht unsere politische Schätzung des Deutschen, nicht das Gewicht dieser Schätzung bestimmen. Doch als Ärgernis eines hohen Anspruchs wird George noch heute wenige um sich sammeln, die der Idee des fallenden Letzten, des Anstandes vornehmer Vergeblichkeit ›wie das Gesetz es befahl‹ zur Vervollkommnung bedürfen. Ihrer nationalen Passion – und nicht wenige, ob benannt oder unbekannt, erlitten und erleiden sie – gebührt Ehrfurcht.

Wir aber haben uns einzurichten nach dem *BRAND DES TEMPELS* und zu arbeiten mit Arbeitern, denen der dichterische Trost

> *... Ein halbes tausend-jahr*
> *Muss weiterrollen bis er neu erstehe.*

nichts mehr sagen und bedeuten kann.[2]

Max Kommerell an Hans Anton:

Mein geliebter Hans!
Ich bin ratlos erschüttert von Deinem Besuch. Du hast mir noch nie so schlecht
gefallen. Vergib! Ich muss Dir das sagen. Ich werfe in diesem Brief alle Rücksicht
beiseite. Es geht mir um uns – die Dioskuren, und da sind mir jene Rücksichten
gleich.
Ich glaube, Du vertratest mir gegenüber die Gesinnungen höhern Orts. .jeden-
falls bedenke: ich habe keine andere Wahl, als Dich und jene einigermaassen zu
identifizieren. Wie willst Du aber dann verantworten, dass Du sie vertrittst in einer
Form, die ich entweder als vollkommene Unmündigkeit bezeichnen muss, oder als
Verstellung, die über einer Wirkungsabsicht (die völlig vereitelt ist) die menschli-
che Situation zwischen uns in kränkender Weise verleugnet.
Deine Art der Diskussion ist grob, plump und platt, und indem sie damit einen
halbwegs fein Organisierten ausser Gefecht setzt, glaubt sie damit die barbarische
Dürftigkeit, das bloss noch Machtmässige ihrer Argumente zu verdecken! Du
hast es Deinem freien, schönen und gelenkigen Geist angetan, dass Du ihn in das
Geschirr einer pfäffischen Orthodoxie schnallst und mir! mir! damit begegnest. Bist
du denn behext oder was? Ich kenne Dich nicht wieder!
Du begegnest mir mit dem Hinweis auf die Pflicht zur Ehrfurcht gegen F. W.! –
sprichst von Leichenschändung, vergleichst mich mit Juden u.s.w. Liebes Kind!
Ich habe F. W., als er lebte, verehrt und geliebt, doch nie so, dass ich mich
unterstellt hätte, und wenn Du sagst, ich habe jetzt von der Tatsache seiner
Superiorität auszugehen, so habe ich damit nichts zu schaffen. F. W. war ein
ganzer Mann und ist bei der Fahne gestorben. Ja, das ist schön und gross. Und es
wäre Grund genug, von den Schwächen seines Werks, nun da er so kurz erst tot
ist, zu schweigen. Ich schweige auch – in der Oeffentlichkeit. Dem steht (als mein
Verhalten im engern Kreis begründend) gegenüber: er hat der ganzen Gründung
durch sein Buch die Ansicht des Kirchlichen gegeben, hat Gegnerschaften von
Rang mit kleinen Gesten der Sekte erledigt, hat die Verehrung des grossen
Menschen (in den letzten Kapiteln) entstellt zu einer Devotion, die ein Frösteln der
Scham in feineren Geistern hervorrufen muss, und die als eine andere Form der
Betastung D. M. ablehnen musste! Ja, dies ist es: Ich kenne die persönlichen
Bildevorgänge vom Menschen F. W. zu diesen Werkäusserungen und so können
sie mir alle im individuellen Sinne ehrwürdig sein, im Grund trifft mein innerster
Vorwurf die Regie die dies gutheisst. Und dies hat nichts damit zu tun, dass alle
Bücher, auch meine, Fehler haben: nein, es handelt sich um Praktiken! – jawohl
Hans, um Praktiken! – mit denen mich zu identificieren mir mein Name zu gut ist.
Ueberhaupt – wie ist das Menschliche aus dem Leim gegangen! Gott! welche
Zeit, wo die Besten dem verfallen, dass sie alles Umgebende nur noch bespeien und

sich selbst in der unwürdigsten Weise beräuchern. Wenn Du von F. sprichst, an dem Du früher wenig gutes Haar liessest, so ist's ein Gott den ein Halbgott liebt und so weiter. Wenn von H., so hat er sich dem gegenüber so zu fühlen, dass er kaum mit ihm das Merkmal, auf zwei Beinen aufrecht zu gehen, teilen darf. Ich liebe und ehre alle diese Freunde, aber es liegt gänzlich ausser meiner Möglichkeit, sie als Kultmitten zu umwandeln. Ich hoffe wir sind alle ein wenig Καλοι καγαθοι *und erinnern uns, dass: sich zu ehren und andre zu ehren Korrelate sind.*

Auf Deine Argumente: Verlag Bondi garantiert auch schlechten Gedichten Ewigkeitswert – frühchristliche Hymnen sind gut weil da und da etwas über Nonnos »geschrieben steht« blicke ich nur hin, nicht etwa weil Du solches Zeug denkst, sondern weil Du mich gering genug schätzest, dass Du mich zwingst es anzuhören.

Du verwechselst durchaus gute Gestalt und Haltung mit geistigem Format. Natürlich ist F. W.* eines, aber glaube: mit gleicher Obhut wird es gelingen, den R. F. zu einem ähnlich wirksamen und lebenstüchtigen Gliede auszubilden.

Lass Dir noch sagen, dass die Gefahr diese ist: Das Banale in der Sprechweise höchster Salbung nicht mehr zu erkennen, es gar für dichterisch zu halten, so dass Faustrecht im Geistigen, und liturgische Pathetik im Dichterischen zusammentritt, um auch in dieser Umgebung dem mittlern Format die Existenz zu sichern, dem grössern zu erschweren oder zu verekeln. Für das reine Gedicht: das höhere Individuelle das als solches ein Muster ist – hat fast niemand mehr Sinn: es muss Aufhöhung, Ethos, Pathos, Ritual, Magie zu Hilfe kommen.

Zwischen schlechter Magie (nämlich kirchenartiger oder kulissenartiger) und geistig maskiertem Philistertum bestehen zwar tiefe Unterschiede der Wirkungsmittel, aber keine der Qualität. Hinter beidem steht frecher Unglaube an das Göttliche, das zugleich die Natur und das reine Menschliche ist. Manchmal sprichst Du wie ein kluger Wagnerianer, manchmal wie Kaas, hie und da gar wie ein Anthroposoph!!

Im übrigen: wenn ich, durch mein Verhalten, erkläre (ausser Zusammenhang mit dem Vorherigen, ich meine jetzt ganz andere und Lebensdinge), dass ich's so wie es um D. M. im Jahre 1929 zuging, nicht mehr aushielt und folglich wegblieb, wie kann ich verantworten, S., in dem ich einen Menschen meiner Stufe anerkenne, im wehrlosen Alter von 15 Jahren hinzuschicken!

Ich schreibe erregt, heftig, habe keine Zeit zu Konzepten. Du sollst einmal hören, wie ich denke. Deine Gestalt, o sehr Geliebter, hat empfindlich eingebüsst, und ich schreibe dies um unser Verhältnis auf seiner wahren Linie fortzusetzen, womit ich

---

* *Gedichte, die man als solche missbilligt als Äusserungen ethischen Wohlverhaltens zu retten, verbietet die Achtung vor den Verfassern. Den Satz D. M.'s »Geistbücher sind Politik« weis' ich zurück. Ich habe nichts damit zu schaffen!*

riskieren muss, es zu stören. Du kannst mit diesem Brief machen, was Du willst, nur lass ihn nicht herumliegen. Bestimmt ist er im individuellsten Sinn für Dich! H. lass' ich die Abschrift lesen.* Es wird nicht mehr Komödie gespielt.

Sonntag 7. XII. [1930]
Innigst Dein M. K.

Ich wiederhole meine Einladung, Weihnachten mit mir hier zuzubringen.

* *mit Ausnahme des letzten Abschnitts.*

Despotismus und Empfindsamkeit
Zu Schillers *Kabale und Liebe*
(1976)

C'est détestable! Cela ne sera jamais joué; il faudrait détruire la bastille pour que la représentation de cette pièce ne fut pas une inconséquence dangereuse; cet homme joue tout ce qu'il faut respecter dans un gouvernement.
Louis XVI., nach der Lektüre von Beaumarchais *Le mariage de Figaro* (Madame de Campan).

Wo sonsten ein König durch seine Ministers ganz despotisch herrschte, da findet mann jezo einen König, der außer den Nahmen nichts der Crone ähnliches führet.
Herzog Carl Eugen am *Dienstag, den 26ten Aprill 1791,* in Paris, *Tagbücher seiner Rayßen* (1783–1791) über Ludwig den Sechzehnten.

Den Plan zum bürgerlichen Trauerspiel *Luise Millerin* hat Schiller im Juni 1782 entworfen, als er einen vierzehntägigen Strafarrest zu verbüßen hatte. Er war ohne Erlaubnis seines Landesherrn drei Tage nach Mannheim gereist, um dem Freiherrn von Dalberg, dem Hofkammer-Vizepräsidenten und Geheimrat Seiner Kurfürstlichen Durchlaucht der Pfalz, dem Präsidenten der Mannheimer Akademie und Theaterintendanten, seine Dienste anzubieten. Ende September 1782 verließ Schiller Stuttgart, flüchtete nach Mannheim, und schon auf der Reise, die eine Flucht ins Ungewisse war, zeichnete er die ersten Szenen und *Hauptmomente* des Trauerspiels auf. Die Entstehung des Stücks ist also an die Flucht, den Ausbruch, den heimlichen Grenzübertritt und Landeswechsel geknüpft. Er arbeitet in Oggersheim bei Mannheim fieberhaft an der Komposition der Einzelszenen, der Ausführung der Hauptpersonen. Er muß eine Einladung auf ein Landgut bei Meinigen annehmen, lebt dort inkognito als »Doktor Ritter«, immer also mit aller Vorsicht und Rücksicht des Flüchtlings, Genie-Gast der mütterlichen Freundin Henriette von Wolzogen. 1783, im Januar, meldet er *Mein neues Trauerspiel, Luise Millerin genannt, ist fertig*; er schreibt es ab, schreibt es wieder um, stellt ein Exposé des Stückes für Dalberg zusammen und erreicht sein Ziel: Dalberg nimmt das Stück zur Aufführung in Mannheim an.

Soweit die Skizze der äußeren Umstände, welche die erste Niederschrift des Stückes begleiten. Der Dichter als Deserteur auf der Flucht, mit wechselnden Schauplätzen, im ländlichen Exil einer Freundin, der Favoritin des Württemberger Landesherrn Karl Eugen, Franziska von Hohenheim, immer also noch und immer wieder im Bannkreis jenes Mannes, der seit dem erzwungenen Eintritt des Knaben Fritz Schiller in die Hohe Karls-Schule, die Haus-Universität des Württemberger Potentaten, die Geschicke, den Charakter, die Entwicklung Schillers pressend geformt hat.

Wie kam dieser Ausbruch, die sorgfältig geplante Flucht aus Stuttgart, Fahnenflucht mit juristischen Konsequenzen, Insurrektion, ein Gewaltakt gegen zehnjährige Vergewaltigung durch den Herzog Karl Eugen zustande? Schiller war von der Karls-Schule entlassen worden als ›Regimentsmedikus‹, also dem strikten militärischen Reglement der herzoglichen Armee unterworfen. Die Familie Schiller empfand diese fürstliche Wohltat bitter als Vertrauens- und Versprechensbruch. Schiller mußte die Uniform eines Feldschers tragen. Die Demütigung dieser Anordnung empfand er tief. Der Herzog hatte dem Dichter der *Räuber* kurzerhand alles *Literarische* untersagt. Während seiner heimlichen Mannheimer Aufenthalte hatte Schiller nach Gesprächen mit der zwar entgegenkommenden und wohlwollenden, aber auch sehr geschmeidigen Exzellenz Dalberg sich schmeicheln dürfen, das Interesse des einflußreichen Mannes gewonnen zu haben. Doch der Reichsfreiherr Dalberg war viel zu sehr politischer Hofmann, um nicht diplomatische Verwicklungen vorauszusehen, wenn er Schiller als Theaterdichter an den glanzvollen Hof Karl Theodors nach Mannheim holen würde. Schiller war in der Doppelbindung eines Akademieabsolventen und Angehörigen der herzoglichen Armee Karl Eugens verpflichtet. Schiller empfand diese Verpflichtung, die ihm die einfachen Privilegien – zum Beispiel das Tragen von Zivilkleidung – untersagte, als erniedrigendste Leibeigenschaft. Dalberg mußte sich hüten, die erlauchte Willkür eines unberechenbaren Souveräns durch eine feste Mannheimer Anstellung Schillers zu mißachten. Schiller selbst unterrichtete Dalberg sehr genau über die Modalitäten, wie Dalberg dem Herzog das Mannheimer Engagement des Stuttgarter Medikus schmackhaft machen könne. Dalberg aber hat nie in diesem Sinne mit Karl Eugen verhandelt. Er scheute die Schwierigkeiten, doch er erweckte immer wieder die Hoffnungen Schillers.

Der Herzog reagierte hart, als er von den heimlichen Reisen Schillers durch Ausplaudern einer seiner beiden Reisebegleiterinnen hörte. Er fühlte sich um die Früchte seiner Ausbildungsinvestitionen gebracht.

Schiller sollte seine medizinischen Schlußprüfungen machen. Er mußte sofort einen vierzehntägigen Arrest antreten. Der frühe dichterische Erfolg der *Räuber* beeindruckte den Herzog in keiner Weise. Er nahm sie gar nicht zur Notiz. Aber er befahl Schiller, *nichts Literarisches mehr zu schreiben oder mit Ausländern zu kommunizieren* – im Falle der Zuwiderhandlung drohte er dem Dichter mit Kassation und Festungshaft.

Die Würfel waren gefallen. Der Entschluß war gefaßt. Schiller benutzte die pompösen Unruhen eines Staatsbesuches des Großfürsten Paul von Rußland in Stuttgart. Die Freundin Henriette von Wolzogen, der Musiker-Freund Andreas Streicher wurden eingeweiht, auch seine Mutter. Den Tag vor der Flucht verbrachte er – was sollte man vermuten? – l e s e n d. Beim Bücherpacken fielen ihm Klopstocks *Oden* in die Hände. Der lesende Deserteur! Während die magische Beleuchtung eines festlichen Kunstfeuers das Schloß Solitude erhellt, verlassen die Freunde im Wagen die Stadt. Schiller wußte und wollte, was er tat. Es war ein Sprung ins völlig Ungewisse – aber es war nicht die Aktion eines Abenteurers, keine glücksritterliche Weltlust. Es war ein sittlicher Akt, doch nicht nur ein Akt der Befreiung aus beengenden und bedrohlichen Verhältnissen, nicht nur ein Akt f ü r sich selbst, eine Konsequenz seines sittlichen Selbstverständnisses, sondern ein Akt g e g e n einen anderen, gegen den Despoten, ein persönlicher Aufstand, ein politischer Akt, auch wenn er ihn als solchen nicht empfand oder unmittelbar ausdrückte. Dieser politische Akt, der Akt des Widerstands gegen das ›Bestehende‹, gegen den bestehenden Despotismus, ist im Kern revolutionär, auch wenn er nicht das Bewußtsein seines revolutionären Zustandes hat. Wenn er auch weder den Willen noch die Mittel zur Z e r s t ö r u n g des Bestehenden hat, so hat doch der politische Akt der V e r w e i g e r u n g eine revolutionäre Struktur. Schillers Flucht war eine solche Verweigerung, so verwirrend seine ausgeklügelten, zum Schutz seiner Angehörigen verfaßten Submissionsbriefe an den Herzog auch waren. Zugleich war diese Flucht ein Entschluß zur Literatur, zur literarischen Existenz. Sie brach die Brücken zu den bürgerlichen Berufsaussichten ab. Diese doppelte Motivation der Flucht Schillers, die politische und die künstlerische, ist unzertrennlich. Sie ist und bleibt bezeichnend für Schillers – und nicht nur für seine – zeitgeschichtliche Situation, wenige Jahre vor der Französischen Revolution. Indem das dichterische Fluchtprodukt, das bürgerliche Trauerspiel *Kabale und Liebe,* revolutionäre Positionen dichterisch entwickelt wie kein anderes deutsches Drama dieses Jahrhunderts, werden diese Positionen literarisiert, erfüllen ihre theatralische und literarische Sendung auf der Bühne, in den Büchern, im litera-

rischen Räsonnement. Die Revolution findet nicht statt – nicht statt in
politischen Versammlungen, auf den Plätzen, vor den Festungen und
Gefängnissen, in den fürstlichen Gärten.

Ein aufschlußreiches Beispiel bietet hier die Geschichte der sogenannten Württembergischen ›Landschaft‹, jener dem Landesherrn zugeordneten politischen Körperschaft der Kontrolle und eines gesetzlich
zugesicherten Oppositionsrechts. So wenig wie die Württembergische
›Landschaft‹ im zähen Rechtsstreit mit dem Despoten eine Pariser Nationalversammlung werden konnte, so wenig denkbar wäre Schiller in der
Rolle eines Mirabeau. Und ebensowenig vergleichbar sind Tendenzen
und Wirkungen von *Le mariage de Figaro* von Beaumarchais und Schillers
Kabale und Liebe, die beide im Jahre 1784 ihre erste öffentliche Aufführung – ein denkwürdiges zeitliches Zusammentreffen – hatten. Zwar
trifft auch für Ferdinand zu, was das rasende Publikum der Pariser
Erstaufführung der *folle comédie* im Helden des Stücks feierte: den *défenseur
de la liberté contre le despotisme.* Aber wie verschieden die Waffen, die
Mittel, die Strategien, die diese beiden ungleichen Verteidiger der Freiheit gegen den Despotismus anwenden und entwickeln! Dennoch: sie
haben etwas gemeinsam, die revolutionäre Situation, die der Despotismus hervorruft, der Willkürzustand der Staatsform des Absolutismus,
die das politische Bild des 18. Jahrhunderts prägte, nicht nur in deutschen Kleinstaaten wie Württemberg und Braunschweig, sondern auch
im philosophisch aufgeklärten Friderizianischen Preußen und im refor-
mierten Josephinischen Österreich.

Der Comte de Mirabeau, der ebenso bösartige wie großgesinnte Wortführer jener rhetorischen Intelligenz, die die Französische Revolution in
ihren Anfängen mit fürchterlicher Wortgewalt trugen, hat während
eines seiner Gefängnisaufenthalte einen *Essai sur le despotisme* geschrieben. Der Despotismus war ein Zeit-Thema der historischen und politischen Diskussion. Schiller hatte freilich in den Jahren seines Aufenthalts
in der herzoglichen Akademie wenig Interesse an politischen Fragen
gezeigt. Der Ausbruch des amerikanischen Unabhängigkeitskrieges 1776
wurde zwar in der Akademie leidenschaftlich erörtert. Doch Schiller,
ganz in philosophische und literarische Studien vertieft, zeigte sich davon unberührt. Schillers ›Politisierung‹, wie man heute sagen würde,
hatte persönliche Anlässe: die Beobachtung und Erfahrung der höfischen Umwelt in der Stuttgarter und Ludwigsburger Residenz Karl Eugens, das harte Erziehungssystem der großherzoglichen Akademie mit
den Abstrafungen durch des Herzogs eigene Hand und Veranlassung

und, schließlich und entscheidend, die Auseinandersetzung mit der Persönlichkeit Karl Eugens.

Was Hof und Stadt, Adel und Bürgertum, ihre Lebensformen und Gesinnungen betrifft, so müssen wir bedauern, daß wir kein autobiographisches Gegenstück Schillers zu Goethes Frankfurter *Dichtung und Wahrheit*-Kapiteln besitzen. Schillers Knabenjahre in Ludwigsburg, wohin die Familie zu Ende des Jahres 1766 übersiedelte, fallen in die Zeit einer ungewöhnlichen fürstlichen Prachtentfaltung. Schon der Vorgänger Karl Eugens, Herzog Eberhard Ludwig, hatte Ludwigsburg wie in den Nachbarländern Karlsruhe und Mannheim im Zeitstil als Schloß und Stadt more geometrico, in streng abgezirkelten Karrees und Geraden errichten lassen. 1764 hatte Karl Eugen, erbittert über den Widerstand der Stuttgarter Landstände, abermals Hof, Marstall, Orchester, Theater, Garde nach Ludwigsburg verlegt, die Stadt erweitert, das Arsenal, gleichzeitig die größte Orangerie Deutschlands, erbaut. Eine wissenschaftliche Bibliothek wurde gestiftet. Das ›Schwäbische Versailles‹ entwickelte in diesen Jahren eine ausschweifende, die Finanzen des Landes zerrüttende Pracht. Sie dauerte als landesherrlicher Willkürakt nur elf Jahre einer forcierten Blüte. 1775 zog der Herzog nach Stuttgart zurück. Der Knabe lernte in Ludwigsburg nur die glänzende Außenfassade des Despotismus kennen, aber sie bestimmte das Enttäuschungsgefälle, als der Akademiezögling Schiller in den letzten Jahren vor seiner Flucht seinen Fürsten und seine Regierungspraxis kritisch und politisch zu betrachten und zu beurteilen lernte. Ohne genauere und vertrautere Kenntnis der höfischen Alltagsintrigen, gewiß auch des Klatsches, der ganzen Misere der üblichen korrupten Protektion und Devotion am Hofe, hätte Schiller Figuren wie den Präsidenten, den Sekretär Wurm, den Hofmarschall von Kalb, die Favoritin in *Kabale und Liebe* nicht ersinnen und sprechen lassen können.

Über die berühmt-berüchtigte Akademie Karl Eugens ist viel und kontrovers bis in die jüngste Zeit hinein geschrieben worden. Sie ist gewiß nicht die »Strafkolonie« und »Sklavenplantage« gepreßter Landeskinder gewesen, als die sie von polemischer Parteilichkeit oft dargestellt worden ist. Vom Standpunkt ihres berühmtesten Zöglings aus betrachtet kann ihr nicht das, was wir historische Gerechtigkeit nennen, widerfahren. Gewiß ist die Hohe Karls-Schule, welcher der Kaiser Joseph II. 1781 die Universitätswürde mit Promotionsrecht verlieh, in ihrer Art »einzigartig« gewesen. Sie vereinte Universität, Militärakademie, Handelsschule, Kunstakademie, Theater- und Musikschule, Gartenbauschule, Gymnasium und Elementarschule. Wir können nicht nur einen epochemachenden Teil der Landesgeschichte eines süddeutschen Kleinstaates, sondern auch einen wichtigen Gegenstand der deutschen Kulturgeschichte im Achtzehnten Jahrhundert nicht verstehen und würdigen, wenn wir die Entstehungsgeschichte der Akademie, ihre Lehr- und Erziehungsaufgaben, ihr Verhältnis zum Landesherrn, ihr Förderungs- und Auslesesystem nicht kennen. Das alles mag nicht unmittelbar unser Verständnis von Schillers *Kabale und Liebe* fördern, aber die Wirkung dieses Systems auf einen Knaben und Jüngling von höchster moralischer und gemüthafter Empfindsamkeit, von zarter physischer Konstitution muß uns interessieren. Wie wirkten auf ihn die täglichen Drangsale des studierenden Dienstes in der kasernierten Akademie? Welche geistigen Mittel der Kritik und Selbstfindung waren ihm überhaupt zugänglich, und wenn, gestattet? Der Schule und einzelnen ihrer Lehrer konnte er sich eine sehr eigentümliche Anhänglichkeit, trotz aller Bedrückungen und Härten, bewahren. Der Konflikt mit der Schule war nichts anderes als der Konflikt mit der Persönlichkeit des Herzogs, und dieser wurde ausgelöst durch das herzogliche Schreib- und Berufsverbot, durch das Berufsgebot, als promovierter Militärarzt der langjährigen Ausbildungsförderung auf Kosten des Herzogs die staatlichen Erwartungen an den Akademieabsolventen zu erfüllen. Aus diesem Konflikt entfaltet sich das Despotismus-Schema in Schillers Denken. Ihm entspricht das Aufstandsthema, moralisch-subjektiv in den *Räubern*, politisch-objektiv im brutal provozierten Rechtsempfinden des Musikus Miller, in der empfindsamen Revolte des *teutschen Jünglings* Ferdinand, ja, noch in der *edlen Lebenslüge* der Favoritin, die nur als Mätresse des fürstlichen Lüstlings menschliche Handlungen des Despoten erzwingen kann.

Der Herzog als Person ist die Schlüsselfigur der ›Politisierung‹ Schillers. In existentieller Notwehr gegen die herzoglichen Maßnahmen, seine sittlich-künstlerische Entwicklung im Keime zu kränken und zu ersticken, geht ihm das politische Licht über den Landesvater als Despoten auf.

Wer ist nun dieser Mann? Was sagen die geschichtlichen Zeugnisse, wie lauten die historischen Urteile? Die Zeugnisse gestatten je nach Standpunkt unterschiedliche Auslegungen, und schwer ist es für den Historiker, eine ›Natur‹ – ich sage bewußt nicht eine Figur – des deutschen Spätabsolutismus zu bewerten und zu beurteilen. Man kann ihn mit anderen deutschen Landesherren der Epoche vergleichen. Man hat das auch getan. Man kann die zeitgenössische Kritik und Polemik heranziehen und die Geschichte der Rechtsbrüche, der Grausamkeiten, der

Menschenopfer und Ausschweifungen, der Mißhandlung der Aufrechten, der Begünstigung verbrecherischer Ratgeber und Minister, der unaufrichtigen Bekenntnisse des Fürsten, der quälerischen Pedanterie seiner Altersdumpfheit aufzählen – es bleibt ein Rest, der den Zeitgenossen imponiert haben, ja Zuneigung dem Volk abgewonnen haben muß. Falls dieser Fürst, von vielen so empfunden und gescholten, ein Monstrum war, so war es ein vielgesichtiges Ungeheuer, das lasterhafte und väterlich-fürsorgliche Züge, leichtsinnige und skrupulöse Seiten in verwirrender Mischung vereinigte. Er war ein Grandseigneur des deutschen Rokoko, dem Friedrich II. von Preußen, sein Vormund, höchste Talente zusprach und eine bedeutende Regierungsepoche voraussagte. Er war aus schwäbisch-stadtbürgerlicher Sicht ein Verschwender. Aus der Sicht des Souveräns folgte er nur der Herrschertugend der Repraesentatio Maiestatis. Dem Württemberger Protestantismus war er als Katholik immer verdächtig. Dieser Verdacht hat gewiß eingewirkt auf die historische Laster-Legende des Herzogs. Doch kann eine Art Zäsur, eine ›Umkehr‹, ein Reue- und Einsichtsvorgang im Leben des Fürsten nicht bestritten werden mit Folgen für die gesamte Regierungs- und Verwaltungspraxis, auch für seinen persönlichen Lebenswandel. Freilich darf man dem öffentlich im Februar 1788 von allen Landeskanzeln verlesenen Besserungsgelöbnis des Serenissimus, der in die reiferen Jahre gekommen war, kein allzu großes Gewicht beimessen. Doch es kann wiederum kein Zweifel daran bestehen, daß er sich mit den zunehmenden Jahren am Ideal des ›aufgeklärten Absolutismus‹ ausrichtete. Sein großes Interesse am säkularen Thema der ›Aufklärung‹, der ›Erziehung‹ des Menschengeschlechts, seine persönliche pädagogische Begabung sind unbestreitbare Vorzüge des Fürsten. Seine Schulgründungen, seine Bemühungen um die Hohe Karls-Schule und die École des Demoiselles, die unter der Leitung der Favoritin, der Reichsgräfin Franziska von Hohenheim, stand, bezeugen das. Hinzu kam eine natürliche Leutseligkeit, eine spontane Hilfsbereitschaft, ein sehr humaner Sinn für die Einzelmisere, die sein pedantischer Sinn fürs Detail unterstützte. Im Volke, das seine Minister drangsalierten, war und blieb er beliebt als »Karle Herzog«.

Es wird besonderer Gaben bedürfen, um das geschichtliche Doppelgesicht des Herzogs darzustellen. Auf ein solches Porträt warten wir noch. Der Herzog mußte im zähen rechtsbrecherischen Kampf seines absolutistischen Despotismus mit der Württemberger Volksvertretung schließlich durch Vergleichsverhandlungen mit dem Wiener Reichshofrat und durch massive Drohungen seines ehemaligen Gönners Friedrich des

Großen Schritt für Schritt zurückweichen und den Sieg der Verfassung über seine Selbstherrlichkeit hinnehmen. Aber diese Niederlage hatte eine positive Folge. Im Kampf mit dem Erzkonservativismus der Württemberger Geistlichkeit und ›Ehrbarkeit‹ der bürgerlichen Staatsdiener entwickelte der Herzog seinen persönlichen ›aufgeklärten Absolutismus‹. So paradox das klingen mag: dieser Prozeß war eine Fortsetzung des Krieges gegen die Volksvertretung und ihre politischen Gesinnungen mit anderen Mitteln. Wo seine Willkürherrschaft in die Schranken verwiesen worden war, setzte sich sein ›aufgeklärter Absolutismus‹ gegen die konservative Volksvertretung durch.

In der Regierungsepoche des Herzogs zeichnen sich nun drei Themenkreise ab, die wir zum Verständnis von Schillers *Kabale und Liebe* heranziehen sollten. Sie bestimmen die revolutionäre Position des Stückes.

Zunächst die berüchtigte Lasterfigur des despotischen Verschwenders und Unterdrückers. Die biblische Dimension dieser Figur hält Schiller auch noch beim Tode des Herzogs 1793 in der Bezeichnung *der alte Herodes* fest. Es war, wie schon in den *Räubern*, dem Despotismus die *moralische Vergiftung des ganzen Volkslebens vorzuwerfen, das schließlich die Staatsform, den Absolutismus, vergiftete und zurückschlug auf den Despoten selbst.* Ein Zeitgenosse, der auch die verheerenden Folgen der Jagdleidenschaft des Herzogs, seine Mätressenwirtschaft mit einem ganzen Serail von Italienerinnen, anprangerte, beschrieb die Auswirkungen der Regierungswillkür folgendermaßen: ... *Alles zitterte vor dem Despoten; alles gehorchte seinem Winke; alles schmeichelte und kroch; und um seinen Diensteifer recht deutlich an den Tag zu legen, half man zu jeder Ungerechtigkeit und ahmte sogar seine Laster nach. So wie vor dem Fürsten zitterte jeder Subalterne auch vor seinem Vorgesetzten, und alle rächten die Knechtschaft, in der sie sich befanden, an dem Volke. Der Übermut und die Ansprüche des Adels und der Offiziere waren grenzenlos ... Der Hof erinnerte durch den Sittenverfall, der an demselben einriß, und von dem sich nur wenige Edle rein erhielten, an die verdorbensten Zeiten der römischen Imperatoren; und leider! breitete sich das Verderben nur allzu schnell, von diesem Mittelpunkte, in das ganze Land aus ... Auch die würdigsten Männer in dem öffentlichen Berufe konnten sich nur selten erwehren, die Mithelfer und Organe des Despotismus zu sein, zumal da der Eigennutz in ihrer Mitte überall eine Menge Verräter schuf, die sich alles gefallen ließen und jeden Befehl vollzogen. Andere Quellen fügen hinzu, daß das Bürgertum namentlich in Stuttgart durch den Luxus und die Auflösung der sittlichen Begriffe verdorben worden sei.* Dieser Despotismus ist Schillers Bild des Hofes und des Herzogs in *Kabale und Liebe.* Der Dichter mußte hier nicht stilisierend nachhelfen, da schon zeitgenössische Pamphlete dieses Bild lieferten. Alle Erpressungen des Landes dienten der Verherrlichung des Serenissimus und seines Hofes. Ausländischer Adel in großer Zahl, ein Heer von Hofbeamten, eine prunkvoll livrierte Dienerschaft, der auserlesenste Marstall verschlangen, so wird berichtet, riesige Summen. Eine Renommierarmee von Paradesoldaten diente der Kriegsspielerei des Herzogs. Für Schauspiel, Oper, Konzert, Ballett wurden die höchsten Gagen bezahlt und die teuersten Kräfte aus Rom und Paris gewonnen. Zwei Wochen lang wurden die Geburtstage des Fürsten gefeiert, der Bauern zur Zwangsarbeit zusammentrieb, um auf hohen Bergflächen Seen zu graben, der sich Landestöchter ehrbarer Familien zuführen ließ wie ein Sultan.

Dieser Despot spielt die Hauptrolle in Schillers Stück. Er wird zwar nur im Personenregister erwähnt. Er tritt nicht auf. Aber er ist die mächtigste Figur des Stückes. Er ist omnipräsent. Seine Allgegenwart ist in den Personen, den Dialogen, den Handlungen spürbar. Der Präsident handelt und befiehlt im Namen des Herzogs. Was immer das auch im System der despotischen Omnipotenz bedeutete, es ist eine Rechtsformel des Staatsrechts. Welchen Geistes Kind dieses Staatsrecht ist, zeigt die schaltende Kreatur des Despoten, der Präsident. Der flagrante Rechtsbruch, die Rechtswillkür ist das Kainsmal des Despotismus. Nicht erpreßter Luxus, nicht Sittenverfall und -verhöhnung und verderbliche Servilität, sondern Rechtsverletzungen, wie die cause célèbre der Einkerkerung des Landschaftskonsulenten Moser, bereiten die revolutionäre Situation im despotischen System vor. Willkür, nicht Härte und Strenge, ist die Mutter der Revolution.

So sind wir beim zweiten Themenkreis des württembergischen Despotismus und zugleich dem übelsten Beispiel der landesherrlichen Rechtswillkür, den Soldatenverkäufen, den sogenannten ›Subsidienverträgen‹ eines Landesherrn mit ausländischen Mächten. Um die immer leeren Staatskassen zu füllen, hatte der Herzog wie andere deutsche Landesfürsten nach 1752 mit Frankreich einen Subsidienvertrag auf sechs Jahre mit der Bereitstellung von 6000 Mann abgeschlossen.

Die Historiker haben diese Subsidienverträge sehr unterschiedlich beurteilt. Genaue Zahlen über Aushebungen, Bezahlung, Schicksal der gedungenen Soldaten stellt Franz Mehring in seiner *Lessing-Legende* zusammen, um den deutschen *Duodezdespotismus* im Achtzehnten Jahrhundert zu charakterisieren, vor allem am Beispiel des Herzogs Carl Wilhelm Ferdinand von Braunschweig, des Neffen Friedrichs II. und Gönners Lessings, den er an die Wolfenbütteler Bibliothek berief. Von 5723 Mann der an England verkauften Truppen, die im amerikanischen Unabhängigkeitskrieg sieben Jahre eingesetzt waren, kehrten 2708 Mann zurück, Verlust also 3015 Mann. Die Jahressumme für die Subsidientruppe, das Ausgleichsgeld für jeden Gefallenen (die gleiche Summe für drei Verwundete), Einsparungen bei nicht entrichtetem Invalidensold, falls es sich nicht lohnte, die Krüppel und Verwundeten aus Amerika zurückzubeordern – dies alles ist nachprüfbar verzeichnet in den Vertragsakten. Herzog Karl Eugen hat noch 1786 mit der holländisch-ostindischen Kompanie einen Verkaufsvertrag über ein Infanterieregiment nebst einer Artilleriekompanie abgeschlossen. Man hat von regulär ausgehobenen Söldnertruppen auf Freiwilligen-Basis gesprochen. Die Praxis sah völlig anders aus. Die rohen Anwerbungs-und Erpressungsmethoden, Verkauf und Geschicke der Opfer, veranlaßten sogar einen gemäßigten Geist wie Herder, den Menschenschacher anzuprangern:

> *Sie sind in ihrer Herren Dienst*
> *So hündisch treu, sie lassen willig sich*
> *Zum Mississippi und Ohiostrom,*
> *Nach Canada und nach dem Mohrenfels*
> *Verkaufen. Stirbt der Sklave, streicht der Herr*
> *Den Sold ein, doch die Witwe darbt,*
> *Die Waisen ziehn den Pflug und hungern. Nun*
> *Das schadet nicht, der Fürst braucht einen Schatz.*

In der zweiten Szene des zweiten Aktes von *Kabale und Liebe* sind diese Zustände im Dialog zwischen dem alten Kammerdiener des Fürsten und der Favoritin in aller Grellheit dargestellt worden. Die standrechtliche Erschießung von Meuterern des gedungenen Expeditionscorps, die Brillanten des Blutgeldes für die fürstliche Mätresse als Hochzeitsschmuck für die zynische Schein-Ehe mit dem Sohn des Präsidenten: diese Zusammenhänge wollen nicht nur eine revolutionäre Situation zeigen, sondern sie könnten auch in ihrer gezielten rhetorischen Schwarzweiß-Aufreizung eine solche Situation, zum wenigsten einen Aufstand im Publikum, das *délire général* des *Mariage de Figaro*, erzeugen, wenn es Schiller hier nicht um die Entwicklung einer »edlen Seele«, der als Laster verkannten Tugend der Maitresse de titre ging.

Und nun betreten wir den dritten Themenkreis der Württemberger Landesgeschichte, der in *Kabale und Liebe* hineinzuspielen scheint. Die Bedeutung, welche die Reichsgräfin Franziska von Hohenheim nicht nur für den Herzog persönlich, sondern für die wichtigen Bereiche, gewiß für alle innenpolitischen der Regierungspraxis unter Karl Eugen hat, ist von allen Geschichtsschreibern erkannt und mit seltener Einhelligkeit beschrieben worden. Sie ist der »gute Geist« des Despoten. Ich kann mich hier nicht auf Einzelheiten dieser folgenreichen Liebes- und Staatsaffäre einlassen. Der Herzog hat mit seltenem Zartsinn, mit großer Beständigkeit und Wärme an diesem Verhältnis bis zu seinem Tode fast fünfundzwanzig Jahre durch alle Wirrnisse, über alle juristischen und politischen Hindernisse hinweg, festgehalten. Franziska, das »Franzele« des Herzogs, begegnete ihm 1769 einundzwanzigjährig in Wildbad im Schwarzwald, wo sie in den Kreis der Herzogin Dorothea, der Schwägerin Karls, aufgenommen wurde. Franziska war mit dem Freiherrn von Leutrum, Kammerherr des Ansbach-Bayreuthischen Hofes, verheiratet. Der Herzog war, als er Franziska traf, einundvierzig Jahre alt. Er war seit 1748 verheiratet mit der Nichte des Preußenkönigs, Friederike Elisabeth von Bayreuth. Sie hatte bereits 1756 Stuttgart verlassen. Von ihrer Reise nach Bayreuth kehrte sie nach Stuttgart nicht mehr zurück. Sie widersetzte sich aber, nach katholischen Grundsätzen, einer Scheidung.

Gewiß haben weder Geschicke noch Charakter Franziskas von Hohenheim etwas mit der Figur der Lady Milford gemein, aber ihre Rolle als den Despoten lenkende, beeinflussende, täglich beratende, zerstreuende und erziehende geheime Staatsgewalt, ist ihnen doch beiden gemeinsam und Schiller wichtig genug, sie als Figur einzubeziehen und im Netz der Hofkabalen erscheinen und sich befreien zu lassen. Und sie ist es, die im zynischen Intrigenkalkül des Präsidenten und seines den Meister übertrumpfenden Schülers Wurm für die revolutionäre Position der Verweigerung heranreift.

Gib mir den Mann, den ich jetzt denke – den ich anbete – sterben, Sophie, oder besitzen muß. (schmelzend) Laß mich aus seinem Mund es vernehmen, daß Tränen der Liebe schöner glänzen in unsern Augen als die Brillanten in unserm Haar, (feurig) und ich werfe dem Fürsten sein Herz und sein Fürstentum vor die Füße, fliehe mit diesem Mann, fliehe in die entlegenste Wüste der Welt – –

Das ist die Position Ferdinands und Luises, die empfindsame Utopie des erotischen Glücks. Freilich nimmt Lady Milford die Position als höfische Intrigantin ein, die selbst den Plan der Heirat mit Ferdinand ausgedacht, eingefädelt hat, um, durch die Liebe des Jünglings erlöst, gereinigt und entschuldigt, die *schändlichen Ketten zu sprengen,* die sie an den Despoten als Frau und Bürgerin eines freien Landes fesseln. Sie endet ihren ersten Auftritt mit dem Revolutionswort: *dann auf immer gute Nacht, abscheuliche Herrlichkeit.*

Die despotische Position ist in dem Stück klar bezeichnet, die Figuren auf sie verteilt. Alle sind ihr verhaftet. Die einen als rohe, als infame, als schlaue Akteure der Kabale; die anderen als ihre Opfer, kupplerisch-mitschuldig die Mutter Luises, in Opposition ihres alle Schranken zerbrechenden Gefühls Ferdinand und Luise, der Musikus Miller in Opposition gegen die Revolte dieser die bestehende Sozialordnung bedrohenden ›Empfindsamkeit‹ der beiden Liebenden. Dann die Gezeichneten des Systems: der alte Kammerdiener, die Kammerjungfer Sophie, schließlich Statisten des Machtapparats.

Ich lasse jede literaturwissenschaftliche Erörterung des Begriffes ›Empfindsamkeit‹ beiseite und halte nur folgende Grundzüge fest. ›Empfindsamkeit‹ ist ein in England und Frankreich zwar zeitlich schon früher, aber in anderer Weise auftretender Gemütszustand, ich möchte fast sagen: ein Kulturzustand, der sich in Deutschland in der zweiten Hälfte des Achtzehnten Jahrhunderts geradezu epidemisch verbreitet und im *Werther*-Fieber eine Art *délire général* auslöst. Goethe selbst hat die krankhaften Auswüchse dieses Zustands, die Empfindelei und Schwärmerei, die Gefühlsseligkeit und das Austauschen von Ergüssen und Gefühlsgenüssen schon früh karikiert im *Triumph der Empfindsamkeit.*

Wie die kritischen Bemühungen der ›Aufklärung‹ den Verstand von Vorurteilen jeder Art, vor allem von politischen und theologischen zu befreien versuchten, so setzte die ›Empfindsamkeit‹ das Gefühl in seine Rechte ein als höchste richtende Instanz über das Gute und Schöne. ›Empfindsamkeit‹ war ein Emanzipationsakt. Solche Akte haben wie jeder Befreiungsvorgang sehr bald soziale Folgen, deren politische Aspekte schnell deutlich werden. Denn im Namen des Gefühls werden die gleichen Forderungen gestellt, die im Namen des freien Gedankens erhoben wurden. Und so ist die revolutionäre Position der ›Empfindsamkeit‹ die Forderung, daß den Gefühlen des Liebenden jede Mode, jede Schranke, jede Konvention der Gesellschaft zu weichen hat, daß allein die Liebe die Wahl zweier Partner rechtfertigen kann, daß hier jede Rücksicht auf herrschende Konventionen das ›empfindsam‹ ins Freie gesetzte Gefühl wieder in die Bevormundung oder gar Entmündigung durch moralische und gesellschaftliche Konventionen zurückstößt. Wer so denkt und argumentiert, ist ein ›Empfindsamer‹. Ferdinand denkt so, handelt so – und scheitert.

Zwei sehr unterschiedliche Personen, getrennt durch strengste gesellschaftliche Schranken, sind aus unterschiedlichen Anlässen die beiden Gegner der revolutionären ›Empfindsamkeit‹ Ferdinands: die beiden Väter. Der Musikus Miller spürt sofort den das Sozialgefüge bedrohenden Rebellionscharakter der Gefühle des Majors für Luise. Der Präsident sieht diese Gefahr in keiner Weise. Das Ritual der Verführung, der

Abfertigung der Opfer, der Rechtfertigung des Kavaliersdelikts ist im herrschenden System so eingespielt und bewährt, daß er – anders als der Musikus – weder die Besuche Ferdinands bei Luise fürchten oder sogar verbieten muß, noch einen gefährlichen Sozialkonflikt dieser Verbindung überhaupt nur ins Auge fassen kann. Erst als der Sohn sich den Zwecken seiner Intrige entziehen will, erschreckt und erzürnt ihn die Rebellion dieses Freiheitsanspruches der oppositionellen ›Empfindsamkeit‹, doch vorerst noch als Ungehorsam des Sohnes gegen den Vater, noch nicht als Auflehnung des Untertans gegen die Staatsraison, gegen die Zwecke einer menschen- und gefühlsverachtenden Hofkabale.

So verschieden die Ausgangspunkte der Beurteilung des Verhaltens Ferdinands bei beiden Vätern auch sein mag, in e i n e m sind sich Bürger und Hofmann einig, in der Beurteilung der ›Empfindsamkeit‹ des Paares. Das mündig gewordene Gefühl ignoriert die Verhältnisse, wie sie sind. Die Wirklichkeit der Verhältnisse, mit denen der Empfindsame kollidiert, läßt ihm nur noch den Bereich des Irrealen, in dem er sich mit sich selbst oder seinesgleichen solidarisieren kann. Der Vater Luises sieht die Sache sehr einfach: *Nehmen kann er das Mädel nicht.* Mit einem Satz wischt er die ›empfindsame‹ Position Ferdinands beiseite, der das Gegenteil behauptet und will. Der Widerstand des Bürgers gegen die ›Empfindsamkeit‹ ist nicht weniger hart als die des Hofmanns. Der Musikus will dem ›Junker‹ das Haus verbieten. Sehr aufschlußreich ist für uns, wie Schiller mit den Worten des Musikus den ›empfindsamen‹ Verkehr der Liebenden schildert. Ein Vehikel dieses Verkehrs ist das Buch! Luise, das Bürgermädchen, in der Bühnenanweisung zur 3. Szene im 1. Akt, kommt, *ein Buch in der Hand.* Schon in der ersten Szene schwärmt die Mutter von den *wunderhübschen Billets, die der gnädige Herr an Deine Tochter schreiben tut. Guter Gott! Da sieht man's ja sonnenklar, wie es ihm um ihre schöne Seele zu tun ist.*

Auf dieses Modewort der ›Empfindsamkeit‹, *die schöne Seele,* gibt der Musikus eine sehr drastische Antwort. Den ›empfindsamen‹ Briefwechsel zählt er kurzerhand zu den neumodischen Präliminarien der erotischen Gelegenheiten, die Diebe machen. Wie das ›empfindsame‹ Briefeschreiben, so sind ihm auch die ›empfindsamen‹ Buchgeschenke Ferdinands für Luise sehr verdächtig. Der ›Empfindsame‹ schenkt der Geliebten nicht Schmuck oder Tücher, sondern Bücher! *Sieh doch nur die prächtigen Bücher an, die der Herr Major ins Haus geschafft haben. Deine Tochter betet auch immer daraus.* Da haben wir die ›empfindsame‹ Situation: die lesende, die in den Büchern *betende* Geliebte. Ein völlig neues Motiv der Leser-Geschichte: die Tochter des Kunstpfeifers, Bücher lesend, die ein

Kavalier des Hofadels für sie ausgesucht hat! Lesend werden hier, gleichsam auf den Taubenfüßen der Lektüre, die Standesgrenzen eingeebnet. In der Lektüre ist die revolutionäre Position der ›Empfindsamkeit‹ siegreich durchgesetzt, die Gleichheit und Freiheit der Liebenden, die Lesende sind.

Der Musikus schätzt diese Gefahr sofort richtig ein, und er verbietet die Lektüre mit einer Warnung vor dem Lesen, die ihresgleichen in der Literatur der Zeit sucht, die nicht arm ist an solcher Kritik des Lesens.

MILLER *(pfeift):*
Hui da! Betet! Du hast den Witz davon. Die rohe Kraftbrühen der Natur sind Ihro Gnaden zartem Makronenmagen noch zu hart. – Er muß sie erst in der höllischen Pestilenzküche der Bellatristen künstlich aufkochen lassen. Ins Feuer mit dem Quark. Da saugt mir das Mädel – weiß Gott was als für? – überhimmlische Alfanzereien ein, das läuft dann wie spanische Mucken ins Blut und wirft mir die Handvoll Christentum noch gar auseinander, die der Vater mit knapper Not so so noch zusammenhielt. Ins Feuer sag ich. Das Mädel setzt sich alles Teufelsgezeug in den Kopf; über all dem Herumschwänzen in der Schlaraffenwelt findets zuletzt seine Heimat nicht mehr, vergißt, schämt sich, daß sein Vater Miller der Geiger ist, und verschlägt mir am End einen wackern ehrbaren Schwiegersohn, der sich so warm in meine Kundschaft hineingesetzt hätte – – Nein! Gott verdamm mich! (Er springt auf, hitzig) Gleich muß die Pastete auf den Herd und dem Major – ja ja dem Major will ich weisen, wo Meister Zimmermann das Loch gemacht hat. (Er will fort.)

Selten ist so deutlich auf die Affinität von Lesen und ›Empfindsamkeit‹, auf die literarische Struktur des empfindsamen Gefühls hingewiesen worden wie in dieser saftigen Abfertigung der *Alfanzereien* des Lesens durch den Musikus. Die Literarisierung der Gefühle ebnet mit den ›Sprachbarrieren‹ die sozialen Standesgrenzen ein.

Der Musikus erkennt scharfsinnig die revolutionäre Position der ›Empfindsamkeit‹: sie entfremdet die Empfindsame ihrer Klassen-Heimat – *findets zuletzt seine Heimat nicht mehr.* Sie vergißt die soziale Position des Vaters, und in diesem Zustand ›empfindsamer‹ Unordnung verfehlt sie mit ihrem sozialen Standort ihre Lebensbestimmung, *verschlägt mir am End einen wackern ehrbaren Schwiegersohn.*

Daß der Präsident von seinem Standpunkt aus die Sache ebenso beurteilen würde, steht für den Musikus fest. *Der Präsident muß es mir Dank wissen, wenn er ein rechtschaffener Vater ist.* Von Vater zu Vater hofft der Musikus, den ein unüberbrückbarer sozialer Abstand vom Präsidenten trennt, sich über die ›empfindsame‹ Ungeratenheit der Kinder zu verständigen. Aber daß er sieht, daß der familiäre Konflikt auch ein sozialer Konflikt zwischen Bürgertum und Adel ist, zeigen die Worte:

MILLER

Da liegt der Has im Pfeffer. Darum, just eben darum, muß die Sach noch heut auseinander. Der Präsident muß es mir Dank wissen, wenn er ein rechtschaffener Vater ist. Du wirst mir meinen roten plüschenen Rock ausbürsten, und ich werde mich bei Seiner Exzellenz anmelden lassen. Ich werde sprechen zu Seiner Exzellenz: Dero Herr Sohn haben ein Aug auf meine Tochter; meine Tochter ist zu schlecht zu Dero Herrn Sohnes Frau, aber zu Dero Herrn Sohnes Hure ist meine Tochter zu kostbar, und damit basta! – Ich heiße Miller.

Von diesem in der ersten Szene des ersten Aktes vorgezeichneten Grundkonflikt des Stückes aus entfaltet sich das Drama der ›Empfindsamkeit‹. Man könnte es gegenläufig zu dem Spottitel *Der Triumph der Empfindsamkeit – Die Niederlage der Empfindsamkeit* nennen. Sie scheitert nicht an dem bürgerlich-christlichen Rechtssinn Millers, der das ›empfindsame‹ Glück der Liebenden, die die Störung und Mißachtung der Ständeordnung für die edle Pflicht ihrer Liebe halten, als staatsbürgerliche Unbotmäßigkeit empfinden und fürchten mag. Sie scheitert nicht am politischen Zynismus der despotischen Position, dem Machtmechanismus des Hofes. Sie scheitert auch nicht durch die private Intrige des Präsidenten und die Infamie Wurms, der die anspruchsvolle Sittlichkeit der ›Empfindsamen‹ durch die Brief-Nötigung Luises auf eine perverse Probe stellt. Die revolutionäre ›Empfindsamkeit‹ scheitert an sich selbst, durch die Literarisierung ihrer Gefühle, durch die durch Bücherlesen, Schwurbedürfnis, Verständnis-Schwelgerei aufgeheizte Vehemenz der Gefühle und Ansprüche, die jeden Wirklichkeitssinn und -willen verkümmern lassen, durch einen lamentierenden Egoismus der schwarzen Eifersucht Ferdinands, in der die nihilistischen Züge der ›Empfindsamkeit‹ grinsen.[1]

Erotische Buchmetaphorik
in Casanovas *Histoire de ma vie*
(1975)

Casanova erzählt im Siebenten Kapitel des Ersten Buches seiner *Histoire de ma vie*[1] von einer Bekanntschaft mit einem Comte de Bonafede, einem gebürtigen Florentiner, in wechselnden Diensten des Großherzogs von Toscana, Österreichs und Venedigs, der eine Gräfin Judith Spaur unter abenteuerlichen Umständen aus München entführt und in Venedig geheiratet hatte. Casanova, der sich mit dem Grafen Bonafede in der venetianischen Festung Sant' Andrea aufhält, lernt die Gräfin und ihre Tochter, *une grande fille de quatorze à seize ans* kennen.

Casanova beschreibt den Eindruck, den die *jeune comtesse* auf ihn macht, bemerkenswert ausführlich. Ihre Erscheinung überrascht, ja frappiert ihn. Ihre Schönheit ist ein *beauté d'une nouvelle espèce:*

D'un blond clair, des grands yeux bleus, nez aquilin, et belle bouche entr'ouverte et riante qui comme par occasion laissait voir les bords de deux rateliers superbes, blancs comme son teint si l'incarnat n'eût empêché d'en voir toute la blancheur. Sa taille à force d'être fine paraissait fausse, et son cou très large en haut laissait voir une table magnifique, où on ne voyait que deux petits boutons de rose isolés. C'était un nouveau genre de luxe étalé par la maigreur. Extasié dans la contemplation de cette charmante poitrine tout à fait démeublée, mes yeux insatiables ne pouvaient s'en détacher. Mon âme lui donna dans l'instant tout ce qu'on lui désirait. J'ai élevé les yeux au visage de la demoiselle, qui avec son air riant paraissait me dire vous verrez ici dans une année ou deux tout ce que vous imaginez.

Elle était élégamment parée à la mode de ce temps-là, en grand panier, et dans le costume des filles nobles qui n'ont pas encore atteint l'âge de la puberté; mais la jeune comtesse y était déjà. Je n'avais jamais regardé la poitrine d'une fille de condition avec moins de ménagement: il me semblait qu'il m'était plus que permis de regarder un endroit où il n'y avait rien, et qui en faisait pompe.

Während des Rundgangs durch die Festung gestattet sich Casanova, erregt durch die natürliche oder auch vorgetäuschte Unbefangenheit seiner schönen Begleiterin, einige Freiheiten, die seine *delicatesse,* sein Zartgefühl, bitter bereut. Er brennt darauf, ihr seine Reue zu bezeugen und ihre Verzeihung zu erlangen.

Die Gelegenheit bietet sich bald. Er hat die Erlaubnis, Mutter und Tochter in ihrer Wohnung am Ponte di Barba Fruttarol zu besuchen. Er erwartet *un recoin du Paradis* und findet einen verwahrlosten Salon mit Sesseln aus morschem Holz und einen schmutzigen Tisch. Die Mutter empfängt ihn in zerlumptem Hausrock und beflecktem Hemd. Die Tochter, die wenige Minuten später erscheint, macht ihn in ihrem *misérable déshabillé* sprachlos: *je ne savais que lui répondre car elle me paraissait une autre.*

Nichts mehr von Schuldgefühl! Im Gegenteil, er fühlt sich durch den eleganten Aufputz, in dem sie ihm am Tage ihrer Bekanntschaft entgegengetreten war, getäuscht über ihre wahren gesellschaftlichen und moralischen Ansprüche, die ihre klägliche Verfassung stellen durfte. Er ist roh genug, ihr zu unterstellen, daß seine dreisten Zudringlichkeiten ihr hätten schmeicheln müssen. Seine Begierde ist erloschen. Sie tut ihm leid. Er ist ein erotischer Snob, und er weiß es: *Si elle avait su, ou osé philosopher, elle aurait eu droit de mépriser en moi un homme qu'elle n'avait intéressé que par sa parure, ou par l'opinion qu'elle lui avait fait concevoir de sa noblesse, ou de sa fortune.* Doch diese Erkenntnis hindert nicht, daß er kälter wird als Eis, *plus froid que glace.*

Als er ihr in ihre Kammer folgt, wo sie ihm ihre Zeichnungen zeigen will, entströmt der zusammengerollten Matratze auf dem Bett ein Gestank, der nicht sehr alt sein konnte. [. . .] *me voilà anéanti. Jamais amoureux ne se trouva guéri plus rapidement.*

Nachdem er Geld auf den Tisch gelegt, *par politesse,* und sie flüchtig geküßt hat – *pour lui épargner une certaine humiliation* – verläßt er das Haus als Philosoph. *Que de réflexions, sortant de cette maison! Quelle école!*

Die eingeschobenen *réflexions,* die nun folgen, sind meines Wissens ein erstmaliges und wohl auch in dieser Verknüpfung mit einer ›ars amatoria‹ einmaliges Zeugnis für die besondere Bedeutung, welche der Leser und das in neuer Weise gelesene Buch in einer Kulturgeschichte des Lesens im achtzehnten Jahrhundert erhalten.

Zu Beginn der Liebe, so heißt es hier, waltet eine Neugier, die zusammen mit dem Trieb, den die Natur uns verliehen hat, um sie zu erhalten, alles vollbringt. Diese *curiosité* läßt den Liebhaber sich einer Frau nähern wie den Leser einem Buch. *La femme est comme un livre.* Von diesem Buch muß, ob gut oder schlecht, zunächst die Titelseite gefallen: *un livre qui bon ou mauvais doit commencer à plaire par le frontispice.* Ist diese Titelseite nicht anreizend genug, so erweckt sie auch keine Lust zum Lesen, und diese Lust ist nur so stark wie das Interesse, das sie einflößt. Es folgt nun eine erotische Allegorese der Titelseite, des *frontispice,* die uns historisch zwar formal durchaus vertraut, aber in ihrem Inhalt in dieser Weise nicht erinnerlich ist. Die Titelseite der Frau *(le frontispice de la femme)* geht ebenfalls wie die des Buches von oben nach unten, und ihre Füße – *ses pieds, qui intéressent tant des hommes faits comme moi* – erwecken das gleiche Interesse, den der Erscheinungsort eines Buches beim Bücherliebhaber auslöst.

Der erotische Fuß-Kult, ja Fuß-Fetischismus Casanovas kann hier nur erwähnt, nicht untersucht und erläutert werden. Casanova stellt fest, daß der größte Teil der Männer nicht auf die schönen Füße einer Frau achtet, ebensowenig wie der größte Teil der Leser sich um den Erscheinungsort der Bücher kümmert. Daher verwenden die Frauen zu Recht soviel Sorgfalt auf ihr Gesicht und ihre Kleider, denn nur so können sie die Neugier, sie zu lesen, bei jenen erwecken, die – Casanova scheut hier keine stilistischen Schnörkel – bei ihrer Geburt die Natur nicht für wert gehalten hat, blind geboren worden zu sein. Nun sind Leute, die viele Bücher gelesen haben, sehr neugierig, neue Bücher zu lesen, selbst wenn sie schlecht sind – *or tout comme ceux qui ont lu beaucoup de livres sont très curieux de lire les nouveaux, fûssent – ils mauvais –*, ebenso geschieht es, daß ein Mann, der viele sehr schöne Frauen geliebt hat, schließlich dahin kommt, auch auf häßliche Frauen neugierig zu sein, wenn er sie nur neu findet.

Rolf Engelsing[2] meinte beobachten zu können, daß in der Lesergeschichte des achtzehnten Jahrhunderts der Typus des ›Wiederholungslesers‹, desjenigen, der immer wieder zur Lektüre des g l e i c h e n Buches oder eines festen Kanons von Büchern zurückkehrt, abgelöst wird durch den Typus des extensiven Lesers.

Casanovas Vergleich des Bücher-›curieux‹ mit dem Frauen-›curieux‹ stellt eine bemerkenswerte Verbindung her zwischen dem literarisch neu entdeckten Typus des ›Verführers‹, wie ihn Richardsons Lovelace darstellt, und der um die Mitte des achtzehnten Jahrhunderts sich ausbreitenden Lese-Sucht und Lese-Wut.

Die Häßlichkeit einer Frau kann mit künstlichen Mitteln übertüncht, kosmetisch korrigiert werden. Der Abbé Casanova wird die theologische Polemik gegen die künstlichen Nachhilfen und Verdeutlichungen des Schminkens, die Prostitution des weiblichen Gesichts zur Genüge gekannt haben. *Il voit une femme fardée. Le fard lui saute aux yeux, mais cela ne le rebute pas.* Die Schminke sollte den Kenner warnen und abstoßen, aber der hemmungslose ›curieux‹ des ›Neuen‹ – und sei das Neue auch das überschminkte Häßliche – fühlt sich eher angezogen als beleidigt durch die zudringlichen Täuschungen verlarvter Häßlichkeit.

Sa passion devenue vice lui suggère un argument tout en faveur du faux frontispice. Il se peut, se dit-il, que le livre ne soit pas si mauvais; et il se peut qu'il n'ait pas besoin de ce ridicule artifice. Das künstlich geschönte Titelblatt eines Buches soll den leidenschaftlichen Liebhaber des Lesens von der Lektüre ebensowenig abhalten wie das geschminkte Gesicht, *le ridicule artifice* einer Frau, den Zwillingsbruder dieses Lesers, den Weiberheld, von einem amoureusen Abenteuer. *Il tente de le parcourir, il veut le feuilleter, mais point du tout.* Le livre vivant *s'oppose* (das lebende Buch – die Frau als ›lebendes Buch‹ – widersetzt sich); *il veut être lu en règle* (es will der Regel gemäß, der Reihe nach, Seite für Seite gelesen werden); *et l'égnomane devient victime de la coquetterie, qui est le monstre persécuteur de tous ceux qui font le métier d'aimer.*

L'égnomane – wohl ein Schreibversehen Casanovas für den Neologismus ›légomane‹ – der Lesewütige – wird ein Opfer der unersättlichen Gefallsucht, die das Verfolgungs-Ungeheuer, der furchtbare Quälgeist aller ist, die sich dem Beruf *(métier)* des Liebens widmen, die der Liebe leben. Die *coquetterie,* das Laster der Versuchung, immer wieder zu gefallen und mit dieser Gefälligkeit der Gefallsucht des Partners zu verfallen, verweist in der ›légomane‹-Metapher auf das Verfehlungsmotiv sowohl des falschen Lesens als auch des falschen Liebens.

Titelblatt des Buches und äußere Erscheinung der Frau werden also aufeinander bezogen im tertium comparationis der unwiderstehlichen Attraktion. Der leidenschaftliche Leser und der leidenschaftliche Liebhaber sind für Casanova kompatible Figuren geworden. Man darf daraus folgern, daß das ›Bücherlesen‹ in der Leser- und Lesegeschichte eine Bedeutung gewonnen haben muß, die dem Leser und der Lektüre – als Person, als Handlung und Zustand – die Würde verleiht, in den Kanon der erotischen Metaphern aufgenommen zu werden.

Der reisende Fürst
Fürst Hermann Pückler-Muskau in England
(1980)

I

Eine Kulturgeschichte des Reisens ist noch nicht geschrieben worden. Welche auf Universitäten gelehrte Disziplin sollte auch sich ihrer annehmen? Obwohl die Naturwissenschaften ohne die großen Entdeckungsreisen, Expeditionen und Exkursionen nicht zu denken sind, obwohl die Kulturwissenschaften ohne Besuche oder gar langjährige Aufenthalte in den Bereichen der Monumente und Dokumente der menschlichen Zustände, die sie erforschen wollen, sich ihrer Gegenstände gar nicht wissenschaftlich versichern könnten. Der Handelsherr, der Missionar, der Seemann, sei es als Flottenkapitän, sei es als Entdecker neuer Länder oder Reisewege, der Diplomat, der Soldat, der Künstler – sie alle mußten und müssen reisen, und ohne ihre Berichte und Korrespondenzen, ihre Logbücher und Itinerarreporte würden die Geschichtsschreiber und die Geowissenschaften mit ihren zahlreichen Einzelwissenschaften ihre wichtigsten Quellen entbehren. Viele Natur- und Kulturwissenschaften sind heute nur als Reisewissenschaften, Wissenschaften mit obligatorischer Autopsie ihrer Objekte methodisch vertretbar.

Doch eine Kulturgeschichte des Reisens – Reisen als menschliche Kulturäußerung, als das, was die Franzosen *les mœurs* nennen, zur Sittengeschichte zählen – beginnt wohl erst dort, wo das Reisen nicht mehr durch Zwecke und Ziele veranlaßt, sondern zum Selbstzweck wird, wo man reist um des Reisens willen. Diese gleichsam reinste Form des Reisens erfüllt die romantische Devise *O Leben und Reisen, wie bist du schön.* Sie setzt Leben und Reisen in eins, preist Reisen als ideale Lebensform.

Diese Devise markiert eine letzte Entwicklung der Reise als Selbstzweck. Ihre Anlässe liegen in einem anderen großen kulturgeschichtlichen Bereich, dem des Abenteuers und des Abenteurers, der eine spezifisch reisende Existenz ist. Reise als Abenteuer oder auch Abenteuer als Reise ist die Reise des gesellschaftlichen Außenseiters, des *outcast* oder gar *outlaw,* dessen Reise, wenn nicht ein asozialer, so doch ein sozial isolierter Akt ist, der noch die ästhetische Theorie der Baudelaireschen *vrais voyageurs* inspiriert: *Mais les vrais voyageurs sont ceux-là seuls qui partent pour partir.*

Doch es gibt in der Kulturgeschichte des Reisens auch den moralischen Typus des zwecklosen Reisens, den bürgerlichen Nachkommen der aristokratischen Kavalierstour, die in der damals schon verspotteten *Peregrinomanie,* der Reise-Sucht, der Modekrankheit des Reisens im 18. Jahrhundert, ihren Höhepunkt erreichte: die *Bildungsreise,* die Reise nur zum Zwecke der eigenen Vervollkommnung, der Ausbildung der persönlichen Fertigkeiten und Qualitäten. Klassisches Beispiel, das wiederum die Kulturgeschichte bürgerlichen Reisens im 19. Jahrhundert nachhaltig beeinflußte: Goethes *Italienische Reise.*

Der kulturgeschichtliche Bogen des europäischen Reisens spannt sich von der Privilegienreise der Adelserziehung, der Kavalierstour zu den berühmten Städten und Höfen Europas im 18. Jahrhundert, bis zur Prestigereise des kommerziellen Tourismus, wie ihn heute die Reise-Agenturen organisieren. Mit zunehmendem Komfort des Reisens und der Reisewege entstand eine Reiseindustrie, die einen regelrechten Reise-Markt mit preislich gestuften Angeboten für firmeneigene Freizeitstätten schuf, die das Reisen als Selbstzweck, als privates Vergnügen, als stimulierendes Behagen des Ortswechsels, als Reiz der individuellen Begegnung mit fremden Schauplätzen und Menschen in sein Zerrbild pervertierte. Die Reise als Selbstzweck, als exzentrischer Zustand persönlicher Neugierde, die den Bereich ihrer Beobachtungen und Erfahrungen erweitern will, hat als Konsumartikel der Massenmobilität ihre ursprünglichen Funktionen verloren. Als rechtlich geregelter Erholungsurlaub zählt sie heute sogar zu den Vorschriften vorbeugender ›Rekreation‹, auf deren Erfüllung Behörden und Verwaltungen im Verein mit Versicherungsanstalten Wert legen.

Eine Typologie des Reisens kann ich heute auch nur in Ansätzen nicht versuchen. Meine Bemerkungen sind ein *Pro nunc* zu einer Kulturgeschichte des Reisens, die bisher keine systematische Behandlung, ja kaum Beachtung gefunden hat. Lediglich die Literaturhistorie hat Notiz von ihr genommen, insoweit das Reisen seinen literarischen Niederschlag gefunden hat in der Gattung der Reisebeschreibung, der Reise-Briefe und -Tagebücher, der *tableaux de voyage,* der ›Reisebilder‹, die in der zweiten Hälfte des 18. Jahrhunderts und dann mit Beginn des 19. Jahrhunderts, gefördert durch die romantische Reise-Ideologie, eine luxurierende literarische Modeerscheinung wurden. Wir beobachten, daß nicht nur das Motiv der ›Reise‹ eine besondere Bedeutung in der Romanliteratur gewinnt – ob als neuartige erotische Attraktion des ›Weitgereisten‹, Richardsons Lovelace, der gerade von dem *grand tour* zurückkehrt, als er Clarissa trifft, ob im höchsten Reisesymbol der Goetheschen *Wanderjahre* –, sondern auch, daß die Form des Romans sich des Genres der Reisebeschreibung bedient wie Laurence Sternes *A sentimental journey through France and Italy by Mr. Yorick.* Auch Philosophen oder politische Schriftsteller bedienen sich der Form einer fiktiven Reisebeschreibung wie Montesquieu in *Les Lettres persanes* oder Ludwig von Holberg in *Nicolai Klims Unterirdische Reise,* dessen deutsche Erstausgabe 1741 erschien, um ihre Ideen, Kritiken und Utopien provozierend zu mystifizieren. In einer amerikanischen Studie von Charles Batten *Pleasurable Instruction* mit dem Untertitel *Form and Convention in Eighteenth-Century Travel Literature* wird der große Einfluß der *Sentimental Journey* von Laurence Sterne auf die Reiseliteratur zwischen 1770 und 1800 nachgewiesen. Noch 1803, fünfunddreißig Jahre nach dem ersten Erscheinen der *Sentimental Journey,* bestätigt ein parodistisches Regelbuch für Reisebeschreibungen *Rules for Tour Writing, in the True Modern Manner,* das heißt in Sternes Manier, diesen Einfluß der *Sentimental Journey,* die das Hauptwerk Sternes, den *Tristram Shandy,* in den Schatten stellte.

Sterne erfand im *sentimental traveller* einen neuen Typus des Reisenden, der seine eigenen Empfindungen und Eindrücke, sein Temperament und seine inneren Zustände in den Vordergrund der Reisebeschreibung stellte. Für diesen Reisenden stellte Sterne in einer *Preface* in *The Desobligeant,* in einem altmodischen Gefährt für nur eine Person, das man in Frankreich ›Desobligeant‹ nannte, seinen berühmten Typen-Katalog auf. Der neue Typus des Reisenden gehört einer Spezies von Reisenden an, die sich von den Spezies, die aus Gründen der Krankheit, der Neugierde, Eitelkeit, der Narrheit oder blanken Notwendigkeit reisen, sehr unterscheiden: es ist der *sentimental traveller,* dessen Reisezweck und -ziel er selbst, der Reisende, ist, der reisend sich selbst in seinen Eindrücken darstellen will. Sternes Yorick ist der *egotic traveller,* der mit sich beschäftigte oder gar ich-besessene Reisende, über den der Leser sehr viel mehr erfährt als über die Schauplätze, die der empfindsame Reisende passiert.

Dieser Typus bezeichnet in der Kulturgeschichte des Reisens und in der Geschichte der Reiseliteratur eine gewichtige Zäsur. Von hier an wird jener Typus des Reisens, dessen Beschreibung die Komponente stimulierender Selbstbeobachtung, räsonierenden Selbstbezugs beigemischt ist, vom Leser favorisiert. So gehört auch der Reisende, dem wir unsere Aufmerksamkeit widmen, in die Ahnenreihe dieses neuen Reise-Typus, freilich in einer wiederum so neuartigen Mischform von Typen, die zu erläutern und zu bestimmen unser Geschäft sein soll.

II

Zunächst: wer ist dieser reisende Fürst? Er ist keine fiktive Romanfigur wie Swifts Gulliver oder Sternes Yorick, auch kein Geschäfts- oder Handelsreisender, kein Diplomat oder professioneller Künstler, kein Naturforscher oder Kunstsammler, kein Auftragsreisender oder Gazettenkorrespondent, kein politischer Emigrant oder Bankrotteur, der eine neue Existenz sucht, sondern eine der funkelndsten Figuren der deutschen Aristokratie im frühen 19. Jahrhundert, zwar kein ›Standesherr‹, doch mit allen Attributen standesherrlicher *conduite* und *courtoisie*[1], preußischer General, Schwiegersohn des mächtigen preußischen Staatskanzlers, des Fürsten Hardenberg, Erbe des Schlosses und der Herrschaft Muskau, dessen Park er als einer der bedeutendsten deutschen Gartentheoretiker und Gartenarchitekten als epochemachendes Muster eines ›Landschaftsgartens‹ anlegte. Im Jahre 1811, als sein Vater starb, war er gerade fünfundzwanzig Jahre alt geworden und als Erbe der Schlösser von Muskau, Groditz und Branitz in der Oberlausitz Herr über fünfundvierzig Dörfer, zugleich Gerichtsherr und Herr über die geistlichen Ämter seines Territoriums. Im Alter von siebzehn Jahren hatte ihn sein Vater auf die Universität Leipzig geschickt, damit er dort unter der Aufsicht eines Hofmeisters, der ein Taugenichts war, Jurisprudenz studieren sollte. Er brach sein Studium ab mit einer Flucht nach Dresden, wo er in ein Kavallerieregiment der berühmten Roten Leibgarde eintrat – militärisches Erbstück Augusts des Starken –, in dem nur hochgewachsene und hübsche Bewerber Aufnahme fanden. Beide Bedingungen erfüllte er. Schnell avancierte er zum Rittmeister. Er zeichnete sich durch unerhörte Bravourstücke aus. So setzte er in elegantem Übermut mit seinem Pferd über das Geländer der großen Dresdner Elbbrücke, um unter staunendem Applaus einer versammelten Menge ans Ufer zu schwimmen.

Die obligatorischen Kavaliersschulden zwangen ihn dann, seinen Abschied zu nehmen. Er entwich, nicht zuletzt vor den Drohungen seines Vaters, 1804 nach Wien, wo er sich in Ehrenhändel verwickelte, die ihn zwangen, Wien wieder zu verlassen und, nur mit den kärglichsten Mitteln ausgestattet, in München und Ulm ein Elendsleben zu führen und sich dann auf eine strapaziöse und gefährliche Fußreise durch die Schweiz, Italien und Frankreich unter dem bürgerlichen Decknamen »Sekretär Hermann« zu begeben.

Diese Reise, die ihn über Paris und Straßburg wieder unter das verhaßte väterliche Regiment nach Muskau zurückzwang, von dem ihn nach einem halben Jahr der Tod des Vaters befreite, war alles andere als die traditionelle Kavalierstour eines Herrn von Stand. Seine Mittellosigkeit zwang ihn zu strikter Einhaltung seines Inkognito. Doch das hatte den unschätzbaren Vorteil, alle exzentrischen sozialen Kontakte zu ermöglichen, die sich nur dem materiell Mittellosen und gesellschaftlich Unabhängigen erschließen. Er hat in Tagebüchern und Briefen über seine Eindrücke und Erfahrungen berichtet, in siebenundzwanzig *Reisebriefen,* die Pückler als erste literarische Arbeit zum Druck vorbereitete, also als Autor nach Plan ausgearbeitet hatte. Er reist und beobachtet also schon auf seiner ersten großen Reise mit literarischer Ambition. Gewiß war das literarische Produkt nicht der Anlaß und Zweck der Reise, aber die Form des Reisens war doch *literarisch,* die Stilisierung der Reiseeindrücke und -erlebnisse in der literarischen Gattung des ›Reisebriefs‹.

Diese Stilisierung war vor allem Selbststilisierung. Dazu gibt es einige aufschlußreiche rückblickende Bemerkungen des Sechzigjährigen im Briefwechsel mit einer schreibenden Standesgenossin, einer damaligen literarischen Berühmtheit, der Gräfin Ida Hahn-Hahn. Er schreibt ihr: *Wie man die Passion des Schreibens haben, sein Glück darin finden kann, wie Sie, ist mir unerklärlich.* Ein großer Herr schreibt nicht professionell, ist kein Literat – aber er kann sich des Schreibens bedienen als besonderer Geselligkeitsform, als Gesellschaftsspiel, das einer gesteigerten Selbstdarstellung dient wie eine *schöne Equipage, in der ich mich zeige.* So kann Literatur zu den aristokratischen Divertissements zählen. Doch die soziale Distanz zur literarischen Existenz wird strikt gewahrt. Der Fürst hat als ›Literat‹ ein gelangweiltes, im besten Fall amüsiertes oder ironisches Verhältnis zur literarischen Produktion, vor allem zu seiner eigenen. Pückler bekennt ohne *affektierten dédain,* den ihm seine gräfliche Korrespondentin vorwirft:

Was meine Schriftstellerei also anbetrifft, so sage ich Ihnen vorweg, mit der Wahrheitsliebe, die Sie an mir erkannt haben müssen, daß ich diese Schreiberei geradezu für nichts anschlage, daß mich der zum Theil erlangte Beifall auch nicht einen Augenblick bethört hat, und daß ich im Gegentheil, weil ich am besten weiß, daß ich den wahren Beruf zum Schreiben gar nicht habe, daß gar keine wahre Muse, sondern nur eine coquette und geschminkte Weltgöttin an meinen Schreibtisch tritt – eigentlich und wahrhaftig mich schäme noch mehr zu schrei-

ben. . . . Ich tröste mich damit, daß ich wenigstens die müßige Lesewelt auf etwas gentilere Weise unterhalte, als ein großer Theil unsrer plumpen, pedantischen Litteraten ohne Erziehung und Weltbildung; also wenigstens einiges beitrage, um einer geschmackvolleren Behandlung und einem gefälligeren, vornehmeren Styl wenn Sie wollen, Geltung zu verschaffen.

Und ironisch treibt er seine *Aufrichtigkeit* so weit zu gestehen, daß er, der einen Lebensaufwand von legendärer Pracht betreibt, *sogar ein wenig um's Geld schreibt.*

Doch ich! Ich glaube, Sie geben mir eine Ohrfeige, wenn ich die Aufrichtigkeit soweit treibe Ihnen zu gestehen, daß ich sogar ein wenig um's Geld schreibe. Es ist mir so amüsant ironisch vorgekommen, daß ich für meine bisherigen Scharteken zwischen 30 bis 40,000 Thlr. gezogen habe, ich und in Deutschland, wo es Schiller und Herder und Jean Paul, selbst Vulpius nie so weit gebracht haben, und Goethe erst am Ende seiner Laufbahn. Es war ein Sündengeld, ich habe es aber gut angewandt, und meinem eigenen Vergnügen keinen Thaler davon gegönnt, die einzig schickliche Buße bei ungerecht erworbenem Gut.

Gewiß sind solche Bemerkungen nicht Alterskoketterie eines Erfolgs-verwöhnten, dem auch literarischer Erfolg wie ein fälliger Tribut zufiel. Sie werfen ein bezeichnendes Licht auf eine literatursoziologische Ge-stalt, die wir bei Betrachtung der *Schriftstellerei* Pücklers nicht aus den Augen verlieren dürfen: der Fürst als ›Literat‹, als Autor, der uns im sozialen Rollenspiel als ›Mäzen‹ und Förderer der ›Literaten‹ eine sehr viel vertrautere Figur ist. Als Pückler 1826 zu seiner zweieinhalbjährigen Reise nach England aufbrach, war er neun Jahre mit der neun Jahre älteren Lucie von Hardenberg, geschiedenen Reichsgräfin von Pappen-heim, verheiratet, die mit ihrer neunzehnjährigen Tochter Adelheid und ihrer Pflegetochter Helmine von Berlin und seinem Hof nach Muskau zog. Reichliche Frauengesellschaft im täglichen Umgang, von seinen unzähligen Amouren und erotischen Eskapaden ganz abgesehen, ge-hörte zum ›sultanistischen‹ Lebensstil seiner Muskauer Glanzjahre, die zum Einzug Lucies von Hardenberg in Muskau mit einem Heer von Handwerkern, Tischlern, Parkettlegern, Schlossern, Malern, Dekorateu-ren und Tapezierern begannen, die er aus Berlin kommen ließ. Das Mobiliar wurde aus der preußischen Metropole bezogen. Wandbespan-nungen und Möbelstoffe ließ er aus Frankfurt, Lampen und Klingel-schnüre aus Hamburg, Kristall aus Paris kommen. Der Prunk, den er trieb, hatte Methode: er war geprägt durch exquisite Kennerschaft, de-ren Ausweis unbestechliche Kenntnis und Schätzung des Details ist. Er beherrschte die Kompositionsregeln der äußeren Eleganz wie kein Zwei-ter. Er wußte nicht nur, was in jeder Sparte des Komforts, vom Eßgeschirr bis zum Schuhwerk das Beste war, sondern er kannte auch die Adressen des Besten. Fünfhundert Taler ließ er sich den Transport von Abgüssen für seinen Wintergarten kosten, für zweitausend Taler ließ er eine Kupferstichsammlung ankaufen, die der preußische Staat erwerben wollte. Größten Wert legte er auf seine Reisewagen und die Qualität seiner Pferde. Da England nicht nur die technisch versiertesten, sondern auch die schönsten baute, ließ er eine stattliche Anzahl aus London kommen, darunter einen Gala-Wagen und eine eigene Postchaise, ebenso acht Pferde. Ein englischer Kutscher, das Nonpareille eleganter Allüre, scheiterte an einer maßlos arroganten Lohnforderung. Zum leitenden Hauspersonal, das eine große Gesindeschar befehligte, gehörten ein Haushofmeister, ein Offizier, zwei Kammerdiener in Zivilkleidung, zwei Diener und zwei Jäger in Livree, ein Koch – sehr wichtig für den Erfinder berühmter Tafeleien –, ein Portier, sowie das Personal, das Lucie mitbrachte: ein Konditor, der nicht nur für alle Confiserien, Confituren und Desserts, sondern auch für die kunstvollen Tafelarrangements verantwortlich war, ein persönlicher Kammerdiener und vier Zofen. Für sich selbst verlangte Pückler eine besondere Plätterin für seine Halsbinden – ein Kleidungsstück, das den Ruhm des Dandy Brummel begründet hatte –, und bei Galaempfängen bildete das Corps der Förster und Jäger die fürstliche Hausarmee.

Pückler kümmerte sich um jede Kleinigkeit und Einzelheit. Das war nicht Pedanterie oder Marotte, sondern Befolgung einer Grundregel der Kennerschaft, die allein Extravaganz legitimiert. Diese sinnliche Präzision im Detail bewirkte nicht zuletzt die besondere Qualität auch seiner literarischen Äußerungen, wie wir noch sehen werden. Ob es sich um Stoffwahl, Farbe und Schnitt der Pücklerschen Livreen handelte, das Aufspüren jener heiklen Grenzlinie zwischen Pracht und Protz, ob es um die Adressen der gediegensten Lebensmittellieferanten ging, die für die Küche Butter aus Holstein, Gänseleberpastete aus Toulouse, Konfitüren von Fidelberger aus Paris schicken mußten, er kontrollierte alles. Seinen Balleinladungen für die weniger weltläufigen Damen seines Muskauschen Dominiums – er gab einmal einen Oster-Ball für hundert Damen aus Muskau – legte er jeweils ein Paar Ballhandschuhe nach der neuesten Mode bei. *Aut Caesar aut nihil,* schrieb er, *alle Halbheiten sind mir verhaßt.*

Es wäre nun völlig verfehlt, wenn man annähme, es handle sich hier um eine dem Wohlleben, dem privilegierten Genuß, einer parasitären Egozentrik verfallenen Dekadenzfigur der Restaurationsepoche. Das Gegenteil ist der Fall. Schon die Wahl seiner neun Jahre älteren Frau, die ihn zum Schwiegersohn eines der mächtigsten Männer Europas machte, war mit dieser Wahl auch ein ›politischer‹ Akt oder doch ein Akt der bewußten und mit Entschiedenheit verfolgten Planung einer erhofften diplomatischen Karriere. Auf dem Aachener Kongreß, auf dem er am 9. September 1818 mit Dienern und vier Papageien eintraf, beschäftigten und amüsierten ihn zwar die glänzenden gesellschaftlichen Veranstaltungen der in Aachen versammelten Spitzen der vornehmen Welt Europas, aber sein Interesse galt seinem Schwiegervater und seinen scharf registrierten und analysierten Launen, die Pückler beunruhigten und verletzten, da er sich einen einflußreichen Botschafterposten und damit eine Rolle auf dem europäischen politischen Parkett versprach, für die er Welt- und Lebenskenntnis, Intelligenz, Energie, bestechende Umgangsformen und die Gabe der äußeren Repräsentation mehr als jeder andere mitbrachte – nicht zuletzt die Gabe einer begnadeten Feder, eines Naturtalents des Schreibens, das nach dem Erscheinen der *Briefe eines Verstorbenen* Goethe, Heine und Varnhagen van Ense neben den literarischen Meteor der Epoche, Lord Byron, stellten.

Doch es sollte alles ganz anders kommen. Wie so häufig der Fall oder gar wie die Regel, seine Talente, seine Person standen einer diplomatischen Karriere im Wege. Nicht nur die natürlichen Feindschaften, die soviel Glanz aber auch soviel grandseigneurale Rücksichtslosigkeit und Unberechenbarkeit des Auftretens provozierten, sondern vor allem seine Person als solche ließ sich keinem öffentlichen Amt oder Auftrag zu- oder gar unterordnen. Er war zum ›Souverän‹ geboren – *he was a born ruler*, wie es einer seiner besten Kenner, seine englische Biographin Elizabeth M. Butler, formulierte –, aber kein Staatsdiener. Er hatte die Eigenschaften eines ›Souveräns‹, aber ihm fehlte das Tätigkeitsfeld dieser Eigenschaften, sein Dominium. Muskau war zu klein für ihn. So machte er sich selbst zu seinem Dominium. Er lebte seine Unabhängigkeit als souveräne Existenz. Hier decken sich Grundstrukturen des Fürsten und des Künstlers. Als Fürst war er Künstler, das heißt, er zelebrierte seinen sozialen Status, den ›Standesherrn‹ als ästhetische Existenz, und als Künstler, als Autor war er Fürst, das heißt, er betrieb seine Autorschaft wie andere Tätigkeiten der fürstlichen Selbstdarstellung und Repräsentation, des Bauens, der Gartenkunst, des Festes, des Spiels, der Reise, der Liebe. Wenn also der Fürst reist und schreibt, so sind dies in hohem Grade zeremonialisierte, man könnte auch sagen, ornamentalisierte Vorgänge, die zwar pragmatische Anlässe und Zwecke, aber kein anderes Interesse haben können als das Interesse an der Repräsentation der eigenen Person, in der Fürst und Künstler identisch sind.

III

Dieser Widerspruch oder diese Unabhängigkeit von Anlaß, Zweck und Interesse ist bezeichnend für Pücklers Reise nach England. Der Anlaß ist nicht schwer zu begreifen und zu beschreiben, wenn wir die Sittengeschichte der höheren Stände Preußens in den zwanziger Jahren des vorigen Jahrhunderts berücksichtigen, in denen Ehen zu dritt oder viert und Doppelscheidungen höchster Amtsträger weder Gesellschaft noch Hof skandalisierten. Pückler und seine Frau hatten sich formell scheiden lassen mit der Absicht, daß er eine reiche Erbin zu seiner Frau machte, welche die zerrütteten finanziellen Verhältnisse des Pücklerschen Besitzes sanieren und zugleich mit ihm und der geschiedenen Frau, da sich beide unzertrennlicher denn je aneinander gebunden fühlten, in friedlicher Eintracht auf Schloß Muskau leben sollte. Diese Frau sollte Pückler in England, dem Land reicher Erbinnen, ausfindig machen. Anfang September begleitete ihn seine geschiedene Frau nach Bautzen, wo sie Abschied nahmen in der Gewißheit innigster Verbundenheit, und mit dem ersten Reisebericht an Lucie ist der Anlaß der Reise nur noch à propos Gegenstand des Interesses der Reise, das vor allem der Selbstdarstellung des fürstlichen Reisenden und Autors gilt. Die romantische Brautschau des Märchen-Prinzen – *Prince Pückler-Muskau, what a name for a fairy tale,* wie später die *Westminster Review* schreiben wird – ist nur ein fürstliches Divertissement unter vielen anderen.

Die Abschiedswehmut des ersten Reisetages lindert er durch Lektüre. Der reisende Fürst liest. Auch ein Thema der Leserforschung: Reiselektüre! Und was liest er? Sehr zartsinnig liest er die Lieblingslektüre der Zurückgelassenen, der er schreibt, die Briefe der Madame de Sévigné, und er empfindet eine starke Ähnlichkeit des Verhältnisses von Mutter und Tochter mit demjenigen von Lucie und ihm. Doch er fühlt sich ihr weitaus blutsverwandter *(j'ai plus de votre sang).* Damit fällt das Stichwort für die Intimität der Reisekorrespondenz, die den Leser ins Vertrauen zieht und durch literarische Zitate aus einem Klassiker der europäischen Briefliteratur auf das Niveau dieses Vertrauens vorbereitet. Der Leser wird eingestimmt auf eine ungenierte Subjektivität der Mitteilung, die durch die Mystifikation eines Inkognito ihre Lizenzen nach Belieben ausdehnen kann. Ein mystifizierter Autor ist um so unbefangener, als er das Inkognito so weit treiben kann, daß er seine Briefe als Nachlaß eines Verstorbenen herausgibt. Dieser Kunstgriff erlaubt ihm, bei größter persönlicher Distanz vom Leser, diesem die Konfidenzen eines vertrautesten Briefpartners machen zu können. Was dem Fürsten die Standesgrenzen, sein sozialer Geschmack und Takt verbieten, die Tuchfühlung mit dem anonymen Zeugen seiner Konfidenzen, erlaubt hier der Konfessionstrieb des Autors. Das ideale Inkognito, der *Verstorbene,* befriedigt und versöhnt sowohl die Bedürfnisse des Fürsten als die des Autors. Wie reist nun der Fürst, der in eigener Sache reist? Mit größtem Bedacht organisiert er ein Reisebehagen, das in der Geschichte des Reisens seinesgleichen sucht. Eine Kulturhistorie des Reisens, für die wir anfangs plädierten, müßte sich den Arten und Formen, dem Wandel der Fortbewegungsmittel, der Vielfalt und Qualität der Übernachtungsstationen, dem Bedienungs- und Bewirtungspersonal, der Organisation der Reiserouten, den Kosten, den Fährnissen, Unfällen und Unsicherheiten des Reisens technologisch, soziologisch und wirtschaftsgeschichtlich widmen. Pücklers Schilderung seiner Reisekutsche ist ein einzigartiges Dokument für jene Sorgfalt der Reisevorbereitungen und -zurüstungen, die Pückler geradezu zu einer ›Kunst des Reisens‹ hochstilisiert.[2]

In einem Leipziger Hotel, eine seiner ersten Reisestationen nach England, dem berühmten Hôtel de Saxe, das er selbst *gewiss eines der besten Gasthöfe in Deutschland* nennt, schreibt er:

In einem recht schönen Zimmer mit wohlgebohntem Parkett, eleganten Meubeln und seidenen Vorhängen, alles noch in der ersten fraicheur, deckt man so eben den Tisch für mein Diné, während ich die Zeit benütze, Dir ein Paar Worte zu schreiben.

Dann beschreibt er Einrichtung und Ausstattung seines Wagens, wie ich kein zweites Beispiel in der Reiseliteratur dieser Zeit kenne:

Bei dem gereizten Zustande meiner Gesundheit ist der bequeme englische Wagen eine wahre Wohlthat. Ich thue mir überhaupt etwas darauf zu Gute, das Reisen in gewisser Hinsicht besser als Andere zu verstehen, nämlich die größte Bequemlichkeit, wozu auch das Mitnehmen der möglichsten Menge von Sachen gehört (in der Ferne oft liebe, gewohnte Andenken) mit dem geringsten Embarras und Zeitverlust zu verbinden zu wissen. Diese Aufgabe habe ich besonders dießmal vollkommen gelöst. Ehe ich in Dresden einpackte, glaubte man ein Waarenlager in meinen Stuben zu sehen. Jetzt ist Alles in den vielfachen Behältnissen des Wagens verschwunden, ohne diesem dennoch ein schweres überladenes Ansehen zu geben, das unsre Postillone so leicht erschreckt, und den Gastwirthen einen auf der großen Tour Begriffenen anzeigt. Jede Sache ist bei der Hand, und dennoch wohl gesondert, so daß, im Nachtquartier angekommen, in wenigen Minuten das»häusliche Verhältniß« in dem fremden Orte schon wieder hergestellt ist. Unterwegs aber geben mir die hellen Krystallfenster vom größten Format, die kein Gepäck und kein Bock verbaut, eben so freie Aussicht als eine offene Kalesche, und lassen mich zugleich Herr der Temperatur, die ich wünsche.

Die Leute auf ihrem, hinter dem Wagen befindlichen hohen Sitze, übersehen von dort alles Gepäck und die Pferde, ohne in das Innere neugierige Blicke werfen, noch eine Conversation daselbst überhören zu können, wenn ja, im Lande der Brobdignacs oder Lilliputs angelangt, einmal Staatsgeheimnisse darin verhandelt werden sollten. – Ich könnte ein Collegium über dieses Kapitel lesen, das dem Reisenden gar nicht unwichtig ist, bin aber hier nur deshalb so weitläufig geworden, um Dir ein vollständiges Bild zu liefern, wie Du mich, die Welt durchziehend, Dir denken sollst, und das nomadische Wohnhaus, mit dem die wechselnden Postgäule mich täglich weiter Deinem Gesichtskreise entrücken.

Mit mehr Umsicht, Sachkenntnis und Anspruch kann ein Reisender die Einzelheiten seines Reisekomforts nicht bedacht und berücksichtigt haben. Der vornehme Experte könnte – wie er schreibt – ein *Collegium* über eine Realienkunde des Reisens lesen. Wir sehen, wie sehr bei Pückler Reisen zum Selbstzweck, ja zum Selbstgenuß gesteigert wird, der sich alle Umstände zunutze macht, die das persönliche Behagen garantieren können. Überhaupt begegnet uns in diesen Reisebriefen etwas, das das Reisen von einer lästigen und beschwerlichen Notwendigkeit, einem strapaziösen Zweckvorgang, in eine besondere Spielart des Genusses verwandelt, eines mobilen Müßigseins, eines Flanierens in immer neuen Umgebungen, eines unbeteiligten Beteiligtseins des Zuschauers, das von allen Zweckhandlungen dispensiert und gesellig zu sein im Vergnügen des Für-sich-seins gestattet. In Rotterdam angekommen, schreibt er:

Bald nahm mich eine lange von Menschen wimmelnde Straße auf, der ein hohes schwarzes Thurm-Zifferblatt mit feurig rosenrothen Zahlen und Weisern zum point de vûe diente, und ich brauchte wohl eine gute Viertel-Stunde, bevor ich im Hotel des bains auf dem Quai anlangte, wo ich jetzt sehr gut und bequem logirt bin. Vor meinen Fenstern übersehe ich eine breite Wasserfläche mit den vier Dampfschiffen, von denen eines mich übermorgen nach England bringen soll. Böte rudern emsig auf und ab, und die geschäftige Menge eilt auf dem Quai rastlos durcheinander, dessen Rand mit himmelhohen Rüstern geschmückt ist, die wahrscheinlich schon zu Erasmus Zeiten hier gepflanzt wurden. Nach einem kleinen Spaziergang unter diesen Bäumen nahm ich eine gute Mahlzeit ein, und schrieb dann an diesem ellenlangen Brief, der leider mehr Porto kosten wird, als er werth ist.

Der Genuß des Fensterblicks auf den Hafen, des Spaziergangs unter den Rüstern und der guten Mahlzeit kündet eine völlig neue Reisesensibilität an, die den Reisevorgang um eine Dimension bereichert, die erst im späten Neunzehnten Jahrhundert der Weltausstellungen und Grandhotels sich voll entwickelte, die des *Luxus* als Form materieller Exklusivität.

Bevor Pückler abreist, schickt er seiner Briefpartnerin *en attendant, den Steindruck des Dampfschiffes, mit dem ich absegle. Ein + bezeichnet, in der Art, wie die alten Ritter ihre Namen unterschrieben, die Stelle wo ich stehe, und mit Hülfe Deiner Einbildungskraft wirst du sehen, wie ich mit meinem Tuch zum Abschiede wehe.* Ein erster Beleg für das Reiseritual der Ansichtskarte und des Abschiedwinkens mit dem Taschentuch! Undenkbar, daß Goethe oder Madame de Staël oder Georg Forster Ansichtskarten von ihren Reisestationen geschrieben hätten oder sich, mit dem Taschentuche abschiedwinkend, dargestellt haben könnten.

IV

Es wäre nicht nur überaus reizvoll, sondern für eine Geschichte des Reisens besonders ergiebig, die England-Reise Forsters, die er im Sommer 1790 unternahm, mit der England-Reise Pücklers zu vergleichen. Schon eine erste vergleichende Lektüre der beiden Schilderungen der Industriestadt Birmingham könnte den großen Unterschied zeigen zwischen dem politisch-philosophischen Raisonnement Forsters, das den Zuständen und Verfassungen der Fabrikstadt gilt, und der souveränen Subjektivität Pücklers, die sich den Eindrücken eines Fabrikbesuchs oder eines *letzten romantischen Anblicks* überläßt, den ihm *die Feuer* bieten, *welche bei der anbrechenden Dunkelheit die Stadt auf allen Seiten aus den langen Essen der Eisenhämmer umleuchteten.* Dann entsagt der fürstliche Reisende *den Spielen der Phantasie bis auf gelegenere Zeit.* Noch lohnender wäre der Vergleich der kritischen Meditationen Forsters über den großen Marlborough in Blenheim mit Pücklers Beschreibung seines Rundgangs durch Park und Schloß Blenheim und der Vergleich der beiden Oxford-Schilderungen. Nur soviel: das gesteigerte Interesse Pücklers an seiner Person und der jeweiligen Saison ihres Befindens bedeutet zugleich auch eine geschärftere Sensibilität für die Objekte seiner Vorlieben, für Dinge, Sachen, Zustände der von ihm ausgesuchten und aufgesuchten Wirklichkeitsbereiche. Dieses selektive Prinzip der souveränen Subjektivität bedeutet zugleich auch einen höheren Grad der Präzision der Beobachtung und der Sachbezogenheit der Darstellung. Der gleiche Blick, der die Realität der *langen Essen der Eisenhämmer* als exotische Erscheinung entstellt, kann das Gewühl einer Straße, eines Ballsaals mit der notierenden Genauigkeit eines Naturforschers registrieren. Pücklers Beobachtungen sind nicht wie diejenigen Forsters durch eine politische Theorie oder Geschichtsphilosophie präjudiziert. Die zwar aufs Anekdotische und Kuriose, aber immer aufs Gegenständliche gerichtete Beschreibung des fürstlichen Autors entwickelt mehr Sinn für das dingliche und handwerkliche Detail als Forster, ein früher Typus des bürgerlichen Intellektuellen, der immer wieder an eine mitgeteilte Beobachtung die Deduktion der Positionen seiner Religions- und Gesellschaftskritik knüpft.

Nicht minder reizvoll wäre der Vergleich dieser beiden ungleichen England-Reisen mit der England-Reise eines Regierenden Herrn, des Herzogs von Württemberg Carl Eugen, des Gründers der Hohen Carls-Schule, der ein Jahr vor Georg Forster nach England reiste. Die herzogliche Schilderung der stürmischen Überfahrt von Calais nach Dover am 23. Februar 1789 kann nur ungekürzt die Wirkung auf den Leser haben, die diese Notiz einer lebensgefährlichen Landung verdient:

Monntag, den 23ten Februar.
Gleich des morgens kam der Schiffcapitain und kündigte die Abfahrt um 9 Uhr an. Precise um die angekündigte Zeit waren die Herzogin und Ich am Bord. Das Einschiffen geschae bey zimlichen guten Wind und Wetter. So gieng es auch die erste zwey Stunden, außer das die Herzogin bald von der Seekranckheit überfallen wurde, gut vonstatten. Bald hernach erhob sich ein sturmartiger Wind, die Wetter wurden starck und machten das Schiff immer auff eine Seite wancken. Durch dieße unangenehme Bewegung wurde Ich und der gröste Theil des Gefolgs sehr kranck, welches biß zur Einfahrt des Havens in Douvre daurte. Eben dieße Einfahrt drohte Gefahr, wovon die Geschichte folgende ist: Der starcke Sturm jagte Unßer Schiff sehr schnell. Der Schiffcapitain begieng den Fehler und urtheilte das Wasser im Haffen tieffer alß es würcklich war, führte das Schiff mit Gewalt auff einen Sandbanck und beschädigte es. Fest auff dießem Banck konnten die vom Sturm getriebene starcke Wellen nicht anderst alß über das Schiff würcken, sezten also selbiges meistens in das Wasser. Zu gleicher Zeit trieben doch die Seegell das Schiff wieder Willen derer Schiffleute an das Mohl mit solcher Hefftigkeit, das es von neuem sehr nothgelitten. Der Schiffcapitain und die übrige Schiffleute verlohren den Kopff und so blieben Wir einige Zeit dem Schicksaal überlassen, biß endlich die Schiffleute sich erholten, Nachen herbeykammen, in denen Wir Unß eilfertig sezten und so an das Land kammen. Das Schiff gieng einige Zeit hernach unter, doch ohne das jemanden etwas gescheen oder von Equipage etwas verlohren gegangen wäre.

Die Herzogin, deren Schicksaal nach meiner gegen ihr tragenden Zärtlichkeit mir am meisten am Herzen lag, bat Ich innständig, sich baldmöglichst zu entfernen. So kranck sie auch war, folgte sie so schnell, das sie sich im kleinen Nachen warff so wie sie aus dem Bett stieg, sich also anzuziehen vergaß.

Um zwey Uhr kammen Wir in das Wirtshauß nach Douvre. Das erstere war, sich zu trücknen und anderst anzuziehen. Gegen Abend schrieb Ich nach Stuttgardt, damit kein falscher Lermen sie dorten in Schrecken seze. Um 6 Uhr aßen Wir zu Nacht und legten Unß nieder, Gott danckend, der Unß so gnädiglich von der augenscheinlichen Gefahr gerettet hatte.

In London angelangt, um 4 Uhr nachmittags anderntags, führte ihn sein erster Weg am nächsten Morgen in den Buchladen von James Edwards, einem bekannten Buchhändler, Buchbinder und Bibliophilen, um einige von seinen *Bibliotecairs aufgezeignete Bücher* zu kaufen. Nachmittags fuhr er in die Buchhandlungen von James Robson in der New Bond Street, von Tom Payne, dem Begründer einer berühmten »Buchhändlerdynastie«, und von Peter Elmsley, der die Werke von Dr. Samuel Johnson edierte. Der historisch so umstrittene Württemberger Despot zeigte sich weniger *peregrinoman* als biblioman. Fast täglich besuchte er in London Bibliotheken, Buchhandlungen und Buchauktionen, darunter auch das ›Antiquariat‹ des ehemaligen Schusters James Lackington, der 1791 eine Selbstbiographie veröffentlichte, ferner die Buchhändler Georgs III. George und William Nicol, T. und J. Egerton, die Verlagsbuchhandlung von John Bell, der 1772–1782 britische Dichter in einer Buchreihe und eine Shakespeare-Ausgabe herausbrachte, die Buchhandlungen von R. Faulder in der New Bond Street, Treffpunkt des *beau monde*, von Shepperson und Reynolds in der Oxford Street, von John Kerby in der Bond Street. Ein deutscher Herzog 1789 in den Londoner Buchhandlungen: ein Beitrag zur Geschichte fürstlicher Bibliotheken. Gewiß werden Theater, Gesellschaft und die üblichen Sehenswürdigkeiten im herzoglichen Reisetagebuch pünktlich verzeichnet, aber der reisende Serenissimus, der gewohnt ist, sich die Welt vorführen zu lassen, ist kein Künstler-Fürst und ›Avventuriero‹ wie Pückler, der sich selbst vorzuführen und Pose zu machen zu jeder Zeit bereit ist. Außerdem beschränkten diplomatische Gespräche, über die er sich völlig ausschweigt, seine Zeit. Auch reiste er in Begleitung der Herzogin, die an den Vergnügungen der Londoner Gesellschaft mehr Vergnügen fand, als dem von *entsetzlichen Schmerzen* in den Füßen geplagten Herzog lieb sein konnte. Des Herzogs *Franzele* brachte es fertig, nach einer Wagenfahrt nach Sion House an der Themse bei Richmond, einem Spaziergang von mehreren Stunden durch den *englischen Garten und zimlich schöne Treibereyen* und einem Besuch der Gärten und Treibhäuser von Kew sich nach der Rückkehr, als der Herzog sich wegen *anhaltender Schwäche* zu Bett legte, für den Ball der Lady Gideon umzuziehen, *wohin sie um 10 Uhr fuhr und um Mitternacht wieder kam.* Der freundliche Biograph Franziskas, der seit 1785 legitimierten *liebsten Freundin* Carl Eugens, unterschätzt den gesunden Vergnügungsappetit der württembergischen Landesherrin, wenn er meint, sie vergnüge sich nur, weil Serenissimus es wünsche.

Das herzogliche Reisetagebuch, nur zu seinem und Franziskas persönlichem Gebrauch bestimmt, ist zwar ein kulturgeschichtlich nicht unbeachtliches Dokument, wichtig auch für die deutschen Fürstenbiographien des Achtzehnten Jahrhunderts, aber ohne literarische Qualität, die der Autor freilich nicht beansprucht.

V

Pückler malt nun nach seiner Ankunft in London Anfang Oktober 1826, wo sein Schiff nachts am Themse-Ufer ankert, mit Dienern, Wagen und Effekten – von Schloß Muskau nach London mit eigenem Wagen! – ein minutiöses Porträt nicht von London, sondern von Fürst Pücklers Ankunft in London, von seinem Umgang mit der Zollbehörde, die, durch eine Guinee weltläufig bestochen, mehrere Dutzend französischer Handschuhe, die oben auf seiner Wäsche lagen, geflissentlich übersah, von seiner Fahrt ins Westend, zu seinem Hotel, wo er vor zehn Jahren schon einmal gewohnt hatte, wo er mit *ehrerbietiger Sorgfalt* empfangen wurde.

Bezeichnend die allererste Feststellung, die Seine Durchlaucht macht: *London ist jetzt so todt an Eleganz und fashionablen Leuten, dass man kaum eine Equipage vorüberfahren sieht, und von aller beau monde nur einige Gesandten gegenwärtig sind.*

Eleganz, beau monde – hier ist nicht nur das Generalthema des reisenden Fürsten angegeben, nicht nur die Stillage seiner Beobachtungen und Mitteilungen, sondern auch die Bühne, auf der er die Rolle ›Fürst Pückler reist in England‹ zu spielen gedenkt. Die Gesellschaft, und zwar der sehr kleine Teil, den man *beau monde* nennt, ist der Adressat dieser Rolle, der allein ihm diese zu entwickeln ermöglicht. Sie bewirkt den eleganten Doppelreflex des prinzlichen Außenseiters, von ihr zugleich amüsiert und gelangweilt zu sein. In diesem Doppelreflex entfaltet er seine ästhetische Existenz, die zugleich fürstliche Unverbindlichkeit ist und produktive Distanz zu allem, zu dem seine immense Neugierde für alles und jedes ausschwärmt, vor allem auch in das Rückzugs- und Erfrischungsgebiet des romantischen *ennui,* die große, die wilde und unberührte Natur. Nichts, was ihn von diesem uneinnehmbaren Standpunkt aus, dem Standpunkt des souveränen Ich, nicht interessiert –

wenn auch seine Vorlieben immer wieder zum *Geselligen,* zu allen Veranstaltungen des Geselligen zurückkehren.

Der Begriff des ›Geselligen‹ bei Pückler bedarf einer besonderen Beachtung und Definition. Das ›Gesellige‹ ist für Pückler nicht beschränkt auf den abgehobenen Bereich von Fest, Spiel, Feier, Versammlung, sondern es ist eine ›condition humaine‹, ein Zivilisationszustand, der im Pferderennen, im Leserbrief der Zeitungen, im Club, im Kaffeehaus ebenso zum Ausdruck kommt wie in politischen Institutionen, im Parlament, in Gartenanlagen und Bibliotheken, welche die einsame Geselligkeit des Lesers ermöglichen. Dazu gehört auch die periodische Aufkündigung jeder Geselligkeit.

So entfaltet Pückler in achtundvierzig Großbriefen, davon nur die ersten beiden und die letzten beiden Briefe nicht dem Bereich der britischen Inseln gewidmet sind, ein aus unzähligen Einzelimpressionen zusammengesetztes Panorama der geselligen Zustände der britischen Inseln Ende der zwanziger Jahre des vorigen Jahrhunderts, gesehen durch das Temperament eines souveränen Subjekts. Er beschreibt die Drehorgeln von London, die Zeitschrift *Punch,* die Auktionen, die Bettler, die Toilettenbedürfnisse eines Dandy, die Praxis eines verwöhnten Zahnarztes, ein Dinner in der Offiziersmesse der *Horse Guards* nicht minder einläßlich und ausführlich wie die Badeorte, die Landhäuser und Gärten, Promenaden und Fuchsjagden, vor allem immer wieder die Bälle, Theater, Festbanketts der Spitzen der englischen Gesellschaft, die ja sein persönlicher geselliger Adressat ist.

Ein Beispiel einer Schilderung einer solchen Geselligkeit mag genügen, zugleich einer der englischen Gesellschaft unentbehrlichen Figur: des *eccentric.*

Nirgends begegnet der Liebhaber des »Mittelalters« mehr conservirten Frauen »fat, fair and forty« als in der englischen Gesellschaft. Auch noch reifere Jahre machen sich geltend. Die Marquise S., welche beinahe 80 Jahre alt ist, kann man beinahe immer noch als die repandirteste Dame in London ansehen. Man ist sicher, ihr jeden Abend zu begegnen, und früh reitet sie dessen ungeachtet noch Tag für Tag in der manège. Ja auf dem Lande nimmt sie sogar noch zuweilen an den Fuchsjagden Theil, wo sie sich auf dem Pferde anbinden läßt, und da sie fast blind ist, einen Operngucker an der Reitpeitsche befestigt hat. Ein Piqueur reitet ihr vor und sie ihm getrost nach, über Zäune und Gräben. Neulich fiel sie eine hohe Treppe hinunter, erschien aber nichts desto weniger am dritten Tage darauf schon wieder auf dem Balle, wo man ausser einigen großen Schönpflästerchen auf der hochrothen Schminke nichts Aussergewöhnliches an ihr bemerkte. Früh nimmt sie gern Visite an, wo man sie von einigen Papageyen und vier Hunden umgeben, mit einem kleinen Kantschu in der Hand, um die Thiere in Ordnung zu halten, auf ihrem Sopha sitzen, und so munter wie die Jüngste, an der Unterhaltung Theil nehmen sieht. Ihre eignen Assembleen sind immer sehr besucht, obgleich die Gesellschaft daselbst etwas bunt melirt ist.

Pückler sieht sehr scharf, daß die Gesellschaftsklasse oder -gruppe, der er zugeordnet ist, der exklusive *beau monde,* die Hocharistokratie und ihr Anhang, ganz anders als die breite Schicht der englischen Mittelklasse, unfähig zur ›Geselligkeit‹ im Pücklerschen Sinne ist. Er schreibt in Brighton:

Meine Abende bringe ich jetzt gewöhnlich bei Lady K. oder Mrß. F. zu, und spiele Ecarté und Whist mit den Herren, oder Loo mit den jungen Damen. Diese kleinen Kreise sind weit angenehmer als die großen Gesellschaften der Metropolis. Denn dort versteht man Alles, nur eben die Geselligkeit nicht. So werden Künstler dort auch blos als Modesache vorgeführt und bezahlt; mit ihnen zu leben, Genuß aus ihrer Unterhaltung zu ziehen, das kennt man nicht. Alle wahre Bildung ist meistens nur politischer Natur, und der politische Parthei- wie der modische Kastengeist gehen auch auf die Gesellschaft mit über. Es entsteht daraus ebensowohl ein allgemeines Decousu, als eine strenge Abscheidung der einzelnen Elemente, welches, verbunden mit dem an sich schon höchst unsocialen Wesen der Engländer, den Aufenthalt für den Fremden auf die Dauer unangenehm machen muß; wenn er sich nicht die intimsten Familienkreise öffnen, oder selbst ein lebhaftes politisches Interesse annehmen kann.

Am glücklichsten und achtungswürdigsten ist in dieser Hinsicht ohne Zweifel die wohlhabende mittlere Classe in England, deren active Politik sich nur auf das Gedeihen ihrer Provinz beschränkt, und unter der überhaupt ziemlich gleiche Ansichten und Grundsätze herrschen. Diese unmodische Classe allein ist auch wahrhaft gastfrei und kennt keinen Dünkel. Sie recherchirt den Fremden nicht, aber kömmt er in ihren Weg, so behandelt sie ihn freundlich und mit Theilnahme. Ihr eignes Vaterland liebt sie leidenschaftlich, aber ohne zu persönliches Interesse, ohne Hoffnung auf Sinecuren, und ohne Intrigue. Diese Art Leute sind zwar auch manchmal lächerlich, aber immer achtungswerth, und ihr National-Egoismus in billigere Schranken gebannt.

Wie ehemals in Frankreich kann man daher mit vollkommenem Rechte auch in England sagen: que les deux bouts du fruit sont gatés, die Aristokratie und der Pöbel. Die erste hat allerdings eine bewunderungswürdig herrliche Stellung – aber ohne große Mäßigung, ohne große, der Vernunft und der Zeit gebrachte Concessionen, wird sie diese Stellung vielleicht kein halbes Jahrhundert mehr inne haben. Ich sagte dies einmal dem Fürsten E., und er lachte mich aus, mais nous verrons!

Ahnungsvolle Worte.

Der reisende Fürst verläßt England von Dover aus am 2. Januar 1829, nicht ohne in Calais einen notorischen Exzentriker der englischen ›Geselligkeit‹, des Gesellschaftsspiels der Mode und ihrer Macht über Sitten und Geschmack, zu besuchen, den im Exil lebenden Dandy Brummel. Immer wieder hat Pückler Figur und Bedeutung des Dandy während seiner Reise fasziniert, und er hat sie in spöttisch-beeindruckten Dandy-Anekdoten festgehalten.[3] Wie die englische Aristokratie, der gesellschaftliche Adressat Pücklers, durch ihre Exklusivitätsregeln ›Geselligkeit‹ ausschließt, also nur noch geselliges Ritual ohne kommunikative Substanz zuläßt, so ist der Dandy der Exponent dieser formellen Entleerung des Geselligen. Er ist der Ungesellige schlechthin, dessen prinzipielle gesellige Distanz freilich auf eine raffinierte ›Geselligkeit‹ von Geselligkeitsverächtern bezogen ist. Diese ›Geselligkeit‹ beruht auf der stilistischen Übereinkunft, ›Geselligkeit‹ als *Wonnen der Gewöhnlichkeit* zu verachten. Die Geschmacksnormen der dandystischen Unnahbarkeit verbieten jede andere Teilnahme an einem geselligen Vorgang als die der pointierten Abweisung. Abstand ist das Rezept der Wirkung, des ›Skandals‹ des Dandy, der als *Hercule sans emploi* in jedem Akt seines gesellschaftlichen Auftretens und Verhaltens Bewunderung oder Empörung auslöst. Ich kann hier nicht näher auf die Herkunft und Entwicklung dieser epochalen Figur eingehen, die Baudelaire in *Le peintre de la vie moderne* zuerst beschrieben hat. Doch der Dandy als ästhetische Existenz und der Fürst als ästhetische Existenz sind zwar in ihren ästhetischen, nicht aber in ihren existentiellen Strukturen verwandt. Was der eine, der Fürst, legitim, *de naissance,* besitzt, muß der andere, der Dandy, prätendieren, vortäuschen, artifiziell durch die Disziplin seines Geschmacks konstruieren: das souveräne Subjekt, die *gelebte* Unabhängigkeit in Urteil und Handlung.

Daß der reisende und schreibende Fürst, der Reisen und Schreiben seinem *culte de soi-même* unterordnet, zuweilen dandystische Züge annehmen kann, wird kein Kenner dieses exorbitanten Lebenslaufs bestreiten. Aber vor allem war Fürst Pückler ein *Herr,* der die Kunstfigur des Dandy sprengt. Nicht ein Dandy reiste nach England, sondern ein Herr, den seine kritische Bewunderin, die Engländerin Elizabeth Mary Butler, unter die lapidaren Titel stellte: *the Rogue, the Rover, the Rake, the Hero.* Für die an Herren nicht eben reiche deutsche Kultur- und Literaturgeschichte war Fürst Pückler ein befremdlicher Glücksfall, der eine ratlose Nachwelt freilich mehr verwirrt als reizt, eher gleichgültig läßt als bewegen und beschäftigen kann.[4]

Das kleine Weinjahr.
Ein Walliser Jahreszeiten-Zyklus Rainer Maria Rilkes[1]
(1983)

Landschaften zu beschreiben ist bei Dichtern in Verruf geraten wie das Dichten über Bäume. Welchem Dichter, welchem Leser bietet die Landschaft noch die unerschöpfliche Korrespondenz mit dem ›Jahr der Seele‹ an, die Baudelaire, die Stefan George, die Trakl und Rilke mit ihr führten? Der Dichter wandert nicht mehr wie Baudelaire in seinem Gedicht *Correspondances* durch die *Wälder der Symbole* – die *forêts de symboles,* die ihn betrachten mit verwandten, mit vertrauten, ›verständigten‹ Blicken – *qui l'observent avec des regards familiers*[2]. Die Exotik des Häßlichen, die Müll-Landschaften der Vorstädte Pasolinis entzünden die neue Sensibilität. Die durch den ›consumismo‹ zerstörte Landschaft fasziniert unsere lyrischen Talente.

Ein letzter großer Landschafts-Korrespondent der europäischen Dichtung war ihr größter deutscher Sprach-Virtuose, dessen Manierismus ihr zugleich Unüberbietbarkeitsgrenzen des sprachlichen Ausdrucks setzte, Rainer Maria Rilke. Was bedeutete ihm Korrespondenz mit der Landschaft? Was ermöglichte sie überhaupt? Landschaft ist ja nicht nur ein Naturausschnitt von Bergen, Ebenen, Himmel, Wasser, sondern sie bietet sich als unverwechselbare lokale Situation an. Sie hat ein Gesicht, eine geprägte Physiognomie. Die Ile de France, die Weinufer des Genfer Sees, die Toscana rings um San Gimignano haben eine physiognomische Konsistenz, deren Unvermischbarkeit und Unverwischbarkeit jedem Betrachter unmittelbar einleuchtet.

Damit aus einem Naturausschnitt, einer Versammlung natürlicher Elemente Landschaft werden kann, muß gleichsam eine vierte Dimension zur bloßen Höhe, Breite und Tiefe hinzutreten: die Dimension des Geschichtlichen, das heißt, Zeichen menschlicher Berührung und Formung: ein zerfallener Brückenbogen, ein Weg an einem Dickicht entlang, der Herdrauch einer verborgenen Hütte, eine an einem Wasser gelagerte Herde. Die in der Landschaftsmalerei so oft präsentierte unberührte Natur, die ›Wildnis‹, die ›Heroische Landschaft‹, liefert keine Einwände: sie ist die ästhetische Kulisse, mit der romantische Einsamkeitslüste symbolisch korrespondieren.

Das Gesicht einer Landschaft sehen und verstehen zu können, den Text ihrer besonderen Zusammenhänge und Formen zu entziffern und zu lesen wie eine verschlüsselte Schrift, war für Rilke keine Beschaulichkeitsetüde oder Fingerübung für seine epistolarischen Beschreibungskünste. Der richtig gedeutete Text einer Landschaft bedeutete für ihn das Wiederfinden und Wiedererkennen einer seelischen Lage, der er erst durch die Kompositionselemente dieser Landschaft Ausdruck verleihen konnte. Die so verstandene und benannte Landschaft bestätigte einen inneren Zustand, die die korrespondierende Landschaft aus ihrer Wortlosigkeit befreite. Wir wissen, welche entscheidende Bedeutung für Rilkes große Elegien die spanischen Landschaften von Toledo und Ronda, die Felsenküste des Castello di Duino zwischen Aquileja und Triest und das Schweizer Wallis hatten.

In einem großen Brief[3] an die Fürstin Marie von Thurn und Taxis-Hohenlohe vom 25. Juli 1921 beschreibt Rilke die Landschaft, die ihm nicht nur, nach zehnjähriger Unterbrechung, die Vollendung der *Duineser Elegien,* sondern auch die *Sonette an Orpheus* und als erstaunlichen Ertrag dieser späten und innigen Landschafts-Korrespondenz die *Poèmes Français,* die *Vergers* – jene zarte Feier auf das *unique empire* Wallisischer Obstgärten *(ce nom rustique)* mit den kostbaren kleinen Zyklen *Printemps* und *La fenêtre* und *Quatrains Valaisans* beschert hat. Rilke begründet, warum er immer wieder zögert, der Einladung der Fürstin nach Duino zu folgen:

... was mich aber auf der anderen Seite hält, ist dieses wunderbare Valais: ich war unvorsichtig genug hier herunter zu reisen, nach Sierre und Sion; ich habe Ihnen erzählt, einen wie eigentümlichen Zauber diese Orte auf mich ausübten, da ich sie voriges Jahr um die Zeit der Weinlese zuerst sah. Der Umstand, daß in der hiesigen landschaftlichen Erscheinung Spanien und die Provence so seltsam ineinanderwirken, hat mich schon damals geradezu ergriffen: denn beide Landschaften haben in den letzten Jahren vor dem Krieg stärker und bestimmender zu mir gesprochen als alles übrige; und nun ihre Stimmen vereint zu finden in einem ausgebreiteten Bergtal der Schweiz! Und dieser Anklang, diese Familienähnlichkeit ist keine Imagination. Noch neulich las ich in einem Abriß über die Pflanzenwelt des Wallis, daß gewisse Blumen hier auftreten, die sonst nur in der Provence und in Spanien vorkommen; ein gleiches ists mit den Schmetterlingen: so trägt der Geist eines großen Stromes (und der Rhône ist mir immer einer der wunderbarsten gewesen!) die Begabungen und Verwandtschaften durch die Länder. Sein Tal ist hier so breit und so großartig mit kleinen Anhöhen ausgefüllt im Rahmen der großen Randgebirge, daß dem Blick ein Spiel der reizvollsten Veränderungen, gewissermaßen ein Schachspiel mit Hügeln, fortwährend bereitet ist. Als würden

noch Hügel verschoben und verteilt – so schöpfungshaft wirkt der Rhythmus der
mit dem Standpunkt jedesmal erstaunlich neuen Anordnung des Angeschauten –,
und die alten Häuser und Burgen bewegen sich in diesen optischen Spielen um
so reizvoller, als sie meistens wieder den Hang eines Weingeländes, den Wald, die
Waldwiese oder das graue Gestein zum Hintergrund haben, ihm eingeeignet wie
die Bilder einer Tapisserie; denn der unbeschreiblichste (fast regenlose) Himmel
nimmt von weit oben her an diesen Perspektiven teil und beseelt sie mit einer so
geistigen Luft, daß das besondere Zueinanderstehen der Dinge, ganz wie in
Spanien, zu gewissen Stunden jene Spannung aufzuweisen scheint, die wir
zwischen den Sternen eines Sternbildes wahrzunehmen meinen.

Rilke ergriff, verstand diese Landschaft in ihrem vollkommenen Zustand, in der *Zeit der Weinlese,* jener ältesten, lebendigsten, alle Mühen
und Reize ländlicher Tätigkeiten zusammenführenden Zeit frühherbst-
lichen Erntens, das in keinem Jahreszeiten-Bild des festlichen Herbstes
fehlen darf. Mit beglücktem Erstaunen spürt er die ›Korrespondenz‹ des
Wallis mit seinen dichterischen Wahl-Landschaften Spaniens und der
Provence, und er besteht darauf, daß diese *Familienähnlichkeit* keine
Imagination, keine vorspiegelnde Einbildung oder Nachzeichnung seines
verwöhnten und kundigen Landschafts-Sehens, seiner optischen Be-
zugskünste ist, die er wie kein Zweiter beherrscht und spielen lassen
kann. Er beruft sich auf botanische und zoologische Indizien der Land-
schaftsverwandtschaft. Das *Schachspiel mit Hügeln,* die komponierten
räumlichen Akzente, die alte Burgtürme und Häuser setzen, erzeugen
eine sternbildhafte Klarheit der Bezogenheit, ein *Zueinanderstehen der
Dinge,* deren *Spannung* nicht in einem vagen Anspielungssinne an Spanien erinnert, sondern spanische Härte und noble Herbheit in die Walli-
sische Szene hereinspiegelt.

Ein Glücksfall schweizerischer Gastfreundschaft beschert ihm in dieser für ihn so ideal komponierten Landschaft seinen *Turm,* das *alte
Manoir,* das Château de Muzot. Es liegt oberhalb von Sierre, in einer
*glücklichen, von vielen Quellen durchstürzten Ländlichkeit mit Ausblicken ins
Tal, auf die Berghänge und in die wunderbarsten Tiefen des Himmels.* Doch
auch hier humanisieren, im römischen Sinne des Weinbaus, die Reihen
und Ordnungen der Weinberge, der Vignen, die alpine Härte des Tals.
Der Wein, der Weinberg, der Weinbau – die Briefe der nächsten Jahre
berichten es immer wieder – bestimmen nicht nur das ›Gesicht‹ dieser
letzten Landschaft des Dichters und seiner immer wieder neu einsetzen-
den Korrespondenz mit den geringsten Unscheinbarkeiten des ländlichen Tags und den überwältigenden Großartigkeiten der Nächte und
der Stille, sondern der Wein bestimmt auch das ländliche Jahr, die

Jahreszeiten, die den Dichter, in jedem Jahre neu, durch ihre ungefügige Vehemenz überraschen, auch bedrücken und wiederum beglücken.

Was wenig bemerkt, weniger noch bedacht worden ist: der *Turm Muzot* nimmt den Dichter in die leiseste Gefangenschaft eines Umgangs, der allen anderen Umgang – von kurzen Besuchen, kleinen Reisen, Sanatoriumsaufenthalten abgesehen – ausschließt: des Umgangs mit den Tages- und Jahreszeiten einer landschaftlichen Idealkomposition, der in Rilkes Ästhetik der Einsamkeit als Korrespondenten seiner Einsamkeitsarbeit nur die Landschaft zuläßt. Das Wallis mit seinen landschaftlichen Wahlverwandtschaften war der gesuchte und gefundene Korrespondent, der einzige Partner des Dichters, der seine erloschene Produktion in *Gnadenakten* – wie der Dichter empfand – von unerhörter Vehemenz wieder entfachte und ihm das *Geschenk* der großen Elegien machte. Freilich um den Preis des ausschließlichen Umgangs mit diesem Partner.[4]

Ein besonders liebenswürdiges Produkt dieses Umgangs soll uns heute beschäftigen – weit entfernt von den heroischen Landschaften der *Duineser Elegien*. Es handelt sich um ein Casualgedicht Rilkes *Sieben Entwürfe aus dem Wallis oder Das kleine Weinjahr, geschrieben für den Freund und Gast-Freund, als ein kleiner weihnachtlicher Ertrag seines Schloß-Gutes zu Muzot*. Ein kleiner Zyklus von drei- und zweistrophigen Gedichten als Weihnachtsgeschenk für den großzügigen Mäzen Werner Reinhardt aus Winterthur. Ein Misch-Gebilde von französischen und deutschen Gedichten, ein *poème Valaisan* in des Wortes genauer Bedeutung, ein Zyklus der Landschaftsdankbarkeit Rilkes, seiner Landschaftszugehörigkeit. Das erste und siebte Gedicht – das letzte des Zyklus – sind in französischer Sprache geschrieben und rahmen die deutschen Strophen in natürlicher Nachbarschaft des Miteinanders der beiden Sprachen ein.

Der Wein, der Weinberg, die Ereignisse des Hegens, des Wachsens, des Erntens bestimmen Anordnung und Ablauf der Strophen. Zugleich entspricht dieser Strophenablauf dem Lauf der Jahreszeiten. Der Jahreszeiten, die der Weinbau, der Walliser Weinbau, prägt. Immer wieder kommt Rilke in seinen Briefen auf die überraschende Besonderheit der Walliser Jahreszeiten zurück. So schreibt er am 23. April 1923 an Clara Rilke:[5]

Der Frühling. Das Wallis ist kein Land, wo er recht zu Atem kommt, zu seiner eigentümlichen Tiefe, für die sein Zögerndürfen die Voraussetzung ist. Die im März schon zu heftige Sonne zieht alles Wachstum, wie mit Pfropfenziehern, aus der grauen harten Erde. Und dann hat dieses Klima den fürchterlichen Aberglauben, keinen Regen zuzulassen; es ist in einem Grade regen-scheu, wie ich es nicht für denkbar gehalten hätte; jedes Mittel, Regen zu vereiteln und zu zerstreuen, ist ihm recht, – im Sommer hat das manchmal sein Angenehmes, daß man ums Naßwerden fast immer herumkommt –, aber jetzt, wo es still und fruchtbar zu regnen begehrt, lange Briefe, die der Himmel der Erde zu schreiben wünschte, verzweifelt man fast über die täglichen Zörne des Sturms, die das gute Gewölk mit unbeschreiblicher Virtuosität über die Berge schleudern. Das zerrt oft an den Nerven und, mehr noch, an den armen Blumen in den Beeten, die, sinnlos gepeitscht und gezüchtigt, den Kopf verlieren.

An Hofmannsthal klagt er einen Monat später, nachdem er ihm vorher die Theorie seines *Turms* in knappen und zutreffenden Worten umrissen hat:[6]

Welche Freude wäre es mir gewesen, Sie hier zu haben; ich denke, Sie hätten in sich eine eigentümliche Vorbereitung entdeckt, das Wallis aufzufassen, und mein alter Turm ist eine der gleichsam eingeborenen Stellen in der Landschaft, von der aus man wunderbar eingeführt wird in die große Konstellation ihrer Betonungen.

Vor ein paar Tagen würden Sie die Fürstin Marie Taxis hier angetroffen haben, die (mit der ältesten Enkelin) in ihrem Automobil von Italien heraufgekommen war; auch ihr Hiersein war ab und zu von der Ungünstigkeit des Wetters beeinträchtigt. Aber das Valais verfügt über den ungeduldigsten Wind, der kein Gewölk lange gewähren läßt, und die nach seinen Eingriffen ausbrechende starke Sonne stellt dann in einigen Stunden mehr als den Frühling, eine Art brennenden Sommer her.

Und im nächsten Jahr, wiederum im April, gibt er einer Freundin gleichsam das Fazit seiner Walliser Frühlingserfahrungen:[7]

… Aber noch weniger als die vorigen Jahre hat das Wallis heuer einen wirklichen Frühling, dem man im Gefühl folgen könnte. Föhntage, die schon fast schwül sind und ihre eigentümliche Spannung in den Nerven ausüben, wechseln ab mit kalten, ja eigentlich noch harten Tagen, oder vielmehr dieser brüske Wechsel geht sogar im Wechsel der Stunden vor sich: nichts von der unbeschreiblichen Milde, die in gewissen Gegenden sich dann fühlbar macht, niemals jene ruhig und sanft fallenden Regen, in denen einzelne Vogelstimmen sich vertiefen …: denn hinter dem hiesigen Auf und Ab steht schon eine viel zu starke, fast möchte man sagen, eine jähzornige Sonne, die, wenn man sie gewähren läßt, alles Wachstum wie mit Pfropfenziehern aus dem Boden zieht. Ich begreife immer mehr, daß das eine Wein-Sonne ist, die an nichts Freude und Interesse hat als an den Reb-Hügeln. Denen gestattet sie sogar, langsam zu sein, und wacht über sie und ist ganz für sie da. Das übrige Land behandelt sie streng und ohne Güte, erzieht es an den Haaren, wie ein Dorfschullehrer die Kinder, die er nicht mag. Eine solche Sonne ist nicht fähig, Frühlinge zu sticken mit Nachdenklichkeit, Freude und Geduld. Auch mit den Menschen geht sie kurios um, und auch diese verkehren am günstigsten nur auf dem Wein-Umweg mit ihr, sei es, daß sie im

*Weinberg schaffen, sei es, daß sie den Wein trinken, der daraus gedeiht ... Mit
dieser Sonnen-Essenz unmittelbaren Verkehr zu haben, ist anstrengend und
ermüdend.*

Auch mit dem Sommer dieses Jahres ist er nicht zufrieden:[8]

*Auch Muzot hält sich (von den Früchten abgesehen, die ja leiden müssen)
ziemlich unabhängig von dem Schwanken der Witterung: es ist freilich merkwürdig, den sonst so sicheren Sommer des Wallis so in seiner Fähigkeit erschüttert
zu sehen, als ob ein Vorzugsschüler, in der ersten Bank, das Prachtstück der
Klasse, ein Semester lang aufstünde und seine Lektion nicht wüßte –: so sieht der
Sommer aus, und er wird auch am Abschluß ein sehr arges Birnen-, Äpfel- und
Weinzeugnis davontragen.*

Die Jahreszeiten des Wallis können ihn stören, ja reizen, dennoch
fordern sie ihm die schönsten Gebilde seiner Spätdichtung ab, kleine
zartgetuschte Formate, Natur-Gedichte im reinsten Sinn, wie *Vorfrühling, Frühling* für Katharina Kippenberg, das Liebesgedicht *An der sonnge-
wohnten Straße,* das Schmetterlingsgedicht *Im Kirchhof zu Ragaz.*[9]

In diesem Kreis der Eingestimmtheit in die rings um seinen Turm
ausgebreitete Walliser Landschaft ist auch das *Kleine Weinjahr* anzusie-
deln.

Die ersten Verse der französischen Eingangsstrophen bezeichnen den
plötzlichen Wechsel der Farben auf der Jahreszeiten-Scheide von Winter und Vorfrühling. Das in langen Monaten an das Weiße gewohnte
Auge nimmt den Schnee plötzlich, als überall die *terre blonde et beige,* die
so lange verdeckte und versteckte Erde, ›wiedererscheint‹, nur noch als
souvenir wahr. Die Wiederankunft der Erde, diese erste Meldung des
Vorfrühlings, läßt die Erinnerung an den Schnee erlöschen – *d'un jour à
l'autre s'efface.* Das von einem Tag auf den andern sich Verändern: das ist
das jahreszeitliche Glück der Wechselankündigung. Man erinnert sich
der oft zitierten Verse: *Kleine Wasser ändern die Betonung. Zärtlichkeiten,
ungenau*[10]. Der Laut des Spatens, der die winterliche Stille durchdringt,
écoute! une bêche alerte, ist die zweite Meldung des Veränderungswunders,
das wie die Wiederbegegnung mit einem ältesten Freund oder Vertrauten die schönste Farbe des Auges, Grün, wieder in Erinnerung bringt. Die
Sensationen des Leisen, der Nuance, sind das Geheimnis des Vorfrühlings. Kaum merklich sind auch die ersten Tätigkeiten, die dem anonymen *on* anvertraut werden. In den Weinbergen bringt man die Stützge-
rüste der Rebpflanzen wieder in die richtige Lage und Linie:

*Sur les coteaux on aligne
tantôt un tendre treillage*

Und der Weinberg, der dankbare, *qui vous connaît et s'engage,* antwortet dem Menschen, der ihm, wie einem zurückgekehrten Freund, die Hand gibt. Das zweite Gedicht, deutsch, spricht von der winterharten, der *dumpfen* Erde, die ihre Steinbrocken fest wie in erfrorenen Fäusten hält. Aber die gelösten Frühlingswasser und -rinnsale *überreden* sie, sie überspülend, ihre Fäuste zu öffnen:

> *Redeten zu aus der drängendsten Nähe,*
> *nannten sie ausgeruht, nannten sie gut,*
> *kühlten das Zornige, lösten das Zähe,*
> *machten sie willig und wohlgemut.*

Das Erdreich, das kostbare der Reben, ist gelockert, es ist gelungen, der Bann des Frostes ist gebrochen, und die Wege, die in die Weinberge hinein und um sie herum führen, zeigen, daß alles geordnet und vorbereitet ist, um ein gutes Weinjahr *gelingen* zu lassen.

> *Leise gedeiht das gelockte Gelingen*
> *von zustimmenden Himmeln umruht.*

Die Zustimmung der Himmel bezieht sich freilich auf Rilkes Beobachtung, daß die Walliser Sonne eine Wein-Sonne ist, eine Sonne, die auf die übrige Vegetation, auf das jahreszeitliche Klima des Frühlings keine Rücksicht nimmt. Besondere Beachtung ist dem eigentümlichen Beiwort *gelockt – gelocktes Gelingen –* zu schenken. Es begegnet uns immer wieder in den Walliser Landschaftsgedichten Rilkes. Es handelt sich in der Tat um den Vergleich des Weinlaubs mit gelocktem Haar, dem dichtlockigen Haar mit Weinlaub geschmückter antiker Köpfe, dem Kopf des Weingottes, dessen Haar der Dichter in einer Laub-Metamorphose jeden Weinstock *gelockt* schmücken läßt. In jedem Weinstock ist Bacchus, der Gott des Weins, verborgen.

Jeder, der in Landschaften des Weinbaus lebt oder gelebt hat, kennt die kurze Juni-Woche der überaus zurückhaltenden Düfte der Weinbergblüte, kennt die Sorge, die Gespanntheit, das Atemanhalten der Winzer, die Frost oder Regengüsse fürchten, die die gesamte Ernte gefährden können.

> *WIE er spart, der Wein. Kaum glüht die Blüte.*
> *Nur ein Zukunftsduft wird leise frei.*
> *So, als ob das Erdreich, das bemühte,*
> *abergläubisch im Versprechen sei.*

Wie der Künstler nicht, was ihm gelänge,
seinem Werk voraus versprechen mag, –
halten sich die überglückten Hänge
schräg und träge in den reinen Tag.

Die Blüten der Rebendolde sind sehr klein, haben nichts von der Schönheit anderer Obstblüten, im Duft kaum wahrnehmbar – Schönheit und starker Geruch der Blüte wären wie ein allzu pompöses Frucht-Versprechen, das die *abergläubische* Erde dem Wein nicht abverlangen mag. Die Vorsicht der Unscheinbarkeit der Weinblüte entspricht der Diskretion, der Verschwiegenheit des Künstlers, dessen Werk in der Entstehung kein Bereden und Betrachten ertragen kann. *Silentium virtutis custos* lautet eine Devise der Victorinischen Mystik – das Schweigen ist wie die Erde, die das Korn, das wachsen will, bedecken, verschweigen muß. Die *überglückten Hänge* sind die Hänge der Empfängnis, die die träge Ausgeruhtheit und Stille der Schwangeren haben:

halten sich die überglückten Hänge
schräg und träge in den reinen Tag.

Dennoch muß der Wein etwas tun, er muß handeln, ja kämpfen, um sein Äußerstes, die hohe Süße und Reife zu erreichen. Sie fallen ihm nicht zu. Die Sonne, auch wenn sie ganz seine Sonne ist im Wallis, schenkt ihm nichts. Der Dichter findet für diese Anstrengung den dramatischen Bibel-Vergleich des Jakob-Kampfs mit dem Engel:

SO wie Jakob mit dem Engel rang
ringt der Weinstock mit dem Sonnen-Riesen,
diesen großen Sommertag und diesen
Tag im Herbst, bis an den Untergang.

Der gelockte schöne Weinstock ringt.
Aber abends, langsam losgelassen,
fühlt er, wie aus dem Herüberfassen
jener Arme ihn die Kraft durchdringt,

wider die er, wie ein Knabe, drängte;
ganz gemischt mit seinem Widerstand,
wird sie nun in ihm das Unumschränkte . . .
Und der Sieg bleibt rein und unerkannt.

Wie Jakob muß der *gelockte schöne Weinstock* mit dem Engel ringen, damit die Kraft der Sonne, *ganz gemischt mit seinem Widerstand,* mit den Anstrengungen seines von ihm zu leistenden Wachstums, ihm den höchsten Tribut, die üppige reife Ernte abverlangen kann.

Die nächsten beiden Strophen, das fünfte Gedicht des Zyklus, bilden den Mittelpunkt der zyklischen Struktur. Hier stagniert in einem geheimnisvollen Augenblick das jahreszeitliche Geschehen des Weinjahres. Wie Figuren eines antiken Frieses treten die Weinstöcke plastisch hervor, *Leiber aus Trauben.* Der antike Weingott hat die Wallisischen Weinberge in ein Fest verwandelt, in dem der Gott in seinen Weinstöcken reif geworden ist, sich selbst willig hingibt:

> *LÄCHELN ..., beinah Gesicht*
> *dieser gelockten Gelände.*
> *Leiber aus Trauben, grüne*
> *Hände, die blättern im Licht.*

> *Als wär ein göttliches Bild*
> *vergraben unter den Reben,*
> *um sich zu geben durch Masken,*
> *verteilt und gewillt ...*

Dann endlich ist er da, der große Tag, in allen Jahreszeiten-Bildern des Herbstes festlich festgehalten und immer wieder neu erfunden und dargestellt: die Wein-Lese, deren Tage der *Sonnenanschlag* auf den *Manualen* der Weinbergterrassen begleitet, bis die *gebende Rebe* in den Kelterfässern jenen *vollendeten Traubenton* vorbereitet, der den kostenden Mund in ein zartes Ohr verwandelt, das den Geschmack des Weines hört.

> *WEINBERGTERRASSEN, wie Manuale:*
> *Sonnenanschlag den ganzen Tag.*
> *Dann von der gebenden Rebe zur Schale*
> *überklingender Übertrag.*

> *Schließlich Gehör in empfangenden Munden*
> *für den vollendeten Traubenton.*
> *Wovon ward die tragende Landschaft entbunden?*
> *Fühl ich die Tochter? Erkenn ich den Sohn?*

Alle haben mitgewirkt, auch der Dichter, an der ›Vaterschaft‹ dieser Ernte. Sie ist das große Geburtsfest des Wallis, dessen wie ein Tier *tragende Landschaft* nun entbunden ist.

Die französische Schlußstrophe des *Kleinen Weinjahrs* bringt in die klassische Szenerie des Wallisischen Weinjahrs einen völlig unvorbereiteten Vergleich der abgeernteten und der Stützen nicht mehr bedürftigen Weinstöcke mit dem biblischen Heilswunder des von seiner Lähmung Geheilten, der seine Krücken weggeworfen hat. Dort unten, bei der Gnadenkapelle der Saintes-Maries, rühmt sich einer mit einem Schlag, *d'un coup,* genesen zu sein, und geht fort, seine Krücke von sich werfend. Und so wie dieser von seinen Krücken Befreite hat der Weinberg, abgeerntet, bar aller Reben, die Stützen, seine Weinstöcke, abgeworfen. Das Wunder ist geschehen. Der Wein kann gehen, er hat sich auf den Weg gemacht. So viele seiner ›Krücken‹ liegen nun grau auf grauer Erde, die auf den Winter wartet. *Le miracle est donc accompli?* Wo ist er, der Weinberg? Er wandelt, *elle marche,* er braust schon in den Fässern, er tanzt vor der Arche des Herrn! Die Trauben des Bacchus sind die Trauben des Gelobten Landes, die Traube Kanaans geworden. Glücklich diejenigen, die ihr gefolgt sein werden: die Gläubigen des Weins, die Trinker.

> *COMME aux Saintes-Maries, là-bas,*
> *dans l'indescriptible tourmente,*
> *celui qui d'un coup se vante*
> *d'être guéri, s'en va,*
> *jetant sa béquille ardente:*
> *ainsi la vigne, absente*
> *a jeté ses échalas.*

> *Tant de béquilles qui gisent*
> *grises sur la terre grise;*
> *le miracle est donc accompli?*

> *Où est-elle, la vigne? Elle marche,*
> *elle danse sans doute devant l'arche...*

> *Heureux ceux qui l'auront suivie!*

Das ist das Walliser Dank-Gedicht Rilkes, kleine Jahreszeiten-Vignetten des Weinjahrs, die jene Landschaft feiern, von der er in höchstem Ernst geschrieben hat:[11]

Ich wohne seit 1921 in einem alten Turm dieses französischen Kantons; die Schweiz, im Allgemeinen, ihr Boden, die Beziehungen, die mir hier tragkräftig geworden sind, und nicht zuletzt das Ereignis der großgearteten Landschaft des Wallis, an die ich mich tiefer angeschlossen habe von Jahr zu Jahr.

Und zuletzt noch in einem Widmungsbrief für die *Duineser Elegien,* an
Veronika Erdmann am 1. März 1926, in seinem Todesjahr:[12]

*Ich wüßte indessen gerne die beiden Bücher, (Duineser Elegien und Sonette an
Orpheus: darf ich sie Ihnen senden?) in Ihren Händen und bei Ihnen, die mir der
Einfluß einer großgearteten Landschaft und der Schutz einer alten Wohnstatt
eingetragen haben, in denen ich seit dem Sommer 1921 niedergelassen bin. Es ist
eines der Wunder gewesen, durch die mein Leben möglich und ergiebig war, daß
ich, im »Canton du Valais« dieses uralte Manoir finden durfte, »Château de
Muzot« genannt, dessen Härte mich zur dringendsten Einsamkeit zusammen-
faßte, während die Talschaft ringsum und die großen Gestaltungen des Rhonetals
mir Maße und Gleichnisse für die inneren Erscheinungen anboten, die das
gesteigerte große Alleinsein aufkommen ließ. Daß überdies über dieser Landschaft
das vibrierende leichte und geistige Licht der »Ile de France« ruht und daß sie, in
ihrer fast heroischen Gestaltung, mir die spanischen Erinnerungen vorhielt und
tiefer aneignete, ergab die schon fast aufgegebene Fähigkeit, vor dem Kriege in
jenen Ländern Begonnenes fortzusetzen und zu heilem Ende zu bringen, ohne
Naht.*

Der große Reisende, der Unbehauste, der Gast hatte hier, im Wallis,
seine eingeborene Landschaft gefunden, seinen Turm, sein Gedicht und
seine letzte Jahreszeit, seinen *eigenen* Tod.

Existenz als Arbeit –
Über einige Mißverständnisse des Künstlers
(1985)

Der Bereich der Künste ist unübersehbar und die Menge derer, die sie betreiben, unzählbar. Der Reklamegraphiker, der Produktdesigner, der Zeitschriftenmacher, der sich »art director« nennt, der Haarkünstler, der Hersteller der Haute Couture, der Dekorateur, der die Schaufenster von Cartier, Hermès oder Gucci komponiert – sie alle profitieren von der lukrativen Grenzverwischung der freien und angewandten Künste, die den Stars der Avantgarde erlaubt, die Etikette von »Mouton Rothschild« zu entwerfen. Die Schmuckprodukte Salvador Dalis könnten in den Vitrinen von Arpels et van Cleef an der Place Vendôme, von Bulgari an der römischen Via dei Condotti liegen. Und gehört nicht auch die Auftragsmusik der mondänen Festspielindustrien zu den angewandten Künsten? Zum Gesamtkunstwerk des modernen Luxus? Die Tendenzen dieses Gesamtkunstwerks von Kunst, Mode, Ausstellung und Aufführung hat früh schon Oscar Wilde mit einem Leitsatz zu *The picture of Dorian Gray* bezeichnet: *My story is an essay about decorative art*, ebenso der Esoteriker des französischen Symbolismus, Mallarmé, der unter dem Pseudonym Marguerite de Ponty in seiner Zeitschrift *La Dernière Mode* in einem Aufsatz über *Bijoux* schrieb: *Demeurons simplement, ici, des ornemanistes. La Décoration! Tout est dans ce mot.* Eine Erscheinung wie Mariano Fortuny, erst vor einigen Jahren wiederentdeckt und in einer großen Bildmonographie gewürdigt, im gleichen Jahr in Granada geboren, in dem Oscar Wilde das Dubliner Trinity College bezog, der »Magier von Venedig«, das Régnier in *L'Altana où La Vie Vénitienne* beschrieben hat, der alle Ressorts der Eleganz ebenso spielend wie erfolgreich beherrschte, wartet in diesem Zusammenhang noch auf eine Vorstellung vor deutschem Publikum.

Der Luxus, die Erzeugung materieller Eleganz, stellt die klassifizierende Ästhetik vor völlig neue Aufgaben. Die klassische Ästhetik kennt die Eleganz als Kategorie des Schönen nicht; ebensowenig wie den Exotismus des Häßlichen, die Subkultur des »Punk« und »Rock«, die völlig neue ästhetische Perspektiven eröffnet hat.

Zweifellos ist diese neue Ausdruckswelt eng mit dem verknüpft, was wir Konsum-Bereich nennen, seinen Markterweiterungen und -veränderungen, die auch ihre kreativen Impulse auslösen. »Kunst als Ware« irritiert ihre Künstler nicht. Das soziale Zeremoniell des Luxus verlangt nicht nur ihre Verkäuflichkeit, sondern setzt sie voraus. Sie motiviert nicht die Arbeit des Künstlers, seine Leistungen, aber sie gehört zum unentbehrlichen Resonanzfeld der öffentlichen Anerkennung, zur Objektivität der künstlerischen Qualität – wie das hohe Arzthonorar der Psychoanalyse zum Heilungsprozeß des Kranken, indem es seinen Heilungswillen glaubwürdig macht. Die Skulpturen von Max Ernst bestehen zwar vor sich selbst, aber sie nehmen erst in den Ziergärten der Bankpaläste oder in den staatlichen Kunsttempeln die Kathedralposition der Sanctuarien ein. Sie sind keine Luxusgeschöpfe, aber sie sind im Zeremoniell des Luxus von höchstem Repräsentationswert. Sie sanktionieren ihn, machen ihn legitim, indem sie ihn dekorieren, zu bedeutenden Ornamenten seiner materiellen Macht werden.

Wo ist nun im Zeremoniell des Luxus, an dem alle Künste und Künstler partizipieren, indem sie entweder ihn stilisieren oder gar definieren oder in Documenta-Attacken desavouieren, der Platz des Künstlers, dessen soziale Rolle den Sonderstatus seiner kreativen Ansprüche und Absichten verlangt? So sehr sich Karl Lagerfelds Luxusprodukte der Haute Couture, Franco Maria Riccis musée imaginaire der Eleganz der Dinge von den Müll-Meditationen Joseph Beuys' oder den Speisereste-Ornamenten der *Eat art* unterscheiden mögen – können sie sich der gemeinsamen Teilhabe am Zeremoniell des Luxus entziehen, das ihnen die angemessene Gelegenheit ihres Auftritts bietet? Sind sie nicht ohne Unterschied ihrer Anlagen, Gaben, Absichten, Tätigkeiten und Fertigkeiten, ihrer ästhetischen, moralischen, existentiellen Positionen im vieldeutigen Sinne Mallarmés *ornemanistes*, »Dekorateure« des Zeremoniells, das sich die gesamte Ausdruckswelt, vom Laufsteg der Mannequins bis zum Rock Palace und zur moralischen Anstalt des Peter Stein-Theaters, unterworfen hat?

Und der Künstler als *démoralisateur*? Als Ankläger, Entlarver, peinlicher Chronist der inneren und äußeren Höllen? Steht er nicht außerhalb des Luxuszeremoniells, das er verachtet und verhöhnt? André Gide berichtet von einem Wort Flauberts, der gefragt wurde, nach welcher Art Ruhm sein Ehrgeiz am meisten begierig sei. Flaubert antwortete: *Celle de démoralisateur.* Ein Autor, der sich und sein Tun ernst nimmt, betrachtet sich als *démoralisateur.* Er erfüllt sein sittliches und künstlerisches Officium, indem er »demoralisiert«. Seine Kunst will nicht ergötzen, bezaubern, hinreißen, zu Gefühlen und Stimmungen verführen und die folgenlosen Sensationen des Schönen vermitteln, sondern sie will die Gesellschaft, in der er lebt, demoralisieren in der moralischen Anstalt seiner Kunst. So weckt also nicht der gesellschaftliche Bedarf an bestechenden Vorführungen und Ausstellungen, den opulenten dekorativen Prozessen des Spieltriebs, sondern das Pathos des Entsetzens und Erschreckens an den Abgründen menschlichen Elends das kreative Vermögen? Diese Frage verfehlt den Kern der Sache. Die Kompositionen des künstlerischen Spieltriebs können zwar durch moralische oder religiöse Erschütterungen ausgelöst werden, ebenso wie durch ästhetische Sensationen, den Baudelaireschen »Zweikampf« mit dem Schönen *(L'étude du beau est un duel où l'artiste crie de frayeur avant d'être vaincu)* – in dem der Künstler vor Schrecken aufschreit, bevor er unterliegt –, aber die Ausgestaltung der künstlerischen Imagination bleibt davon unberührt. Das Kunstgebilde wird nicht durch Grad und Art der sittlichen oder ästhetischen Betroffenheit des Künstlers qualifiziert, sondern durch die Veranstaltungen des Ausdrucks, die nicht den Verstand überzeugen, nicht das Gewissen läutern und reinigen, sondern der ästhetischen Sensibilität unmittelbar einleuchten müssen. Das Unbehagen an den dubiosen Machwerken der *littérature engagée*, der didaktischen Bühne, der parteilichen Literatur, des politischen Dokumentationstheaters gibt dieser Sensibilität wieder die Ehre, die ihr gebührt. So beeindruckt, um durch ein Beispiel den Sachverhalt deutlicher zu machen, die Leit- und Refrainzeile des grandiosen Jubelgedichts von Dylan Thomas *And death shall have no dominion* nicht als pathetische Devise der Todesverachtung, sondern als Einfall der Form – der Form liturgischer Beschwörung und Vollmacht.

Der Einfall der Form, die formale Reaktion auf innere und äußere Stimulanzien und Erregungen, unterscheidet die künstlerische Existenz von jeder anderen. Sie kann freilich ihre Verkäuflichkeit entdecken und verwerten, wie die großen »Dekorateure« des Luxus, die vielgefragten Dirigenten, Virtuosen, Intendanten, Regisseure oder die Fürsten der Schönheitsindustrie, sie kann sich im *démoralisateur* zum öffentlichen Gewissen des *J'accuse* gegen die Stupidität, Brutalität und Erbärmlichkeit der gesellschaftlichen Verhältnisse erheben, aber sie entfernt sich damit bis zur Preisgabe von sich selbst. Die ästhetische Existenz kann nur um den Preis ihres Verlusts sich auf Verpflichtungen und Verbindlichkeiten einlassen, welcher Art sie auch immer seien, ob geschäftliche und berufliche, ob soziale oder familiäre. Im strengsten Fall kann ein solcher Rückzug ihre Menschlichkeit kosten. Zum mindesten wird diese ihre Verkümmerung in Kauf nehmen müssen, den Verzicht auf die »Wonnen der Gewöhnlichkeit«, die soziale Anerkennung, das Bad des Erfolgs, die Lorbeeren und Orden der Ämter, die familiäre Zustimmung, den Zuspruch, das Verständnis, die Aufmunterung Gleichgesinnter, die die rigorose Ökonomie der ästhetischen Existenz, ihrer »Arbeit«, nicht kennt. Prousts, Musils, Kafkas soziale Abgeschlossenheit ist nicht Zufall, sondern die gesetzliche Bedingung der Möglichkeit ihres Werks.

Rilke berichtet in seinen späteren Briefen ein Vorkommnis, das ihn, wie er schreibt: *wie ein Pfeil durchdrungen (hat), als ich es wußte, aber wie ein flammender Pfeil, der, indem er mein Herz durchbohrte, es in einer Feuersbrunst von Klarsicht zurücklieβ.* Für ihn ist es ein unwiderlegliches Argument gegen das, was er als *Schicksal* vom Künstler fernzuhalten für unbedingtes Gebot hielt. *Ich nenne Schicksal alle äußeren Ereignisse (Krankheiten zum Beispiel einbegriffen), die unvermeidlich eintreten können, eine Geistesdisposition und Erziehung, einsam durch ihre Natur, zu unterbrechen und zu vernichten.* Cézanne begriff es wohl, als er während der letzten dreißig Jahre seines Lebens sich von all dem entfernte, das ihn, wie er sich ausdrückte, *festhaken* konnte, und als er, gläubig und den Traditionen ergeben wie er war, es sich dennoch versagte, zum Begräbnis seiner Mutter zu gehen, um keinen Arbeitstag zu verlieren ... *Es gibt wenig Künstler in unseren Tagen, die diese Hartnäckigkeit begreifen, diesen heftigen Eigensinn. Aber ich glaube, daß man ohne ihn immer an der Peripherie der Kunst bleibt, die schon genügend reich ist, uns angenehme Entdeckungen zu gestatten, aber an der wir uns dennoch nur wie Spieler am grünen Tisch aufhalten, der, während ihm mitunter mancher ›Coup‹ gelingt, nichtsdestoweniger dem Zufall ausgeliefert bleibt, der nichts ist als der gelehrige und geschickte Affe des Gesetzes.*

Kein *Schicksal* zu haben, ist auch die Begründung der Deutung der Legende vom Verlorenen Sohn, die Rilkes *Aufzeichnungen des Malte Laurids Brigge* abschließt. Sie ist das Vermächtnis Maltes. Die in der Bildergeschichte des Verlorenen Sohnes dargestellte Szene des knienden Heimkehrenden, den der greise Vater an seine Brust zieht, deutet Malte als Gebärde flehender Abwehr: *seine Gebärde, die unerhörte Gebärde, die man nie vorher gesehen hatte; die Gebärde des Flehens, mit der er sich an ihre Füße warf, sie beschwörend, daß sie nicht liebten. Erschrocken und schwankend hoben sie ihn zu sich herauf. Sie legten sein Ungestüm auf ihre Weise aus, indem sie verziehen. Es muß für ihn unbeschreiblich befreiend gewesen sein, daß ihn alle mißverstanden, trotz der verzweifelten Eindeutigkeit seiner Haltung. – ... daß sie nicht liebten,* ist die Bedingung seiner Freiheit, seiner Existenz ohne *Schicksal, das ihn festhaken* würde in den Notdürften, den Besorgungen und

Anteilnahmen des Lebens. Kein *Schicksal* zu haben, ist die Disposition, die Kondition der ästhetischen Existenz. Ein *Schicksal* zerstört die *innige Indifferenz des Herzens,* ohne die der Künstler nicht arbeiten kann, ohne die er ein Zufallsspieler am grünen Tisch bleibt, ohne die die Gegenstände seiner Gestaltung sich ihm entziehen und verschließen. In einem Brief an eine junge Malerin schreibt Rilke: *Stellen Sie sich einen Malte vor, der in diesem furchtbaren Paris eine Geliebte oder selbst einen Freund gehabt hätte. Wäre er dann je so tief in das Vertrauen der Dinge eingetreten? Denn diese Dinge (er hat es mir oft in unseren wenigen intimen Unterhaltungen gesagt), deren wesentliches Leben Sie wiedergeben wollen, fragen Sie zuerst: Bist du frei? Bist du bereit, mir deine ganze Liebe zu widmen? Viele mit mir zu betten, wie Sankt Julian der Gastfreundliche sich mit dem Aussätzigen bettete ... Und wenn so ein Ding sieht ..., wenn es dich beschäftigt sieht, selbst mit einer Zelle deines Interesses, so verschließt es sich dir. Es spendet dir vielleicht mit einem Wort eine Regel, macht dir ein kleines, leicht freundschaftliches Zeichen, aber es versagt sich, dir sein Herz zu geben, dir sein geduldiges Wesen zu vertrauen und seine sternhafte Stetigkeit, die es so sehr den Konstellationen des Himmels gleichen läßt.* Die *innige Indifferenz des Herzens* schützt die ästhetische Existenz vor den Trübungen und Ablenkungen, den Folgen jeder Lebensanteilnahme, des *Schicksals* und ermöglicht die Konzentration ungeteilter Aufmerksamkeit, auf die das, was Rilke die *Dinge* nennt, Anspruch erhebt. Rilkes Analogie dieses Prozesses zur selbstaufopfernden Liebe des Heiligen ist die ästhetische Säkularisierung eines religiösen Elementaraktes. Der künstlerische Ausdrucksvorgang befolgt das Schema extremer geistlicher Exerzitien, die Einsamkeit, das Schweigen, das alles Gerede aufhebt, die Armut, die jede materielle Behelligung und Zerstreuung abweist, die Abstinenz als Schule der Inspiration.

Der Verlorene Sohn in der Deutung Maltes ist einer, der heimkehrt, um nicht geliebt zu werden. Seine Heimkehr ist zugleich Auszug, ein Auszug freilich in eine andere Richtung, die Richtung des endgültigen Entzugs. Das Wiedererkennen des Hundes, der *aufheult,* das Erkennen in einem Gesicht, einem *ganz alten,* in dem *plötzlich blaß das Erkennen durchschlägt,* ist tiefer Irrtum, Mißverständnis. *Es muß für ihn unbeschreiblich befreiend gewesen sein, daß ihn alle mißverstanden.*

Das »Mißverständnis« ist der stärkste Schutz der ästhetischen Existenz. Nichts bezeichnet schärfer die existentielle Position des Künstlers, die Aufkündigung aller Gemeinsamkeiten mit allen, die ihn durch Verständnis zu sich heimholen, bei sich ansiedeln wollen. Jedes Mittel und jeder Vorwand muß dem Künstler recht sein, der ihn dem Zugriff des Verständnisses entzieht, das den Aufbau einer eigenen Sprache zerstört, in der er erst sich mitteilen kann, wenn er sie mit keiner anderen mehr teilt. Die Qualität der Originalität hat hier ihre Wurzeln. Das Verständnis ist die letzte Versuchung dessen, der auszieht, um kein *Schicksal* zu haben. Aber er ist nirgends sicherer als in der Mitte der Mißverständnisse, in der Ironie seiner Heimkehr. Er kann, wie der Verlorene Sohn Maltes, *bleiben. Was wußten sie, wer er war.*

Der alte romantische Topos der »Unverstandenheit« des Künstlers gewinnt in Rilkes Deutung der Legende vom Verlorenen Sohn eine neue Bedeutung. Die »Unverstandenheit« beruht nicht auf einem seelischen Unfall des Künstlers oder auf dem sozialen Zufall einer stupiden oder renitenten Umgebung. Sie gehört zur Organisation der ästhetischen Existenz, die sie nicht nur aushalten, sondern vertreten muß, unnachgiebig allen Beschwernissen gegenüber, die sie bis zur Verfemung und Verurteilung, bis zur physischen Aushungerung und gnadenlosen Vereinsamung zu erwarten hat. Sie muß dies weniger fürchten als den Ruhm, der die »Summe aller Mißverständnisse« ist. Jeder Versuch der Erleichterung und Veränderung dieser Lage, der Annäherung durch öffentliche Ehrung oder gar Belohnung kompromittiert den »heftigen Eigensinn« der ästhetischen Existenz, schwächt ihre Distanzmuskulatur, irritiert die Gelassenheit ihrer Ausgesetztheit. Die registrierende Gesellschaft, die dieser Zustand skandalisiert, hat ihn mit den Etiketten ihrer Kompetenz versehen: Sonderling, Außenseiter, Schädling, Parasit – kein Geringerer als Max Weber nannte in einer soziologischen Standortbestimmung Stefan George und seinen Kreis eine Versammlung von *Rentner*-Existenzen, eine Bezeichnung, die sich in höhnischer Variation bei Bertolt Brecht wiederfinden sollte – aber sie ist auch bereit, das Ärgernis, die Arroganz der künstlerischen »Unverstandenheit«, der die herausfordernde »Unverständlichkeit« des künstlerischen Werks entspricht, zu tolerieren und mit Privilegien zu versehen, die freilich die ästhetische Existenz in ihrem produktiven Grundmuster so wenig fördern oder gefährden wie die Berufung in eine Akademie oder die Verleihung von Kunstpreisen.

Die *Rentner*-Existenz, der sich vom Erwerb dispensierende Arbeitslose ist gewiß eine zutreffende soziologische Definition des Künstlers, der wirtschaftlich nicht verwertbaren Qualitäten der ästhetischen Existenz. Baudelaire hat in seiner Analyse der *vie moderne* die gesellschaftliche Erscheinung dieser Existenz auf die schlagende Formel des *flâneur,* des *promeneur solitaire,* des *Dandy* gebracht und die besondere Form der Arbeitslosigkeit, die zum Wesen des Künstlers gehört, früher und präziser beschrieben als jeder andere. Diese besondere Form bedeutet, daß die Existenz selbst Arbeit ist, daß sie in der ungeheuren und unablässigen Anspannung ihrer »Wahrnehmungspflicht«, in der einzigartigen Disziplin, die ihre Instrumentarien der Beobachtung und des Ausdrucks schärft, ohne sich die geringste Nachlässigkeit in der Erledigung ihres selbstauferlegten Pensums gestatten zu können, kein anderes Arbeitsengagement annehmen kann als das Unauflösliche ihrer Existenz. Man denke an die Arbeitsbedingungen, denen sich Proust unterwarf, die zu den mathematischen Studien, den Schweigeperioden Valérys führten.

Es erscheint mir ausgemacht, daß keine Ästhetik-Debatte und Kunstbeurteilung der Moderne von den Erkenntnissen absehen können, die uns die Geschichte der radikalisierten ästhetischen Existenz liefert, deren Erörterung seit Baudelaire die Arbeits- und Tagebücher, das Briefwerk der Moderne durchzieht. Ohne diese Erörterung, um keineswegs nach Belieben ein Beispiel aus der bildenden Kunst zu wählen, ist ein malerisches Werk wie das des pictor doctus der klassischen Moderne, Paul Klees, nicht zu verstehen und in seinem Rang zu bestimmen. Die Tagebücher und Bauhaus- Vorlesungen Paul Klees zeigen die Werkstatt der radikalisierten ästhetischen Existenz. Die Reflexionshöhe und die Ausdruckspräzision dieser Aufzeichnungen charakterisieren die geistige Ausstattung einer Avantgarde, die die »Unverständlichkeit« ihrer Produkte kalkuliert. Arnold Gehlen hat das die organisierte *Kommentarbedürftigkeit*, den *Sinndruck* der Malerei genannt, die den *optischen Nachlaß* Klees in einer *Art Erbteilung* verwaltet – natürlich nicht nur dieser –, einer Bedürftigkeit, die sich, wie die Geschichte der Documenta zeigt, rapide gesteigert hat. Freilich wird, in jedem Einzelfall, zu prüfen sein, was Paul Valéry in seinem *Umgang mit Corot* 1939 zur Entwicklung der Künste gesagt hat: daß *in allen Künsten der herrscherliche Vorrang des Geistes den Eigenschaften weichen mußte, die nur noch ein Mindestmaß an Koordinationsvermögen, nur noch das Mindestmaß an geistiger Vertiefung, an vorgängigen Studien, an technischer Vorbildung verlangen und damit in summa: ein Mindestmaß an Charakter.*

Die ästhetische Existenz, Existenz als Arbeit, setzt ein Höchstmaß an *Charakter* voraus. Sie muß sich radikalisieren, hermetisch organisieren, *ohne Schicksal,* wie Maltes Verlorener Sohn, da anders sie nicht arbeiten kann. Was der *flâneur* und *observateur* Baudelaires noch als Genuß der »Unverstandenheit« (Ungekanntheit) des Incognito empfinden konnte *(L'observateur est un prince qui jouit partout de son incognito),* vertieft sich in der Existenzbedingung der hermetischen Existenz als Arbeit. Freilich verlangt die hermeneutische Unterhaltung mit den Produkten dieser Arbeit eine komplementäre Reflexionsstruktur des Interpreten. Doch die Deutung wird erschwert durch das a priori überlegene Reflexionsniveau der ästhetischen Existenz, das jede Mitteilung in einer hermetischen Sprache, einem Chiffrensystem der Selbstverständigung, verschließt. Der Umgang mit Gedichten Paul Celans wird jeden, der ihn versucht, in diesem Punkte belehren. Sie sind verschlüsselte Klopfzeichen eines Verschütteten, der nicht gefunden werden will. Sie sind nicht angelegt auf Verständnis im traditionellen hermeneutischen Sinn. Sinnverweigerung ist ihr Ausdrucksprinzip. Ihr Mißverständnis ist ein notwendiges: Die Gedichte Celans existieren per se, sind Schöpfung für sich, Signale einer inkommensurablen Intelligenz, die mitteilen, daß man über das, worüber man nicht reden kann, schweigen muß.

Abhandlungen

Über die *Liederlichkeit der Gefühle*
Brief an Richard Alewyn
(1967)

Wir sind, verehrter Freund, in langen Jahren engerer und fernerer akademischer Nachbarschaft immer wieder in Briefen und Gesprächen auf kuriosen Neben-, ja versucherischen Abwegen des Fragens und Vermutens im Walde der Literatur spazierengegangen. Nichts konnte unsere Neugierde hemmen. Nichts war vor unseren Einfällen geschützt, die uns nicht selten die liebsten waren und als die ergiebigsten erschienen, wenn das Tageslicht der philologischen Vernunft uns zwang, von ihnen Abschied zu nehmen.

Was ich Ihnen heute vortrage, knüpft an ein Gespräch an, das wir vor einigen Jahren hatten, als ich Ihnen Eichendorffs grimmige Bemerkung über Goethe vorlas. Ich führe unser Gespräch fort, das Sie zugleich an die schöne Gewohnheit unseres »unendlichen Gesprächs« in Kölner und Berliner Jahren erinnern soll.

Die Form der Rede im Gespräch, die nicht – wie in der Abhandlung – den kritischen Sinn mitgedachter Zünftler befriedigen muß, sondern den Partner zum Mit- und Gegendenken einladen soll, ist wohl erlaubt durch den persönlichen Anlaß. So wird es Sie auch nicht befremden, wenn ich in meinem Brief nicht untersuche und beweise, sondern frage und Fragen zulasse, die sowohl allzu eng gestellt zu sein als auch allzu weit zu gehen scheinen. Die Frage – die *Christus-Frage in Goethes Leben*[1] – hat hier und da schon einen Leser und Begleiter Goethes, nicht nur den theologisch geschulten, bewegt. Sie galt dann immer der Person Goethes oder Goethes Bedeutung innerhalb einer Geschichte der christlichen Religion. Doch ich möchte die Frage, ob Goethe »Christ« gewesen sei, heute anders stellen, so daß sie eine ganze Kette von Fragen auslösen wird. Ich kann sie nicht beantworten, aber ich möchte sie Ihrem Nachdenken empfehlen, damit Sie mich durch die Gunst eines Einfalles oder Hinweises erfreuen.

Auf welche Weise geriet Goethe als Christ, falls er anderes kannte als folgenlose Phasen pietistischer Frömmigkeit, mit seinem Dichtertum in Widerspruch? Dichter und Dichtung, wie sie Goethes Person und Werk

als epochemachende geschichtliche Erscheinung am Ende des 18. Jahrhunderts repräsentieren – rivalisieren sie nicht mit der christlichen Religion und ihrem Stifter, indem das dichterische Genie die Funktionen des
Heilsbringers, ja Heilandes, seine Dichtung diejenigen einer Erlösungsbotschaft, einer Frohen Botschaft übernimmt? Ist Dichten dieser Art, die
poetische Errungenschaft der Literaturrevolution am Ende des 18. Jahrhunderts, nicht eine Folge einer religiösen Revolution, die nichts anderes ist als Emanzipation ins Dichterische? Ist diese Dichtung in ihren
schwarzen Blüten und bösen Blumen nicht wiederum Ausdruck des
Heimwehs der Verlorenen Söhne, als die sich die poètes maudits nicht
nur in ihren intimen Journalen empfinden und quälen? Stehen nicht
überhaupt dichterische und religiöse Existenz, der »Dichter« und der
»Fromme«, in unversöhnlichem Gegensatz, so daß der erste dem zweiten als Apostat erscheint, der sein Seelenheil für einen vollkommenen
Vers verkauft, der zweite dem ersten in selbstverschuldete Unmündigkeit verstrickt erscheinen kann? Ist der moderne Dichter für den Christen nicht der törichte Reiche schlechthin, von dem das Gleichnis im
12. Kapitel bei Lukas erzählt: der Reiche in der Fülle seiner Segnungen
sieht und sorgt nicht, daß ihm über Nacht seine Seele abgefordert werden kann? Oder ist der Dichter Goethescher Prägung wieder der erste
freie Mensch seit den Hoch-Zeiten der Antike, der Führer zu den Paradiesen einer von den Übeln des Christentums befallenen und verhinder-
ten reinen Menschlichkeit? Aber woher dann die zahllosen toten Gleise
dieser Entwicklung, die existentialistischen Selbstsprengungen oder politischen Selbstlähmungen, ja -enthauptungen der emanzipierten Seele,
deren Geschichte die moderne Dichtung nicht nur beschrieben, sondern
als unabsehbar wirkende Seelenmacht auch ausgelöst hat?

Die Zunft hat den literarhistorischen Arbeiten des Dichters Joseph von
Eichendorff wenig Beachtung geschenkt. Diese historischen Ausflüge
des Dichters sind freilich ebenso streitbar wie in ihren Zielen strittig.
Große Partien seiner Darstellungen nehmen unverkennbar die Züge
einer Streitschrift an. Seine Polemik ist durch einen Standpunkt bestimmt, den er mit der Genugtuung einer Gesinnung vertritt, die urteilen
will und das Anstößige ihrer Entscheidungen entschlossen in Kauf
nimmt. Er will nicht durch Aufzählung und Unterbreitung geschichtli-
cher Daten die antiquarische Neugierde seiner Leser befriedigen, sondern sie durch Angriff und Urteil zwingen, seine Position zu teilen oder
zu bestreiten.
    Kein Zweifel: als Historiker ist Eichendorff ganz katholischer Baron.

Für ihn gehört die *Geschichte der poetischen Literatur Deutschlands,* die er 1857 veröffentlichte[2], zur Geschichte des Christentums. Als katholischer Christ entwickelt und begründet er die historische These, daß Dichtungsgeschichte Religionsgeschichte sei. Daß Eichendorff die Dichtungsgeschichte unter religionsgeschichtlichen Aspekten versteht und beschreibt, mag der Historiker als Marotte eines eigensinnigen Dilettanten, als abwegige Voreingenommenheit zurückweisen. Das kümmert Eichendorff nicht. Für ihn gehört auch Geschichtsschreibung zur christlichen Praxis, der in keiner seiner Tätigkeiten, seien sie gelehrter, seien sie poetischer Natur, zu ruhen erlaubt wäre.

Dies verpflichtet ihn zu höchst dezidierten Literaturansichten. So ist für ihn die *Humanität* der deutschen Klassik eine *Surrogatreligion*[3], die *ebenso wissensreiche wie glaubensarme Geister* feilboten, Geister, die an die *menschliche Perfektibilität* appellierten und *die bloße Kraft der eigenen Vernunft* zum neuen Menschheitsevangelium machten. Erlauchteste Väter dieser neuen, alleinseligmachenden Humanitätsreligion sind für Eichendorff Schiller und Goethe, und mit einer Schärfe, die ihresgleichen nicht findet, schreibt er: *Die Doktrin der Humanität aber kulminiert endlich in unsern beiden größten Dichtern, in Schiller und Goethe, und wurde von ihnen, wenngleich auf verschiedenen Wegen, zum förmlichen Nationalkultus erhoben. Beide, ihrer Zeit weit überlegen, suchten die verworrene geistige Verlassenschaft in poetischer Vertiefung zusammen zu fassen, um daraus eine Weltanschauung sich herauszubilden, die für Zeit und Ewigkeit Weg und Richtung gäbe*[4].

Wenn wir nun die rigorose Abfertigung der Goetheschen Humanitätsreligion durch den streitbaren Christen Eichendorff lesen, wird sich wohl niemand des Eindrucks einer schrillen Ungerechtigkeit, einer karikaturistischen Vereinfachung, ja Verunglimpfung erwehren können. Einer Darstellung wie der folgenden wäre mit Gegenargumenten und widerlegenden Zitaten leicht zu begegnen:

Daher hält er [Goethe] *das Evangelium mit seinen Wundern und Geheimnissen für Lästerungen gegen den großen Gott und seine Offenbarung in der Natur. Er findet vielmehr tausend geschriebener Blätter alter und neuer von Gott begnadigter Menschen ebenso schön und der Menschheit nützlich und unentbehrlich als die Evangelien, und bemitleidet die Christomanie Lavaters, der seine ganze Kraft anwende, um ein Märchen wahr zu machen, eine hohle Kindergehirnerfindung zu vergöttern. . . . so zählt Goethe dieses überlästige Christentum zu den ihm widerwärtigsten Dingen, gleich Tabak, Knoblauch und Hundegebell, und liebt es, sich für einen ausgemachten Heiden auszugeben. An irgendetwas müsse freilich der Mensch glauben, um nicht an sich selber zu verzweifeln; aber ob er an Christ glaube oder Götz oder Hamlet, das sei eins. Denn mit dem Glauben verhalte es sich gerade umgekehrt als mit dem Wissen: es komme gar nicht darauf an, daß man wisse, sondern was man wisse, während es beim Glauben nur darauf ankomme, daß man glaube.* Das Wort der Menschen ist ihm daher Wort Gottes, und mit inniger Seele falle er dem Bruder um den Hals: Moses, Prophet, Evangelist, Apostel, Spinoza oder Macchiavelli.[5]

Goethe ist für Eichendorff *der eigentliche Führer der modernen Kultur,* der *alle Höhen und alle Schauder und Abgründe dieser Bildung erkannt* und *in seinem ›Faust‹ unsterblich gemacht* habe, der nichts als eine *opernartige Heiligsprechung* einer eminenten Weltbildung, jener *Humanitätskrankheit* sei, an der die junge moderne Menschheit, abgewandt vom *positiven Christentum,* zugrundegehe. Eichendorff prangert die Goethesche Poesie schlechthin als *Grundirrtum* an. Goethe habe ohne Zweifel – darin gipfelt die christliche Kritik Eichendorffs – *am besten erreicht, was diese vom positiven Christentum abgewandte Poesie aus sich selbst erreichen konnte: die vollendete Selbstvergötterung des emanzipierten Subjekts*[6]. Also ist Goethe der Antichrist der Moderne, seine Poesie, die die Humanitätsreligion verkündet, ist als *Grundirrtum* eine verderbliche und verhängnisvolle Häresie im theologisch definierten Sinn des Wortes.[7]

Das sind unerhörte, ja ungeheuerliche Ansichten, ein christliches Anathema, das gegen die ruhmvollste Epoche der deutschen Geistesgeschichte geschleudert wird. Käme dieser in seiner Leidenschaft die Schmähung streifende Protest nicht von einem Manne von so zwingendem geistigen Rang und unbezweifelbarer Integrität, so könnten wir diesen Protest im Bereich einer pathologischen Literatur- und Kulturkritik ansiedeln, wie wir sie in den kritischen Exzessen Nietzsches bewundernd zu bedauern und zu fürchten gelernt haben. Doch wir spüren wohl, daß wir uns nicht ersparen dürfen zu fragen: mit welchem Rechte wird hier der *Humanität* der deutschen Klassik, der Poesie Goethes so unerbittlich der Krieg erklärt, mit welchen Argumenten wird dieses Recht verfochten?

Im Jahre 1851 war bei Brockhaus in Leipzig eine literarhistorische Studie Eichendorffs erschienen, die den für seinen Standpunkt, seine kritischen Absichten höchst bezeichnenden Titel trug *Der deutsche Roman des 18. Jahrhunderts in seinem Verhältnis zum Christentum*[8]. Hier tritt ganz unverhohlen zutage, wie prinzipiell Eichendorff Religions- und Dichtungsgeschichte weder unabhängig voneinander zu betrachten noch gesondert zu behandeln geneigt ist, wie sehr für ihn die nachbarocke Dichtung, die Dichtung sowohl der Aufklärung wie der Empfindsamkeit, der Geniemänner des Sturm und Drang wie die Poesie der Klassik und Romantik bis auf seine Tage auf eine zunehmende Erkrankung der religiösen Organe des Menschen, des Künstlers, des Dichters und Philosophen, zurückzuführen ist. Diese haben, wie Eichendorff es sieht, von Rousseauschem Gefühlskult erschlafft, von Voltairescher Kultur des aufgeklärten Zweifels zersetzt, die christliche Offenbarung und ihre irdische Verwaltungsinstitution, die Kirche, als unfehlbare Autorität, wählerisch nach eigenem Geschmack und Vermögen ausgelegt, aufgeweicht, relativiert, pietistisch sentimentalisiert, romantisch ästhetisiert oder gar sich von allem Christentum wie Klinger oder Heinse in einem *grassesten Egoismus des Sinnengenusses* und *nackten Leben und Naturdienst der Alten* emanzipiert[9]. Allen diesen dichterischen Abweichungen und Aufweichungen des positiven Christentums sind im Roman des 18. Jahrhunderts typische Denkmäler zugeordnet, und den Typus des *sentimentalen Romans* erläutert Eichendorff an Goethes *Werther*.

Diesen Starkgeistern gegenüber, oder vielmehr parallel mit ihnen läuft die Gruppe der sentimentalen Romane. Wenn jene den Stein des Anstoßes, den ihnen die Welt entgegenstemmt, titanisch zertrümmern wollen, möchten diese ihn durch Tränen tropfenweis aushöhlen und erweichen; wie jene mit ihrer strotzenden Überkraft, so kokettieren diese mit einer gewissen anständigen Kränklichkeit, die sich vor jedem rauhen Hauche verletzt in sich selbst zurückzieht, und beständig über die Tyrannei der Welt und ihre eigene, verkannte Vortrefflichkeit seufzt. Beide aber stimmen darin überein, daß sie, auf die sogenannte Natur zurückgehend, von aller positiven Religion absehen, nur daß die einen ein unverhehltes Heidentum zur Schau tragen, während die andern gern noch Christen scheinen möchten, dem Christentum aber unmerklich eine Privatreligion der bloßen Empfindsamkeit unterschieben.[10]

Für Eichendorff ist Werther *nur ein edler und tiefer gehaltener Ardinghello*[11], der wie dieser dem *Götzendienst* und der *hätschelnden Beschönigung der losgebundenen Empfindung* huldigt, einer Gefühlsseligkeit, gar Gefühlshörigkeit, die nur sich selbst genießen, ja, *wie ein echter Gourmand, den haut goût der Leiden selbst sich zu einer vornehmen Wollust präparieren will, und also gegen jede Schranke der Religion und Sitte opponiert, die sie in jenem schwelgerischen Selbstgenusse stört oder hindert.* Eichendorff nennt Werther einen *modernen Narziss,* und was bei Ardinghello *Liederlichkeit der Sinne* sei, sei bei Werther *Liederlichkeit der Gefühle.* Werthers Leiden sind also nichts anderes als die Edelfäule, der haut goût empfindsamen Selbstgenusses? Werther selbst ein ebenso bezaubernder wie anrüchiger Bruder Liederlich? Dichterische *Empfindsamkeit* – welch ein scharfes, aber auch scharfblickendes Wort – ist *Liederlichkeit der Gefühle,* welche Zauberschätze des Empfindens und Sagens sie auch entbinden und ausschütten mögen. Diese *Liederlichkeit,* für Eichendorff nur folgerichtig, wurzelt in dem, theologisch gesprochen, Urzustand des sündigen Menschen, im *Hochmut.* Ihr liegt, wie Eichendorff, das Wort in seinem religiösen Gewichte voll einsetzend, sagt, der *Hochmut* zum Grunde, *der seine individuelle Leidenschaft für gescheiter und berechtigter hält, als die unscheinbaren Tugenden der anderen.* Diese religiöse Hochmutsinterpretation der dichterischen Gefühlsliederlichkeit führt dann ins Zentrum der Eichendorffschen Werther-Kritik, die den Finger auf die Stelle legt, die für Eichendorff nicht nur blasphemisch, nicht nur ein überkühnes Spiel mit religiösen Metaphern, unstatthafte poetische Koketterie mit dichterisch ausgebeuteten religiösen Grundverhältnissen ist, sondern Zeugnis irreparablen Abfalls von der christlichen Religion:

Ich ehre die Religion, ich fühle, daß sie manchem Ermatteten Stab, manchem Verschmachtenden Erquickung ist. Nur – kann sie denn, muß sie denn das einem jeden sein? Wenn du die große Welt ansiehst, so siehst du Tausende, denen sie es nicht war, denen sie es nicht sein wird, gepredigt oder ungepredigt, und muß sie mir es denn sein? Sagt nicht selbst der Sohn Gottes, daß die um ihn sein würden, die ihm der Vater gegeben hat? Wenn ich ihm nun nicht gegeben bin? Wenn mich nun der Vater für sich behalten will, wie mir mein Herz sagt?[12]

Eichendorff spricht hier von *sublimstem Hochmut,* der für ihn eine satanische Dimension gewinnt. Die erlösende Mittlerschaft Christi wird relativiert und negiert, und die göttliche Sohnschaft jedem tieffühlenden Ich, dem Genie, dem Dichter zuerkannt. Eichendorff spürt die ungeheuren Folgen dieser, wie er es nennt, Selbstvergottung des Dichter-Ichs. Wenn jeder große Mensch an die Stelle des geschichtlichen Heilandes treten kann, so kann er auch die Wirkungen des Gottessohnes, ein Heiland unter vielen Heilanden, ausüben: die Verherrlichung des höchsten Wesens, die Erhebung und Vollendung des Menschen in der Religion einer selbstherrlichen Humanität. Der große Mensch, das Genie, der Dichter als der Heiland der modernen Kultur: – so hat Eichendorff diese Entwicklung der deutschen Geniebewegung gesehen und beschrieben, und wie gleichsam der Dichter der Moderne in überlegene Konkurrenz mit dem nicht nur entmythologisierten, sondern seiner singulären Gottessohnschaft beraubten und zur Kulturfigur aufgeklärten Christus getreten ist, so rivalisiert auch die Dichtung der neuen Genieheilande mit dem christlichen Evangelium, das als kostbarer Proverbienschatz, als Weisheitsbuch im Kranze edler Weltbücher und Bibeln säkularisiert und in den prekären Adelsstand der Weltliteratur versetzt wird.

Soweit Eichendorff und die Bedenken und Aspekte, die seine christliche Literaturkritik eröffnet. Die unverblümten, im Zugriff so unvergleichlich schroffen, dem unwiderstehlichen Reiz der Poesie der deutschen literarischen Hoch-Zeit ohne Zugeständnis verschlossenen kritischen Gänge des *Taugenichts*-Dichters mögen uns befremden, ja manchen erregen oder gar empören. Freilich, so befremdend sie sind, fremd sind sie uns nicht. Nicht Gundolfs *Goethe*, so will mir scheinen, sagt das entscheidende Wort einer mit dem ersten Weltkrieg anhebenden neuen Epoche der Goethe-Deutung, sondern ein kleiner, im Jubiläumsjahr 1932 erschienener, zweifellos vom philosophischen Existentialismus der zwanziger Jahre suggerierter Aufsatz von Ortega y Gasset, der ebenso schnell berühmt wie vergessen wurde – das Los aller Dinge, die die Sensation des Düpierens um den Preis ihrer Stichhaltigkeit erkaufen müssen –, ein Aufsatz, der in der *Neuen Rundschau* unter dem kuriosen Titel *Um einen Goethe von innen bittend* erschien[13]. Dieser Aufsatz wurde aus dem Aperçu entwickelt, Goethe sei der ständige Deserteur seines inneren Schicksals, seiner dichterischen Berufung gewesen, ein in ununterdrückbaren Mißmut, in seltsame Starrheit und Steifheit bis in Gebärde und Gang hinein eingekerkerter Verräter seines dichterischen Genies, der den weimarischen Ämtern und einer ungeheuren Selbst- und Lebensstilisierung sein Dichtertum geopfert habe. Dieser etwas reißerische Vorwurf der Existenzverfehlung, den Ortega y Gasset mit der Beredsamkeit seines weltmännischen Journalismus erhob, stellte Erscheinung und Werk Goethes vor die existentialistische Alternative eines Entweder-Oder, die das Versagen des Dichters Goethe verdeutlichen soll, der als Staatsmann und Gelehrter den einzigartigen Anlagen und Möglichkeiten seines Dichtertums ausgewichen und untreu geworden sei.

Im Herbst 1964 erschien ein Buch *Die Christus-Frage in Goethes Leben und Werk*[14]. Der Autor dieses Buchs, Gerhard Möbus, hat die erste Anregung seiner Studien durch den Goethe-Aufsatz Ortegas empfangen, freilich nicht um ihm zu folgen, sondern, im Gegenteil, von dem von Ortega y Gasset entwickelten Widerspruch in Goethes Werk und Wesen ausgehend, das Versagen Goethes nicht in der Verkümmerung und Versteinerung seiner dichterischen Existenz, sondern seiner religiösen, genauer: seiner christlichen Existenz zu suchen. Mit dem Buche von Möbus, gleichgültig welches Gewicht ihm die Goethe-Philologie zuerkennen wird, scheint mir – ohne daß Möbus Eichendorff nennt – die Eichendorffsche These von der Einheit der Religions- und Dichtungsgeschichte wieder aufgenommen und als methodisches Prinzip der Literaturgeschichtsschreibung gefordert und befolgt zu sein. Wir wollen nicht darüber streiten, ob es richtig oder überhaupt zulässig sei, bestimmte Krankheitskrisen der Frankfurter Zeit Goethes so hochzuspielen, daß man, wie Möbus das mit belesener Konsequenz tut, Goethe als Verlorenen Sohn, der nicht heimkehrt, als gescheiterten Christen und in seinem Humanitätsideal mürrisch und mephistophelisch räsonnierenden Abtrünnigen bezeichnen kann. Die Argumente, die Möbus entwickelt, haben gewiß selten das Niveau des Anlasses, der ihn zur Niederschrift seines Buches bewegte. Doch dieser Anlaß reizt zum Nachdenken.

Das neue Goethe-Buch ist, wie Ortegas Aufsatz, der Ausdruck eines Unbehagens nicht nur an der Person Goethes, sondern an den Lebenswerten, den Kulturmaximen, die Goethe bis tief in unsere Epoche, wie kein Zweiter nicht nur die Deutschen bildend, wirksam zu erhalten wußte. Die Frage, die das Buch von Möbus stellt, die Christus-Frage bei Goethe, kann als isolierte Frage nur unverbindliche, das heißt, unter veränderten Prämissen immer andere Antworten erwarten. Diese Frage hat, wie die Eichendorffschen Antworten zeigten, ältere und reichere Herkünfte als die auf Goethe zugespitzte Christus-Frage, und sie eröffnet ernstere Perspektiven als nur diejenige auf die unziemliche Verengung einer falschen Lebensentscheidung Goethes in der Christus-Frage. Das Unbehagen an der Humanitätsreligion der deutschen Klassik stellt radikalere Fragen als die Gretchen-Frage an Goethe *Wie hast du's mit der Religion.* Man wird wohl nicht allein nach den Gründen, sondern auch nach den Folgen jener religions- und dichtungsgeschichtlichen Revolution fragen müssen, die das titanische Genie, den edlen Menschen der *ästhetischen Erziehung,* den in der freigesetzten Vernunft mündig gewordenen Menschen das Evangelium der Selbsterlösung verkünden ließen. Was Werthers Lotte wußte, aber nicht Werther selbst: daß die Muse zu begleiten, doch zu leiten nicht versteht, hat eben mit dem Zauber des genialen *emanzipierten Subjekts* das Jahrhundert Goethes in jenen *Grundirrtum der ästhetischen Erziehung* getrieben, daß der im Sinne der klassischen Humanität natürliche und freie Mensch sich an seinen eigenen Haaren aus dem Sumpf der condition humaine, seiner angestammten Schwäche ziehen könne.

Die Kultur der *ästhetischen Erziehung* hat den Dichtern, ihren Protagonisten, nicht nur öffentlich-gesellschaftliche und sittliche Vorrechte eingeräumt wie einer neuen Priesterschaft, sondern sie hat auch die Gebildeten als Glieder dieser neuen ästhetischen Kirche in der Dichtung einen Trost suchen lassen, der das ideale Surrogat des geistlichen Trostes sein mußte, wie die Humanitätsreligion eine Ersatzreligion für vornehme Aufgeklärte.

Solche Fragen lassen freilich die Christus-Frage bei Goethe mit gespanntester Aufmerksamkeit stellen – doch nicht weil wir in den Widersprüchen, Lösungen, Haltungen, Auskünften seines Lebens und Werkes, das wie alles Individuelle als Unerforschliches verehrt werden sollte, die Spuren einer, wie Möbus das nennt, Entscheidung gegen Christus suchen wollten, sondern weil wir hier in seltener Deutlichkeit einen Prozeß beobachten können, in dem ein empfindsames Individuum, der junge Goethe der Frankfurter Jahre, eine durch Krankheit, Enttäuschung und beredten Einfluß oktroyierte religiöse Entwicklung explosiv beenden muß – 1775 tut er die Lehre von Christus in einem Brief an Herder (12. Mai) mit einem unüberbietbar drastischen Kraftwort ab –, weil er nur auf diese und keine andere Weise Dichter werden kann.

Ich möchte dazu auf eine Stelle aus einem Brief Goethes an seinen Leipziger Freund Ernst Theodor Langer hinweisen, der als Nachfolger von Behrisch Hofmeister des Grafen Lindenau wurde. Goethe hatte sich mit ihm, nach anfänglichem starken Zögern, im Winter 1767/68 sehr eng befreundet. Der religiöse Einfluß Langers während der Krankheit Goethes ist ohne Zweifel groß; mag man freilich auch bedenken, daß der junge Goethe im brieflichen Umgang eine ebenso berückende wie chamäleontisch-unheimliche Gabe der Assimilation an den Partner entfaltet. Das beweisen die gleichzeitigen Briefe an Friederike Oeser im schäkernden Ton der Leipziger Kreise, mehr noch das kokett gepinselte, wenn auch ein wenig weltschmerzlich verquälte Selbstporträt, das er am 31. Januar 1769 an Käthchen Schönkopf schickt. Emil Staiger bagatellisiert die Langer-Briefe wohl allzusehr[15]. Goethes religiöses Sinnen in diesem Krankheitsjahr ist gewiß nicht nur Gefälligkeit gegenüber einem liebenswürdigen Freunde, den man durch höfliche Aufbauschung einer frommen aber flüchtigen Regung erfreuen oder interessieren will. Die Stelle aus dem Brief an Langer lautet:

Mellin ist fast hier der einzige mit dem ich umgehe, und der mir gefällt. Es ist ein braver Mann und hat Sie recht sehr lieb. Man sieht mich von Seiten der Brüder, als einen Menschen an, der einen guten Willen, und einige Rührung hat, der aber noch zusehr durch die Anhänglichkeit an die Welt zerflattert ist, und man betrügt sich nicht. Ich binn Ihnen viel schuldig, Langer, und Mellin hat das fortgesetzt was Sie angefangen haben, für eine Seele wie meine, war es allen Priestern der Welt unmöglich sie zurühren, besonders bey dem unevangelischen Gewäsche unsrer jetzigen Kantzeln, Ihre Liebe, Ihre Aufrichtigkeit konnte das allein; Mellin ist ein guter Mann, aber er ist zu zurückhaltend im Anfange, und zum Anfange hätte er nicht geholfen. Langer Ihr thut wircklich eine Sünde wenn Ihr Euch nicht bekehrt, denn Ihr habt alle Gabe zum Apostel.

Gewiss ich weiss was in mir Ihre Predigt gewürckt hat. Liebe und Condescendenz gegen die Religion, Freundschafft gegen das Evangelium, heiligere Verehrung gegen das Wort. Genung, alles was Sie thun konnten. Freylich binn ich mit allem dem kein Christ, aber ist das, die Sache eines Menschen mich dazu zu machen. Ich hoffe das beste. Mein feuriger Kopf, mein Witz, meine Bemühung und ziemlich gegründete Hoffnung, mit der Zeit ein guter Autor zu werden, sind jetzt, dass ich aufrichtig rede, die wichtigsten Hindernisse an meiner gänzlichen Sinnesänderung, und des eigentlichen Ernsts die Wincke der Gnade begieriger anzunehmen. Sie sehen dass ich grade rede, es ist meistenteils der Funcke von übelangewandter Eigenliebe der noch zu mächtig ist, und, ich fürchte, noch mächtiger werden wird.

Von Seiten der Gemeine lässt man mich denn in den Circkel, so mit einer stillen Connivenz, wie die Engel den Abbadona in ihren Kreis um Golgatha liessen.

Ich gehe in die Versammlungen, und finde würcklich Geschmack dran. Das ist einweile genug. Gott gebe das übrige.[16]

Hier ist das Problem im Ton freundschaftlicher Zutraulichkeit doch sehr scharf gefaßt: das wichtigste Hindernis seiner gänzlichen Sinnesänderung – und hier ist zweifellos an die pietistische Erweckungsgnade gedacht, wie sie dem Zirkel um Susanna Catharina Klettenberg vertraut war – ist seine *Bemühung und ziemlich gegründete Hoffnung, mit der Zeit ein guter Autor zu werden.* Autorschaft und christliche Religiosität schließen einander aus; doch man meint freilich nach einläßlicher Lektüre der Briefe an Langer, daß der Konflikt an keiner Stelle zu einer Krise sich auszuwachsen drohte. Denn die Genüsse und Sensationen der Autorschaft, der beseligende und festigende, später von dämonischer Unbeirrbarkeit geleitete und mit unerschöpflicher Ergiebigkeit beschenkte Wille, Dichter zu werden um jeden Preis, als Dichter ganz zu sich selbst zu kommen und alles auszudrücken, was an Bestem in ihm liegt, lassen eine krisenhafte Alternative – entweder Dichter oder Mann Gottes – gar nicht zu. Goethe ist nicht Kierkegaard[17], und Kierkegaard wurde nicht wie Goethe verwöhnt und zugleich einer bohrenden christlichen Sorge um das Heil der Seele entrückt durch einströmende Gaben eines Götterlieblings. Furcht und Zittern des Christen sind dem gelassenen *Weltkinde* ein Greuel. Doch im Sommer 1770 scheint Goethe seinen Reichtum, den *Wehrt der Worte,* den Schatz seiner aufsprudelnden dichterischen Beredsamkeit, nicht hoch anzuschlagen, wenn es um das an Gott gerichtete Wort, das Gebet, geht. In einem Brief an Augustin Trapp nennt er alle weltlichen Worte und *Reflexionen sehr leichte Waare, mit Gebet dagegen ist's ein sehr einträglicher Handel; eine einzige Aufwallung des Herzens im Nahmen des, den wir inzwischen e i n e n Herren nennen, biß wir ihn u n s e r n Herrn*

betitteln können, und wir sind mit unzähligen Wohltahten überschüttet.[18] Nun,
er wird sehr bald im Blütenstande seines Dichtertums stehen, als Reicher
Jüngling, dem eine hingerissene Jüngerschaft, wie Werthes in einem
Brief an Jacobi vom 18. Oktober 1774, zuruft: *Machen wir ihn immer zu
unserm Herrn Christus und lassen Sie mich den letzten seiner Jünger sein. Er hat
so viel und so vortrefflich mit mir gesprochen; Worte des ewigen Lebens, die solang
ich atme, mein Glaubensartikel sein sollen.*[19] So geistert es, wie ein so beson-
nener Mann wie Emil Staiger sagt, eschatologisch um Goethe, den
manche seiner Zeitgenossen als Stifter einer neuen Erlösungsreligion
begrüßten. *Es wäre ihm damals wohl nicht schwer gefallen, sich des Glaubens
seiner Gefährten zu ähnlichen Zwecken zu bedienen wie Christoph Kaufmann,
der ›Spürhund Gottes‹, und andere, die in jenen Jahren ihr heilig-unheiliges
Wesen trieben.*

In einer Briefstelle freilich – aber auch das bleibt nur Zwischenspiel,
flüchtige Einübung in eine Rolle, die ihm nicht zugewiesen ist – scheint
der Anhauch religiösen Ernstes die sentimentale Selbstinszenierung
Goethes als eines Stillen im Lande auflösen und ihn in einer tieferen
Schicht packen zu wollen. In dem Brief vom 17. Januar 1769 an Langer
erfolgt zunächst eine in apotropäische Ironie gehüllte Schilderung einer
Erbauungsstunde der Brüdergemeinde im Elternhaus:

*Es hat alles eine seltsame Wendung, wenigstens im äuserlichen genommen.
Mellin, und einige andre aus den Brüdern wachten bey mir, m[ein] V[ater] der in
der Noth stack, war über diese Gefälligkeit vergnügt, und war sehr freundlich und
höflich. Und seit der Zeit, haben wir ein etwas freyeres Exercitium Religionis.
Ehegestern war so gar Versammlung in unserm Hause, wie Sie sich vorstellen
können, unter einem ansehnlichen Praetexte; es war alles in floribus, ordentlich
eingerichtet wie eine Gesellschaft, Wein und Würste und Milchbrodt auf einem
Seitentische, die Frauenzim[mer] an einem Tische mit Ebers[dorfer] Ges[ang]Bü-
chern. Einer am Flügel sitzend der die Melodien spielte, zwey mit Flöten die
accompagnirten, und wir übrigen sangen. Mellin und ich stunden etwas zurück
und hatten kein rechtes Licht; was soll die Finsterniss hier! Sagte ich und zündete
einen Lüstre an der über uns hing, da wurd's hübsch helle. Seht, sagt ich zu
Mellinen, das ist ein Typus vom neuen Jerusalem, wenn die Kreutzkirche zur
Geistkirche geworden seyn wird. Wir waren recht vergnügt, und dachten an sie.
Sonst leben wir gut zusammen, ich binn offt bey ihm, und da giebts allerley zu
reden.*

Dann freilich wird es ernst.

*Ihren langen Brief hab ich offt mit Vergnügen gelesen. Begieb er sich zur Ruhe
Langer, oder es wird noch garstige Stösse setzen. Geben Sie acht! Es wird allerley
werden. Ich will nichts prophezeihen. Gott seegne eure Leidenschafft, wenn's*

Saamen ist von seinem Sämann. Meine Seele ist stiller als Ihre und ich binn 10 Jahre jünger. Aber Gott weiß wie lang es bey mir dauert. Wart Ihr nicht auch einmal wie ich jetzt binn, könnte ich nicht werden was Ihr seyd. Gerechter Gott, wenn du nicht gütig wärst. Langer ich habe meine Betrachtungen manchmal, es ist doch schröcklich! Ich binn jung und auf einem Weege der gewiss hinaus aus dem Labyrinte führt, wer ist's der mir versprechen könnte, das Licht wird dir immer leuchten wie jetzt, und du wirst dich nicht wieder verirren. Doch Sorgen! Sorgen! Immer Schwäche im Glauben. Petrus war auch in unserm Gusto, ein rechtschaffner Mann, biss auf die Furchtsamkeit. Hätte er fest geglaubt der Jesus habe Macht über Himmel, Erde und Meer, er wäre über's Meer trocknen Fusses gewandelt, sein Zweifel machte ihn sincken. Sehen Sie lieber Langer es steht kurios mit uns; Mich hat der Heiland endlich erhascht, ich lief ihm zu lang und zu geschwind, da kriegt er mich bey den Haaren. Ihnen jagt er gewiss auch nach, und ich wills erleben dass er Sie einholt, für die Art nur möchte ich nicht gut sagen. Ich binn manchmal hübsch ruhig darüber, manchmal wenn ich stille ganz stille binn, und alles Gute fühle was aus der ewigen Quelle auf mich geflossen ist. Wenn wir auch noch so lange irre gehn, wir beyde, am Ende wirds doch werden.[20]

Dies, wie gesagt, bleibt folgenlos, seltsame Anwandlung, die Laune eines in Jesus Verliebten.

Die Entscheidung – Christ oder Dichter – bleibt ihm erspart, weil sie sich nicht im Kern seines Wesens bildet und stellt. Goethe ist kein homo religiosus im biblischen Sinn. Doch was nun freilich frappiert und im Gesamtwerk Goethes – die Gespräche haben hier größtes Gewicht – immer wieder verwundern muß, ist die unauflösliche Beschäftigung mit dem Christentum, seinen Lehren, Lehrern und Kirchen. Sein unermüdliches Umarmen aller Weltreligionen ist nicht nur Ausdruck seiner geistigen Neugierde, seines Bildungsappetits auf immer neue Weltinhalte und -formen, sondern es dient ihm auch zum Fundamente seiner Kritik am Christentum und Christusglauben[21]. Was in den beiden theologischen Jugendschriften, im *Brief des Pastors . . .* und dem Aufsatz *Über zwo wichtige bisher unerörterte biblische Fragen* sich vorsichtig als pietistische Abwertung der Kirchengeschichte andeutete, geht unversehens in jene an Voltaire geschulte Denkweise der Aufklärung über, für die das Christentum und die beiden Testamente Schöpfungen des menschlichen Geistes sind, neben denen andere von gleichem Werte stehen[22].

Goethe hat dann die zurückliegende religiöse Epoche seines Lebens immer wieder mit der physischen Schwäche und Erschöpfung jener Jahre in Verbindung gebracht, christliche Religiosität überhaupt einem Zustand körperlich-seelischer Debilität zugeordnet, und Riemer berichtet, daß Goethe 1801, im Zustande schwerster Krankheitsnot, die alle

Anzeichen einer Agonie hatte, *mit wahrhafter Begeisterung, in die beweglichsten, herzzerreißendsten Reden an den Erlöser ausgebrochen sei.* Später daran erinnert, zählte Goethe diesen Ausbruch gelassen zu den geistigen Deformationserscheinungen, die in der Metamorphose einer Krankheit zutagetreten. Selbst die Religiosität der schönen Seele hat sich aus der Disposition der Kranken entwickelt, ihre Einsichten und Fähigkeiten haben für Goethe Kranksein zur Voraussetzung, und seine lebenslängliche Abneigung gegen Krankheit und Krankes, die seine mehr oder minder bewahrte Reserviertheit gegenüber praktizierter christlicher Religiosität begleiten, hat selbst etwas von ungesunder Idiosynkrasie. Dieses eigentümlich verklemmte Vorurteil hindert ihn daran zu begreifen, daß Krankheit nicht nur eine exzentrische, sondern auch eine höchst intensive Form des Lebens sein kann, daß erst die Krankheit eine Gesundheit freisetzen kann, die ohne die Würze gärender Entzündungen und Erschütterungen im Schlafe der Banalität dahinvegetieren würde. Auf diese Weise ist ihm der christliche Sündenbegriff als krank verdächtig geworden, ebenso sein Korrelat, die Erlösung, und nicht zuletzt Freunde wie Lavater, die an den Erlöser glauben. Dieser Glaube Lavaters hat ihn als *Christomanie* wie ein Seelenaussatz angeekelt; ihm gegenüber beruft er sich, mit rüdem Ärger gegen Lavaters geistliche Quacksalbereien, auf sein *entschiedenes Heidentum.*

Welche entscheidende Rolle die Krankheits-Vorstellung in Goethes heimlicher und öffentlicher, angezogener und abgestoßener Auseinandersetzung mit dem Christentum spielt, kann eine rätselhafte Äußerung an den Kanzler von Müller aus dem Jahre 1823 zeigen[23]. Mitte Februar 1823 erkrankte Goethe schwer. Die Ärzte gaben ihn auf. Er selbst wußte sehr wohl um den Ernst: *Der Tod steht in allen Ecken um mich herum,* hörte sein Sohn ihn sagen. Zum Kanzler von Müller sagt er am 24. Februar: *Es lasten solche Massen an Krankheitsstoff auf mir seit dreitausend Jahren.* Dies Motiv der 3000 Jahre taucht noch häufiger bei Goethe auf. Von Krankheitsstoffen frei ist also nur die früheste Antike, die von Homer geschilderte Zeit und was noch weiter zurückliegen mag, ein hypothetisches Arkadien wohl, wenn wir an das Motto der *Italienischen Reise* denken. In dieser äußersten Drangsal der lebensgefährlichen Krankheit taucht ein Erlösungsmotiv auf: die jederzeit, auch unter der Last der 3000 kranken Jahre mögliche Wiedergeburt der schönen Frühe.

Diesem ganz heidnischen Erlösungs-, sagen wir Gesundheitsmotiv des 3000 Jahre alten Kranken entspricht das Glücks-Motiv Goethes, das ihn wie kein zweites bestimmt und deutet[24]. Wie in den frühen Jahren so auch im Alter beruht die ganze Goethesche Welt auf glücklicher

Liebe[25]. Die glückliche Liebe böte für den Erotiker Goethe – und man hat bemerkt, daß Goethe vor allem ein erotisches Genie gewesen sei – die gleiche Erfüllung wie für den Christen die Erlösung und ewige Seligkeit. Und so ist folgerichtig der erotische Partner Goethes der immer ersehnte, der immer mögliche Erlöser, an den immer wieder zu glauben den ganzen poetischen Kosmos trägt. In der letzten großen erotischen Erschütterung, die ihn nach der überstandenen Krankheit in der erfrischten Lebensgläubigkeit der Rekonvaleszenz traf, in der in verschwiegensten Schmerzen erduldeten Liebe zu der siebzehnjährigen Ulrike von Levetzow, findet Goethe Worte, die ganz aus dem geistlichen Wortschatz seiner religiösen Jugendepoche stammen – doch nun nicht mehr wie in seiner Frühzeit, um daraus eine Sprache der *weltlichen Innigkeit* und Inbrunst zu entwickeln[26], sondern um in Wortgeflechten von Himmelstor, Hölle, seraphgleich, Flammenschrift, begeisten, Cherub diesen letzten Ausbruch seines erotischen Glückswillens zu vergeistlichen. Überaus folgerichtig wird das ewig schöne Leben, das die Geliebte schenken soll, Paradies genannt – und das ist hier wahrlich kein abgegriffener Topos der abendländischen Liebeslyrik, sondern im Zusammenhang der Verse, die das Entschwinden des so jäh geweckten Glücks im Bilde der biblischen Paradiesvertreibung schildern, ein Rühren an älteste, eingeborene Bildwelten der christlichen Herkünfte, die alle, wer wir auch seien, was wir auch glauben, unentrinnbar bestimmen. Freilich, das was ich das Vergeistlichen, das Einhüllen der gebrauchten Begriffe und geschilderten Vorgänge in der *Elegie* in christliche Vorstellungen nannte, vollzieht Goethe nicht wie Dante in seiner die mittelalterliche Minnelyrik vergeistlichenden Beatrice-Dichtung, sondern als von 3000jährigen Krankheitsstoffen befreiter Liebender, und die christlichen Worte der *Elegie gewinnen damit eine Bedeutung, die keine Kirche, auch kein Herrnhutischer Zirkel, anerkennen dürfte.*[27]

Diesen Vorgang hat niemand schärfer gesehen und in klarere Worte gefaßt als der ein behutsam lesendes Gelehrtenleben lang Goethe immer wieder ausdeutende Emil Staiger. Mit der Elegie *kehren wir zum Ursprung der größten Epoche des deutschen Geistes zurück, auf jene Schwelle, die aus himmlischer Andacht gewidmeten Räumen in die freie Natur hinausgeleitet, wo alle Glaubensmacht und Kraft, die dem Jenseits galt, die Reise dieser Welt zu umfassen und innigst zu durchdringen sich anschickt.*

Hier berühren wir den Punkt, auf den es uns ankommt: nicht der Dichter Goethe stand seinem Christentum entgegen, sondern der Erotiker Goethe, im umfassendsten Sinn des Wortes, ließ ihn das Christentum als Krankheitslast abwehren und dennoch das Unmögliche, den

Widerspruch von Leidenschaft und Dauer im erotischen Glück, in tief-empfundenen christlichen Bildern und Metaphern feiern. Der strenge und entschiedene Christ Eichendorff mußte diese erotische Privatreli-gion Goethes, die mit ihren Seligkeits- und Erlösungsutopien auf unerhörte Weise mit dem christlichen Paradies zu rivalisieren einlud, zutiefst als *Liederlichkeit der Gefühle,* ja im genauesten Sinne des Wortes als Häresie empfinden. Die von Goethe selbst in seine weltliche Glücksdichtung einbezogenen christlichen Vorstellungen gestatten ja, die historische These Eichendorffs, daß moderne Dichtungsgeschichte christliche Religionsgeschichte sei, sehr ernst zu bedenken und die Dichter der Moderne als Zeuger und Zeugen der folgenreichsten Häresie zu verstehen, die wir in der Geschichte der christlichen Religion seit den Tagen ihres Gründers kennen.

Hebbel, *Herodes und Mariamne*[1]
(1958)

Das Feuer stirbt, wenn es nicht tötet

Hebbel war ein kluger Leser seiner Dichtungen. Er verstand seine Dichtungen, wie der ideale Leser sie hätte verstehen sollen. So stoßen wir nicht nur in seinen Tagebüchern, Briefen und kritischen Schriften, sondern auch in seinen Dichtungen ständig auf Spuren dieser kritischen Selbstlektüre. Wir finden hier Hinweise, Deutungen, Erklärungen, die nicht in die Dichtung gehören, ja die sie stören, indem sie durch Reflexion ergänzen und festlegen, was in der Dichtung unausgesprochen bedeuten und wirken soll. So sagte Hebbel zuweilen in der Dichtung, was der Kritiker über die Dichtung sagen sollte. Daher haben seine Gestalten oft die Intelligenz ihres Schöpfers, die sie nicht haben dürften, wenn sie ihre Glaubhaftigkeit nicht verlieren wollen. Der Dichter sieht ihnen bei ihren Handlungen gleichsam über die Schulter, begleitet sie mit seinem klugen Kommentar, den wir als Leser freilich mit getrübtem Behagen zur Kenntnis nehmen. Denn was wir durch diese Winke bei der Lektüre an Erkenntnis zu gewinnen scheinen, büßen wir an ästhetischem Vergnügen ein. So ist dem Dichter auch der Vorwurf nicht erspart geblieben, daß die *beiden Seiten seines Genies, das poetische und das kritische, sich durchkreuzen, statt sich abzulösen,* daß die *beiden Qualitäten oszillieren, statt zu alternieren.*[2]

Der Interpret wird sich freilich diesen Mangel zunutze machen müssen. Die Spuren, die Hebbel als Leser seiner Dichtungen hinterlassen hat, wird er aufmerksam verfolgen und sich nicht verdrießen lassen, wenn der Dichter oft genug gefunden zu haben scheint, was der Interpret suchen wollte. Richard Maria Werners unschätzbarer kritischer Apparat erlaubt es uns, der Selbstlektüre Hebbels beizuwohnen. Friedrich Hebbel hat nicht nur während des Schreibens zugleich als Leser argumentiert, sondern er hat auch nachher ebenso aufschlußreich gestrichen wie hinzugefügt und verdeutlicht. Dieses kritische Nachdenken und Nachhelfen Hebbels, das bereits während der Niederschrift und in korrigierenden Abschriften des Werkes zum Ausdruck kam, wurde ergänzt durch eine Vielzahl von Notizen, Plänen, Kommentaren, die er in der Korrespondenz mit teilnehmenden Freunden, die wiederum seine Werkauffassung beeinflussen konnten, in der Auseinandersetzung mit Gegnern oder fremden Theorien, nicht zuletzt in seinen Tagebüchern ausbreitete. Eine Interpretation Hebbelscher Werke hat sich daher immer doppelt zu orientieren: am kritischen Umgang des Dichters mit seinem Werk und am Werke selbst. Gewiß kann das Werkverständnis des Dichters nicht weniger frei sein von Mißverständnissen als das des neutralen Lesers; aber das erstere hat das Werk selbst mitgeformt und seine Figuren und Handlungen bestimmt, und wir würden ohne Not im Trüben fischen, wenn wir diesem Umstand keine Beachtung schenken würden.

Hebbel fand den Stoff zu *Herodes und Mariamne* im 15. Buch der *Antiquitates Judaicae,* die der jüdische Historiograph Flavius Josephus aufgezeichnet hat. Hebbel war weder der erste noch der letzte, der die dramatischen Möglichkeiten, die der Stoff bot, wahrgenommen und der Bühne gewonnen hat. Wenige Jahre vor der Beschäftigung Hebbels mit dem Stoff erschien Friedrich Rückerts *Herodes der Große,* und vorher begegnet uns in jedem Jahrhundert der neueren deutschen Literaturgeschichte eine dramatische Behandlung der blutigen Liebesgeschichte des Herodes und der Makkabäerin Mariamne. Hans Sachs hatte sie 1552 in seiner *Tragedia* vom *Wütrich König Herodes* in sein Schreckbild des söhnemordenden Tyrannen eingezeichnet. Johann Christian Hallmann ließ 1670 seine mit gelehrten Anmerkungen gespickte *Die beleidigte Liebe oder die großmütige Mariamne* folgen, und 1754 veröffentlichte Christoph Otto von Schönaich, der Verfasser des Epos *Hermann,* eine Tragödie *Mariamne und Herodes,* der in Gottscheds *Das Neueste aus der anmutigen Gelehrsamkeit* eine kritische Analyse gewidmet wurde. Auch in Italien, England, Spanien und Frankreich hatte der Stoff die dichterische Phantasie entzündet, Calderons *El Tetrarca* (1637) und Voltaires *Mariamne* (1724/1730) wirkten nach Deutschland hinein, und mit Philip Massingers *The Duke of Milan* (1623) in der deutschen Bearbeitung von Deinhardstein beschäftigte sich Hebbel sehr gründlich. Wir dürfen jedoch mit guten Gründen annehmen, daß Hebbel der Darstellung des Flavius Josephus folgte.

Stoff und Stoffwahl charakterisieren den Dichter nicht weniger als die Gedanken, die er in diesem Stoff ausdrückt, und der Ausdruck, den er seinen Gedanken verleiht. Der Stoff inspiriert den Dichter nicht, sondern er befreit die ausgebildeten Vorstellungen des Dichters, er aktualisiert sie.

Hebbel spürte wohl sogleich, als er die Herodesgeschichte des Flavius Josephus kennenlernte, daß er hier dem Stoff begegnete, in dem er seine Lebenserfahrungen und Kunstanschauungen auf die angemessenste Weise dichterisch verwirklichen konnte. Sein Zögern, den Stoff zu dramatisieren, spricht nicht dagegen. Alle wichtigen Motive, die Hebbel bisher in seinen Dichtungen behandelt hatte, sind hier versammelt, die Motive, die *Genoveva* und *Gyges und sein Ring* mit Hebbels *Hauptwerk*,[3] der Herodesdichtung, durch Wiederholung und Vertiefung eng verknüpfen und die in ebenso eindrucksvoller wie bedrückender Eintönigkeit die Nachwelt quälen und faszinieren. Die Gewalttat, die aktive und passive Erniedrigung, die Selbstzerfleischung und der gräßliche Mißbrauch des Partners, der grelle Stolz und der sittliche Rigorismus, der auch Hebbelsche Dulderinnen kennzeichnet, das *notwendige* Mißverständnis, das *tragische* Mißtrauen, die zur Hinrichtung prädestinierte Unschuld: dies alles schien dem Dichter des Flavius Josephus historischer Bericht über den jüdischen König zu bieten, der so *grauenvoll und düster ins Evangelium eingezeichnet*[4] wurde.

Hebbel fand die Fabel so bedeutend, daß er meinen mochte, die Geschichte selbst habe hier eine Hebbelsche Tragödie gedichtet und die Fabel sei schon Poesie, in der er alle Motive wiederzuerkennen glaubte, die das Motivgeflecht seiner Dichtungen bildeten. Er sträubte sich anfänglich gegen eine Bearbeitung dieses Stoffes, weil er, wie er am 10. März 1847 in sein Tagebuch schrieb, *dabei zu wenig zu tun vorfände*[5]. Doch nachdem er die Dichtung (am 14. November 1848) abgeschlossen hatte, war er mit *seinem* Stoff so verwachsen, daß er auf die eifersüchtigste Weise darüber wachte und jede unberechtigte Beschäftigung mit dem Stoff grimmig anprangerte. In seiner Kritik des *Ludovico,* einer Bearbeitung der von Philip Massinger verfaßten Tragödie *The Duke of Milan* durch Johann Ludwig Deinhardstein, schreibt er über *seinen* Stoff: *... wer nicht tief in das Wesen der Kunst geblickt hat, der könnte ausrufen: was will hier noch der Dichter, die Geschichte selbst hat diesmal sein Amt verrichtet ... und ein ordinärer Anekdoten-Jäger, der in aller Naivität ein Drama hervorzubringen glaubt, wenn er irgendein ihm aufgefallenes historisches Faktum szeniert und dialogisiert, dürfte schmählich wegkommen, wenn er sich an dieses wagen wollte.*

Hebbel hat sich an dieses *Faktum* gewagt, und wenn auch nicht das konsternierte Publikum der Wiener Erstaufführung von *Herodes und Mariamne,* so hat doch sein Freundeskreis dem Dichter bescheinigt, daß er dabei nicht *schmählich weggekommen* sei.

Hebbel hat in der erwähnten *Ludovico*-Besprechung, die man das getarnte *Vorwort* des Dichters zu *Herodes und Mariamne* nennen könnte, den genauen Ablauf der tragischen Handlung gezeichnet, die Mariamne ins Verderben stürzt und Herodes zum *blutbespritzten Ungeheuer* macht. Hebbel hat die Handlung meisterhaft erzählt und in der Nachzeichnung bereits Anweisungen gegeben, wie die Handlung zu verstehen und wie sie nicht zu verstehen sei. Letzteres meinte er an *The Duke of Milan* zeigen zu können, das ihm freilich nicht im Original vorlag, sondern nur in Deinhardsteins Bearbeitung.

Was Hebbel an den Gestalten des *Ludovico* vermißte, ist für das Verständnis der Hebbelschen Herodesdichtung sehr aufschlußreich. Massingers Herodes, ein Renaissancefürst, heißt Ludovico Sforza. Hebbel bemängelt, daß er nicht wie (sein) Herodes *ganz einsam dasteht.* Denn nur dieses Einsamsein machte das *leidenschaftliche Umklammern des ihm allein wahrhaft ergebenen Wesens so ... natürlich.* Hier schon begegnet uns die *Einsamkeit,* jene existentielle Mitgift Hebbelscher Helden, welcher der gewalttätige Gang der Ereignisse entspricht, die den Hebbelschen Helden *zermalmen. Umklammerung* ist nicht weniger ein typisches Hebbelwort. Es charakterisiert die Gemütslage, in der sich die tragischen Gestalten Hebbels befinden, und die Verkehrsformen, die sowohl die Liebenden als auch die Hassenden Hebbels entwickeln.

Wie der Herzog nicht *einsam* genug ist, nicht *Ungeheuer* im Hebbelschen Sinne, so ist seine Gattin, Marcelia, in ihren sittlichen Ansprüchen nach Hebbels Geschmack nicht streng und unerbittlich genug. Es gilt Hebbel nichts, daß Marcelia eine Frau ist, die wie eine Frau fühlt und handelt, das heißt, daß sie verzeihen kann, auch wo man sie bösartig verletzt, daß sie sich durch die Selbstmorddrohungen des Unholds (Francesco), der sie wenn nicht schänden so doch erpressen kann, zu mißverständlichem Schweigen bringen läßt. Hebbel kann sich nicht genug wundern, daß Marcelia durch den Blutbefehl ihres Gatten nicht *empört* ist, und mit Geringschätzung betrachtet er die Wirkung, die des Bösewichts Francesco Selbstmorddrohung auf Marcelia ausübt ... *ihre Ehre muß ihr mehr gelten, wie sein Leben.* Das ist untadelig gedacht; aber es ignoriert die Möglichkeiten der weiblichen Natur, die sich freilich in den alttestamentlichen oder germanischen Heroinen Hebbels oder der exzentrischen Gewissenhaftigkeit einer Rhodope nicht durchsetzen kann.

Hebbels Kritik an Marcelia ist bezeichnend. Sie ist nicht nur eine Kritik an der Verzeichnung der historischen Mariamne, sie mißtraut einer Sittlichkeit, die das Leben, das eigene und das der anderen, nicht sogleich wegwirft, wenn es in Widerspruch zu einem sittlichen Prinzip gerät.

Es geht hier nicht darum, die Frage zu erörtern, ob die Figuren des *Ludovico* künstlerisch überzeugen, ob sie den Charakteren bei Flavius Josephus entsprechen, ob Massingers Tragödie, die Hebbel im Original gar nicht kannte, ein gutes oder ein schlechtes Stück sei. Massingers

Marcelia und Sforza, wie andere seiner Helden und Heldinnen, quälen den Leser mit langen rhetorischen Ansprachen, die mit Sentenzen gespickt sind[6]. Das Stück hat einen ganz anderen psychologischen Schwerpunkt: die Rache Francescos und die Schändlichkeit, mit der er sie befriedigt, und es hat mit Hebbels *Genoveva* mehr gemein als mit seiner Herodesdichtung. Man wird in dem Stück nichts finden, was zum Verständnis der Hebbelschen Dichtung beiträgt. Aber Hebbels *Ludovico*-Kritik, so wenig sie den Gegenstand als solchen treffen mag, weil sie ihn mit Hebbelschen Maßstäben mißt, wird man als Einführung in seine Herodesdichtung lesen können. Denn was Hebbel auszusetzen hat, gilt nicht nur psychologischen Fakten. Nach Hebbel ist das Stück vor allem keine *Tragödie,* es weicht dem *tragischen Konflikt* aus, ja es hat *nicht einmal die anekdotische Seite des Stoffs ihres frischen Reizes beraubt.* Diese Kritik erlaubte Hebbel, seine Theorie der Tragödie und des Tragischen am Herodesstoff zu prüfen.

Hebbel zitiert die *Notwendigkeit,* die er in einem Brief vom 14. August 1848 an Eduard Janinski im Zusammenhang mit der Herodesdichtung als Hauptmoment des Tragischen erläutert.[7] Alles, was geschieht, geschieht notwendig. Die Notwendigkeit des Geschehens vorzuführen, ist, nach Hebbel, die Aufgabe des Tragikers, und so wird, in der dramatischen Behandlung des Herodesstoffes, *nur derjenige den Schatz heben, der das Ende aus dem Anfang mit überzeugender Notwendigkeit hervorgehen zu lassen versteht.* Hebbel *schaudert* vor der *dämonischen Kette, die sich bildet,* aber er muß *Glied für Glied gelten lassen.* Die Notwendigkeit des Geschehens, der sich der *triviale* Dichter des *Ludovico* in seinem Drama nicht stellte, der ins *Anekdotische,* ins Rührende und Schauerliche auswich, anstatt der tragischen *Notwendigkeit* Tribut zu zollen, ist für Hebbel bei Flavius Josephus *zum Teil klar ausgesprochen, zum Teil nur dunkel angedeutet.* Hebbel hilft hier nach, meint sogar im Geiste des von Josephus aufgezeichneten Geschehens die Darstellung des Josephus berichtigen zu müssen, wo sie die Würde der *Notwendigkeit* einzubüßen scheint. Er will in der Herodesgeschichte einen Geschehensablauf von *absoluter Notwendigkeit* wahrnehmen, und dieses Geschehen soll, wie es in dem erwähnten Brief an Janinski heißt, von *Charakteren* getragen sein, *die alle Recht haben, die nirgends ins Böse auslaufen und deren Schicksal daraus hervorgeht, daß sie eben diese Menschen sind und keine anderen, deren Schicksal aber dennoch ein furchtbares ist.*

Zahlreiche Untersuchungen haben uns darüber belehrt, welche Ereignisse des Lebensganges Hebbels und welche philosophische Lektüre an der Bildung seines tragischen *Notwendigkeits*-Begriffes beteiligt waren.[8] Als sicher darf gelten, daß er ihn, wenn er ihn auch schon früh, ja bevor er selbst ein Drama geschrieben hatte, zu formulieren versuchte, durch die Lektüre der antiken Tragödie klarer und entschiedener ausbildete und daß er durch diese literarische Bekanntschaft die Anschauungen, die diesen Begriff stützten, vertiefen konnte. Die *Idee der Notwendigkeit* setzte er gegen Schiller und seinen auf die *Idee der Freiheit* gestützten Tragödienbegriff. Die sittliche Autonomie des Schillerschen Helden war Hebbel tief verdächtig; er hielt sie für ebenso flach wie illusorisch und die Tragödie, die das Individuum und seine Entscheidungen zum Angelpunkt des tragischen Geschehens macht, für eine Entartung der dramatischen Kunstform.

Dieser Entartungserscheinung wollte Hebbel seine Tragödie der *absoluten Notwendigkeit* entgegensetzen. Im Gegensatz zu den *Neueren* ging er nicht vom einzelnen und seinem Handeln aus, sondern vom Geschehen, dem *Lebensprozeß,* den das Drama, nach Hebbel, darzustellen hat. Dieser mit eherner *Notwendigkeit* ablaufende *Lebensprozeß* ist zugleich, wie Hebbel in seinem Hamburger Kleistvortrag von 1835 mit Kleistschem Pathos sagt, ein *Vernichtungsprozeß.* Der *Lebensprozeß* vernichtet diejenigen, die ihn beliefern. Nicht nur das Personal, das diesen Vernichtungsvorgang ermöglicht, ist vor der *Notwendigkeit* des Geschehens gleichgültig, sondern auch die sittliche Beschaffenheit der einzelnen Personen, die das Geschehen zermalmt; denn für dieses Geschehen ist es völlig *gleichgültig, ob der Held an einer vortrefflichen oder einer verwerflichen Bestrebung zugrunde geht.*[9] So sind die sittlichen Entscheidungen des Helden der klassizistischen Tragödie objektiv belanglos, wenn auch subjektiv verdienstlich. Sowohl der Held als auch seine Widersacher werden einem unerbittlichen Geschehen untergeordnet, das sie benutzt, um die enigmatischen Figuren des geschichtlichen *Schmerzensweges* hervorzubringen.

Wenn nun die menschlichen Handlungen nichts als Geschehensstoff sind und, nach Hebbel, subjektiv so wenig ausrichten wie sie objektiv Wert und Bedeutung haben, da der *Lebensprozeß* keine Werte außer sich anerkennen kann, so entzieht sich auch der Handlungsträger, der Held und seine Gegenspieler, der Gute und der Böse, die *alle Recht haben,* auf tragischem Niveau allen sittlichen Kriterien. Die *Schuld* des Bösen ist dann nur ein moralisches Mißverständnis der großen allgemeinen Schuld, der niemand entrinnen kann, da die *Sünde weiter gehen kann als die Erkenntnis.* Denn eine Moral, die von der Voraussetzung ausgeht, *Schuld* erkennen zu können und den Schuldigen mit dem Recht, das die Erkenntnis verleiht, zur Verantwortung ziehen zu müssen, kann dem Hebbelschen Tragiker nicht genügen. Er hält die *Erkenntnis,* die unsere

Gesinnung und unser Tun zu bestimmen scheint, für ebenso unbeträchtlich wie ungeeignet, die Schuldverflechtungen der *Sünde* zu entwirren, die der Sold des Seins ist.

Vor diesem mystischen Welt-Schmerz, der so schwer von der Lust, die er erregt, zu unterscheiden ist, konnte der bunte, episodenreiche dramatische Bilderbogen Massingers nicht bestehen. Aber noch aus einem anderen Grunde war es *schmählich* und *schlimm, sehr schlimm,* daß Massinger sich an den Herodesstoff *gewagt* hatte. Er hatte das welthistorische Moment nicht beachtet, das ja Hebbels Herodestragödie erst zu einem *historischen* Drama machte. Herodes sollte als historische Figur in einem der bedeutsamsten Wendepunkte der Weltgeschichte stehen. *Wo bleibt,* fragte Hebbel bei der *Ludovico*-Lektüre, *die untergehende, ihrem Schicksal noch im Erliegen trotzende und krampfhaft zuckende alte Welt, wo die in rührender Hülflosigkeit aufsteigende, noch marklose und ungestaltete neue!*

Man weiß, daß Hebbel, wie er von Bamberg lernte, *Maria Magdalene* im Sinne Hegels zu deuten, durch Rötschers Einfluß, der den Vorabdruck des ersten Aktes von *Herodes und Mariamne* mit einer hegelianisierenden Vorbemerkung versah, die geschichtsphilosophischen Spekulationen Hegels für seine dramatischen Theorien nutzbar zu machen verstand.[10] So konnte sich Hebbel der geistreichen Beleuchtung seiner Schöpfung durch Rötscher nicht entziehen, und er sah im *tragischen Kampf* der Mariamne um eine neue Menschenwürde den geschichtsdialektischen Prozeß, in dem das kommende Zeitalter einer neuen *Innerlichkeit* über Epochen und Kulturen, die sich im Hegelschen Sinne *ausgesagt* haben, unter Schmerzen und Opfern siegt. Dieses geschichtsphilosophische Schema machte den Aufmarsch von Nebenfiguren erforderlich, die die geschichtsphilosophische Fracht des Stückes verwalteten und auf eine unbefangene Nachwelt wie Personalallegorien wirken mögen, die der Dichter als Veranschaulichungshilfen für die Dialektik des geschichtlichen Prozesses, den er schilderte, einführen zu müssen glaubte: Sameas als Vertreter der überlebten mosaischen Gesetzeshärte, die lebende *Uhr* Artaxerxes, der die unhaltbare heidnische Geringschätzung des Menschenwertes demonstrieren soll, Soemus als geschichtsphilosophische Parallelfigur zu Mariamne, die die *neuen* Gesinnungen durchsetzt, die Heiligen Drei Könige, die eine neue Geschichtsära verkünden.

Der tragische *Vernichtungsprozeß*, den Hebbel in der dramatischen Herodeshandlung entwickelte, wurde hier also verschmolzen mit dem dialektischen Geschichtsprozeß, der das Epochengeschehen mit gleicher Notwendigkeit regelt wie das Geschehen zwischen den einzelnen Individuen. Die im Studium der griechischen Tragiker gewonnenen

Einsichten erstrahlten im Glanz der Hegelschen Geschichtsmetaphysik auf die bestechendste Weise. Die immer wieder auftauchende Wendung *unbedingteste Notwendigkeit* macht die Absichten deutlich, die Hebbel befeuerten. Er wollte dieser *Notwendigkeit* nicht nur in den Motivationen und Aktionen des Stückes Ausdruck geben und durch eine geometrische Strenge der Szenenkomposition eine angemessene Form verleihen,[11] sondern er wollte auch, daß die Wirkung des Stückes auf die Zuschauer den Zwangsgriff des Notwendigen habe, so daß die Zuschauer gezwungen werden sollen, dem *Vernichtungsprozeß* nicht allein mit Furcht und Mitleid beizuwohnen, sondern ihn zu bejahen, ja sich zu dem Entschluß, der ihn auslöst, zu *bekennen,*[12] wie Mariamne sich dem *Siegel der Notwendigkeit* beugt, das Herodes dem *Brudermord ... aufgedrückt*. Die Hebbelforschung selbst hat sich den zwingenden *Notwendigkeits*-Argumenten zugänglich gezeigt. Sogar ein so kritischer Hebbel-Leser wie Josef Körner dachte hier nicht nur mit Hebbels Kopf, sondern fühlte auch offensichtlich mit Hebbels Gefühl: *Ihr* (Mariamnes) *Tod ist tragische Notwendigkeit.*[13]

Wie dürfen wir nun diese Notwendigkeit begreifen? Das Ende des Geschehens soll, nach Hebbel, aus dem Anfang hervorgehen. Die erste Szene des Stückes zeigt bereits das Krankheitsbild des Herodes. Das *Fieber des Herodes,* das Hebbel *aus der Atmosphäre, in der er atmete* herzuleiten wünscht, hat den Emporkömmling Herodes, der *als Jüngling groß und edel, mit allen herrlichen Eigenschaften* war, schon hektisch gezeichnet. Der *fiebernd* vorgestellte Held kündet die erste Phase des *Vernichtungsprozesses* an, wie der in den Paroxysmen zusammenbrechende Held der Schlußszene diesen Prozeß abschließt. Mit Herodes *fiebert* seine Umwelt. Seine engste politische Umgebung tritt ebenso doppelzüngig wie schadenfroh, ebenso frech wie feige auf. Joabs hämische Unverschämtheit entspricht dem schlauen *Hüten wir die Zunge* des Judas, und beides gilt dem politischen Parvenu, der nicht herrschen, sondern nur unterdrücken kann, der nicht Minister, sondern Komplizen sucht. Der Menschenverachtung des Herodes entspricht die Impertinenz seiner Höflinge, die der Terror, nicht die Würde des Herodes zum schuldigen Respekt zwingt. Herodes hat Aristobolus umbringen lassen, auf eine Weise, die den Anstifter erniedrigt und isoliert. Er hob das Recht auf, das sich der *Notwendigkeit* eines politischen Mordes nicht fügt. Der Anstifter kann die Mitwisser des Rechtsbruches vertilgen, aber er kann nicht verhindern, daß die Logik seines Verfahrens sich gegen ihn selbst wendet. Wer die Willkür empfiehlt, muß sie erwarten.

Des Herodes Erwartung der Willkür, die er entfesselte, leitet die *Ver-*

trauenskrise ein, die das Problem der Dichtung stellt. Die *Einsamkeit* des Herodes, die Hebbel tragisch hervorzuheben wünscht, ist weniger die Einsamkeit des politischen Täters, der den politischen Verhältnissen seiner Zeit vorauseilt und dem Starrkopf Sameas mit überlegenen Argumenten entgegentreten kann, sondern mehr die Einsamkeit des Verbrechens. Denn das Verbrechen zerstört nicht nur das Recht, sondern beseitigt auch das Vertrauen, auf dem es beruht und das es verbreitet. Man kann, wie ein englisches Sprichwort sagt, den Kuchen nicht essen und ihn zugleich behalten. Wenn zur Einsamkeit des politischen Täters notwendige Verbrechen gehören, so gehört zum Verbrechen notwendig die Einsamkeit, die Vertrauen weder erhoffen noch fordern darf.

An dieser Stelle hat Hebbel das politische Geschehen mit dem persönlichen, das sich zwischen Herodes und Mariamne entwickelt, verknüpft. Mariamne ist die Schwester des Ermordeten, die Tochter seiner Mutter, und gehört mit Bruder und Mutter dem Makkabäerhause an, dem Herodes die Herrschaft entrissen hat. Herodes liebt sie mit der Verzweiflung des Verbrechers, aber auch mit den Mitteln des Verbrechers. Da seine politische und sittliche Isolierung endgültig ist, sehen wir auch seine Liebe, der Sittlichkeit beraubt, auf unsittliche Mittel angewiesen. Liebe ist, wie Hebbel an Mariamne zeigen möchte, ohne Sittlichkeit, ohne Achtung vor dem Menschenwert des Partners, nicht denkbar. Die Liebe des Herodes tritt in Erscheinung als Leidenschaft, aber ihrem Wesen nach ist sie Verbrechen, da sie ihren Partner zerstört, dessen Sittlichkeit gegen diese Art der Liebe protestiert.

Wichtig erscheint uns der Hinweis, daß Herodes bereits verbrecherisch liebt, bevor der Dialog zwischen Herodes und Mariamne die *Vertrauenskrise* anzeigt. Wie Herodes im Sinne des Hebbelschen Hamletbildes schon *Aas vor der Tragödie ist,*[14] so ist Herodes bereits zu den verbrecherischen Mitteln seiner Liebe entschlossen, bevor Mariamne Gelegenheit hat, sein Mißtrauen zu nähren. Joabs Schilderung des unmißverständlichen Interesses des Antonius an Mariamne genügt, um des Herodes Absichten zu enthüllen:

> *Ha, Mariamne! Aber – dazu lach' ich,*
> *Denn davor werd' ich mich zu schützen wissen,*
> *So oder so, es komme, wie es will! –* 231

Dieses gewalttätige *So oder so* beflügelt Herodes zu jenem Monolog, dessen sich das berühmte Scheusal des jungen Schiller, die Kanaille Franz, dem nur die Vitalität und die pittoreske Großmut des Herodes fehlte, nicht hätte schämen müssen:

Wenn ich nur bis an's Ende mich behaupte
Und Nichts verliere, was ich mein genannt,
Dies Ende komme nun, sobald es will. 263

Hiermit fällt das Stichwort für den Auftritt Mariamnes, das zugleich das Stichwort der *Vertrauenskrise* ist. Mariamnes Klage: *Ich war ihm nur ein Ding und weiter Nichts* ist die notwendige Folge dieses *Nichts verliere, was ich mein genannt.* Bevor Mariamne den König irritieren kann, nimmt er seine Leidenschaft schon zum Vorwand, über den Gegenstand seiner Leidenschaft, *so oder so* verfügen zu können, das heißt, mit der Willkür des moralisch Isolierten, den die furchtbare Unverbindlichkeit dieser Willkür selbst treffen wird.

Die Kette der Vorgänge, die nun folgen, wird Glied um Glied zusammengefügt; kein Vorfall, der nicht die *unbedingteste Notwendigkeit* des Geschehens zu bestätigen scheint, kein Gespräch, das auch andere Argumente finden, von anderen Gefühlen der Handelnden zeugen könnte, als der Charakter, den Hebbel zeichnet, die Situation, die Hebbel diesem Charakter zuordnet, zulassen dürften. Mariamne kommt zu Herodes, entschlossen, ihm den Brudermord zu verzeihen. Aber ihr Verzeihen hat auf ihren Charakter Rücksicht zu nehmen. Sie ist *stolz,* sie reizt und quält Herodes mit Anspielungen, sie sticht und stichelt, sie ist boshaft, wenn auch nicht ohne Anlaß, gegen ihre Schwägerin Salome, und zwar mit kalter Überlegung. Sie spricht indirekt, verrätselt ihr Wissen. Dies alles muß den wunden Zustand des Herodes wie Salz berühren. Sie kommt auf ihre komplizierte Weise gar nicht dazu, ihre Verzeihung auszudrükken.

Herodes, der ihr erklärt, daß er sterben wollte, als er meinte, sie müsse sterben, und daß er versucht habe, sie zu vergiften, als er glaubte, er müsse sterben, wird erheblich ernüchtert, als sie ihrerseits dieses leidenschaftliche Geständnis, das man dem Herodes der ersten und zweiten Szene nicht ohne weiteres glauben wird, mit einem *So flucht' ich Dir...*[15] beantwortet – obschon sie, hinter vorgehaltener Hand, dem Publikum zu verstehen gibt, daß sie nicht die Absicht hat, ihren Gatten zu überleben. Sie reizt ihn aufs äußerste mit der Frage: *Ist Cleopatra todt, daß Du so sprichst?* Herodes fordert nun von ihr mit all der Bewegtheit und Überredung, die Hebbel der Verzweiflung des edlen Bösewichts zu verleihen pflegt, daß sie ihm schwöre, zu sterben, wenn er vom Hof des Antonius nicht wiederkehren sollte. Mariamne bleibt unbewegt. Sie will, daß er vertraut. Sollte ihre Liebe sie nicht die Einsicht lehren können, daß man einem Verzweifelten Vertrauen einflößen muß und nicht abverlangen darf, daß man ihn sicher machen, sein zerstörtes Vertrauensvermögen durch Vertrauen wiederherstellen muß? Sie verlangt von ihm, daß er sich schenken lassen soll, was er sich durch einen Schwur sichern will. Warum schenkt sie ihm ihr Vertrauen nicht? Weil e r ihr nicht vertraut, und er kann ihr nicht vertrauen, weil sie ihm ihre wirklichen Gefühle nicht anvertraut. Dieser circulus vitiosus bedeutet nichts anderes, als daß Mariamne auf moralische Weise das Unmögliche von Herodes verlangt, das Herodes auf unmoralische Weise von Mariamne fordert.

Herodes, ohne den erniedrigenden Beweis, den er verlangt, zu erhalten, unfähig, das Vertrauen, das Mariamne verlangt, aufzubringen, bleibt allein in einer Welt der Gefahr, des Verrats, des Mißtrauens zurück. Er stellt Mariamne unter das Schwert. Derjenige, dem er diesen zynischen Auftrag gab, verliert den Kopf, als es Mariamne gelingt, ihn zum Sprechen zu bringen. Mariamne fühlt sich in der *Menschheit geschändet*. Freilich sagt sie jetzt erst (*gen Himmel*), daß Herodes ihr Vertrauen hätte schenken dürfen: sie hat ihm den Brudermord verziehen. Doch jedes *hätte,* jedes *wäre* zeigt nur deutlicher den Gang der Vernichtung, der nicht aufzuhalten ist. Neues Mißtrauen erzeugt den Ehebruch-Verdacht, den Salome mit schäumendem Munde schürt; und Mariamne verweigert Herodes, der verheert, zerrüttet, ein Bild des Jammers, der des Adels der Aufrichtigkeit nicht entbehrt, nur um *ein Mittel* fleht, womit er *böse Träume scheuchen kann,* erneut das erlösende Wort. Herodes stellt Mariamne zum zweitenmal unter das Schwert, er muß *weitergehen* als beim erstenmal, da er ihre *Rache fürchten* muß. Die erste Vertrauenskrise wiederholt sich, doch diesmal kann sie nur tödlichen Ausgang haben. Die Schändung wird nun auch an Soemus vollzogen, der Mariamne ermorden soll, wenn Herodes im Kriege fällt. Mariamne wird durch den Blutbefehl endgültig zum *Ding* erniedrigt, zum Besitzgegenstand. Soemus wird benutzt wie eine Sicherungsvorrichtung, die, ausgelöst, den kontrollierten Gegenstand vernichten soll. Soemus lernt so den Benutzer, dem er vertraute, verachten. Herodes wird demaskiert, und die Entlarvung tötet Mariamne und ihre Liebe. Der aktiven Verzweiflung des Herodes, der *Nichts verlieren* will, steht nun die passive Verzweiflung Mariamnes gegenüber: *Ich hatte Nichts, ich habe Nichts, ich werde Nichts haben!* Das Ende ist aus dem Anfang hervorgegangen:

> So ist das Ende da!
> Und welch ein Ende! Eins, das auch den Anfang
> Verschlingt und Alles!... 2139

Die *Notwendigkeit* will, daß Herodes selbst zum Henker Mariamnes wird. Sie will sterben und Herodes zum Vollstrecker dieses Willens machen. Ihre komplizierte Strenge sucht d i e s e Genugtuung und keine andere. Die Genugtuung wäre freilich keine, wenn Mariamne, die strenge Schweigerin, die Gründe ihres selbstmörderischen Verhaltens nicht publik machen könnte. Sie will, daß Herodes in dem Augenblick von ihrer *Liebe* erfährt, in dem er keinen Gebrauch mehr von dieser *Liebe* machen kann. Sie will, wenn nicht im Leben, so doch im Tode, ihrem Gatten die Lektion erteilen können, die zu lernen er sich weigerte, solange sie lebte. Er soll die Geschichte ihres *Vertrauens* erfahren, nachdem sein Mißtrauen sie dem Henker ausgeliefert hat. Der Römer Titus, der gleichgültige Zuschauer dieses Familiendramas, wird eingeweiht. Mariamne fällt unter dem Henker. Den König vernichtet die tödliche Enthüllung ihrer Unschuld.

Man wird nicht umhin können, dem Dichter peinlichste Folgerichtigkeit in der Entwicklung des Geschehensablaufes zuzugestehen. Doch man wird nicht in den suggestiven Selbstbetrug Hebbels einwilligen wollen, daß er, wie es ihm zuerst Rötscher und Bamberg bestätigten, die Situationen, Begebenheiten, Katastrophen aus dem Gemüte, dem Charakter der Individuen *hervorwachsen* lasse.[16] Hier verwechselte ein philosophisch veranlaßtes Dichtungsverständnis Wachsen und Berechnen, die Tätigkeiten der dichterischen Einbildungskraft und des *Kunstverstandes*. Hebbels idée fixe vom *Vernichtungsprozeß* des Lebens, die sein dramatisches Schaffen beherrscht, stellte das Geschehen so dar, daß Anfang und Ende wie Phasen einer mathematischen Gleichung aufeinander bezogen sind. Der Leser kann alle Vorgänge nachkontrollieren wie die Einzelposten einer Rechnung, ihre Schlüssigkeit befriedigt den Verstand, wie sie die Anschauung des Dargestellten, die in der Kunst ein Ungeklärtes und Unerklärbares verlangt, beunruhigt und schließlich unmöglich macht. Wenn nun eine Tragödie wie eine mathematische Gleichung angelegt ist und wenn das Resultat des tragischen Geschehens feststeht wie das Resultat einer solchen Gleichung, so werden die Faktoren, die es ermöglichen, so gewählt und berechnet, daß sie das Ergebnis garantieren. Das heißt für die tragische Handlung Hebbels: die Figuren leben nicht aus sich selbst, entwickeln sich nicht, sondern erhalten an den einzelnen Stationen des Geschehens Anweisungen, wie sie sich zu verhalten und wie ihre Handlungen zu geschehen haben. Gewiß sind die Figuren, wie Rötscher sagt, durch ihre geistige Individualität so gegeneinander gespannt und werden danach in solche Lagen und solche Konflikte gebracht, daß ihre Lösung als die unter den gegebenen Verhältnissen einzig mögliche erscheint. Aber ist diese Lösung auch, wie Rötscher hinzufügt, die einzig *natürliche?* Befriedigt sie nicht nur dann, wenn man Hebbels psychologischen Auswertungen der Konflikte und ihrer Anlässe zustimmt, und verweigert man ihr nicht jede Billigung, wenn man sich der Suggestion der Hebbelschen *Notwendigkeit* entzieht? Und wenn man sich ihr entziehen kann, handelt es sich dann noch um *Notwendigkeit?* Kann sie dann überhaupt im Sinne der Tragödie Furcht und Mitleid hervorrufen? Beschäftigt dann den Betrachter nicht allein das intellektuelle Vergnügen, ein raffiniertes Rechenexempel zu begreifen, das jene Erschütterung und Reinigung des Gemüts ausschließt, die der tragische Dichter bezweckt?

Der Versuch, eine Antwort auf diese Fragen zu finden, wird sich nicht mit dem vagen Unbehagen zufrieden geben dürfen, das die Hebbel-Kritik hier und da geäußert hat. Bamberg hat auf mögliche Einwände schon früh geantwortet: *Ich müßte mich sehr irren, wenn die perfide Kritik nicht kommen wird und sagen: ›Wieder eine Ungeheuerlichkeit, ein Mensch, den man so unmäßig lieben läßt, daß er eher den Tod seiner Frau wünscht als ihre Verbindung mit einem anderen nach seinem Tode!‹*[17] In verwandtem Zusammenhang hat sich noch Josef Körner ähnlich geäußert, indem er davor warnt, Mariamnes Handlungen mit *banausischer Nüchternheit* zu betrachten.[18] Doch weder das Odium des Perfiden noch das des banausisch Nüchternen darf uns einschüchtern und abhalten, nach zureichenden Gründen für unser Unbehagen zu suchen. Denn Bamberg hat das Problem falsch gestellt. Es handelt sich nicht darum, daß die *Ungeheuerlichkeit* einer unmäßigen Liebe Mißfallen erregt. Die Weltliteratur ist wahrlich an Schilderungen des Ungeheuerlichen und Unmäßigen nicht arm, die sich der ehrfürchtigsten Bewunderung der Jahrhunderte erfreuen. Daß ähnliche Themen bei Hebbel Unbehagen erwecken, kann also nicht am Gegenstand liegen, sondern nur an Hebbels Art, das Ungeheuerliche zu artikulieren und dem Publikum anzubieten. Denn Hebbel fixiert nicht nur die Charaktere von einem fixierten Geschehen aus, er legt auch ihre Gefühle in einer Weise fest, die zwar der Logik der Hebbelschen *Notwendigkeit* entsprechen, aber nicht nur jeder Wahrscheinlichkeit und damit jener Notwendigkeit entbehren, die Hebbel wohl als banal empfand, sondern auch als exzentrische Gefühle den natürlichen Verlauf des Exzentrischen ständig stören.[19]

Man betrachte den Charakter Mariamnes und ihre Gefühle, die den *Vernichtungsprozeß* begleiten. Mariamne ist ein exzentrischer Charakter. Hebbel billigt ihr Züge der Hysterie zu. Sie *kann nicht weinen.* Ihr sind *Krämpfe, was Anderen Thränengüsse sind.* Wie sie nicht weinen kann, so ist ihr auch die Wohltat des freien Bekenntnisses versagt. Sie will erraten sein und nichts verraten. Sie hat die *Verschlossenheit* Genovevas und Rhodopes. Ist es ein Zufall, daß die *Notwendigkeit* des Geschehens ohne jene *Verschlossenheit* der Heldinnen Hebbels, die die tödlichen Mißverständnisse erzeugt, nicht zum Zuge käme? Was man hier als extreme weibliche Zartheit und Scheu zu rechtfertigen sucht, ist ja zugleich auch das *Motiv*, das den Automatismus der tragischen Vernichtung in Gang setzt. Das Abnorme, ja oft absurd Anmutende dieser *Verschlossenheit* kann den Heldinnen Hebbels gar nicht erspart bleiben, wenn der *Vernichtungsprozeß*, in den sie verwickelt sind, ungestört ablaufen soll. Hebbels tragischer Begriff der *Notwendigkeit* bedarf notwendig des exzentrischen Charakters, und zwar nur in Formen des Exzentrischen, die das jeweilige Schema des Notwendigen, in das die dramatische Fabel eingepreßt wird, zulassen kann. Mariamnes *Schweigen*, so klug Hebbel es auch aus dem Charakter Mariamnes herzuleiten sucht, ihre rigorose, ja vor einem Verzweifelten und *Fiebernden* unmenschlich anmutende Forderung *crede quia incredibile est* ist nach dem Muster der *Notwendigkeit* zugeschnitten, die das Geschehen regelt. Das *Ungeheuerliche* ihres Schweigens und Liebens überzeugt nicht als Eigenschaft, als *natürliche* Hysterie, sondern es wirkt konstruiert, aufgepreßt, künstlich, weil es von der *Ungeheuerlichkeit* des Hebbelschen *Notwendigkeits*-Begriffes bestimmt wird. Hebbels tragischer Charakter kann sich nur an Hebbels Begriff des tragischen Geschehens entfalten. Die Theorie diktiert in die Praxis hinein. Der tragische Charakter wird zum Demonstrationsmittel der tragischen Theorie Hebbels.

Weil der tragische Charakter Hebbels nur selten, gleichsam trotz Hebbel, aus sich selbst leben kann, bedarf es verdeutlichender Kunstgriffe von seiten des Dichters. So hat Hebbel als kritischer Leser seiner Dichtungen mit Zusätzen und Streichungen nachgeholfen. Er spürte nachträglich zuweilen, wo er zuviel gesagt, ja wo eine Äußerung den erdachten und berechneten Charakter einer Figur bloßstellen konnte. So hat er in der endgültigen Fassung von *Herodes und Mariamne* die Verse (nach Vers 469) gestrichen, in denen er seine Ansicht über Mariamne dieser selbst in den Mund legt:

> *Und glaube mir, daß es Naturen giebt,*
> *Die Jeden täuschen müssen, welcher ihnen*
> *Nicht ganz vertraut, und die nicht in der Probe,*
> *Nein, durch die Probe selbst zu Grunde gehn,*
> *Weil sie zu zart, zu edel für sie sind.*
> *Weh' Dir, wenn Du nicht mehr vertrauen könntest...*

151

Schon Körner hat bemerkt, daß eine *verletzende Selbstgerechtigkeit, ja selbst-gefällige Eitelkeit aus ihnen spricht* und daß *ein so vollendetes Selbstverständnis diese Figur um den innersten Sinn bringen* würde.[20] Aber ist diese nachträg-lich beseitigte Stelle in der dichterischen Eingebung nicht ebenso auf die Mariamnefigur bezogen wie alle anderen? Und wenn diese Stelle mög-lich war und doch als unmöglich empfunden wurde, beweist das nicht, da sie die Figur ja nicht nur kompromittiert, sondern um den *innersten Sinn bringt,* die Unsicherheit und Künstlichkeit, die diesen exzentrischen Charakter nicht nur in seinem Wesen, sondern auch in seiner Darstel-lung bedrohen? Man kann die *verletzende Selbstgerechtigkeit* und *selbstge-fällige Eitelkeit* einer Figur nicht einfach an einer Stelle ihres Auftretens tilgen. Diese Eigenschaften müssen überall, mehr oder minder verbor-gen, die Figur und ihre Handlungen bestimmen.

Eine systematische Bearbeitung der von Werner mitgeteilten Lesarten könnte wichtige Aufschlüsse über die Unsicherheit geben, die Hebbel, gerade weil er vollkommene Folgerichtigkeit mit rechnerischer Sicher-heit zu erzeugen wünschte, in der Darstellung der Mariamnefigur er-kennen läßt. So enthalten zum Beispiel die erste Fassung des Werkes (H¹), ebenso die Regie- und Soufflierbücher des Wiener Hofburgtheaters (Th, S) nach Vers 306 eine Stelle, die Mariamne in eine Beleuchtung rückt, die Hebbel später beseitigen zu müssen glaubte. Mariamne spricht hier von den Perlen, die Herodes ihr gebracht hat:

> *...Ich trag' sie gern, und frag' nicht lange,*
> *Ob sie der Taucher auch mit Arm und Bein*
> *Dem schnappenden Polypen zahlen mußte.*
> *Denn, wenn es sein Geschick ist, sie zu suchen*
> *Und mit den Ungeheuern drum zu kämpfen,*
> *So ist es meins, sie um den Hals zu winden*
> *Und mich zum Ziel für jeden Pfeil zu machen,*
> *Den Neid und Mißgunst schnellen, das ist mehr.*

Diese impassibilité, die Hebbel seinen Heroinnen gern verlieh, mußte die Mariamnefigur mit Zügen ausstatten, die den Zynismus ihres Partners Herodes charakterisieren. Die Gleichgültigkeit menschlichem Leiden gegenüber, die aus Mariamnes Worten spricht, auch wenn sie sich lakonisch auf die Vorrechte tieferer Leidenserfahrung berufen kann, ist immer auch schon sittliche Indifferenz, Versteinerung des Humanen. Hat Hebbel hier den Text verändert, weil er meinte, daß Mariamnes sittliche Empfindlichkeit sich nicht mit dieser Härte vertrüge? Hebbel mochte so empfunden haben, sonst hätte er die Stelle nicht getilgt.

Freilich könnte man fragen, ob der Wortlaut der ersten Fassung dem Charakter der Mariamne nicht sehr viel besser entsprach. Haben nicht Mariamnes sittliche Gebote und Verbote eine Härte, die zu ihrer inhumanen impassibilité passen? Aber dies wiederum kann nicht die Meinung des Dichters gewesen sein, der Mariamnes Härte ja nicht als Ursache ihres Verhaltens, sondern als Folge einer übergroßen Verletzung erscheinen lassen wollte.

Wie immer man auch Mariamne beurteilen mag, kein unbefangener Leser kann sich dem Eindruck entziehen, daß Mariamne keine Figur aus einem Guß ist. Herodes wirkt weitaus weniger künstlich, obschon er nicht minder exzentrisch ist als Mariamne. Liegt das daran, daß er nicht die psychologische Schlüsselfigur des tragischen Geschehens ist, daß er nicht die eigentliche Verantwortung für die Auslösung des Vernichtungsautomatismus trägt? Herodes kann nicht anders handeln, Mariamne könnte anders handeln, wenn Hebbel sie nicht an die Vorschriften seines fixierten Geschehensprozesses gebunden hätte. Herodes ist *unmäßig* in seiner Liebe, und seine Maßnahmen sind schaudererregend, aber ihre Lasterhaftigkeit verletzt nicht unsere Vorstellung vom Unsittlichen. Mariamne ist nicht minder *unmäßig* in ihrer Liebe, aber ihre Tugend verletzt unsere Vorstellung vom Sittlichen. Mariamnes Sittlichkeit hat wie alles Ungemischte etwas Unwirkliches, ein winziger Schönheitsfehler würde uns erleichtern, wo sein Fehlen etwas Furchterregendes besitzt. Man ist fast geneigt zu sagen: ihr sittlicher Rigorismus hat etwas Unsittliches, er wirkt, als ob er sich ständig – wie ein Lieblingswort Mariamnes lautet – *räche* für seine eigene Unfehlbarkeit, Untadeligkeit, dafür, daß er im Grunde nicht lebensfähig ist, daß er, weil er nicht leben kann, sich am Leben *rächen* muß. Mariamnes Sittlichkeit ist nicht weniger grausam als des Herodes Unsittlichkeit, wenn sich diese Grausamkeit auch gegen sie selbst kehrt und wenn Mariamne sich selbst zum *Opfer* ihres Vertrauensrigorismus macht. Ihre Enttäuschung ist gewiß grenzenlos, aber ihre sittliche Genugtuung ist ungeheuer, ja sie hat etwas nicht Geheures, da sie wiederum als Racheakt erscheint, als heroische Rechthaberei, die ihr eigenes Leben und das des Herodes nicht mehr achtet als das des Tauchers, dessen Körper der *schnappende Polyp* zerreißt, wenn er nach Perlen für die Königin suchen muß. Mariamne wirkt nicht wie eine Liebende, sondern wie der Doktrinär einer Liebe, die einem verzweifelten Partner Syllogismen anbietet.[21] Mariamne steht vor Herodes nicht wie eine Frau, die liebt, sondern wie die strenge *magistra* einer *ars amandi*, die der Zuschauer nicht immer von einer Kunst des Hassens unterscheiden kann. Hierin ist die Gattin des Herodes der Gattin des Kandaules ebenbürtig, die, durch die Indiskretion des Kandaules ebenso verletzt wie Mariamne durch den Blutbefehl des Herodes, in abstrakter Sittlichkeit, die vor den Geheimnissen der Verzeihung zurückweicht und die Erleichterung des Rigorismus sucht, sich selbst vernichtet. –

Das Drama Hebbels soll nach des Dichters Worten den *Vernichtungsprozeß* des Lebens zeigen, und wir haben gesehen, daß in seinen Hauptwerken der strengen Sittlichkeit der Heldinnen eine wichtige Aufgabe in diesem Prozeß zufallen kann. Ihre Sittlichkeit ist nicht minder vernichtend wie die Unsittlichkeit ihrer Partner, und die Züge des Abnormen, wie Gottfried Keller empfand, des Ungesunden, wie Goethe empfunden haben würde, tragen sowohl der duldende als auch der handelnde Held Hebbels. Nicht nur die Fabeln der Hebbelschen Dramen störten schon einen Zeitgenossen wie Gottfried Keller durch ihre Gesuchtheit, Gezwungenheit, die für ihn bis zum Schrullenhaften ging, sondern auch die Psychologie Hebbels wurde durch seinen Rivalen Otto Ludwig als bizarre Verzerrung der seelischen Tatbestände und Überanstrengung des motivierenden und kombinierenden Vermögens Hebbels kritisiert. Dieses Gezwungene und Verzerrte teilt sich, so scheint uns, auch den positiven Phänomenen des Lebens, die Hebbel darstellte, in einer Weise mit, daß selbst die Schönheit bei Hebbel Bedrückung erweckt – sie führt ja auch wie die sittliche Vollkommenheit zur *Vernichtung (Agnes Bernauer)* –, und daß selbst die Milde durch eine Ergebenheit, durch eine Leidenslust beeindruckt, die uns weniger rührt als zur Zurückhaltung auffordert *(Genoveva)*.

Wir finden Hebbel schon früh von den Motiven der Gewalttat, Knechtung, Schändung, des gräßlichen Verbrechens, des Ungeheuerlichen angezogen. Es ist kein Zufall, daß schon in der Sprache der Wesselburner Dichtungen[22] Wörter, die Angst, Entsetzen, das bösartig Phantastische ausdrücken, Verben wie *Foltern, Quälen, Pressen, Einsaugen, Peitschen, Zermalmen, Zertrümmern, Klammern, Knirschen, Zerreißen* das Sprachbild beherrschen. Ebenso früh taucht auch schon thematisch und vokabularisch *einsam* auf, und diese Wortgruppen sind begleitet vom Pathos eines ständig wiederholten *ewig, unendlich* oder eines fatalen *immer*. So zeigt sich Hebbels Emphase schon früh als Emphase des Schrecklichen, als ein düster begeistertes Wohnen im Ungeheuren, das alles romantische Dichten kennzeichnet, das am Abgrunde haust, der zugleich lockt und das Blut erstarren läßt. Der Theoretiker Hebbel meinte zwar, daß die *Kunst ihr Auge abwenden muß, wenn der Greuel der Verwesung beginnt,* dem kaum ein Jahrzehnt nach der Wiener Erstaufführung der Herodesdichtung Baudelaire in seinem Gedicht *Une Charogne* (1857) weltliterarische Würde verlieh; aber hat der Dichter Hebbel nicht in seinen Scheusalen und bleichen Selbstquälern das *Aas*-Thema Baudelaires vorweggenommen und sich damit als Vorläufer jener Bewegung erwiesen, die Nietzsche als *décadence* ausgekostet und befehdet hat?

Hebbel glaubte, seine geschichtliche Lage durchaus erkennen zu können, und er hat seine Motivwelt philosophisch verteidigt und festgestellt, *daß die dramatische Kunst sich auf Bedenkliches und Bedenklichstes einlassen muß, da das Brechen der Weltzustände ja nur in der Gebrochenheit der individuellen erscheinen kann.* Er fand es nur folgerichtig, wenn der Dichter *seiner Zeit* sich mit der *Krankheit* einließ, weil die Zeit eben keine *Gesundheit* hat, und er wehrte sich dagegen, daß ihn der *ästhetische Pöbel. . .über die Paroxysmen,* die er darstellte, *zu Rechenschaft zieht.*

Hebbel wollte sich hier philosophisch aus der Schlinge ziehen, in die er dichterisch geraten. Auch wenn er sich nur *mit dem Fieber einlassen* wollte, um das *Fieber zu heilen,* so blieb das graue Theorie. Hebbel, so sehr er sich später, wiederum bis ins Sprachliche zu verfolgen,[23] einem Goetheschen Humanismus zugeneigt fühlte, dichtete mit seinem dramatischen Gesamtwerk, zusammen mit Kleist, das Vorspiel der modernen Tragödien der monomanischen Leidenschaften und der heillosen Einsamkeit.[24]

Krank wie seine Zeit und seine Dichtung, die es nie zu jenen *nuances morbidement riches de la pourriture plus ou moins avancée*[25] gebracht, die die letzten Erben dieser Zeit an der *Fäulnis* der *Fleurs du Mal* so bewundern lernten, stehen auch die tragischen Figuren Hebbels vor uns. Mariamne, die *Nichts* mehr hat, als sie Herodes entlarvt, läßt uns den Idealismus Hebbelscher Figuren erkennen: er ist, wie romantischer Idealismus so häufig, ein pathetischer Euphemismus für den Nihilismus eines Fühlens und Denkens, wie er nicht nur den Hebbelschen Bösewicht, sondern auch seine Opfer bedroht. Denn Mariamne gehört nicht weniger als Herodes zu jenen Hebbelschen Naturen, die

. . .Alles, Alles, was sie auch umwinden,
Verzehren nur, doch nie umarmen können.[26]

Die *Vernichtung,* die sie betreiben und erleiden, das *Nichts,* das hinter ihren Handlungen steht, kann dann nur noch tautologisch durch das Leben als *Vernichtungsprozeß* gerechtfertigt werden, das wie *das Feuer stirbt, wenn es nicht tötet.*[27]

Ein *Schritt vom Wege*
Geistliche Lokalsymbolik in Wilhelm Raabes *Unruhige Gäste*
(1966)

Unruhige Gäste nennt Wilhelm Raabe, ohne Ausnahme, alle Personen des Romans, dem er den Untertitel *Ein Roman aus dem Säkulum* gegeben hat[1]. *Unruhig* sind nicht nur die Kurgäste, die den Leser der *Gartenlaube*[2] mondän genug anmuten mochten, Exzellenzen, ausländische Herrschaften, große Seelenschilderer, gesuchte Gesellschaftsmaler, Professoren, Damen und Herren von Adel, die in der Saison zur Erholung oder nur auf kurzer *Pläsierreise* die Hotels und Spaziergärten in den Tälern vor der *schönen Wildnis* bevölkern. *Unruhig* nennt Raabe auch diejenigen, die in der Weltabgeschiedenheit des Dorfes leben, allen voran den geistlichen Herrn des Ortes, Prudens Hahnemeyer, der, im biblischen Sinne des Wortes, die Liebe nicht hat und in einem gepeinigten Rigorismus der Ansprüche an sich selbst und die Seinen weder für sich noch für andere den Frieden der Seele finden kann. *Unruhig* ist auch, wenn auch durch Erfahrung abgeklärt, der *Gentleman-Sozialist*, der weitumhergekommene Dorftischlermeister Spörenwagen; und *unruhig,* freilich schon mit Zügen des Bösen, des Aufruhrs, eines schwelenden Gelüsts, erlittene Unbill, wem auch immer, heimzuzahlen, ist der mit seiner Familie aus dem Dorf verbannte Ausgestoßene, Volkmar Fuchs, mit seiner an Flecktyphus dahinsiechenden Frau in der Hütte auf der Vierlingswiese.

Die Unruhe ist also keineswegs nur die äußere Rastlosigkeit, die üppige Veränderung der äußeren Lebensformen, wie sie die *Vornehmen* und mit ihnen der Studienfreund Hahnemeyers, der Baron Bielow, Professor der Staatswissenschaften, der unruhigste Gast des Romans, im Kurorte kommend und gehend, ebenso süchtig wie unverbindlich suchen.

Die *Unruhe* kann durchaus mit der stabilitas loci eines geistlichen Verächters des *Säkulums* verbunden sein, sie kann dem amtlichen Anwalt des Seelenheils ebenso innewohnen wie dem *Weltmann,* der in melancholischer Selbstgefälligkeit, Shakespeare-Zitat und Bibelwort vermischend, über das *unbewegliche Herz* ironisch meditiert[3]. Der Pfarrer hat gewiß das Paulinische ἀμετακίνητον[4] im Sinn; der belustigte Betrachter Bielow in Hamlet-Pose am *anrüchigen Hofe von Dänemark*[5] spottet darüber mit einem *Armer Teufel!* und verdreht als urbaner Buhler das geistliche Warnwort von der *Tiefe vor seinen Füßen* höchst frivol in die vielversprechende *Tiefe in den Augen eines Kindes,* der Jungfrau Phöbe, der Schwester Prudens'[6].

Diese *Unruhe* ist also keine Modekrankheit moderner Empfindsamkeit, wie sehr Raabe auch seine Figuren jener grassierenden Innerlichkeit ausliefern mag, die dem bürgerlichen Humoristen des neunzehnten Jahrhunderts unentbehrlich ist[7]. Raabe entwickelt die *Unruhe* – ob mit Willen oder nicht – nicht als psychologisches, sondern als religiöses Problem. Der *unruhige* Gast ist nicht oder nicht nur ein Glückloser, Getriebener, Verirrter, ›Zerrissener‹, ein später Schößling romantischer Pflanzstätten, sondern der Mensch schlechthin: der Mensch sub specie aeternitatis, der dem saeculum[8], der Zeitlichkeit, dem harten Ich, das sich nicht hingeben kann (Prudens), dem weichen Ich, das nicht festhalten kann (Bielow), verhaftet ist. *Unruhe,* so will Raabe immer wieder andeuten, ist Heillosigkeit im religösen Sinn. Der Schluß des Romans beseitigt hier jeden Zweifel:

Sie [Phöbe] *ist die einzige Gewappnete unter alle den Rüstungslosen, die einzige Ruhige unter alle den Aufgeregten, die einzige Gesunde unter alle den Kranken. Ohne ihr Zutun hat sie die Gabe – die Gnade*[9].

Welchen Grad des Unbehagens der Leser auch empfinden mag, dem die Sentimentalisierung religiöser Gefühle ein Greuel ist, so sollte doch das Wort *Gnade* hier durchaus nicht als sittliche Metapher für die Wirkungen innerer Wohlgeratenheit und Makellosigkeit verstanden werden. Die *Gnade,* die Phöbe besitzt, ist im unsäkularisierten Sinne der Zustand, den die christliche Dogmatik als *gratia efficax* bezeichnet, die *gratia sanans,* die heilende Kraft des im geistlichen Sinne ruhigen und reinen Herzens, das sein Heil gefunden hat. Daß die *Gnade* Phöbes nicht bloß Humanität des Edlen, Hilfreichen und Guten ist, macht Raabe durch einen versteckten, aber dieserhalb nicht nebensächlichen Hinweis deutlich. Der Name Phöbe klang dem Baron Bielow nur *hold hellenisch*[10]. Prudens las ihm aber dazu die Stelle aus dem *Römerbrief* 16,1–2 vor (welche Raabe übrigens leicht veränderte[11]), wo Paulus schreibt: *Ich befehle euch aber unsere Schwester Phöbe, welche ist im Dienste der Gemeinde zu Kenchreä, daß ihr sie aufnehmet im Herrn…und tut ihr Beistand in allen Geschäften, darin sie euer bedarf; denn sie hat auch vielen Beistand getan, auch mir selbst.* Diese Namenserklärung und -anspielung ist kein zierender Einfall, kein stilistisches Mittel, um die bibelgesättigte Luft eines protestantischen Pfarrhauses spürbar zu machen. Der Name *Phöbe*[12] ist das omen der Person und ihrer Handlungen. Er bestimmt und erklärt nicht nur ihr Wesen, sondern auch die Bedeutung der Geschehnisse und Gegenstände, die der Erzähler ihr zuordnet.

Was hat nun die geistliche Unruhe, was der Name Phöbe mit der Schauplatzsymbolik des Romans zu tun? Bevor ich mich auf diese Frage einlasse, möchte ich den geistlichen Spuren der Erzählung noch weiter nachgehen. Nur auf diese Weise kann ich das Verständnis meiner Vorschläge vorbereiten.

Eine Aufgabe, deren Lösung die gewiß nicht geringe Mühe lohnen würde, wäre die Beschreibung und Prüfung der Funktionen des Bibelzitats in Raabes Werken[13]. In den *Unruhigen Gästen* erscheint mir weniger die Anzahl der wörtlichen oder paraphrasierten Bibelzitate wichtig als die Bedeutung, die sie für das erzählte Geschehen und die Subjekte dieses Geschehens haben. Die Bibelzitate bilden in den *Unruhigen Gästen* gleichsam ein geistliches Spalier, das die an der Oberfläche freirankende Erzählung immer wieder an sich bindet. Das Geschehen, das im *Säkulum* verläuft, wird durch dieses Zitatengerüst, auch im anscheinend belanglosen Detail, auf die ›Ewigkeit‹ bezogen. Dieses Bezugsspiel zwischen vordergründigem Geschehensablauf und hintergründiger Geschehensdeutung mag eine Spezialität des Raabeschen Werkstils sein[14]. Aber in den *Unruhigen Gästen* ist es mehr als die virtuose Handhabung eines Stilmittels, des Zitats, die eine neue Organisation der epischen Struktur gestattet. Das Gegen-Thema des *Säkulums* ist die ›Ewigkeit‹ unter dem Aspekt des Gerichts. *Säkulum* ist nicht ›Welt‹, *Vanity Fair* im Sinne des philosophischen Humors[15], sondern ›Zeitlichkeit‹, wie sie der Christ im Angesichte der Ewigkeit, in Erwartung des Gerichts empfindet.

Es ist müßig, ermitteln zu wollen, ob oder in welchem Maße Raabe selbst diese Empfindungen teilte, als er die *Unruhigen Gäste* niederschrieb, oder ob die christliche Antithese von ›Zeit‹ und ›Ewigkeit‹ ihn reizte, seine Kunst, alles Erzählte um Symbolpunkte seiner Deutung zu ordnen, im Bereich des biblischen Sinn- und Mahnspruchs zu entfalten. Gewiß wollte Raabe keinen geistlichen Roman schreiben. Doch die mächtige Gedanken- und Bildfracht der christlichen Antithese von ›Zeit‹ und ›Ewigkeit‹, die das epische Bezugsspiel Raabes in den *Unruhigen Gästen* thematisiert, teilt seinem *Roman aus dem Säkulum,* auch wenn sie nur ›Zitat‹ ist, alle Qualitäten geistlichen Erzählens mit. So ist das Thema der ›Ewigkeit‹ in allen Vorführungen der ›Zeitlichkeit‹, der vordergründigen Geschichte eines Dorfbesuchs, eines schwärmerischen Grab-Kaufs, ei-

ner lebensgefährlichen Ansteckung, einer Liebes- und Entsagungsge-
schichte, immer unüberhörbar mitgesetzt.

Ein Beispiel. Das 18. Kapitel beginnt: *Die Weisheit Salomonis hat's schon*[16].
Dann folgt ein Zitat aus dem 17. Kapitel der *Weisheit Salomos,* das bekanntlich eine schauervolle Beschreibung der ägyptischen Finsternis
gibt und das nun Raabe überaus frei auf das gedankenlose Welttreiben
des Kurorts bezieht, wo Bielow, von aller Welt verlassen, auf Leben
und Tod krank liegt. Der 20. Vers des 17. Kapitels *»Die ganze Welt hatte ein
helles Licht und ging in unverhinderten Geschäften.«...So war's freilich drun-
ten im Bade!*[17] wird bei Raabe nun ironisch zum Anathema, das er gegen
die Gleichgültigkeit des Lebens schleudert: das weitergeht, was sich
auch ereignet, wer auch in seiner Qual verstumme. Wer nicht mehr
gesehen oder gehört wird wie der kranke Bielow, der wird, wie es wieder mit einem Zitat aus der *Weisheit Salomos* (5, 15) heißt, vergessen *wie
man eines vergisset, der nur einen Tag Gast gewesen ist*[18]. *Gast* ist hier wiederum eine Anspielung auf die Titelwörter des Romans und, auf *des
Gottlosen Hoffnung* bezogen, zugleich das Schlüsselwort für die Geringschätzung, mit der Prudens über Bielow, den *zwischen Frivolität und
Hypochondrie, zwischen Eitelkeit und Weinerlichkeit* taumelnden *Toren*[19], den
Stab bricht.

Dieses Beispiel muß genügen, um Raabes ebenso zwangloses wie
bedachtsames Spiel mit Bibelzitaten vorzuführen. Raabe möchte durch
dieses Verfahren den Gegenständen seines Erzählens einen zweiten
Sinn geben[20]. Das Bibelzitat bezieht nicht nur die profane Erzählhand-
lung auf jene Bibelstellen, die das Motiv des *unruhigen Gastes* bestimmen,
sondern es integriert, ›erfüllt‹ die Erzählung durch seine geistliche Bedeutung.

Der mediävistisch geschulte Leser wird hier an die in mittelalterlicher
Textexegese geläufige Unterscheidung zwischen Literalsinn und ›mysti-
schem‹ Sinn des Wortes erinnert. Ich bin nun weit entfernt davon, einen
Romantext des sogenannten ›Realismus‹ des 19. Jahrhunderts auf eine
an eine einmalige geistes- und religionsgeschichtliche Erscheinung ge-
bundene exegetische Methode beziehen zu wollen. Dennoch glaube
ich, daß eine Erzählung, die expressis verbis durch die christliche Spannung von ›Diesseits‹ und ›Jenseits‹, von ›Zeitlichkeit‹ und ›Ewigkeit‹ geprägt ist, eine symbolische Struktur besitzt, die sich von der poetischen
Profansymbolik unterscheidet. Die geistliche Symbolik der *Unruhigen
Gäste* ist gleichsam die ins poetische ›Spiel‹ des Romans aufgenommene,
als Zitat benutzte Spätform der christlichen Symboltradition, die sich
spätestens in den *Literaturrevolutionen*[21] des 18. und 19. Jahrhunderts auf-

löste. Raabe spielt in den *Unruhigen Gästen* z i t i e r e n d mit einer Darstellungsform, in der alle Realia zugleich geistliche Symbolica sein konnten. Ich möchte dies an einer Redewendung erläutern, die Raabe im ersten Satz seines Romans unauffällig benutzt, um sie dann an artikulierten Stellen des Geschehens in den Adelsstand einer leitmotivischen Funktion zu erheben und schließlich zum Schicksals-Motto des männlichen Haupthelden zu machen. Es besitzt die Wucht des alten christlichen Warnwortes, mitten im Leben vom Tode umfangen zu sein. (Tod heißt hier weniger physische Katastrophe mit letalem Ausgang als mors im Sinne des Ambrosianischen morte mori, im Sündenstande sterben.) Zugleich kann uns das von mir ausgehobene Textdetail des Eingangssatzes, auf den ersten Blick nichts als eine Ortsangabe wie jede andere, mit der Besonderheit der Lokalsymbolik in den *Unruhigen Gästen* vertraut machen. *Es war eigentlich ein wenig abseits der gewöhnlichen, ausgetretenen Touristenstraße*[22].

Abseits der gewöhnlichen, ausgetretenen Touristenstraße liegt das Dorf, das für den gelehrten Edelmann und Weltreisenden Bielow, den Mann des *Säkulums*, zum Schauplatz eines unerbittlich zuschlagenden Verhängnisses wird. Bielow, der *Tor* im biblischen Sinne[23], begegnet hier dem Tod. Er kauft hier in einer Anwandlung hochfahrenden Edelmuts sein Grab, um das christliche Begräbnis einer Toten zu erzwingen, die ihn mit den Keimen einer lebensgefährlichen Krankheit ins *Säkulum* entläßt. Hier wird der *Tor* gestellt. Aus dem Zuschauer des Lebens, den Raabe seine eigene Lebensrolle heiter und eitel betrachten und sich ironisch mit den Schauspielern am Hamlet-Hof vergleichen läßt, wird ein Ausgestoßener, der mit dem Tode ringen muß, ebenso gemieden und vergessen wie der Ausgemeindete des Dorfes, Volkmar Fuchs, dem er die Hand zu einer allzu pittoresken Lebens- und Nächstenhilfe entgegenstreckte.

Abseits der gewöhnlichen, ausgetretenen Touristenstraße ist nichts anderes als das Zitat eines alten geistlichen Topos in der Sprache des Unterhaltungsromans. Die geistliche *via*-Symbolik des breiten Weges, der zur Hölle führt (der Tourist als Höllenpilger!), tritt im Verlaufe der Erzählung unverhüllt hervor. Das *abseits* ist das Ortssymbol der christlichen Prüfung, in der dialektisch das Kreuz der leidenden Einsamkeit zugleich der Weg zum wahren Leben ist.

Die Absonderung von der Herde der Bequemen, die den *gewöhnlichen* Weg wählen, die *Touristenstraße*, ist freilich nur durch den *Schritt vom Wege* zu erreichen. Wiederum bedient sich Raabe einer geläufigen Redewendung[24], kehrt ihren Sinn aber um. Allein der *Schritt vom Wege*, üblicherweise als sittlicher Fehltritt verstanden, führt zur Auszeichnung durch göttliche Züchtigung, zur gärenden Todesnot, zur Katastrophe einer restituierenden Verlassenheit. Hier ist der *Weg* der Weg der geordneten Sitte, der freilich um einer Sittlichkeit willen, die imitatio Christi sein will, aufgegeben werden muß[25].

Dem *abseits* vom Wege als dem bedeutendsten Lokal- und Situationssymbol des Romans, das sein räumliches Bezugssystem mehr oder minder prägt, entspricht das Aktionssymbol des *Schrittes vom Wege*, einer Floskel, die als häufig und mit gesteigerter Bedeutung wiederholter Topos zum Schlüsselwort des Romans wird[26]. *Ein Schritt vom Wege* könnte sehr wohl der Titel des Romans lauten. Denn dieser Schritt setzt in den *Unruhigen Gästen* ebenso alles in Bewegung und Verwirrung, wie er schließlich Entscheidungen und Lösungen und mit ihnen Phöbe, dem einzigen ruhigen Gast unter allen Schweifenden, Zagenden, Schlaffen, Bornierten und Resignierenden, den schwergeprüften Frieden im Herrn bringt.

Betrachten wir nun die einzelnen Schauplätze dieses, wie man ihn nennen könnte, geistlichen ›Experimentalromans‹, so zeigen sie sich in erstaunlicher Konsequenz durch die Grundspannung von *Säkulum* und Jenseits bestimmt, über der sich die Fabel des Romans mit ihrem Gegensatz von Christendienst und *Pläsierreise*[27], von Selbstliebe und Nächstenliebe entfaltet.

Auf den ersten Blick ist das kaum wahrzunehmen. Wir haben es doch augenscheinlich mit Lokalschilderungen des sogenannten poetischen Realismus zu tun. Diese Beschreibungen der Harzlandschaft[28], des Dorfes mit Pfarrei, Garten, Friedhof, Dorfkrug und Vierlingswiese, auf der die Hütte der Flecktyphuskranken steht, des Kurortes mit seinen Parkanlagen, Springbrunnen, Pavillons, dem *Aktienhotel*, dem *Hotel zu den drei silbernen Hechten* sind so wirklichkeitstreu gezeichnet, wie das der gemütliche Leser der *Gartenlaube* fordern konnte. Leicht ließen sich die Lokalitäten von Hüttenrode und Bad Harzburg erkennen[29]. Doch Raabe symbolisiert diese Gegenden und Stätten Zug um Zug.

Ein Beispiel. Die Frühlingslandschaft, in die man vom Dorfe Hahnemeyers hinab weit hineinsieht, läßt Raabe sowohl vom *Manne aus dem Säkulum*[30], Bielow, als auch von Phöbe schildern. In Phöbes Beschreibung bedient sich Raabe wiederum eines Bibelzitats, das durch das Stichwort *Arche* leicht aufzufinden ist. Mit Worten und Vergleichen aus dem achten und neunten Kapitel des *Ersten Buches Mose* schildert sie völlig im Banne und Geiste der Bibel die Harzlandschaft als biblische Landschaft nach der Sintflut:

Da hab ich mich wohl in die Seele derer in der Arche versetzen können, als die

Taube wieder auf des Erzvaters Hand zurückflatterte und ihm ein Blatt vom Ölbaum mitbrachte zum ersten Zeichen vom Frieden Gottes mit seiner sündigen Erde. Ja, da durften auch wir wieder aus unserer Arche und Einsamkeit treten und fröhlich nicht unter die Toten auf dem wüst und leer gewordenen Acker, sondern wieder hin zu unsern lebendigen Brüdern und Schwestern; denn – solange die Erde stehet, soll nicht aufhören Samen und Ernte, Frost und Hitze, Sommer und Winter, Tag und Nacht...

Der farbige Bogen seines Bundes, der zuerst auf dem Gebirge Ararat stand, leuchtete auch über diesen Bergen bei unserer Heimkehr, und Prudens deutete mir tröstlich das Wort: ›Das Dichten des menschlichen Herzens ist böse von Jugend auf; und ich will hinfort nicht mehr schlagen alles, was da lebet, wie ich getan habe. Und wenn es kommt, daß ich Wolken über die Erde führe, so soll man meinen Bogen sehen in den Wolken.‹[31]

Die gleiche Landschaft schildert nun der vielbelesene Bielow. Auch in seinen Worten wird die Gegend symbolisiert, und zwar, wie wir sehen werden, höchst folgerichtig im Sinne des *Säkulums* mit den Topoi der traditionellen Beschreibung eines paysage idéal: wo Prudens mit seinen pietistischen Skrupeln den Naturgenuß verschmäht, keine Schönheit in der Landschaft wahrnimmt[32], wo Phöbe, in geistlicher Ehrfurcht, in ihr die *Zeichen* Gottes sieht, dort beschreibt Bielow, der *Mensch ohne Gott*[33], wie Prudens ihn nennt, die Frühlingslandschaft als einen großen *Garten,* der den locus amoenus des Pfarrgartens umgibt:

Sie stieg in den Garten hinunter und traf daselbst unter den wenigen, noch vom Vorgänger im Amte herstammenden Blumen und Ziergebüschen mit dem Gaste zusammen, der auch schon mit dem frühesten auf war...

»Und die Welt rundum ist ja selbst nur ein größerer Garten!« half ihr Veit von Bielow lächelnd. »Man hat sich ja auf allen Seiten, nach allen Richtungen hin gegen das schöne Andringen von Busch und Baum und Blume zu wehren. Sie sind doch eine Gärtnerin, Fräulein Phöbe, und zwar auf einem der wundervollsten Flecke dieser Erde. Man sieht nicht aus jedem Fenster in den Häusern der Menschen in solch eine künstlerisch-glorreiche Wildnis hinein, und man hat leider nicht von jeder Tür aus so viele Wege zum Lustwandeln zur Auswahl, liebes Fräulein.«[34]

Das Wort *Gärtnerin* ist in diesem Zusammenhang kein Zufall, es bedeutet nicht oder keinesfalls nur, zu Hacke und Schere zu greifen, sondern es ist zugleich eine vokabularische Reminiszenz, die reizvoll auf eine beliebte Statue in Rokokogärten und ein Kostüm der galanten fêtes champêtres anspielt: auf die Figur der jardinière, zu der die zitierte Kulisse einer *künstlerisch-glorreichen Wildnis* trefflich paßt. *Künstliche Wildnisse, anmutige Unordnung* (beau désordre), sind noch das Gartenideal eines literarischen Rokoko, das sich um die Gartenmuster von Le Nôtre nicht zu kümmern scheint[35]. *Gärtnerin* ist hier Ausdruck einer kühnen Erotisierung der *lutherischen Nonne*[36] Phöbe, eines verführerischen Vordringens des *Säkulums* in den christlichen Seelenfrieden der Gegen-Figur der Frau Welt, der Raabe Valeries Züge leihen möchte[37].

Wo haben wir aber nun die Lokalsymbole für den so reich entwickelten Gegensatz zwischen ›Diesseits‹ und ›Jenseits‹ in den *Unruhigen Gästen* zu suchen? Wir gehen gewiß nicht fehl in der Annahme, daß Raabe seine Leser den *Badeort für Gesunde*, den Badebetrieb mit Bällen, Blechmusikkapellen, mit Fest- und Spielsälen, angefüllt mit flâneurs, Schwätzern, Gelangweilten und Schwächlingen jeder Gattung, den Feiglingen im Generalsrock und Gesandtenfrack, den pfiffigen Ärzten und lustigen Witwen als Schauplatzsymbol der Welt im Banne Satans empfinden lassen wollte. Der Kurort, das Sanatorium, das Grandhotel des Modebades haben sich als symbolischer Hörsel- und *Zauberberg* immer ergiebiger erwiesen, um solche Stätten des modernen Seelen- und Gesellschaftszerfalls zu seiner symbolischen Bühne zu erheben. Man denke an Federico Fellinis *8 1/2*[38] oder Alain Robbe-Grillets *Letztes Jahr in Marienbad*[39]. Raabes *Badeort für Gesunde*[40] mutet uns freilich so wenig höllisch an, wie Fellinis Phantasmagorien den Raabeschen Gestalten gleichen. Doch der Raabesche Kurort, der *unheimliche Ort moderner geselliger Sommerqualen*[41], hat als Bühne des *Säkulums* zuweilen böse Züge, und die anzügliche Bibelstelle aus der Schilderung der ägyptischen Finsternis sollte zu denken geben.

Der symbolische Gegen-Ort des Schauplatzes *sündiger Erdenlust*[42] ist nun nicht das abgeschiedene Dorf, das als *Idylle* mit Pfarrhaus und stillem Glück im Winkel der *unruhvollen* Vergnügungsstätte der Weltkinder entgegengesetzt wäre. Die Bewohner des Dorfes sind nicht weniger verhärtet und der Liebe bar, ihr geistlicher Hirte, der *verdrossene Knecht Gottes*[43], nicht weniger starr und ohne lösende Teilnahme als das Kurortpublikum leichtfertig und reiz- und genußsüchtig. So haben beide, Dorf und Kurort, im eigenen Bereich symbolische Lokalitäten, die ihre Nichtswürdigkeit anprangern: die *Hütten* der Ausgestoßenen. Im Dorfbereich liegt die Krankenhütte, in der die Familie des Volkmar Fuchs, ein peinlicher Fall für den *Dorflumpenpräsidenten*[44], mit ihrer *faulen Seuche* der Gemeinde *auf die Nägel brennt*[45]. Im Kurort schläft der kranke Bielow in der *auf Abbruch gestellten Siechenhütte* sich zum Tode oder zum Leben[46]. Man könnte hier von einer symmetrischen Anlage der Symbolörter in der symbolischen Topographie des Romans sprechen.

Das symbolische räumliche Zentrum, auf das alle Lokalitäten mehr oder minder nah und mehr oder minder bedeutsam bezogen sind, ist freilich das unwiderruflich letzte Lokal des menschlichen Lebens: das *Grab*. Prudens spricht das – *unruhvoll* – aus:

> *»Du, mein Freund, hast dir für deine ferneren Schritte durch dieses Leben einen seltsam stillen Ruhepunkt in diesem Bergdorf zum Eigentum gemacht. Möge dir dein Erwerb zum Segen gereichen und das Gedenken an ihn nie zu einer Last werden!«*

»Amen!« rief der Gastfreund heiter. –[47]

Durch einen *Schritt vom Wege* hat sich Veit Bielow für alle *ferneren Schritte durch dieses Leben* einen *seltsam stillen Ruhepunkt* gesetzt. Das Grab, der *Ruhepunkt*, ist im *Säkulum* das unbedingt und unvermittelbar andere, das Tod-Fremde, das der Mann des *Säkulums* zu vergessen, aus seiner Vorstellung zu verdrängen oder doch zu ignorieren trachtet. Wie die beiden *Hütten* in symbolischer Opposition zu den Stätten und Veranstaltungen des *Säkulums* stehen, so enthüllt das Lokalsymbol des Grabes den Sinn dieser Opposition. Es zeigt und richtet das *Säkulum* als das, als was es vor dem Grabe erscheint – mit den Worten Valeries –: *Viel Lärm um nichts*[48].

Raabe stellt nun Bielow, den Mann mit den zwei Seelen, in zwei Landschaftskulissen, die das alte romantische Landschaftsmotiv des ›Gipfelblicks‹ auf *Grab* und *Säkulum* in symbolischem Kontrast aufeinander beziehen.

So war der letztere bis zum Abend so ziemlich auf sich allein angewiesen und benutzte die Muße, die nächste Umgebung des Dorfes und seines wunderlichen, darin erworbenen Grundbesitzes möglichst genau kennenzulernen. Das war wohl der Mühe wert, und es ging ihm kaum ein Schritt in der schönen Wildnis verloren. Aufs Geratewohl durchstrich Veit die Täler und stieg zu den Höhen empor, jetzt im dunkeln Walde zwischen rauschenden Wassern, jetzt über baumlose, steinige, mit phantastischen Steinblöcken bedeckte Heiden schreitend, bis er endlich bei sinkender Sonne von dem Gipfel einer steilrecht abfallenden Felswand aus die kleine Menschenansiedlung und ihren Friedhof wieder dicht vor sich hatte.

Nicht nur vor sich, sondern auch unter sich. Im Heidekraut ausgestreckt sah er nicht ohne innerlichste Betroffenheit in die unendliche Weite und auf den winzigen Punkt da unten, wo eben ein einzelner Mensch den Spaten in den Boden stieß und das erste Rasenstück aus der Grasnarbe aushob.

»Wer dir vorgestern um diese Stunde hiervon gesagt haben würde, Veit von Bielow!« –

Ja wie war das vorgestern um diese Tageszeit gewesen?

Da hatte auf einer andern, weitberühmten Berg- und Felsenhöhe mit aner-

kannt romantisch-prächtiger und anmutig-großartiger Aussicht sowohl in das Gebirge wie auf das offene Land ein ähnlich bunter Touristenzug wie der vom gestrigen Abend auf der Vierlingswiese vor dem vielstöckigen, palastähnlichen Gasthause angehalten und für den im Reisehandbuch anempfohlenen Sonnenuntergang, die Nacht und den möglichen heitern folgenden Sonnenaufgang Quartier genommen. Buntfarbiges Volk auch, doch was die Farbe der Kleider anbetraf, nicht ganz so bunt wie die Herrschaften von gestern. Viel vornehmere Leute, sehr vornehme Leute waren es gewesen, die da vorgestern abend vor dem Hotel ihre Wanderstäbe und Schirme abgestellt hatten oder von den Reittieren gestiegen waren. Und Veit Bielow war dort von den neuen Ankömmlingen als ein guter alter Bekannter, ja als ein langjähriger Freund jubelnd begrüßt worden und hatte der schönsten jungen Dame in der Gesellschaft die Hand küssen und ihr beim Absteigen von ihrem Maulesel behülflich sein dürfen. Er hatte auch seinen Platz bei Tische neben derselben erhalten. Das unvermutete Zusammentreffen mit dem beliebten, heitern, geistreichen Lebensgenossen hatte jedem im Kreise einen erhöhten Schwung gegeben; und es war für Stunden gewesen, als ob diesen allen nie ein Leid nahegetreten sei, als ob ihnen selbst ein Verdruß niemals nahetreten könne.

Auch war die Sonne wirklich prachtvoll untergegangen. Wahrlich als lachender Phöbus Apoll war der Feuerstern aus dem wolkenlosen Blau in den fernsten Duft und Dunst der Erde hinabgesunken, und der Professor und Freiherr hatte neben der schönen jungen Dame allein auf dem äußersten Felsvorsprung an der Brüstung gelehnt, und sie hatten in den Sonnenuntergang hinein von früherem Zusammentreffen

›in engen Hütten und im reichen Saal –
im leichten Zelt, auf Teppichen der Pracht
und unter dem Gewölb der hohen Nacht‹

geplaudert.[49]

Bielow, *allein mit sich in der tiefen Stille der Natur auf dieser andern Felsenkuppe über diesem Dorfe und Kirchhofe,* erfährt nun mit Schrecken, daß sein *wunderlicher ... Grundbesitz,* das Grab, von ihm Besitz ergreift[50] oder doch sein Besitzrecht gebieterisch anmeldet. Zugleich ist aber er das Eigentum Valeries[51], der Frau Welt. Durch das Grab ist er wiederum aber auch der geistliche ›Besitz‹ Phöbes geworden.

»Nach des Herrn Willen!« sagte die Schwester aus Halah kaum hörbar. *»Er hat dies zugelassen und wird es uns nicht als eine Vermessenheit, als eine Sünde zurechnen. Er möge uns immer und an jedem Orte bereit finden für seinen Frieden und zu seiner Ruhe! Liebe Freunde müssen wir wahrlich nun uns bleiben für alle unsere Tage auf Erden.«[52]*

Fuchs sagt es unumwunden:

»Als die in ihrer Seele eins wurden vor dem Tode, ist es mir in meiner Seele bloß als ein Licht aufgegangen.«[53]

Der geistliche Geist des Grabes ist Phöbe, Bielows *Schwester*; die Lust der Welt, die Allegorie des *Säkulums* ist Valerie, Bielows *gesundes, junges, lachendes Weib*. Für Phöbe ist Bielow der Nächste, der, im biblischen Sinne, ihrer bedarf. Ihr Gefühl ist diakonischer Natur. Valerie liebt Bielow als die *Zeitlichkeit als Weib*. Sie fordert und gewinnt (wo ihr ohnehin nichts vorenthalten würde): Bielow ist ihr *Eigentum*[54], Bielow, der Mann zwischen *Grab* und *Welt*, zwischen *Schwester* und *Weib*, kehrt der Grab-Landschaft den Rücken, freilich ohne sie vergessen und die Mahnungen und Einsichten, die er dort empfing, abtun zu können. Für ihn ist zwar die Welt der anrüchige *Hof von Dänemark*, doch er kann sie ebensowenig entbehren wie sich gegen sie wehren. Die Grab-Landschaft wird von Bielow als *schöne Wildnis* romantisiert. Der Aufenthalt in ihr bleibt empfindsame Episode. Der *Schritt vom Wege*, der ihn hätte verwandeln sollen[55], entläßt ihn williger denn je in die Arme der Welt. Einen *lebensgierigen Siechling*[56] nennt er sich selbst nach der Krankheit; vor der Krankheit peroriert er über sich als *Lebenskünstler* und *Weltmann*[57], den *jene Augenblicksempfindung und -handlung dort oben in der Fieberhütte* als beschämender Fehltritt bedrückt.

Im Kurort, dem Lokalsymbol des *Säkulums*, wird der aus der *Wildnis* Heimkehrende begrüßt und gefeiert wie der Verlorene Sohn.

Die Saison stand in ihrer üppigsten Blüte. Dieser beliebte Badeort für Gesunde hatte selten eine so gute Gesellschaft wie diesmal um seine unschädlichen Quellen versammelt gesehen. Sogar wirkliche »Namen«, das heißt solche, die wenigstens augenblicklich etwas bedeuteten, waren vorhanden. Kluge Worte und alberne Redensarten in allen Mundarten des Vaterlandes, sowie auch verschiedenen fremdländischen Zungen, auf allen Pfaden, auf allen Aussichtspunkten, in den Sälen und Korridoren aller Hotels, auf den Terrassen und unter den Veranden aller Villen! Musik am Morgen, Mittag und am Abend – das Wetter außergewöhnlich gut, und somit, wenigstens dem äußeren Anschein nach, alle Welt höchlichst einverstanden mit ihrem Vorhanden- und Beisammensein in diesen heiteren, andauernd gute Witterung versprechenden Tagen und lauen, für den Längen- und Breitengrad merkwürdig angenehmen Nächten![58]

Hier fühlt sich Bielow zu Hause. Hier kann er die *wunderlichen* Erlebnisse in der *Wildnis* vergessen. In der Unfestigkeit und Unschlüssigkeit unseres schwankenden Helden, jenes so wirksamen Weislingen-Typus der modernen Literatur, werden auch die symbolischen Bedeutungen der beiden Hauptschauplätze austauschbar. Der Kurort kann dem Verirrten den festlichen Frieden des ›Zu-Hauseseins‹, *et manducemus et epule-mur* (*Luc.* 15, 23), wenn auch nur flüchtig, vortäuschen und gewähren. Die *Idylle* der Grab-Landschaft kann ebenso als *Wildnis* wie das Gelübde am Grab als *unheimlichste Geschichte*[59] apostrophiert werden.

Der Badearzt Dr. Hanff drückt das mit der banalen Jovialität der Vernünftigen aus:

»Siehe da, mein Herr Professor! . . .Also glücklich gerettet aus der Tragödie in die Komödie, aus den Mysterien der Wildnis in unsere gewöhnlicheren, aber Gott sei Dank recht gesunden Zustände?«[60]

In diesem Satz sind noch einmal in formelhafter Kürze die Symbolmotive von *Säkulum* und *Grab* antithetisch verknüpft. Als *glücklich gerettet* erscheint Bielow, der der *Tragödie* des *unheimlichen* Grab-Gelübdes entronnen ist. Die heiteren Gärten der *Komödie* haben ihn wieder. Die Welt (die wenig später freilich den *Reichen* und *Vornehmen. . .gradeso verlassen, so von sich abgeschoben hatte wie den Räkel mit seiner armen Feh*) tröstet ihn mit den ›Wonnen der Gewöhnlichkeit‹, mit den *gewöhnlicheren, aber Gott sei Dank recht gesunden Zuständen* des Kurorts.

Vor den Mysterien der Wildnis zieht sich schließlich der geheilte *Weltmann* mit einem sentimentalen Lampengeschenk an die Partnerin seines geistlichen *Schritts vom Wege* zurück. ›*Flaviolus Phoebes Domitillae implorat pacem aeternam*‹, lautet die Inschrift der *steinernen Lampe mit dem rührenden, altchristlichen Symbolum, Taube, Fisch und Kreuz.* Bielow übersetzt: *»Der Freund – der Bruder, der Anverlobte der Phöbe erfleht den ewigen Frieden.«*

So endet der *unruhige Sommer* Bielows mit einem *kränklich-verworrenen* Abschiedsbrief aus dem *Säkulum.* Es hält ihn in stärkeren Banden, als die Liebe Phöbes, der *einzigen Gewappneten unter alle den Rüstungslosen,* das eigentliche Mysterium der *Wildnis,* lösen könnte.

Essays

Bemerkungen zu den *Schloßgeschichten* Eduards von Keyserling (1973)

Park und Garten

Die Landschaft als Wohnung war eine soziale Vergünstigung, die von ihren Besitzern nie als solche empfunden wurde. Die Naivität des Besitzens ist sein stärkster Schutz. Die Ausdehnung des Wohnrechts auf die Landschaft hatte etwas von der phantastischen Landnahme in Kinderspielen. Man wohnte gleichsam in einer fête champêtre, die nicht enden sollte. Man möblierte sie mit Teehäusern, weißen Pavillons, Lauben, Heckenwegen, Brunnenplätzen, Bänken am Weiher, Brücken zu Inseln. In diesen großen Spielzimmern der Günstlinge des Besitzes, die Kraft und Schwäche von Kindern mit dem Hochmut ererbter Einfalt vereinten, nahmen auch Tätigkeiten und Gewohnheiten den Charakter eines Tuns nach Spielregeln an. Das Ritual formalisierten Lebens zog seine Kraft aus der Wiederholung: so erwartete man in Räumen derselben Ausstattung ein Angebot vertrauter Beschäftigungen: Spaziergänge, Ausritte, die verschiedenen Spezialitäten der Jagd und des Sports, Landpartien, Picknicks, Besuche beim Nachbarn waren Wohngewohnheiten der Landschafts-Besitzer, Gewohnheiten, die sie als zweite Natur, als ererbtes Kulturverhalten angenommen hatten.

Die in die Wohnungen einbezogenen Parks und Gärten oder die bis an die Parkgitter ausgebreiteten Wohnungen zeigten eine große Familienähnlichkeit. Blutsverwandtschaftlichem, Genealogischem, Ebenbürtigkeitssubtilitäten galt ja ein fast monomanisches Interesse dieser durch Zuchtvorschriften sich vor Fremdkörpern schützenden alten Familien. So sollte auch das Wohnen das familiäre Zugehörigkeits- und Zuständigkeitsgefühl des Unter-sich-seins vermitteln.

Wer so wohnte, hatte dem Ankommenden eine *lange Lindenallee* zu bieten mit einer Auffahrt zum weißen Herrenhaus. Der Lindenallee vor dem Hause entsprach eine *dunkle Kastanienallee* auf der Gartenseite des Hauses. Die räumliche und gesellige Mitte dieser Natur-Architektur war die geräumige Terrasse mit ihrer breiten Treppe in den Garten und den offenen Türen ins Haus. Diese Terrasse, der Grenzplatz zwischen Außen-

und Innenräumen des Wohnens, war die Bühne, auf der sich die Akteure der Schloßgeschichten versammelten und von wo aus sie sich zerstreuten in Park und Garten. Hier bildeten sich die Konstellationen, entwickelten sich die Komplikationen der Paare. Hier lösten sie sich aus den friedlichen und vergnüglichen Bereichen der Konversation, der Brett- und Kartenspiele, des Stickrahmens und der Lektüre, des harmlosen Gesellschaftsklatschs. Schon am Terrassengeländer wurden die Gespräche kühner, und Park und Garten, nicht nur in der Nacht, sondern auch in der Mittagsschwüle und -stille, waren die Schauplätze der Werbungen und Geständnisse, der Küsse, Schwüre und Hingaben. Park und Garten waren auch die Orte der Einsamkeit, des Meditierens und Träumens, wo sich die Wohnreize eines idealen Zimmers mit Wänden aus Gebüsch und Decken aus Laub mit dem Faszinosum eines Verstecks, der Verborgenheit und Unauffindbarkeit mischten. Der Park mit Weiher und Uferweiden, mit Bänken im Schatten großer Rotbuchen war gleichsam der große Saal der Leidenschaft. Der Park grenzte meist an den Wald, hier begannen die Abenteuer, die Irrungen und Wirrungen.

Die Gärten waren die Lieblingszimmer der Jugend. Sie luden zu launischem Ortswechsel ein, gewährten jedem das empfindsame Recht auf Zurückgezogenheit, ob im Liegestuhl unter dem Birnbaum oder in der Hängematte, dem Standesrequisit der Komtessen-Pubertät. Gröberen Bedürfnissen stillten diese Gärten, die nicht nur Ziergärten, sondern auch Nutzgärten waren, den Appetit. Birnenspaliere, Birnbäume, Kirsch- und Reineclaudenbäume spielten eine große Rolle. Der Schloßherr war ja auch Landwirt. So wurde in die Naturkulissen der noblen Repräsentation die Anlage hausväterlicher Ökonomie eingefügt.

Die Gärten zeigten wenig Abweichung von einem Grundmuster. Ein Hauch des *Altmodischen* mußte ihm eigen sein. Lange Rabatten mit *altmodischen Blumen*, mit Zentifolien, *gebrochenem Herz*, gelben Immortellen, lagen zwischen Kieswegen vor der Terrassentreppe, die von weißen Lilien umrahmt war. Am Ende des Ziergartens lag dann der Obstgarten, in dem üppige und sehr verfeinerte Sorten gediehen wie die Birnen mit *Rokokoduft*, die im Garten des Grafen Donald von Streith wuchsen.

Die *Birne* wurde zur Symbolfrucht der Ferien, der Sommerliebschaften und -leidenschaften. *Das gehörte zu den Ferien wie das Glitzern des Weihnachtsschnees oder wie die gelben Augustbirnen.* Ja, sie wurde für denjenigen, den das Leben in diesen Häusern gefährdete und verweichlichte, den bürgerlichen Hauslehrer, zur Symbolfrucht unstatthafter Lebensüppigkeit und zugleich sozialer Klassenkritik: *Für das Diner waren Birnen aus der Stadt geholt worden. Es waren die größten Birnen, die ich je gegessen habe, und auch wohl die süßesten und die saftigsten, wundervolle Birnen, aber genau genommen sind solche wundervollen Birnen kranke Birnen. Es sollte vielleicht solche Birnen nicht geben.*

Im Sommer ging man durch den Garten wie durch Zimmer aus Duft, den eine eigentümliche Konsistenz wie mit räumlichen Grenzen versah: *...im Gespräch waren sie durch den ganzen Garten gegangen, aus den Düften der Rosen waren sie in den Duft der reifen Pflaumen gekommen und von da in den Gemüsegarten mit den scharfen Gerüchen der Sellerie- und der Zwiebelpflanze.* Man aß vorzüglich in diesen Häusern, und ohne frisch geschnittene Gewürze und Gemüse fehlte der Zunge des Kenners ein Letztes oder Erstes der Kochkunst.

Der Johannisbeerstrauch mit dem roten Prunk und Duft seiner Beeren spielte eine große Rolle in diesen Gärten. Er war der Strauch des Stelldicheins, mehr noch als Jasmingebüsch oder die Laube aus rotblühenden Bohnen. Graf Lynck erzählte während der Fahrt zu einem Duell: *An einem Johannisbeerbusch machte ich als Achtzehnjähriger meine erste Liebeserklärung, und zwar der Engländerin meiner Schwester; eine blonde junge Dame, weiß und rot wie Porzellan, und sie hatte einen kleinen runden Mund, der aussah, als sei er vom vielen ›O‹-sagen selbst ein blutrotes O geworden. Sie war sehr erschrocken über meine Erklärung und zerdrückte in ihren Händen die Johannisbeeren, die sie hielt, so daß sie ganz rote Hände bekam.*

Die Herrinnen dieser Häuser waren große Gartenfreundinnen und nicht zu denken ohne bunte Sommersträuße in allen Vasen ihrer Zimmer und Treppenhäuser. Sie genossen sich im Garten- und Morgenglück als belle jardinière: *Dann ging sie in den Garten hinaus, um Rosen zu schneiden. Zuweilen hielt sie in der Arbeit inne und schaute blinzelnd in den Sonnenschein hinein, sah zu dem Gartenburschen hinüber, blickte den Küchenmägden nach, die mit großen Körben voller Gemüse aus dem Gemüsegarten kamen. Überall regte sich schon emsig das behäbige und geregelte Leben. Das tat gut. Wenn das eigene Leben sich sachte dem Ende zuzuneigen beginnt, muß man sich an dem starken jungen Leben der anderen wärmen, die Hände voll großer kühler Rosen haben und mit geöffneten Lippen den Morgenduft dieses Gartens eintrinken.*

Immer wieder hörte die müßig versammelte Terrassengesellschaft den Satz, der als Titel über diesen Schloßgeschichten stehen könnte: *...und jetzt wollen wir in den Garten gehen.* Ein Leben ohne Garten war nicht denkbar. Der Garten gehörte zum Leben wie die Luft zum Atmen. *Er war der traulichste, vertrauteste Ort, wohin alle Wege nach Hause* führten. Er zog die Ausbrechenden wie mit der Magie des *Heimatlichen* zurück. *Sie ging den Korridor hinab bis zur Außentür, die in den Garten führte.*

Es war ja ohnehin die Stunde, in der sie umzugehen pflegte in letzter Zeit. Sie kam sich selber geisterhaft und unheimlich vor. Allein der Garten war köstlich, heimatlich. Ein Stück Mond und sehr helle Sterne standen am Himmel. Der Nebel war von der Wiese bis in den Garten gekommen. Er schlich über die Rasenplätze und die Beete. Die Blumen standen schwarz in den weißen Schleiern. Eine sehr starke Freude wärmte Billys Herz, als sie fand, daß diese vertraute Wirklichkeit hier auf sie gewartet hatte und daß sie wieder zu all diesem gehörte. Sie ging die Kieswege entlang, sie fuhr mit der Hand den Rosen und Georginen über die taufeuchten Köpfe, sie aß von den Johannisbeeren, sie stand unter den Berberitzen und atmete den feuchten Erdgeruch ein, der aus der alten Kiste dort aufstieg.

Häuser und Zimmer

Schloß ist ein ironischer und lässiger Euphemismus für die Landsitze und Gutshäuser der Schloßgeschichten. Diese Schlösser zeigten bis ins architektonische Detail wiederum eine so starke Familienähnlichkeit, daß Keyserling sich mit Andeutungen der Beschreibung begnügte. Überhaupt haben seine Beschreibungen etwas von jener Kargheit der Mitteilung, die zwischen »seinesgleichen«, den sozial Eingeweihten, üblich ist. Kein Zweifel, daß er für sie schrieb, gleichgültig, ob sie nun seine Leser waren oder nicht. Ausstattungsbeschreibungen langweilen Leute, die in diesem Milieu zu Hause sind. In dieser Zurückhaltung liegt ein nicht geringer Reiz seiner Schilderungen. Genauere Informationen über Möbel, Stoffe, Gebrauchsgegenstände seiner Sozialsphäre mochte Sache der »Ästheten« oder Kunstgewerbler sein. Nicht seine Sache. Keyserling setzte nicht nur Kenntnis, sondern Vertrautheit mit den Wohngewohnheiten des Personals seiner Erzählungen voraus.

Otto von Taube, der Freund Keyserlings, gab in seiner Einführung zum *Buch der Keyserlinge* eine hübsche Beschreibung eines Keyserlingschen Landsitzes, des alten Rautenburger Hauses, das am Gilgastrom, einem Arm der Memel, lag. Die weißen Gebäude mit großen Fenstern, Auffahrten und Terrassen inmitten der Ökonomiebauten, großer Scheunen und Stallungen gibt es heute noch in den nördlichen Landstrichen Deutschlands.

Die Möbel in den Zimmern der Schloßgeschichten leben. Sie haben eine Geschichte und erzählen Geschichten. Sie haben persönliche Beziehungen zu ihren Benutzern, die wiederum durch unzerreißliche Bande des Gemüts ihnen attachiert sind. Man kann sie vererben, verschenken, aber nicht veräußern. Das wäre Treubruch. Dinge haben eine besondere Schutzlosigkeit, die ihre Besitzer zu besonderer Loyalität, dem Schutzrecht der Anvertrautheit verpflichtet.

Die Zimmer stellen sich auf das Wesen ihrer Bewohner ein. *Frau von Wallbaums Zimmer, himmelblau und weiß, sah aus wie das Zimmer eines jungen Mädchens. Sie selbst im hellgeblümten Sommerkleide, blaue Bänder auf der weißen Morgenhaube, saß an ihrem Schreibtisch und schrieb ihr Tagebuch.* Tagebuchschreibende Damen können nur in Zimmern mit blauer Tapete, blauen Couchetten, weißen Möbeln wohnen. Oder wie die empfindsame Frau von Bassenow, die stundenlang in ihrem Zimmer mit *kleinen, weißen, blanken Sachen, Perlmutterdöschen und Messerchen spielte, die Sachen konnten nicht weiß und blank genug sein.*

Die Fenster sind die schönsten Bilder dieser Zimmer. Die Fensterblicke der Schloßgeschichten – ein Thema für sich. Der Blick durch die offene Verandatür auf das impressionistische Arrangement des Frühstückstisches mit Tassen, Silberdosen, Sonnenflecken und Schattenspielen ist eine optische Feinschmeckerei, auf die Keyserling sich wie kein zweiter verstand. Die Nachtreize der Zimmer sind nicht minder stark als ihre kühlen Annehmlichkeiten in mittäglicher Sommerschwüle. In nächtlicher Dunkelheit, wenn draußen ein Gewitter aufzieht und alle schlafen, sind die Zimmer gleichsam die Hausherren, die die Menschen ihrer Geborgenheit versichern. *Draußen donnerte es zuweilen. Unten im schlafenden Hause riefen durch die stillen Zimmer die altbekannten Stimmen der Uhren einander zu.*

Man könnte Keyserling wie Jens Peter Jacobsen und Herman Bang einen Lyriker des Zimmers nennen. Nicht der hausenden Gemütlichkeit und deutschen Stubenseligkeit, die *sich gerne in eine Ecke kauzt,* sondern einer sehr diskreten Liebe zu den in langen Jahren bedeutsam gewordenen Dingen des täglichen Umgangs und Anblicks. Zu dieser besonderen Bedeutsamkeit der Keyserlingschen Zimmer, ihrer Wohnlichkeit, gehört ihr eigentümliches Spannungsverhältnis zum Draußen, das in den großen Fenstern immer gegenwärtig und einbezogen ist. Am Fenster entzündet sich die Lyrik der *Grenze* zwischen Drinnen und Draußen, jenes gern als *Stimmung* bezeichnete Mischgefühl von Geborgenheit und Lockung, dem Keyserling in seinen Zimmerschilderungen Reize abgewinnt, die freilich den Wahrnehmungsorganismus seiner Empfindsamkeit voraussetzen.

Hier stehen nicht die windigen Möbel der Mietwohnung, die immer fremd im fremden Raume sind, die vom Dekorateur gefertigten stilvollen Einrichtungen, mit der Maschine gemachte Stimmung, bei denen die Sachen uns umgeben wie fremde Leute, denen wir auch nicht vorgestellt werden möchten. Der Stuhl am

Kamin ist mit den Dämmerstunden und Winterabenden gerade seines Besitzers eng verwachsen, und das Geschäft jener Fensternische ist die Aufgabe, sich zu Zeiten mit Mondschein zu füllen, darauf ist sie eingerichtet. Und das Licht, der Abendschein, der zur bestimmten Zeit dieselbe Wand hinaufgleitet, die Morgensonne, für die die Wand helle Farben trägt, der Duft der Blumen, der durch die geöffneten Fenster hereinströmt, das Aufrauschen des Baumes vor der Türe, selbst die Fledermaus, die allabendlich über seinem Wipfel flattert, alles nimmt den Charakter einer von mir gewollten Einrichtung an.

Wohnen zählt für Keyserling zu den Lebenskünsten. Der Preis dieser Kunst ist freilich eine Exklusivität, deren soziale Naivität mancher dulden, aber nicht jeder teilen mag. Lebenskunst ist billiger nicht zu haben. Sie beruht auf dem System der Bevorzugung, der Privilegien. Sie muß die berüchtigte Ungerechtigkeit bejahen. Doch die Rechnung wird dieser Lebenskunst präsentiert: die Langeweile, der *ennui,* die Lebensschwäche und -verfehlung, der *spleen,* die innere Kälte und die Sentimentalität lauern in der noblen Behaglichkeit der Zimmer in den Schloßgeschichten. Keyserling weiß es und zeigt es.

Geselligkeit und Müßiggang

Die »Arbeit« ist kein Thema der Schloßgeschichten. Der Gutsherr regiert, das heißt: er repräsentiert seine soziale Rolle, aber er verwaltet nicht, auch wenn er einen bestimmten Inspektionsturnus einhält. Der Gutsverwalter, der Vorarbeiter, Großknechte, Gesinde, Instleute, Förster und Waldarbeiter sind Statisten der erzählten Handlung. Die redenden und handelnden Personen bedienen sich der Arbeit der Arbeitenden mit der gleichen Selbstverständlichkeit, mit der sie atmen. Ihre »Arbeit« innerhalb der sozialen Rollenverteilung ist das ritualisierte »Vergnügen«, die gesellschaftliche Veranstaltung, die der Vergegenwärtigung ihres arbeitsfreien sozialen Sonderseins dient. Das ritualisierte Vergnügen, das Feste, Spiele, Besuche, Jagden, Theater- und Stadtbesuche der Organisationsform der Arbeit unterwirft, nimmt eigentümlichen Pflichtcharakter an. Sogar die private Ergötzung kann, wenn ein Erbprinz angelt, höfisches Zeremoniell werden. ›... und nach dem Frückstück angle ich, und ihr alle schaut zu.‹

Nach dem Frühstück begaben sich die Prinzessinnen in Begleitung von Fräulein von Dachsberg und Mademoiselle Laure zum Mühlensee, um zuzuschauen, wie der Prinz angelte. Für die Damen waren Gartenstühle aufgestellt worden. Der Prinz saß am Ufer und angelte, von einem Jägerburschen bedient, während der

Hauptmann von Keck sich mit seiner Angel in das Erlengebüsch zurückzog. ›Die Stunde ist nicht sehr günstig‹, sagte der Prinz, ›aber versuchen wir es. Jetzt bitte achtzugeben, ich werfe die Angel aus, das ist nämlich auch eine Kunst, bitte, immer auf den Korken zu sehen, natürlich muß die größte Ruhe beobachtet werden.‹

Selbst das Opfer, ein *schöner, wie ein Juwel schimmernder Barsch,* zeigt gleichsam höflichen Gehorsam in diesem prinzlichen Geschicklichkeitsakt. Es läßt nicht unhöflich auf sich warten.

In den Viehställen verhält sich der Erbprinz mit markierter Leutseligkeit, als handle es sich um einen Empfang bei Hofe. *Im Kuhstalle interessierte sich der Prinz für die Namen der Kühe, der Milchmädchen; mit dem Pferdestall war er sehr zufrieden. ›Famos!‹ rief er ›ein Sanssouci der Pferde. Und wie fromm sie alle aussehen, wie Hofdamen‹, flüsterte er Eleonore zu und lachte laut darüber, ›gewiß, sie sehen ein wenig müde aus, als hätten sie nicht gut geschlafen, als hätten sie zu lange im Bett gelesen.‹*

So werden *Ausflüge in den Wald,* eine Teegesellschaft im Freien *organisiert.* Ein *Gang nach einer Waldwiese war geplant.* Man fürchtet, *die Rehe gehorchten Exzellenz Fürwit nicht, sie fügen sich nicht ins Programm.* Doch schließlich war *die Unternehmung sehr gelungen. ›Es war‹, meint der Prinz, ›als seien alle Rehe des Waldes für mich zusammengestellt worden.‹*

Auch die Natur fügt sich den Bedürfnissen eines designierten Landesherrn: ... *was sind alle unsere Eßsäle gegen solch einen Platz im Walde. Diese Dekoration, dieses Parfum und dieses Oberlicht.* Natur als erlauchter Residenzsaal – ein altes Motiv der Dichtung am Hofe und für den Hof. In solcher Natur zählt das *Recht auf unsere Sentimentalitäten* zur höfischen Spielregel.

Gewiß ist der Erbprinz mit seinen hochstilisierten Aktivitäten nicht typisch für die Pflichtvergnügungen der Keyserlingschen Schloßbewohner, aber er zeigt das abgestufte Gemeinsame einer von Arbeit dispensierten Oberschicht: sie begreift ihre Sozialleistung vornehmlich unter Gesichtspunkten der Repräsentation.

Besitz rechtfertigt sich durch repräsentative Existenz. Geselligkeit und Müßiggang sind daher keineswegs Zerstreuungsformen des herrschaftlichen Lebens, sondern verbindliche Benehmensvorschriften. Ein Herr ist homo ludens, in jedem Sinne des Wortes. Das gilt für den Gutsherrn wie für den Diplomaten und Soldaten der adligen Familie bei Keyserling. Denn erst *gesellig,* nicht in Amt oder Arbeit, ist jeder ganz er selbst.

So ist es kein Zufall, daß *Ferien* oder ihre Kurzform der *Besuche* einen so breiten Raum in den Schloßgeschichten einnehmen, und alle Mitglieder

der Schloßgeschichten begegnen uns in der Doppelrolle und im Rollentausch von Wirt und Gast. Gäste, Gastlichkeit, Bewirtung, *organisierte* Abwechslung, bestimmen das Geselligkeitssystem von Wirt und Gast, das gleichsam im »Gesamtkunstwerk« des Festes gipfelt.

Zur Psychologie des Komforts

Als der junge Leutnant Karl Erdmann von West-Wallbaum *durch den Sommerabend dem elterlichen Landhause zufuhr*, gab er sich der angenehmen Empfindung hin, in den kommenden zwei Monaten nichts anderes zu tun zu haben, *als im alten Garten umherschlendern, auf den Wiesen liegen, von seiner Mutter und seinen Schwestern sich verwöhnen lassen, des Vaters gute Zigarren rauchen und ungestört dieses Gefühlvolle in sich gewähren lassen, wie es nur in den alten elterlichen Landhäusern gedieh.*

Behagen, Gemütlichkeit sind die immer wieder sich einfindenden Bezeichnungen Keyserlings für einen seelischen Zustand, den materieller Wohlstand auf seiner kultivierten Stufe: als *Komfort* erzeugt. *Gemütlichkeit* hat bei Keyserling nicht den fatalen Beigeschmack, den es als abgesunkenes Gefühlswort deutscher Kleinmeisterei angenommen hat. *Gemütlich, behaglich, glücklich* sind Wörter eines verfeinerten Besitzgenusses. Der ganz und gar personalisierte Besitz, die Möglichkeit, seiner Person materiellen Ausdruck zu geben, *Geschmack* zu haben und zu zeigen, ob es sich nun um Anzüge, Schuhwerk, Möbel, Weinkeller, Sammlungen, Bücherei handle, das ist Komfort. Diesem Komfort wird die herrschaftliche Lebensordnung unterworfen. Das Unpassende wird ausgeschieden. Auch Menschen fallen unter das Exklusivitätsgesetz des Komforts. Als Annemarie von Bassenow der *neue Kandidat* vorgestellt werden soll, lehnt sie das ab: *Kandidaten haben feuchte Hände und Knöpfmanschetten.* Beides verstößt gegen die Gesetze des Komforts, die ebenfalls nicht gestatten, Kandidaten zur Tafel des Komforts zuzulassen: *Heute gibt es Krebssuppe, Waldschnepfen und pain d'ananas, und wir trinken Sekt.* Und im *blauen Zimmer* sind bei geöffneten Fenstern in der Dämmerung *Nachtigallen* zugelassen. Keine Kandidaten. *So soll es heute sein*, verfügt Annemarie von Bassenow, und Frau von Malten, die Annemarie *wie eine Kirche betrachtete* und sich selbst als *Küster, der jeden an die Heiligkeit des Ortes zu erinnern hatte*, nimmt andächtig den Katalog des gewünschten Komforts entgegen: *wie einen Auftrag, die Schnepfen, den Sekt, die Dämmerung und die Nachtigall.*

Natürlich gehört auch die Geselligkeit zum Komfort. Komfortable

Geselligkeit ist Unruhe ohne Unbehagen, ist Kunst der Überraschung, die immer unterhält, nie erschreckt, ist angenehme Störung, erquickende Unordnung. Es muß immer etwas »los« sein. Das geräuschlose Instrumentarium, das diesen Komfort eines großen Hauses, den *beau désordre* der An- und Abreisen, ermöglicht, ist die Hausdienerschaft. Komfort dieser Art beruht völlig auf persönlicher Dienstleistung. Technischer Ersatz menschlicher Dienste widerspricht den besonderen Bedingungen des Komforts. Das Uhrenstellen, Blumenordnen, Servieren, die intuitive Beachtung der Eigenheiten und Marotten der Dienstherren sind durch keinen noch so perfekten »Service« des berüchtigten »elektrischen Knopfes« zu ersetzen. Keyserling selbst beschreibt den idealen Diener:

Ein Diener ist ein Mensch, der zu seinem Beruf erwählt, einen fremden Willen zu studieren, um ihn zufriedenzustellen, und der Dienerberuf hat seine Artisten und Künstler, wie jeder andere. Brillat de Savarin lud gute, verständnisvolle Esser an seinen Tisch, um zu sehen, wie diese die künstlerisch erdachten Speisen genießen würden. Ein Dienertalent sucht sich einen Herren, der empfänglich für den verfeinerten Lebensgenuß ist, und bemüht sich, die dienende Umgebung möglichst in Übereinstimmung zu bringen mit diesem Willen. Daran arbeitet und zisiliert er, wie ein Künstler an seinem Kunstwerk. Er genießt die feinere Lebenskunst durch seinen Herren, freut sich daran, wie ein Regisseur sich an dem Bühnenbilde freut, das ihm gelungen ist.

Keyserling, seinen Standesgenossen gegenüber im Zwiespalt von Zugehörigkeit und Abwendung, wußte wohl: Komfort kann man, wie Eleganz, weder mit sozialen Argumenten widerlegen noch zu einer Mode der Allgemeinheit machen. Denn Komfort nimmt niemandem etwas, den die vielzitierten »Verhältnisse« keine Empfänglichkeit für dergleichen lehrte. Aber Keyserling begriff die Kälte des *leisure class*-Komforts. Seine Ironie ist angstgeschärft. Die Arroganz eines solchen Komfortanspruchs, durch die Müdigkeit und Lässigkeit alten Bluts gesteigert, war exzentrische Pose eines Standesversagens: sie zeigte die geschichtliche Verschuldung einer Oberschicht an, der bald die Rechnung präsentiert werden sollte.

Ausbrüche

Wie immer wieder die gewittrige Schwüle, das Wetterleuchten den sommerlichen Gartenfrieden der Schloßgeschichten bedrohen, so gärt eine gefährliche Unruhe in den Bewohnern, die ihren Gefühlen, die die Schloßidylle in besonderer Weise wehrlos macht, ausgeliefert sind. Die

Ferienexistenz begünstigt eine Gefühlshypertrophie, die das Ausleben, die Entladung im *Erlebnis* sucht. Die Schloßgesellschaft ist eine gemischte Gesellschaft, in der die Müden und die Vitalen, die Einsamen und die Genießer, die Zarten und die Heftigen von der gleichen Nervosität der Gefühlsüberladung oder der Gefühlskühle stimuliert und gepeinigt werden. Das gilt für den *letzten Reichsgrafen zu Elmt,* den Dandy der großen Romanfamilie Keyserlings, ebenso für den Grafen Hamilkar, den scharfsichtigen Stoiker, wie für ihre Gegenspieler, die Abenteurer, Wildlinge und Unruhigen. Das gilt vor allem für die Frauen, für die Töchter, die Mütter, die Witwen, die schöne *femme fatale,* wie Daniela von Bardow, und die eingeheiratete Industriellentochter.

Das Exzentrische ist familiäres Gefühlsklima. Eine natürliche Disposition zum Skandal, zum *Schritt vom Wege,* ist allen eigen, die nicht den Ausweg in die Melancholie oder deren ausgebluteten Zustand, die Grille, den Tic, die morose Laune finden. Der immer wieder angezettelte Ausbruch aus der Hut und Etikette der Schloßgesellschaft ist daher kein Akt der Befreiung, der kritischen Erledigung abgeworfener Lebensform, sondern der Versuch der Selbstbestätigung im *großen Erlebnis.* Und Erlebnis – das ist so alt wie die Gattung Roman – bedeutet erotisches Erlebnis. Ausbruch ist erotische Gewalt. Eine Gewalt freilich – auch das ist so alt wie der Roman –, die durch die Gesellschaft gebrochen wird, da die Flucht ins Erlebnis nicht ihre Schranken, sondern die erotischen Rebellen zerbricht oder zerstört. So ist Flucht fast immer nur Ausflug, der zum Ort des Aufbruchs, dem Schloß, zurückführt. Die Opfer solcher Erlebnisausflüge kränkeln oder genesen, resignieren, dumpf oder lebensdurstig, sie wehren sich gegen oder fügen sich in ihre Erfahrungen, einige sterben oder töten sich, als romantische Versager des *Erlebnisses* oder Schweiger, die ihren Schmerz dem Mitwissen und Mitfühlen entziehen.

Der erotische Ausbruch kann die unterschiedlichsten Abläufe und Formen haben: Trotzwahl des falschen Partners in der mißglückten Ehe, eine der Standesmoral unverzeihliche, daher sozial irreparable Mesalliance, die Entführung auf Zeit und ohne komplizierte Gemütseinsätze, der Flirt als zeitlich und seelisch begrenzte Leidenschaft, der elementare Exzeß, die Lust mit *Weibern,* Mägden, Haustöchtern, wilden Dorfschönen und Wirtinnen, der raffinierte Seelenfang, auf den sich *Onkel Thilo* versteht, der *Blütenbäder* für Annemarie *verordnet* und ihr das *Symbol einer Schuld* um seinetwillen, den Kuß eines träumerischen Ehebruchs, abverlangt.

Die männlichen Mitglieder der Schloßgesellschaft erlauben sich freilich, das ist alte Standesregel, Freiheiten, die ihren Bräuten und Ehefrauen versagt sind. Die leicht erreichbaren Gefälligkeiten des weiblichen *Gesindes* zählen zu diesem Freiheitsbereich, ebenso die erotischen Liaisons zu *Weibern* mehr oder minder mondänen Zuschnitts. (Mareile nimmt hier eine Sonderstellung ein.) Jedoch sind solche erotischen Kurzvisiten in einer niederen Sozialklasse Ausbrüche in einem tieferen Sinne, als ihn die standesinternen Eskapaden beanspruchen könnten. Sie sind nicht nur elementare Erfrischungsvorgänge, sondern Vorstöße in ein erotisches Glück, das der standesgenössische Fluchtpartner nicht gewähren kann. Das Glück mit den *roten Frauen,* wie man den Gegentypus zu Keyserlings *weißen Frauen* genannt hat, stellt den vorgesellschaftlichen, den paradiesischen Zustand her. Mit den *weißen Frauen* hat man *Erlebnisse;* die *roten Frauen* sind das Leben selbst. So sind hier Ausbrüche nicht nur Auflehnungen gegen Standesverbote und -gebote, sondern gesellschaftlich unerbittlich verhinderte Versuche, aus der Kulturperson zur Naturperson zurückzufinden.

Fehler und Schwächen

Man hat die Ansicht geäußert, Keyserling habe sich nie mit der *Gesellschaft,* vielmehr mit dem *Leben* auseinandergesetzt. Das ist nicht nur falsch, sondern ein Fehlurteil mit den Folgen gröblicher Unterschätzung des Autors. Man vergleiche Fontanes *L'Adultera, Unwiederbringlich* oder *Cécile* mit Keyserlings *Am Südhang,* um zu begreifen, mit welcher Schärfe und zugleich Stille Keyserling sich mit einer *Gesellschaft* auseinandersetzt, für die Fontanes *Adels-Tic* oft nicht nur auf einem Auge blind ist.

Diese Unaufdringlichkeit, das Leise in der Zeichnung der Personen und Handlungen, in den Gesprächen sind oft als empfindsame Resignation, als Stilreiz einer schwülen Verfallspoesie mißverstanden worden. Doch sie ist alles andere als das. Keyserling kritisiert seine Standeswelt, indem er sie beschreibt. Er räsoniert nicht, er führt vor. Das Müde und Morbide der leidenden Personen ist die kritische Wachheit des Autors, wie die Starre und seelische Erloschenheit der Stützen der Gesellschaft seine Menschlichkeit ist.

Nur ein Beispiel. In den *Bunten Herzen* kehrt Komtesse Sybille, von ihrem Cousin, dem polnischen Schönling Boris von Dangellô, entführt, ins väterliche Haus zurück. Der Vater, Graf Hamilkar, hatte seine Schwester schon früh gewarnt: *Die polnischen Liköraugen geben einen ungesunden Rausch.* Nach der Katastrophe – Boris erschießt sich und hinterläßt ein sentimentales Abschiedsbillett an Billy, das der Graf mit *bösem* Spott quittiert: *Das ist ein Abgang, was?* – wirft der Vater sich selbst und seinesgleichen die *Erziehung* der Töchter vor: *Ich sage, Betty, was erziehen wir da für Wesen? Die können ja nicht leben. Denen kann man ja das Ding, was wir Leben nennen, gar nicht anvertrauen. Ein Stubenmädchen, das zum Stallknecht schleicht und sich verführen läßt, weiß, was es will, aber was wir da erziehen, Betty, das sind kleine berauschte Gespenster, die vor Verlangen zittern, draußen umzugehen und wenn sie hinauskommen, nicht atmen können. Das ist's, was wir erziehen, Betty.*

Keine Illusionen, keine falsche Versöhnlichkeit, keine Briestsche Resignations-Kultur und Ausflucht in ein *Ach, Luise, laß... das ist ein zu weites Feld.*

Der Hauslehrer, der berüchtigte *Kandidat* dieser Schloßgeschichten, bezahlter Hausgenosse auf Zeit und Gast hinter Sozialbarrieren, die niemand beiseite rücken kann und will, spürt das *Kranke* dieser Häuser als Gefahr, gegen die er sich zur Wehr setzen muß. Nicht daß er *ihre ganze Lebensatmosphäre* nicht zu schätzen wüßte. *So etwas gefällt immer,* sagt der Hauslehrer Aristides Dorn zum Sohn des Hauses West-Wallbaum, dem Leutnant Karl Erdmann, der *seine Welt* verteidigt. *Es ist doch genug Häßliches auf der Welt, warum soll es nicht solche stille Reservoirs geben, in denen sich das Hübsche und Vornehme und Kultivierte ansammelt, so Musterwirtschaften des Lebens?* Der Hauslehrer freilich vergleicht diese *Musterwirtschaft* mit den *wundervollen Birnen,* den größten, süßesten und saftigsten, die er je gegessen hat. *... aber genau genommen sind solche wundervollen Birnen kranke Birnen. Es sollte vielleicht solche Birnen nicht geben.* Der Leutnant weist ihn zurecht: *Das Bild ist originell, aber ich finde, daß wir hier alle recht kräftig und gesund gediehen sind.* Der Hauslehrer ist anderer Ansicht; er fürchtet genau das, was Karl Erdmann im Leutnants-Jargon schnarrte: *Sehr unangenehm allerdings, eine Duchessebirne zu werden.* Die *Fälschung,* die Beschönigung dieses Lebens muß Dorn *ablehnen* – eine *Schutzimpfung.*

Kleine berauschte Gespenster, kranke Duchessebirnen in *Seidenpapier* – das sind Metaphern der Lebensverfehlung, die zugleich Standeskritik bedeuten, freilich den Stilgesetzen einer ebenso zarten wie scharfen Eindringlichkeit unterworfen, für die uns das plumpe und in Gefühlsfett gebackene Raisonnement unserer heutigen sozialkritischen Romane unempfindlich gemacht hat.

Versuch über Oscar Wilde
(1970)

Daß er seiner Kunst nur sein Talent gewährt, aber sein Genie an sein Leben verschwendet habe, sei das große Drama seines Lebens, bekennt Oscar Wilde, vom Erfolg verwöhnt, André Gide. Darf man dieser als Geständnis dramatisierten Bemerkung Oscar Wildes Gewicht beimessen? Dem Geständnis eines Redekünstlers, der Selbsterkenntnisse so unverbindlich improvisiert wie alles, was sein rhetorischer Appetit nicht verschmäht, was ihm den Genuß seiner Zungenfertigkeit gestattet? Wohl doch. Es schuldet wenig der Koketterie seiner übertreibenden Selbstenthüllungen, die ernst zu nehmen gegen die Spielregeln Oscar Wildes verstieße. Denn die Bedeutung, ernst zu sein oder sich ernst zu nehmen – *der Künstler ist die einzige Person, die niemals ernst ist* –, widerspricht dem Prinzip seiner Frivolität, die freilich seine besondere Form des Ernstes, eines kostspieligen Ernstes, ist. Im Geiste dieser Frivolität ist es ihm ernst gewesen mit der Genialisierung des Lebens, das er nicht nur als Kunstwerk zu formen wünscht, sondern auch im vollkommenen Genuß, im Kunstgenuß, mit allen Mitteln des Künstlichen erweitern und vertiefen, zur Sensation ohne Ende und Minderung steigern will. *Sich selbst zu lieben ist der Anfang einer lebenslangen Romanze.* Das eigene Leben wie einen Roman zu komponieren – wenige Gedanken konnten ihn so entzücken wie dieser, und keiner war wie dieser unheilvoll für ihn.

Gefühle und Handlungen, Begegnungen und Beschäftigungen des eigenen Lebens sollten nur Stoff für das Artefakt des konsequenten Ästheten sein. So entwarf sich, so posierte Oscar Wilde. Doch die Verwirklichung einer solchen Kunstfigur, freilich für ihn nur geistiges Spielzeug, setzt große Kälte und ungewöhnliche Kraft des Willens und der Organisation voraus, und eine besondere Besessenheit, jene Stiefschwester der Leidenschaft, die Tauglichkeit zum Verbrechen, muß beides beherrschen. Aber Oscar Wilde war viel zu gutartig, um kalt zu sein, viel zu zerstreuungshörig, um sich ausdauernd und gezielt zu disziplinieren. Der ›Satanismus‹, mit dem er zuweilen liebäugelt, ist von geradezu peinlicher Belanglosigkeit, eine Papierblume des Bösen. Er war so wenig Satanist wie Dandy. Nur allzugern hätte er sich die Züge jenes satanischen Bacchus verliehen, den Baudelaire im einundzwanzigsten Kapitel von *Le spleen de Paris* beschreibt. Aber seine vielberedeten Laster waren sehr banale Ausschweifungen, schmuddelige Läßlichkeiten einer Schuljungenneugier, keine verfeinerten Greuel. Einen Dandy kann ihn nur philiströse Vorstellung von Eleganz nennen. Denn zum Dandy fehlte ihm alles. Vor allem Geschmack und Selbstbeherrschung. Er wirkte in jüngeren Jahren wie ein Salonzigeuner, eine Karikatur des Dandy. Die vulgäre Opulenz seines Anzugs und Auftretens verstieß grob gegen das Prinzip der Unauffälligkeit, das der Dandy streng beachtet.

Wie sehr seine Natur ihm auch das Format eines herausfordernden und berauschenden Lebenskünstlers verwehrte, zu dem er *hinaufleben* wollte wie schon in Oxford zur Schönheit der blauen chinesischen Vasen seines Zimmers in Magdalen College, so verheerte dieser Vorsatz, die *Romanze* künstlerischer Selbstbewunderung, sein Leben. Daß die Vermischung von Kunst und Leben zum Ruin beider führe, davor hatte schon der Werther-Dichter gewarnt. Hugo von Hofmannsthal, der diese Gefährdung des Ästheten erfuhr und erlitt, hat das *schöne Leben* in Claudio, den auch die Kunst ins Leben einweihen sollte, sterben und vor dem Tod die Torheit des *schönen Lebens* erkennen lassen. Oscar Wildes schönheitsselige Unverfrorenheit, die Maximen seiner Kunst zu Lebensidealen zu machen, führte ihn nicht in das künstliche Paradies absoluter Freiheit, sondern in das *Grab für Noch-nicht-Tote,* ins Zuchthaus.

Wenn man heute feststellt, daß in den letzten fünfzig Jahren über keinen englischen Autor so viel geschrieben wurde wie über Oscar Wilde, so hat das nichts mit der mehr oder minder umstrittenen Qualität seiner Werke zu tun, sondern mit der ruinösen Vermischung von Kunst und Leben, die eine der großen Gefahren moderner Lebensverfehlung ist. Sie hat nicht als kurioser Einzelfall eines schreibenden Abnormen, sondern als exemplarische Katastrophe, als Schreckenslösung eines Problems, das seit der Mitte des achtzehnten Jahrhunderts den ›empfindsamen‹, den künstlerischen Menschen bedrängt, immer wieder beunruhigtes Interesse geweckt.

Auch die Kunst- und Künstlerfeindschaft des Bürgers, der sich in der europäischen ›Aufklärung‹ als Hüter von Sitte und Anstand sozial etablierte, sein Haß auf die Freiheitsräume der Bohème, erhielt durch den Skandal Oscar Wildes eine verschärfte Note. Die ›öffentliche Meinung‹, jenes grobe und grausame Hinrichtungsgerät, das das Bürgertum im Namen und zum Schutze der bürgerlichen Freiheiten konstruiert hatte, machte sich die Justiz gefügig, um den lästigen und lasterhaften Apostel der Freiheit, den Künstler, beiseite zu schaffen. Die Moralisten und

Juristen der ›öffentlichen Meinung‹ genossen in der Verurteilung Wildes die Bestätigung ihres Verdachts, daß künstlerische Existenz mit der kriminellen verschwistert oder doch benachbart sei. Oscar Wildes Leben und Ende, *An Improbable Life*, wie der Dichter Auden es nannte, hat im alten Gesellschaftskonflikt eine tiefere Krise bezeugt, die das Thema dieses Konflikts erweitert: Der Künstler ist der ›Einzelne‹ in der Gesellschaft, der sich ihren Anpassungszwängen nicht unterwirft. Der gerichtliche Nachweis der Homosexualität Oscar Wildes bot der Gesellschaft ein willkommenes Alibi, die Bestrafung der verweigerten Anpassung moralisch zu motivieren. Doch der Haß der Gesellschaft, die Eruption ihres Neides auf die Freiheit des Einzelnen ist Pogrom als gesellschaftliche Institution. So enthüllte Oscar Wilde als Verurteilter der Gesellschaft, in der er lebte und deren ›Häßlichkeit‹ ihn lebensgefährlich belustigte, die Eigenschaften ihrer moralischen Konventionen.

Daß ein witziger Komödienschreiber, ein Unterhaltungskünstler, der eine kurzlebige Londoner Mode war, ins Zuchthaus geschickt wurde, kann man in der chronique scandaleuse der Londoner Nineties auf sich beruhen lassen. Doch der Sturz eines Glücksverwöhnten in das Bagno der Zwangsarbeit, der organisierten Zerrüttung des Verurteilten, die öffentliche Verhöhnung des Gefangenen auf einem Londoner Bahnhof, die kranke Erbärmlichkeit der letzten Jahre im Exil, der Tod in einem Pariser Hotel – Rue des Beaux-Arts! –, dies alles liest sich wie eine Legende menschlicher Verfolgung, eine Leidensgeschichte, der eine märchenhafte Schwere der Verhängnisse eine eigentümliche und bedeutsame Unwirklichkeit verleiht. Der das schöne Leben als *Happy Prince* zu führen sich ausersehen glaubte, lernte das Leben kennen als Schurke beschimpft, als Schwätzer verachtet, als zeternder Bettler, *clownish,* krank, in den Schlingen der Süchte, sich anklammernd an Hoffnungen und Vorsätze, doch zu schwer und müde, um sich zu halten, schließlich nach schäbigsten Genüssen gierig, um jeden Ernst betrogen durch die schlimmste Art der Unaufrichtigkeit, die Sentimentalität des Trinkers. Nur mit Mühe wurde verhindert, daß der Leichnam des unter falschem Namen Gestorbenen in die Morgue gebracht wurde.

Sein Leben besitzt etwas, was seinen Werken völlig mangelt: ein Geheimnis. Das Geheimnis der Erniedrigung. Zu ihr bekannte er sich in Augenblicken großer Entschiedenheit und Klarheit.

Dublin und Oxford

Oscar Wilde war der zweite Sohn des Dubliner Arztes William Robert Wills Wilde und seiner Frau Jane Francesca Elgee, die sich eine Tochter gewünscht hatte. Es ist eine kolorierte Daguerreotypie erhalten, die den am 16. Oktober 1854 geborenen Oscar als Dreijährigen in Mädchenkleidung zeigt. Verkleidungsspiel des Geschlechterwechsels, das die Sentimentalität enttäuschter oder phantastischer Mütter ersinnt. Der kleine René Rilke wurde von seiner Mutter fünf Jahre wie ein Mädchen gekleidet und gehalten. Bleiben nicht Spuren eines solchen mütterlichen Puppenspiels zurück? Schäden, von denen Sohn und Mutter nichts wissen?

Oscar blieb seiner Mutter bis zu ihrem Tode zärtlich ergeben, der auch eine Tochter geschenkt wurde, Isola Francesca, die früh starb, von Oscar sehr geliebt. Der Zwölfjährige bewahrte in einem mit frommen Emblemen und Grabsprüchen verzierten Kuvert eine Locke der Toten auf und schrieb noch acht Jahre später ein Memorialgedicht *Requiescat* auf die Frühverstorbene, *weiß wie Schnee,* eine Lilie *unter dem Schnee,* ein Bild präraffaelitisch-viktorianischer *sweetness,* das noch William Butler Yeats, den großen Lyriker Irlands, beeindrucken konnte.

Die Mutter war eine außergewöhnliche Frau, die als Mädchen unter dem Namen ›Speranza‹ für die irische Freiheit freilich mehr literarisch schwärmte als politisch kämpfte. Eine belesene und schreibende Frau mit gesellschaftlichen Ambitionen, die das Haus ihres Mannes, der als königlicher Leibarzt, Verfasser medizinischer und historischer Bücher, Akademiemitglied geadelt worden war, durch einen Salon zu zieren wünschte. Oscar Wilde hat über seine Kindheit so gut wie nichts mitgeteilt. Eine *Recherche du temps perdu* Wildes, eine *Dubliner Kindheit,* auch nur Ansätze dazu, gibt es nicht. Sein späteres Schreiben läßt nirgends die Bedeutung frühester Eindrücke erkennen. Es ist eigenartig wurzellos, dadurch alles Gemütlichen bar, das ja sprachliche Kindheit, in der Kindheit gefärbte und geformte Sprache ist. Seine Sprache ist daher ungemein konventionell, gewinnt mehr und mehr, ob im Märchen, ob im Essay oder in der Erzählung, jene erzogene Oberflächlichkeit, die sie ideal geeignet macht zur Sprache seiner Gesellschaftsstücke. Das zeigen bereits seine ersten Reisebriefe an die Eltern. Hier schreibt er wie jeder seiner Studienfreunde – vielleicht ein wenig frischer, wacher, gescheiter, erstaunlich nüchtern in der Schilderung von Gegenständen und Monumenten. Der spätere typische Zug zur Extravaganz, die wiederum nur Ausdruckskonvention, Konventionalsprache einer bestimmten Gesellschaftsklasse in bestimmten Zirkeln ist, deutet sich kaum an in einzelnen übertrieben dezidierten Beiwörtern.

Das Kind Oscar Wilde war zweifellos kein unglückliches Kind. Seine Gemütsbedürfnisse, so scheint es, wurden gestillt, auch wenn die Eltern sich in diesen Jahren ganz den Anstrengungen ihres gesellschaftlichen Ansehens widmeten. Dieses Ansehen wurde in einem Skandal ruiniert, in den der Vater, Sir William, durch die erotischen Phantasien einer Dubliner Professorentochter verstrickt wurde. Ein gerichtlicher Prozeß rehabilitierte ihn. Aber anrüchig blieb der Fall, und man mied Praxis und Haus. Als der Vater am 19. April 1876 starb, war Oscar Wilde Student in Oxford. Er erinnerte sich des Vaters nicht nur mit pflichtschuldiger Rührung, als er wenige Monate später seinen ersten akademischen Ruhm mit einer in *The Times* notierten ›Eins‹ im Examen erntete: *Wie hätte sich mein Vater gefreut. Ich meine, Gott ist sehr hart mit uns verfahren. Die Freude an meiner Eins war getrübt, und mein Glaube an die Vorsehung ist nicht so stark, daß ich sagen könnte, was Gott tut, ist wohlgetan – ich weiß, daß es nicht stimmt. Ich fürchte mich schrecklich davor, in unser altes Haus heimzukommen, wo alles mit Erinnerungen beladen ist.*

In welchem Maße dieser Skandal, der gesellschaftliche Tod des Vaters, dem Knaben bewußt und bedrückend geworden ist, wissen wir nicht. Als familiäres Vorspiel seines eigenen Skandals, einer cause célèbre der modernen Sittengeschichte, hat er eine seltsame Bedeutsamkeit: als ob es nicht nur ein physisches, sondern auch ein metaphysisches Erbe gäbe, die erbliche Haftung eines ›Fluches‹, einer Disposition zum Sturz, zum Ruin, zur Verfemung.

Äußerlich scheint den geweckten Knaben nichts zu beeinträchtigen. Er wurde auf den besten Schulen Irlands erzogen, zuletzt als Schüler des Trinity College in Dublin. Er lernte leicht, mit entschiedenen Vorlieben und Abneigungen, und gewann Schulpreise, schließlich ein beachtliches Stipendium für das Studium der klassischen Sprachen in Oxford. Er war ein beliebter, umgänglicher Schüler, etwas phlegmatisch, kein Freund sportlicher Anstrengungen, doch der Freiluftbeschäftigungen eines Gentleman, des Jagens und Fischens.

Der Einfluß des Lehrers, der ihn als Zögling von Trinity College in die Antike einführte, John Pentland Mahaffy, war stark und nachhaltig. Mahaffy war der Typus des urbanen Gelehrten, belesen, äußerst kundig und scharfsinnig in seinem Fache, der Altertumswissenschaft. Zugleich besaß er jene eigenartige Mischung von Eloquenz, guten Manieren, savoir vivre, praktischem Verstand, Weltläufigkeit und Akkuratesse, wie sie das Collegesystem mit seiner Selbstverwaltung und öffentlichen Repräsentation fordert und immer wieder hervorbringt. Mahaffy bestimmte die literarischen und künstlerischen Interessen seines Schülers Oscar Wilde, protegierte ihn, gestattete dem Studenten von Magdalen College, mit ihm in Italien und Griechenland zu reisen, zog ihn auch zu wissenschaftlichen Hilfsarbeiten heran. Doch versuchte er wohl nie, auch nicht nach den Universitätserfolgen Oscar Wildes, den jungen poeta laureatus des *Ravenna*-Gedichts, für die gelehrte Welt zu gewinnen.

Als Oscar Wilde, zwanzigjährig, ausgestattet mit einem schmeichelhaften Stipendium für das Magdalen College, seine Studien in Oxford begann und sein College-Zimmer (zuerst in ›Chaplain's I‹, später in ›Cloisters VIII‹) bezog, bezeichnete er das in seinem großen Brief der Rechenschaft aus dem Zuchthaus als eines der beiden großen Ereignisse seines Lebens. Das ist glaubhaft. Denn Oxford bedeutet für Oscar Wilde ja nicht nur Eintritt und Einweihung in eine mächtige und ehrwürdige geistige Welt, sondern auch, wichtiger für ihn, den Zugang zur ›Gesellschaft‹, zu den Kreisen der sozial Privilegierten, mit deren Söhnen er nun mehr oder minder vertrauten Umgang hatte. Eine andere Frage ist es, ob Oscar Wilde aufgenommen oder auch nur eingeladen wurde in jene Kreise, denen sein gesellschaftlicher Ehrgeiz galt. Das war durchaus nicht der Fall, sondern ist ein pittoreskes Gerücht der anekdotensüchtigen Nachwelt ebenso wie jenes von der Aufführung eines in kostbare Phantasieanzüge gehüllten College-Ästheten, der gesuchte Parties gibt in einem Raum, gefüllt mit schönen Bildern und erlesenem Porzellan, ein Prinz geschliffener Konversation, der seine staunenden Zuhörer durch druckreife Bonmots und Paradoxe entzückt und demütigt. Wie als Schüler des Dubliner Trinity College, so unterscheidet er sich auch in Magdalen College von seinen Altersgenossen wenig, wenn nicht durch einen besonderen Zug koketter Selbstdramatisierung, der freilich erst, nachdem er Oxford verlassen hatte, üppig ins Kraut schießen sollte. Seine Oxforder ›Intimen‹, William Welsford Ward, ›Bouncer‹, und Richard Reginald Harding, ›Kitten‹, entstammten soliden bürgerlichen Häusern und ergriffen später gediegene Berufe ihrer sozialen Sphäre.

Oxford als Lokalsymbol einer gesellschaftlichen Exklusivität, die alle Möglichkeiten eröffnete, hatte gewiß für Oscar Wilde großen Reiz. Unabhängigkeit des Denkens und Betragens ist nicht nur Ausdruck besonderer Intelligenz, sondern auch eines Sozialprivilegs. Wo die materiellen und gesellschaftlichen Voraussetzungen des letzteren fehlten, erlaubte Oxford als privilegierte Institution diesen Mangel durch das zu ersetzen, was man persönlichen Stil nennt. Wie erfrischend natürlich und nüchtern die Studentenbriefe Oscar Wildes sind, wie viel sie auch, wo er gespreizt und großmäulig redet, dem Jargon der jeunesse dorée schulden, so tauchen doch jetzt schon – bezeichnend genug als Redeweise, als Manierismus des Sprechens – erste Anzeichen der Gesellschaftsherausforderung Wildes auf, jener besonderen Arroganz einer Überlegenheit ungreifbarer Herkunft und ärgerlichen Anspruchs. Dieses provozierende Verfahren wird er später ungemein verfeinern und ausbeuten: Er macht sich über sich selbst lustig, um nichts und niemanden ernst zu nehmen. Sein erstes Examen in Oxford schildert er bereits in dieser Manier: Er hat die ernste Absicht, seinen Catull zu präparieren, liegt aber noch am Examensmorgen mit *einem Band Swinburne im Bett.* In Theologie *rasselt er durch,* kommt dann ins *entzückendste Mündliche,* wo er mit dem Examinator über die *Odyssee,* über *Hunde und Frauen,* über Aischylos, Walt Whitman und die *Poetik* des Aristoteles *plauderte.* Der Prüfer war *ganz und gar reizend. Natürlich wußte ich, daß ich eine Eins hatte, schritt also hocherhobenen Haupts von dannen.*

Die Komik seiner *furchtbaren Angeberei* genoß er, aber auch, daß er in *The Times* beim lunch *in der Mitra* die Publikation seiner Auszeichnung lesen konnte. Gewiß wiegt dies alles nicht schwerer als die etwas exaltierte Kinderei irgendeines jungen Mannes, der sich selbst kultiviert und sich selbst zum Gegenstand seiner theatralischen Sendung macht. Das schwelgerische Vagieren im geistigen Neuland, die Erfolge seiner Studien zählten für Oscar Wilde nicht mehr als die Beute, mit der er sich als Ferienjäger und -angler brüstete. In dieser Weise macht er auch jungen und älteren Damen den Hof. Er spielt lawn-tennis mit ihnen und verliebt sich in vier Schwestern seines Freundes Frank Miles auf einmal. *Meine Bewunderung für alle vier zerreißt mir das Herz und untergräbt meine Gesundheit.* Er genießt sich und läßt sich genießen als *Prince Charming,* der das Affektierte als Form der Selbstverspottung für amüsant und nicht für lästig hält. *Ich zeige mich wie immer von meiner charmantesten Seite und werde viel bewundert.* Diese Züge einer Selbstverliebtheit, die zugleich ›big fun‹, ein großer Spaß für Zuschauer, sein soll, einer Koketterie, die sich zum besten hält, treten im weiteren Verlauf seines Lebens immer stärker hervor, bis sie, da ihm das *schöne Leben* sein Gorgonenhaupt zuwendet, zur tragischen Maske der späten Lebensjahre erstarren. Doch auch in dieser furchtbaren Vergröberung und Entstellung sind sie, was sie im koketten Schönheitsschwärmer Oxfords immer schon waren, um es mit einem Worte zu sagen: *clownish.*

Doch der *clown* ist ohne seinen spezifischen Ernst nicht denkbar, und er erfüllt seinen Typus nicht, wenn er nicht ein Opfer der Torheit, wenn ihm sein Tun und Trachten nicht zum Verhängnis wird. Was sowohl den

Ernst als auch das Verhängnis Oscar Wildes betrifft, sollte die Familie seines Oxforder Freundes Frank Miles unsere Aufmerksamkeit fesseln. Der Vater seines Freundes war Pfarrer in Bingham, und er hatte mit ihm, *der in Oxford mit Newman, Pusey, Manning befreundet war,* Diskussionen, *ein paar gute Streitgespräche.* Eine Predigt des römisch-katholischen Kardinals Henry Edward Manning hatte Wilde noch einen Tag vor seiner Abreise nach Bingham gehört. Er ist faszinierender als je, schrieb er seinem Intimus William Ward, und er fährt fort: *Sehe dort MacCall und Williamson, die mich mit dem größten empressement grüßten. Bei solchen Gelegenheiten kommt es mir vor, als belöge und betröge ich mich selbst, ich muß eine Entscheidung treffen.*

Diese ›Entscheidung‹ beschäftigte und bewegte ihn mehr oder minder drängend während seines ganzen Studiums: der Wunsch, der zuweilen zur zwingenden Überzeugung wurde, zum römisch-katholischen Glauben übertreten zu sollen. Mit dieser ›Entscheidung‹ war es ihm ernst, wenn sie auch den Zusammenhang mit einer religiösen Mode Oxfords nicht leugnen kann. Diese Mode war eine Folge der sogenannten Oxford-Bewegung. Männer wie Newman und Pusey, beide Fellows des Oriel College in Oxford, wie Manning, Fellow des Oxforder Merton College, waren ihre Führer, die nach ihrem Übertritt in die römisch-katholische Kirche als Amtsträger und theologische Autoren für den englischen Katholizismus sehr folgenreich wirkten. Konversionen Oxforder Kommilitonen Oscar Wildes waren nichts Außergewöhnliches. Wie vieles man auch in der Beschäftigung Oscar Wildes mit Rom und dem Papst einer geistigen Laune und modischen Neugierde, welche die Oxford-Bewegung erweckt hatte, zuschreiben mag, so kann man die immer wieder in brieflichen Bemerkungen bezeugte Auseinandersetzung mit Schriften dieser Bewegung nicht flüchtig oder den Charakter ihrer Dringlichkeit gespielt nennen. Den Konzilsbericht Pomponio Letos, der das Vatikanische Konzil von 1869 bis 1870 beschrieb, empfahl er seinem Freunde Ward mit kritischen Bemerkungen zur Lektüre. Er zog das Studium der Schriften Newmans den Vorbereitungen für ein Stipendium vor. An Skepsis fehlte es ihm nicht. *Was Newman betrifft, so glaube ich, daß sein innerstes Gefühl sich gegen Rom empörte, die Logik es ihm jedoch als einzig rationale Form des Christentums aufnötigte. Sein Leben ist eine schreckliche Tragödie. Ich fürchte, er ist ein sehr unglücklicher Mensch.* Man kann ernsthafte theologische Interessen haben, ohne religiös zu sein. Bestimmte Äußerungen Wildes aus dieser Zeit lassen es als ganz unwahrscheinlich erscheinen, daß er es nicht gewesen sei.

Religiosität ist ein Mysterium, das sich jeder logischen und psychologischen Erschließung entzieht. Lasterhaftigkeit und öffentliche Religionsverspottung sprechen nicht gegen die Religiosität dessen, dem beides nachgewiesen werden kann. Religiosität ist mit moralischen Maßstäben nicht bestimmbar. Das Sittliche ist nur eine ihrer Erscheinungsweisen und auch nicht die Voraussetzung für jene Erlösung, die das Geheimnis des christlichen Glaubens ist. Einem Verständnis, das sich nicht mit der Erklärung der literatur- und kulturgeschichtlichen Kuriosität dieses *improbable life* begnügen mag, stellt sich die Frage nach der Religiosität Oscar Wildes ebenso dringlich, wie sie schwer zu beantworten ist. Die Beschädigung oder gar Ausdörrung der religiösen Empfindungen Oscar Wildes, denen die oppositionellen Bedürfnisse seines Kopfes und seiner Sinnlichkeit jede Glaubwürdigkeit zu rauben scheinen, kann nicht darüber hinwegtäuschen, daß die Person Christi, gleichgültig in welchen zeitlichen Abständen und Graden der Intensität, ihn immer wieder berührte. Der kirchlich gelehrte Glaube war ihm schon in Oxford ein Problem: *Der Glaube ist zwar, so meine ich, eine helle Leuchte unserem Fuß, in unserem Denken jedoch eine exotische Pflanze, die ständiger Pflege bedarf.* Aber die Person Christi war ihm absolut glaubwürdig: *Zugegeben, der Erlösungsgedanke ist schwierig zu erfassen. Doch glaube ich, seit Christus ist die tote Welt aus dem Schlaf erwacht. Seit er erschienen ist, leben wir.*

Einundzwanzig Jahre später, *in carcere et vinculis,* bekannte der Zuchthäusler Wilde in seinem Rechenschaftsbrief, der als Dokument konkreter Leiden in der Geschichte der modernen Dichter nicht leicht seinesgleichen hat, daß ihm wie *Moral* und *Vernunft* auch die *Religion keine Stütze sei.* Religion als kirchliches Angebot der Botschaft Christi wies er im Stande seiner brutalen Erniedrigung zurück. *Wenn ich überhaupt an Religion denke, dann mit dem Gefühl, daß ich einen Orden stiften möchte für die, die nicht glauben können: Die Bruderschaft der Vaterlosen könnte man ihn nennen, und an seinem Altar, wo keine Kerzen brennen, würde ein Priester, in dessen Herzen nicht der Friede wohnte, mit ungeweihtem Brot und leerem Kelch die Messe lesen. Alles, was wahr sein soll, muß Religion werden. Genau wie der Glaube sollte der Unglaube sein Ritual haben. Auch er hat seine Märtyrer ausgesät, darum sollte er auch seine Heiligen ernten und Gott täglich dafür danken, daß Er sich dem Menschen verbirgt.*

Doch die Person Christi blieb von dieser Glaubenszurückweisung ausgeschlossen. In der ›Gott-ist-tot‹-Religiosität der Glaubenslosigkeit Wildes erschien ihm Christus als der göttliche Bruder des ›Künstlers‹, das Leben Christi als höchstes Symbol leidenden und überwindenden ›Künstlertums‹. Wildes Christus-Deutung als *Gefährten* Shelleys und Sophokles', als *Dichter,* Wildes Exegese der *vier Prosagedichte über Christus,* der vier Evangelien, und des Fünften Evangeliums, Renans *Vie de Jésus,* des *Thomas-Evangeliums,* sind gewiß eine ästhetizistische Verfälschung, ja Veruntreuung des christlichen Glaubens an Jesus. Aber im Zentrum der auf vielen Briefseiten von Wilde entwickelten Theorie des Leidens, der Demut, der Liebe steht doch die Gestalt Christi. Wilde glaubt an Christus auf eine Weise, die dem Betrachter, der diesen Glauben an seinen Früchten erkennen will, unaufrichtig und daher unglaubwürdig erscheint. Aber der Glaube an Christus und die Nachfolge, die imitatio Christi sind dem Schwachen nicht eins. Auch ist die Grenze zwischen Schein und Sein religiöser Gefühle problematisch genug. Wer jedoch wollte Sätze wie diese nicht ernst nehmen: *Er* (Christus) *lehrt einen nichts direkt, doch durch die Berührung mit ihm werden wir verwandelt. Und jeder ist dazu bestimmt, mit ihm in Berührung zu kommen. Zumindest einmal in seinem Leben wandert jeder mit Christus nach Emmaus.*

Zumindest einmal in seinem Leben wandert jeder mit Christus nach Emmaus – das mag wer will als sentimentale Anwandlung des Eingekerkerten abtun. Doch der Zuchthausalltag dieser *Witzfigur des Leids* war sentimental weder zu ertragen noch in seinem Reglement zu leisten. Der religiöse Mut zur renovatio, zum neuen Anfang, der alles falsche Vergangene auslöscht, mochte in der mehr armseligen als widerwärtigen Schwäche der letzten Lebensjahre als leerer Vorsatz entlarvt werden; doch es gab Handlungen und Entschlüsse, Einsichten und Verzichte Wildes, die das Niveau des religiösen Anfangs-Mutes haben.

Am Morgen des ersten Tages seiner Entlassung aus dem Zuchthaus schrieb Oscar Wilde in der Wohnung seines Freundes Headlam einen Brief an ein Kloster mit der Bitte, ihm zu gestatten, sich dorthin ein halbes Jahr zurückzuziehen. Den Brief ließ er durch einen Boten befördern, der auf Antwort warten sollte. Die Klosterleitung mag generelle Bedenken gegen solche Aufnahmegesuche entlassener Strafgefangener gehabt haben. Der spezielle Verdacht, daß es sich im Falle Oscar Wildes um eine spektakuläre Augenblickslaune handelte, tat wohl ein übriges, die Bitte Wildes abzulehnen und ihm zu empfehlen, sie nach einjähriger Bedenkzeit erneut zu stellen. Als Wilde diese Antwort las, berichtet Ada Leverson, *brach er zusammen und weinte bitterlich.*

Seine katholischen Neigungen, die in Oxford so stark waren, daß ein Vetter von *bigotter Intoleranz gegen die Katholiken* ihn aus seinem Testament strich und ihm nur das Minimum von hundert Pfund beließ unter der Bedingung, daß er Protestant bleibe, begleiteten viele Moden seines Lebens und Denkens. Mit ihnen verblaßten sie auch und konnten literarische Dekoration werden wie in Dorian Grays ästhetischem Haushalt geistiger Neugierden. Denn in Oxford schon schwankte er immer wieder wie ein Rohr im Winde solcher Neugierden, wenn er plötzlich *ein Faible für die Freimaurerei entwickelt* und zugleich täglich mit dem Jesuitenpater Parkinson *frühstückt,* mit seinem Kommilitonen Dunlop, der konvertierte, *sentimentale Religionsgespräche* führt und *hoffnungslos im Netz des Vogelstellers, in den Schlingen des Weibes im Scharlachgewand zappelt. Kann sein, daß ich in den Ferien übertrete. Ich träume von einem Besuch bei Newman, vom heiligen Sakrament in einer neuen Kirche und von Stille und Frieden, die danach in meine Seele einziehen. Und doch schwanke ich bei jedem Gedankenholen, bin mehr denn je der Schwachheit und Selbsttäuschung verfallen.*

Die Stationen des Weges, der von der Thomas von Kempen-Lektüre des Oxfordstudenten bis zum Empfang des Sakraments der Letzten Ölung auf dem Sterbebette führt, liegen in einem unerkenntlichen Zusammenhang weit auseinander. Doch *nicht der Weg ist schwierig, sondern der Schwierige ist der Weg.* –

Im Hause seines Freundes Frank Miles sehen wir Oscar Wilde nicht nur im clownischen Ernst seiner religiösen Unruhe, der er immer wieder auszuweichen weiß, sondern hier berührte ihn auch das, was ihm in späteren Jahren zum ›Verhängnis‹ wird.

Frank Miles war schon, als Wilde ihn kennenlernte, ein großes Zeichentalent. Er war zwei Jahre älter als Wilde, der ihn bewunderte, wenn er *gerade die reizendste und gefährlichste Frau Londons skizzierte – Lady Desart.* Wildes mondänes Interesse an den Spitzen der Gesellschaft und allem, was sie betraf, witterte immer ergiebige Möglichkeiten eines Kontakts. Durch Miles machte Wilde die Bekanntschaft mit dem neun Jahre älteren Lord Ronald Gower, dem jüngeren Sohn des Herzogs von Sutherland, der die erste Begegnung mit Wilde in seinem Tagebuch schilderte: *Netter, lustiger Mensch, hat aber seinen langhaarigen Schädel voller Unsinn über die katholische Kirche. Sein Zimmer voller Fotografien des Papstes und Kardinal Mannings.* Ein nüchterner Kenner der viktorianischen Sittengeschichte nannte das oft zusammen reisende Paar Frank Miles und Ronald Gower *ungehemmte Homosexuelle.* Wilde besuchte gemeinsam mit Ronald Gower das elterliche Haus von Miles in Bingham. Wenig später verbrachte Wilde mit Miles *a royal time* in einer Fischerhütte. Alle drei – *a great Trinity* – planten eine gemeinsame Reise nach Rom. Sie trafen sich immer wieder, in London, gewiß ein Ereignis für Wilde, den Freund hoher Adelstitel, bei der Schwester Gowers, der Herzogin von Westminster. Nach dem Abschluß der Studien Wildes in Oxford nahmen Wilde und Miles, der bereits ein gesuchter Porträtist war, eine gemeinsame Wohnung in London, um die Stadt gesellschaftlich und künstlerisch zu erobern. Ein ungeklärter Streit brachte beide auseinander. Miles starb sechs Jahre später in einer Irrenanstalt; vermutlich beging er Selbstmord.

Wohl niemand hatte in Wildes jüngeren Jahren so starken Einfluß auf ihn wie Frank Miles, der, ebenso frühreif wie hochbegabt, Wilde in die Welt seiner bohèmehaften Freizügigkeit einführte. Die erotischen Abenteuer und Gewohnheiten Miles' konnten Wilde nicht verborgen geblieben sein, und er hat sie, falls er sie in diesen Jahren noch nicht teilte, gebilligt oder hingenommen als eine Lizenz, die der ästhetischen Existenz einzuräumen und einer Gesellschaft abzuverlangen sei, deren Moralbegriffe als Schutz- und Rachewerkzeuge eines degenerierten Freiheitsbedürfnisses zu verstehen und zu verspotten er sich anschickte. In den Oxforder Jahren mochte dies alles noch keine Rolle gespielt haben, wie das die etwas tantenhafte Beanstandung einer allzu deutlich bekundeten Neigung, die ein Kommilitone zu einem schönen Knaben gefaßt hatte, vor allem aber seine schwärmerische Verehrung und Beziehung zu einer Dubliner beauté, der siebzehnjährigen Florence Balcombe, mit dem *makellos schönsten Gesicht,* das er je sah, bezeugen können.

Dennoch hat man wohl mit Recht Wildes Freundschaft mit Miles fatal genannt. Dabei fällt weniger ins Gewicht, ob und in welchem Maße diese Verbindung die erotischen Dispositionen und Empfänglichkeiten Wildes veränderte oder betonte. Wichtiger ist, daß er in ihrer Beurteilung alle moralischen Verbotstafeln geringschätzen lernte, daß seine ästhetische Emanzipation, sein neues Schönheitsideal, in seiner sittlichen Emanzipation, dem Ideal absoluter Freiheit, in der moralischen Sondergenehmigung für den ›Künstler‹ ihre Rechtfertigung suchen und finden wird.

Das Schönheitsideal Wildes, oft erörtert, war ein Bildungsprodukt, ein mixtum compositum akademischer und literarischer Lern- und Lesefrüchte sehr unterschiedlicher, ja unverträglicher Abstammung. Er huldigte dem ›Hellenismus‹ seines alten Dubliner Lehrers Mahaffy, er begeisterte sich für die ästhetischen Erneuerungslehren John Ruskins, der die ›Prae-Raphaelite Brotherhood‹, die präraffaelitischen Maler Englands, zu mächtiger Geltung gebracht hatte, er war fasziniert von der Schönheits- und Lebenslehre Walter Paters, des Verfassers von *Marius the Epicurean,* und wie er John Keats verehrte, so genoß er die brünstige Poesie des skandalumdunkelten Swinburne.

Wenn Oscar Wilde den Vater seines Freundes Miles als theologischen Diskussionspartner lobte, so war die Mutter, die Wilde *einfach wundervoll* nannte, für ihn eine ganz im präraffaelitischen Stil empfundene Gärtnerin im Liliengarten der Bingham Rectory. Er bewunderte *Zeichnungen von ihrer Hand,* die er dem Freunde William Ward zeigte, als sie dessen Schwester *in der Ruskin-Schule in Oxford* besuchten.

Die Interessen und Beschäftigungen Oscar Wildes während der kurzen Ferien im Hause seines Freundes Miles sind wohl ebenso typisch für die Gastgeber wie für den Gast: ein Pfarrhaus in den siebziger Jahren, dessen Hausherr, in Oxford erzogen, mit Newman, Pusey und Manning befreundet ist, dessen Mitglieder *fast alle begabte Künstler sind,* die Mutter sowohl als auch der verführerisch talentierte Sohn Frank, und der Gast, in alle ein wenig verliebt, in sich selbst am meisten, findet hier Verständnis für seinen religiösen Romantizismus, seine Anschauungen, die er als Proselyt Ruskins verkündet, vor allem genießt er die Bewunderung, die er als Plauderkünstler, als liebenswürdiger Poseur alles dessen, was er gelesen und gesehen hat, erweckt.

In diesen Stimmungen und Zuständen hatte der Student der klassischen Sprachen, der Italien- und Griechenlandreisende, der zugleich ›Hellenist‹ und schwärmerischer Gefangener des *Weibes im Scharlachgewand,* der Kirche Roms, war, der zugleich Keats und Swinburne bewunderte, begonnen, Gedichte zu schreiben. Die Mehrzahl seiner Gedichte ist in der Oxforder Zeit entstanden und zu einem großen Teil in verschiedenen Zeitschriften publiziert worden. Hätte er diese Gedichte nicht geschrieben, so wäre das kein unersetzlicher Verlust für die Geschichte der modernen englischen Lyrik gewesen. Sie sind geschickte Talentproben, wortreiche Reflexe von Lektüre- und Kunsteindrücken, in denen jeder aufgeweckte Student schwelgt, zuweilen hübsche und gewandte rhetorische Machwerke, vorgezeichneten Mustern angelesener und anempfundener Gefühle und Gedanken nachgezogen. Von den bedeutenderen englischen Lyrikern dieser Jahre ist, mit Ausnahme von Swinburne, den er gelegentlich erwähnt, kaum die Rede. Ihre lyrischen Produkte konnten ihm kein originelles Interesse abgewinnen, und sein kritisches Urteil war, wie seine naiven Empfehlungen bezeugen, völlig belanglos. Dennoch haben seine eigenen Gebilde, so sehr sie zum lyrischen Kunstgewerbe zählen mögen, einen bestimmten stilistischen Effekt: Sie lassen sich von Motiven und Themen bestimmen, die in Mode kamen oder waren und ihn in Mode brachten. *In the Golden Room* ist schon als Schauplatz ein Lokalsymbol des neuromantischen ›Ästhetizismus‹. Den Türmen und Gräbern Ravennas – und nicht, wie man erwarten sollte, Rom oder Athen – gehört die betont aparte Vorliebe des jungen poeta laureatus, der 1878 für das mit präraffelitischen Motiven garnierte Gedicht *Ravenna* den Newdigate-Preis erhielt. Die Toscana, die Landschaft der damaligen Modeepoche, der Renaissance, wird mit allem gängigen Zubehör ebenso wie das heimatliche Gefilde als Bühne der obligaten Jahreszeiten beschworen – sein erstes publiziertes Gedicht war ein Jahreszeiten-Gedicht, *From Spring Days to Winter.* Ausdruck, der sich von Klischees freimachen konnte, gelang ihm kaum, am ehesten dort, wo er dem Tode, dem Vergessen wie in *On the Sale by Auction of Keats' Love Letters* oder dem Laster wie in *Taedium Vitae* begegnete. Aufhorchen lassen die nicht seltenen und bedeutsam variierten Bibelzitate und die Verwendung der Christus-Gestalt in einzelnen reizvolleren Gedichten – noch das ein Jahr vor seiner Verurteilung veröffentlichte Gedicht *The Sphinx* läßt den Gepeinigten mit einem Blick auf den Cruzifixus schließen, der *um jede Seele weint, die zugrunde geht, und um jede Seele vergeblich weint.* Freilich, das ganze College-Arkadien mit seinen papiernen Faunen, Nymphen, Hirten und Knaben, das Oscar Wilde in zahllosen Versen als neuen ›Hellenismus‹ und Wiedergeburt antiken Lebens, als *Genius der Schönheit* im *Liebesgarten* anpreist, verdient keine Notiz. Doch des Jünglings hochtrabende Zivilisations- und Fortschrittsfeindschaft, sein Haß auf das Teleskop, die Wissenschaft, die neue Rasse von brutalen Troglodyten, die mit *iron roads* die ideale Landschaft Dante Gabriel Rossettis profanieren, zählt zum künftigen Programm des Schönheitspropagandisten, der bald als *spätester Endymion, the last Endymion,* durch Land und Länder ziehen sollte.

London und Reisen

Diese Rolle übernahm er, als er Oxford verließ, um London zu erobern. Er war gewitzt genug, um den Wert fester Einkünfte, die stille Hauptrolle des ›Geldes‹ in einem schönen Leben sehr hoch zu schätzen. Wildes Sinn für Geld, sein zähes, oft verbissenes˙ Feilschen um kleine Summen, das durchaus nicht seiner Generosität, ja seiner Verschwendung widersprechen mußte, verdiente ebenso eine Untersuchung wie seine Einnahmen und Ausgaben bis zum Bankrott im Jahre 1895. Eine Soziologie des Künstlers kann eine Wirtschaftsprüfung des Künstlerhaushaltes, der oft einen ganz eigenen ökonomischen Stiltypus unerwarteter Ausnutzung und Berechnung entwickelt, nicht entbehren. Oscar Wildes nüchterne und präzise Honorarkorrespondenz, seine lakonische Behandlung finanzieller Fragen verblüffen immer wieder, ob er nun über das Salär bei Übernahme der Redaktionsgeschäfte von *The Woman's World,* über Vortragshonorare verhandelt oder ob er Lady Mount-Temple Miete für ihr *reizendes Haus* in Babbacombe anbietet.

Oscar Wilde hatte weder ausreichende Einkünfte aus seinem väterlichen Erbe noch Aussichten auf eine Beschäftigung, die ihren Mann ernähren oder gar üppigere Bedürfnisse eines ehrgeizigen *flâneur* befriedigen konnte. Der ›Ästhet‹ darf kein nützliches Gewerbe treiben oder die Schmach eines bürgerlichen Berufs, einer Tätigkeit gegen abgezählte Bezahlung dulden. Er ist ein Virtuose der Muße, der sich den Anschein schönen Müßiggangs, der freien Zeit für alles und alle etwas kosten lassen muß. Oscar Wilde ließ es sich etwas kosten. Er war gesund, er war sehr fleißig. Diese beiden Eigenschaften gelten einer ›Gesellschaft‹ nichts, wenn sie sich von den Trivialitäten ihrer Gesundheit und ihres Fleißes erholen, wenn sie sich unterhalten und amüsieren will. Oscar Wilde wußte sehr wohl, daß er, falls er seinen Fleiß nicht domestizieren und nicht einen bürgerlichen Beruf ergreifen wollte, sich einen Namen in der sogenannten tonangebenden Gesellschaft machen mußte. Daß er ein gesellschaftliches ›Gerücht‹ werden mußte. Wilde hat sich freilich einmal um das Amt eines Schulinspektors beworben. Auch um ein *fellowship* an der Universität Oxford. Beides führte zu nichts. Doch er spürte sehr bald, daß sein phantastisches Apostolat der neuen ästhetischen Botschaft auch materiell honoriert werden würde. Die Gesellschaft sollte für die Besichtigung eines kostümierten Plauderkünstlers seines Witzes und seiner Bildung Eintrittsgeld zahlen. Sie tat es. Man kann überzeugt sein, daß dies mit eminentem Fleiß betriebene Geschäft Oscar Wildes, in aller Leute – der Leute von *Bedeutung* – Mund zu sein, mit einer Art besonderen Finanzinstinkts zusammenhing. Öffentliches ›Dandytum‹, geschickt kommerzialisiert, kann sehr einträglich sein. Nun wendet sich das Blatt: Die Gesellschaft läßt sich ihrerseits einen ›Dandy‹, der nicht nur zum Bühnengenuß, sondern auch zum Hausgebrauch zur Verfügung steht, etwas kosten. Sie zahlt für das unterhaltsame Behagen der Distanz zum Außenseiter der Gesellschaft, zum Künstler, zum ›Dandy‹, dem Halbbruder des Bohémien.

Oscar Wildes oft erörtertes Verhältnis zur Gesellschaft muß unter diesem Aspekt der materiellen Ergiebigkeit, des kommerzialisierten gesellschaftlichen Ärgernisses betrachtet werden. Skandal als Finanzspekulation: Schauspieler zeigen sich, wie man weiß, oft meisterhaft dazu befähigt. Man hat Oscar Wilde immer wieder und deshalb nicht mit geringerem Recht einen ›Schauspieler‹ genannt. Er war es so sehr, daß er der Schauspieler seiner selbst war. Dieser *Egozentriker ohne Ego* war, als er seine künstlerische und gesellschaftliche Laufbahn betrat, kein Ästhet, sondern der perfekte, das heißt vollkommen angepaßte Conférencier einer neuen Schönheitsbewegung, die der viktorianischen Gesellschaft ein Ärgernis war – ein Ärgernis, dessen Reklamepotential niemand so gut auszuschöpfen verstand wie der Vortragsreisende des englischen Ästhetizismus. –

Der Schauspieler seiner selbst stellt sich aus. Er macht sich publik im Sinne jener publicity, die das Ausgestellte zur Ware und damit verkäuflich macht. Die Verkäuflichkeit der ausgestellten Person, die ein Konglomerat gesuchter Posen von hochgebuchtem Handelswert ist, stellt eine Form von Prostitution dar, die viele Sublimationsgrade kennt.

Die künstlerische Prostitution, die gewerbliche Preisgabe der persönlichen Erlebnisse und individuellen Gedanken, ist vom künstlerischen Ausstellungszwang nicht zu trennen. Die mangelnde finanzielle Rentabilität eines Kunstwerks, die berühmte Künstlerverachtung des materiellen Erfolgs kann keinem Kunstprodukt seinen Warencharakter nehmen, wie diskret er auch prinzipielle Unverkäuflichkeit behaupten und erzwingen mag. Freilich trennt eine Welt des künstlerischen Taktes und Könnens, der inneren Nötigung und Leidensbereitschaft die Prostitution eines Baudelaire von derjenigen eines Oscar Wilde. Oscar Wilde, der nicht nur seine Kunstfiguren davon träumen ließ, das Leben selbst zum Kunstwerk zu machen, Leben und Kunst zu vermischen, organisierte dieses Künstlerleben als Gesellschaftsspiel. Wir sehen, die Gesellschaft ist für einen solchen Lebenskünstler, der künstlerische Prostitution als Gesellschaftsspiel betreibt, in höchstem Grade unentbehrlich. Materiell wie ideell. Denn im Zirkel des wechselseitigen Interesses, das Gesellschaft und Künstler aneinander nehmen, schließt sich auch der Zirkel jenes Kommerzes, den künstlerische Prostitution, nicht minder als physische, immer bedenkt und bezweckt. Ihre treibende Kraft, bei Oscar Wilde, ist die publicity des gesellschaftlichen Künstlerskandals.

Die Gefährlichkeit des Gesellschaftsspiels Wildes mit der Gesellschaft ist leicht einzusehen. Die Gesellschaft kann dem Künstler und seinen Schöpfungen alles gestatten, solange er als Künstler, gesellschaftliche Ausnahmeerscheinung, diese soziale Exklusivität nicht nur als Vorrecht genießt, sondern auch als Vertrag respektiert, der bestimmte Kompensationsbürden auferlegt. Die Gesellschaft kann es ertragen, wenn der Künstler in seinen Werken die Tugend schmäht und das Laster feiert, das Abartige erlesen und das geschätzte Normale degeneriert und böse nennt. Die Grenze, die nicht nur Kunst und Leben, sondern auch Künstler und Gesellschaft trennt, ermöglicht diese Toleranz. Die Gesellschaft ist sogar bereit, falls nicht durch ein Versehen oder einen Spielverderber der Mechanismus ihrer Justiz ausgelöst wird, Nachsicht zu üben, wenn der Künstler als besonders gekennzeichnetes Mitglied der Gesellschaft, das er auch als professioneller Außenseiter bleibt, sich eines strafbaren Vergehens schuldig macht. Der gesellschaftliche Ermessensspielraum der moralischen Beurteilung hat hier Sondersicherungen für die spezielle Unzurechnungsfähigkeit produktiver Außenseiter vorgesehen. Doch der Gesellschaftsvertrag zwischen Gesellschaft und Künstler tritt außer Kraft, wenn der Künstler ihn dadurch bricht, daß er im Besitz solcher Vorrechte und Begünstigungen ein Mitglied der Gesellschaft im Namen der Moral, die zu ignorieren oder zur Zielscheibe erregender Pamphlete zu machen die Gesellschaft ihm vertraglich zugesteht, zur Rechenschaft zieht.

Wenn nun der Künstler Oscar Wilde programmatisch die Grenze zwischen Kunst und Leben aufheben will, wenn er die Gesellschaft nicht als Künstler, sondern als Lebenskünstler, Gesellschaftsartist – als jemand, der mit allen ›heiligen Kühen‹ der Gesellschaft seinen Scherz treibt – amüsieren oder brüskieren will, so bietet das für den Kenner der Spielregeln, des Gesellschaftsvertrages mit dem Künstler, das Schauspiel halsbrecherischer Seiltänzerei. Denn Oscar Wilde machte sich genau jenes Verstoßes gegen die Spielregeln schuldig, den die Gesellschaft nicht mehr mit Spielbußen ahnden konnte. Die Naivität dieses Fehlers ist in der Wilde-Literatur ein vielberedetes Rätsel geblieben: Er, der überzeugte und praktizierende Immoralist, nahm die Justiz gegen eine Verleumdung in Anspruch, die zutraf. Das war nun in der Tat Seiltänzerei nicht nur ohne Netz, sondern auch ohne Seil.

Selten ist der in Spielregeln gebändigte Konflikt zwischen Gesellschaft und Künstler so demonstrationsreif geworden wie in der Lebensgeschichte Oscar Wildes. Sie ist ein ins Leben getretener Künstlerroman. Das Besondere dieses Künstlers war nun, daß er nicht nur Dichtungen verfaßte, sondern sein Leben ›dichtete‹ und daß das Gesellige innerhalb der Gesellschaft ihm zum Stoffe dieser Lebensdichtung diente.

Die Geselligkeit in den *upper classes* mit ihrem reichen Instrumentarium der Einladungen, Kurzvisiten, Hotelfrühstücke, Hausdinners, den ›festen Tagen‹, Empfängen, Empfehlungen, mit ihren *seasons* und wechselnden Schauplätzen von *town* und *country*, ihren nur für die Oberen der Gesellschaft reservierten Orten und zugänglichen Plätzen des körperlichen und musischen Müßiggangs, mit ihrer Theorie und Praxis des Vorranges, der gesellschaftlichen Würde, der Etikette, der Zugehörigkeit zu Vereinen, die ein mystischer *numerus clausus* über alles begehrenswert macht: dieses alles war für den jungen ›Ästheten‹ aus Oxford das ideale Medium seiner Selbstdarstellung. Sie war zugleich seine Form der Selbstverwirklichung in einer als ästhetisches Phantom erlogenen Wirklichkeit. Die anfängliche Wohngemeinschaft mit seinem Freunde Frank Miles, dem Erfolgsmaler eleganter Damen, war gewiß auch ein Zweckverband zur Erleichterung und Erweiterung gesellschaftlicher Kontakte, und diese dienten wiederum vor allem den ersten Übungen in der Kunst, von sich reden zu machen. Er schreckte, bis an die Grenze des Aufdringlichen, auch vor gröberen Mitteln nicht zurück, Bekanntschaften zu suchen, wenn sie ihm nützlich erschienen: vor platter Lobhudelei, dreister Anbiederung, doch erträglich gemacht durch eine Eloquenz, die, zugleich sprudelnd und pointiert, eine Gesellschaft, die mehr Witz als Geist besaß und wünschte, bis zur Faszination amüsant fand. Doch da die Gesellschaftsschicht, auf der er sich zu bewegen und darzustellen wünschte, allzu genau wußte, daß er nicht ›dazu‹ gehörte, haftete seinem Vortrag und Auftreten immer das gesellschaftlich und psychologisch Zwielichtige eines *entertainer* an, eines aufgeblasenen Redekünstlers. So erschien er nicht nur dem Flegel, sondern auch dem Wohlerzogenen der Gesellschaft, den Wildes Liebenswürdigkeit nicht beeindrucken konnte.

Den erklärten Absichten seines Auftretens wurde durch ein zweites ungewöhnliches Talent Nachdruck verliehen: sich auffällig zu kleiden. Über die Anzüge, Krawatten, Knopflochblumen Wildes in seinen ersten Londoner Jahren ist so oft und dasselbe Törichte geschrieben worden, daß man das als bekannt auf sich beruhen lassen könnte. Doch einen besonders zählebigen Irrtum sollte man berichtigen.

Die Wörter *dandy, snob, flâneur* werden in der Wilde-Literatur ohne Rücksicht auf die Begriffe, die sie bestimmen, in Verwirrung der Begriffe und zur Verkehrung ihrer Inhalte gebraucht. Wilde selbst verwechselt sie – und das hat seine guten Gründe – noch in dem berühmten Passus seines großen Briefes aus dem Zuchthaus an Alfred Douglas: *Ich amüsierte mich damit, als flâneur aufzutreten, als Dandy, als Modeheld (a man of fashion).*

Bereits Baudelaire hat den *dandy* scharf vom *man of fashion* geschieden. Der Modeheld ist das Gegenteil des *dandy.* Eleganz der Kleidung und Gebrauchsgegenstände sind für den *dandy* nur gesellschaftliche Ausdrucksmittel seiner geistigen Unabhängigkeit und Überlegenheit. Oft auch gezielte Mittel der Distanz. Seine Eleganz beruht auf dem Prinzip der Unauffälligkeit und Einfachheit. Oscar Wildes Ästhetenkostüm wäre jedem *dandy* ein Greuel gewesen. Auch in der späteren Zeit, in der er auf gesetzteres Aussehen Wert legte, war er immer nach der ›letzten Mode‹ gekleidet. Das widerspricht dem Prinzip der Eleganz. Sie verachtet Mode, denn diese schließt den Kult des Unnachahmlichen, des Einmaligen aus.

Der *dandy* verfügt über Geld, das er nicht erwerben muß. Denn seine Liebhabereien und Leidenschaften dürfen keine nützliche Tätigkeit sein. Luxus ist für ihn auch nur ein Ausdrucksmittel seiner Freiheit, zu tun und zu lassen, was ihm beliebt. Der *dandy* ist ein Produkt außergewöhnlicher Selbstzucht. Baudelaire hat diese moralische (stoische) Seite des *dandysme* betont. Diese Zucht treibt den *dandy* auch zu gefährlichen Sportarten, die als ›Spiel‹ die Komponenten des Zweckfreien und der Disziplin ideal vereinen.

Man sieht, daß Oscar Wilde in keiner Phase seines Lebens die materiellen und intellektuellen Qualitäten eines *dandy* besaß. Er hatte weder Vermögen, noch gehörte er einer gesellschaftlichen Klasse an, die durch das erbliche Privileg sozialen Vorranges die Unabhängigkeit des *dandy* ermöglichte. Wilde war, da ihm Luxus nicht selbstverständlich war, nicht elegant, sondern ein Stutzer, eine Karikatur des Eleganten. Die spezifische Zucht des *dandy* war ihm vollends fremd. Er war weichlich, sinnlich, menschlich. Er war, mit einem Wort, der reichlich vulgäre Mime des *dandy*. Diesen Zustand und Typus bezeichnet man mit *snob*. Ein *snob* täuscht, mit unentwegter Anstrengung, welche die Absicht dieser Anstrengung: dandystische Mühelosigkeit, unglaubwürdig und lächerlich macht, die Qualitäten des *dandy* vor, deren Voraussetzungen er niemals erfüllen kann.

Dieser gemimte *dandysme*, der Snobismus Wildes, stellte eine paradoxe Herausforderung an die von ihm zugleich umworbene und gereizte Gesellschaft dar.

Snobishness ist ein sozialer Spleen, ein krankhafter Respekt vor den Oberklassen, den Wilde teilte, indem er sich zugleich an dieser Schwäche dadurch rächte, daß er sein Gesellschaftsidol so respektlos als denkbar in der Konversation, in der Korrespondenz mit Vertrauten, später auf der Bühne behandelte. Gewiß, er milderte diese Respektsaufkündigung durch Witz, aber verschärfte sie auch durch das Augenzwinkern angemaßter Dazugehörigkeit. Sein Snobismus konnte die schmeichelhafte Aufmerksamkeit der Einflußreichen und Bedeutenden nicht entbehren. Er gefiel sich in der eitlen Vorstellung, das verwöhnte und bewunderte *enfant terrible* dieser Kreise zu sein. Man weiß heute, daß er, allen von ihm begünstigten Legenden zum Trotz, keineswegs in den Häusern seiner zahlreichen adligen Adressaten verkehrte, die er als Herausgeber von *The Woman's World* um Beiträge bat. Oscar Wilde als *lion among Duchesses* ist eine Erfindung, die Wildes selber würdig wäre. Aber sie kann sich auf nichts stützen.

Man sollte unterscheiden zwischen Wildes Verhältnis zur Aristokratie, der Klasse, die regiert und repräsentiert, und der Bourgeoisie, die Handel und Gewerbe treibt. Die Bourgeoisie als Institution nützlicher Beschäftigungen und öffentlicher Moral verachtete er. Der traditionelle Spott des Künstlers über den ›Philister‹ war gewiß dabei im Spiele. Doch vor allem sein Snobismus. Als *snob,* der den *dandy* posierte, pflegte er seine ›aristokratische‹ Gleichgültigkeit gegenüber den neuen Zeitmächten, den industriellen und wissenschaftlichen Erfindungen, dem ›Fortschritt‹, den die Bourgeoisie ohne Rücksicht auf die Verhäßlichung *(ugliness)* der Welt und der Sitten vorwärtstrieb. Als *snob* griff er die moralische Verfassung der englischen Bourgeoisie an, ihre unduldsame geistige Mediokrität. Gegen sie – die entsprechend reagierte – errichtete er die gezierte und ›morbide‹ Kunstwelt seines Romans *The Picture of Dorian Gray.*

So reizte Oscar Wilde die Gesellschaft in einem doppelten Sinne: als Künstler mit der Forderung eines ›neuen Hedonismus‹ erlesener und wunderbarer Sinnlichkeit, als *snob,* der die bürgerlichen Tugenden als ordinär und langweilig verspottete. Diese in seiner Lebenskünstlerschaft vereinte Polemik gegen die Gesellschaft mußte sie ungemein provozieren. Sie setzte sich – durchaus folgerichtig – mit den wahrlich furchtbaren Instanzen ihrer verlachten öffentlichen Moral zur Wehr: mit ihrem Journalismus, der öffentlichen Meinung, schließlich mit ihrer Justiz.

Die Geschichte dieser langjährigen Auseinandersetzung ist oft genug und jedem leicht erreichbar beschrieben worden. Ihre einzelnen Stationen kann man heute gleichsam als Augenzeuge aufsuchen: als Leser der Briefe Oscar Wildes. Sie liegen in einer Sammlung vor, deren gelehrte Erläuterungen den zahlreichen Wilde-Biographien den Rang ablaufen. Wir können ihn begleiten bei seinen unermüdlichen Bemühungen, Leute von Einfluß, Größen des Theaters, der Literatur und des öffentlichen Lebens für seine Zwecke – und er kennt nur e i n e n Zweck: Oscar Wilde – zu gewinnen. Ob er dem Historiker Oscar Browning aus Cambridge, dem Lehrer von Curzon, Balfour, Austen Chamberlain, anbietet, Krawatten in London auszusuchen – um ihn dann zu bitten, ihn beim Herzog von Richmond für einen Posten im Erziehungsministerium zu empfehlen –, ob er sich in eine romantische Affäre mit der gefeiertsten *beauté* dieser Tage, Lily Langtry, *The New Helen,* hineindichtet.

Im Jahre 1881 veröffentlicht Oscar Wilde auf eigene Kosten seine Gedichte *Poems.* Auch diese Aktion kann den Charakter einer öffentlichen Selbstempfehlung nicht verleugnen. So steigerte sie seine berüchtigte Popularität, die er als Propagandist der ›Englischen Renaissance‹ genoß. Als Lyriker mußte er sich einen *verwässerten Swinburne* nennen lassen, der Rossetti und Elisabeth Browning imitierte.

Diese Belehrung konnte seine Betriebsamkeit und Wirksamkeit nicht beeinträchtigen. Karikaturen und Satiren schmeichelten ihm nicht nur, sie bestätigten auch die Richtigkeit seiner Gesellschaftstaktik. In der Erfolgsoperette *Patience* von Gilbert und Sullivan als ›Ästhet‹ verspottet zu werden, der mit einer *Sonnenblume oder Lilie* in der *mittelalterlichen Hand* durch eine krude und gemeine Welt wandelt, hat ihn gewiß befriedigt und nicht erschrecken oder warnen können. Er war nicht unempfindlich gegen geschmacklose Angriffe, wie er sie auf seiner einjährigen Amerikatournee ertragen und abwehren mußte. Doch diese Vortragsreise, die er 1881 Ende Dezember antrat, in ihrer kuriosen Mischung von Geschäft, Reklame für die amerikanische Aufführung von *Patience,* pittoresker Ideenwerbung und Anknüpfung neuer Geschäftsverbindungen, brachte ihm, vor allem, Geld. Geld, das er wieder in das Kunstwerk ›Oscar Wilde‹ investierte.

Er reiste, nach London zurückgekehrt, nach Paris, um sich in drei Monaten bekannt zu machen mit Verlaine, Mallarmé, Zola, Edmond de Goncourt, mit Victor Hugo, Alphonse Daudet und Degas. Die Periode der präraffelitischen Schönheitsseligkeit und der Kunstmoral Ruskins lag hinter ihm. Er hatte die Wirkungsmöglichkeiten dieser Bewegung für seine Person völlig ausgeschöpft, er fühlte den modischen Marktwert, den seine Werbung für ihre Künstler und Werke ihm eingebracht hatte, ebenso schwinden wie den Antrieb, Gedichte im Stile der *Poems* zu schreiben.

In solchen Lagen helfen sich Naturen, die in ›punktuellen Ekstasen‹ leben und immer auf Neuinszenierungen ihrer inneren Unveränderlichkeit angewiesen sind, durch die Behauptung einer Lebenszäsur. Eine Lebensphase ist beendet. Oscar Wilde rechtfertigte seine sensible Willensschwäche in einer Philosophie der *intensity.* Intensität ist immer die vorgetäuschte Kraft dessen, der keine Stärke hat. Er holte sich Argumente seiner neuen Philosophie dort, wo er sich einen neuen Marktwert seiner Person durch sie versprechen konnte: bei der französischen *décadence.* Die Schönheit des Bösen, der *spleen* des Lasters erscheinen ihm als ergiebige Motive. Es ist kein Zufall, wenn er an seinem wohl schon in Oxford begonnenen langen Gedicht *The Sphinx* in Paris wieder gearbeitet hat.

Der Wandel als Modewechsel muß ins Auge fallen. Sonst hat er seinen Zweck verfehlt, Aufmerksamkeit zu erregen. Oscar Wilde veränderte seinen Kopf durch eine verblüffende Haartracht: *Aber die Gesellschaft will verblüfft sein, und meine Nero-Coiffure hat sie verblüfft. Niemand erkennt mich wieder, und alle sagen, ich sähe jung aus: das hört man natürlich gern.*

Niemand erkennt mich wieder: Er ist sich selbst und der Gesellschaft neu, und die Triumphformel *alle sagen* bezeugt die gewünschte Musik in seinen Ohren.

Oscar Wilde ist, am Beginn einer ›neuen Epoche‹, zwar kein Weltmann, aber eine mondäne Erscheinung. Doch davon kann ein Mann ohne Vermögen nicht leben. Oscar Wilde mußte sich mit den Realitäten einrichten, mit der Gesellschaft arrangieren. Sein Äußeres blieb auffällig, aber er nahm ihm das Anstößige. Ja, er konnte es bestimmten Zwecken anpassen und soigniert erscheinen. Doch auch diese gewählte Sorgfalt des Anzugs war allzu poliert und genüßlich, wenn er Vortragseinladungen folgte und die englischen Städte durch seine Vorlesungen über schönes Wohnen und zweckmäßige Stilkleidung *zivilisierte*. Mit Herablassung sprach er von dieser *Mission*. Aber sie brachte Geld.

Was ging in ihm vor? Waren seine Berechnungen falsch? Seine *Poems* hatten ihre Schuldigkeit getan. Aber hatte ihr reserviertes und ironisches Echo nicht doch einen geheimeren Ehrgeiz getroffen und verletzt? Die Gesellschaft, seine *Belle Dame sans merci,* billigte ihm zu, interessant, nicht aber ein Poet zu sein. Wovon sollte er leben? Geordnete Tätigkeit lag ihm nicht nur nicht, sie stand auch der neuen Pose nicht, der er nur durch gewagte Unternehmungen, nicht durch den Anblick paradoxen Berufsfleißes die nötige Bewunderung sichern konnte.

Er heiratete. Jeder erdenkliche psychologische Stumpfsinn und Scharfsinn hat sich zu diesem Ereignis und dem Komplex der erkennbaren und unerkennbaren Anlässe geäußert. Man mag in den Chor der Vermutungen nicht einstimmen, wenn man nicht meint, ihn zum Schweigen bringen zu können. Zweierlei erscheint jedoch sicher. Die Heirat der siebenundzwanzigjährigen Constance Mary Lloyd aus Dublin hat Oscar Wilde ebensowenig beeindruckt oder auch nur in der Phase einer unbekümmerten Verliebtheit verändert, wie man an der Freundlichkeit und Wärme seiner Gefühle Zweifel hegen sollte. Das unvermischte Nebeneinander von Sympathie und Kälte, von Spontaneität und Kalkül ist keine verruchte Spezialität einer durch abnorme Veranlagungen beschädigten Seele. Spaltungen der Person zählen zum Beobachtungs- und Erfahrungsbefund eines jeden, der die Bestandteile einer Psyche nicht durch die Brille eines moralischen Postulats sehen und dadurch die Identität der Person herstellen muß. Daß Künstler in hohem Maße unverbindliche Baumaterialien ihrer Gefühlsentscheidungen zu koordinieren oder auch in ihrer dislocierten Lagerung zu belassen haben, ist bekannt. Oscar Wilde löste dieses Problem wie alle seine Probleme: Er ordnete alles, so auch menschliche Begegnungen und Bindungen, den Bedürfnissen und Zwecken seiner Selbstorganisation unter. Das ist für ihn ein natürlicher Vorgang. Man kann ihn, wie das biographische Psychologie anläßlich der Heirat Wildes getan hat, keineswegs einen Akt unentschuldbarer Herzlosigkeit nennen. Denn im System des schöpferischen Egoismus sind auch selbstlose Handlungen der Zuneigung noch Ausdruck der Selbstliebe, des *sacro egoismo* des Künstlers. Der Moralist kann hier von einem Bann sprechen, der die freie Beweglichkeit und Empfindlichkeit des Gewissens lähmt. Diesen Bann kann nur die Leidenschaft brechen oder das Leiden – aber beides kann ihn nicht aufheben. Das ist nicht Sache menschlicher Anstrengung und Willigkeit.

Oscar Wilde hatte keine Schwierigkeit, seine Heirat dem Bilde, das er der Öffentlichkeit zu bieten wünschte, einzufügen. Die bürgerliche Reputation der Gründung eines Hausstandes konnte seinen beruflichen Bemühungen nur nützen. Die Zeitschrift *World* sprach von *Oscar und der Dame, die er zur châtelaine des Schönen Hauses erkoren hat.* So sah man es richtig, so wünschte es Wilde. Er selbst sah die *châtelaine* seines Hauses *Beautiful* in Chelsea ebenfalls, wie er es wünschte. Daß die Natur die Kunst und nicht die Kunst die Natur nachahme, war eines seiner Lieblingsparadoxe. So war für ihn Constance Lloyd eine vollkommene präraffaelitische Kunstfigur, in die er sich verliebte und die er seinen Freunden schilderte: ... *eine ernste, schlanke, veilchenäugige kleine Artemis mit schweren Flechten dichten braunen Haars, unter dem ein blumengleiches Köpfchen sich wie eine Blüte neigt, und mit wunderbaren Elfenbeinhänden, die dem Piano so süße Musik entlocken, daß die Vögel zu singen aufhören, um ihr zu lauschen.*

Die Briefe, die Constance Lloyd in ihrer Verlobungszeit und von der Hochzeitsreise schrieb, haben den Charme des Frischen, einer mädchenhaften Lebensneugier. Constance enthielt Elemente des Kindlichen, die Wilde, den zärtlichen Bewunderer des Kindes, stark angezogen haben müssen. Constance war durchaus nicht beschränkt, gewiß nicht prüde. Sie hatte sogar kapriziöse Züge, und sie war gelehrig und eigensinnig genug, um neben ihrem ungewöhnlichen Mann nicht als ›Weibchen‹ zu vegetieren, das sich mit der Zeit in das Hausgespenst mürrischer Selbstzufriedenheit verwandelt. Daß sie nicht seine Vertraute, seine ›Frau‹ werden konnte, lag im Gesetz ihrer Naturen, die sich nur um den Preis des Irrtums aneinander binden konnten. Oscar Wilde war zum ›Ehemann‹ völlig untauglich – auch zur Ehe gehört Genie, sittliches Genie –, und von dem Eheleben, wie er später bekannte, war er *zu Tode gelangweilt.* Dennoch war im Wesen dieser jungen Frau etwas, das die noblen Bedürfnisse seines Charakters befriedigte: verläßliche Achtung zu erweisen, Takt zu üben, Schutz zu gewähren, soweit und solange das seine ruinösen Passionen erlaubten. Sie verschloß sich, auch als ihre Angst vor den Meuten der öffentlichen Meinung und dem gefangenen ›Monstrum‹ Oscar ihr bescheidenes Verständnis versteinerte, ohne Haß vor dem Manne, der sie immer wieder enttäuschen mußte. *Ich hasse ihn nicht, aber ich gestehe, daß ich ihn fürchte,* schrieb sie einen Monat vor ihrem Tode. Sie starb im Alter von vierzig Jahren am 7. April 1898 in Genua. Die Telegramme und Briefe, die Oscar Wilde absandte, als er diese Nachricht erhielt, stehen in rätselhaftem, aber nicht unbegreiflichem Widerspruch zum Bericht seines Freundes Robert Ross: *Oscar ging es natürlich nicht besonders nahe. Entsetzlich ist für ihn nur, daß seine Rente hiermit aufhört... Er ist bei bester Laune und trinkt nicht allzuviel.*

Constance war die Mutter zweier Knaben, Cyril und Vyvyan, die Oscar Wilde in einer tieferen, sehr diskreten Schicht seines Wesens liebte. Das Kind, das Kindliche, wo es sich auch immer in der Natur versinnbildlichte, war ihm eine Welt für sich. Sie entzückte ihn nicht nur als Zauber des ›Kleinen‹, des Blumen- und Vogelhaften, des Leichten, Bunten und Unmittelbaren, sondern sie konnte ihn auch als Offenbarung des Arglosen und Schutzlosen v e r w a n d e l n. Er war, alle Zeugnisse sprechen dafür, verwandelt, wenn er mit Kindern sprach oder spielte. Wer seine Schilderung des Kinderfestes gelesen hat, das er, kaum aus dem Zuchthaus entlassen, in Berneval-sur-Mer zu Ehren des Krönungsjubiläums der Queen Victoria gab, wird mit einem natürlichen Geheimnis seiner Verletzlichkeit vertraut, das dieser hemmungslose Plauderer niemals ausplaudern konnte. Die Trennung von seinen Kindern, die moralisch argumentierende Quälerei ihrer Begründung hat etwas in ihm zerbrochen, das man nicht hätte antasten dürfen, wenn man ihn leben lassen wollte: den Glauben an die Neigung eines Kindes. Gewiß, Oscar Wildes Geständnisse waren wahr und unwahr zugleich. Sie lagen wie falsche Karten mit echten Karten vermischt durcheinander, und wer auf eine von ihnen setzte, zog immer den kürzeren. Doch wer wagte ein solches Geständnis unwahr zu nennen:... *ich muß mein verstümmeltes Leben nach eigener Façon neu schaffen. Hätte Constance mir erlaubt, meine Kinder zu sehen, so wäre mein Leben wohl anders verlaufen. Aber das tat sie nicht. Nicht daß ich sie ihres Verhaltens wegen im geringsten tadeln wollte, aber jedes Verhalten hat seine Konsequenzen.*

Seine reinsten künstlerischen Gebilde sind gleichsam im Sprechen mit seinen Kindern entstanden: Er erzählte ihnen Geschichten und

Märchen, und in diesen Jahren schreibt er seine Kunstmärchen nieder. Die literarische Dürftigkeit dieser Märchen zu beklagen, mag manches darin Anlaß bieten. Aber erwartet man von dem *homme blasé* der Londoner Gesellschaft, der ein gefragter und auch gefürchteter Kritiker geworden ist, Beschäftigung mit redenden Vögeln und Gräsern, mit verdrießlichen Riesen und hochmütigen Feuerwerksraketen? Literarische Spekulationen, Abwehr der ›Moderne‹, Gefälligkeitserwägungen, die er als einfallsreicher Herausgeber von *The Woman's World* anstellte, und anderes mehr mochten ihn sich in der Rolle des Märchenschreibers gefallen lassen. Aber der Leser spürt, wie wohl sich Wilde beim Verfertigen solcher Phantasiestücke fühlte. Die erste Sammlung *The Happy Prince and Other Tales (Der glückliche Prinz und andere Märchen)*, die 1888 erschien, enthielt eine so hintersinnige Geschichte wie *Die vornehme Rakete (The Remarkable Rocket):* das *Humpty-Dumpty*-Schicksal der englischen Kinderreimfigur, mit der ihn Constance nach seinem Sturze bitter verglich.

Die vornehme Rakete, ihr Hochmut vor dem Fall, liest sich wie eine allegorisierte Geschichte Oscar Wildes. Man meint sein märchenhaftes Selbstporträt zu betrachten, über das er sich mit melancholischer Ironie belustigt: *Die vornehme Rakete* erklärt allen ›vulgären‹ Raketen, der *Römischen Kerze*, dem *Schwärmer*, dem *Bengalischen Licht*, daß sie die Sensation des Festes und des Feuerwerkes sei. Der Prinz und der Hofstaat haben die einzigartige Ehre, ihrer Explosion beizuwohnen. *Prinzen haben eben immer Glück.* Das arme *Bengalische Licht*, das sie philologisch belehren will, daß es *pyrotechnisch* und nicht *polytechnisch* heißt, wird souverän erniedrigt und zum Schweigen gebracht: *Ich aber sage polytechnisch.* Und alles hält den Atem an. Der vorlaute *Schwärmer*, der lacht, weil er glücklich ist, wird belehrt: *Welches Recht haben Sie, glücklich zu sein? Sie sollten an andere denken, Sie sollten in der Tat an mich denken. Ich denke immer an mich, und ich erwarte, daß jeder das gleiche tut. Das nennt man Sympathie. Die einzige Sache, die einen im Leben aufrechterhält, ist das Bewußtsein der ungeheuren Inferiorität aller andern, und das ist ein Gefühl, das ich immer kultiviert habe.*

Und die ganze banale Raketenverwandtschaft geht mit Pracht und Prunk in die Luft, nur die *vornehme Rakete* nicht, die mit affektierten Tränen ihr Pulver genäßt hat. Sie fühlt sich natürlich für etwas ganz Besonderes, *a grand occasion*, aufgehoben. Doch die Arbeiter werfen sie am anderen Morgen über die Mauer in den Schlamm. *Bad rocket, schlechte Rakete*, sagen die Arbeiter. Sprachfehler der arbeitenden Klasse natürlich. *Grand rocket, großartige Rakete*, wollten die Arbeiter sagen. Aber *bad* und *grand* klingen ja sehr ähnlich *und bedeuten auch oft dasselbe. Und damit fiel sie in den Schlamm.*

Ihre Unterhaltung mit dem hochnäsigen Frosch ist wie eine Parodie der Gespräche Oscar Wildes mit seinem Freundfeinde, dem Maler James Abbott McNeill Whistler. Die ehrbare Ente muß sich sagen lassen, daß *Handarbeit nur die Zuflucht von Leuten ist, die nichts anderes zu tun haben.* Ihr menschenfreundliches Angebot an die Rakete, bei den Tieren des Teiches zu wohnen, weist diese mit dem entrüsteten Schrei einer *Fremden von Distinktion* zurück: *Es gibt hier weder Gesellschaft noch Einsamkeit.* Aristokraten lieben die Schauplätze der Komödie, des Hofs, oder des Hirtengedichts, der Wildnis. Alles andere riecht nach Vorstadt. Sie will an den Hof zurück, denn sie ist dazu bestimmt, sensationelles Aufsehen in der Welt zu erregen. *I am made for public life – ich bin für die Öffentlichkeit gemacht,* sagt die Rakete. Wo Raketen erscheinen, erregen sie *größte Aufmerksamkeit.*

Das Ende der Geschichte: Zwei Bauernbuben suchen Holz für ihren Wasserkessel. Sie halten das erlesene pyrotechnische Artefakt, den Star der höfischen Lustbarkeit, dem *zu Ehren der Prinz und die Prinzessin geheiratet haben,* für einen Stock! Vom königlichen Park in den Dorfteich, vom Schlamm ins Kesselfeuer, welch Werdegang des Genies! *Was für ein Erfolg ich bin!* ruft sie und steigt in die Luft. Aber niemand sah sie, denn die Buben waren eingeschlafen. *Ich explodiere,* verkündet sie, *und ich werde die ganze Welt in Brand setzen und ein solches Getöse machen, daß die Welt ein Jahr lang über nichts anderes spricht.* Ja, Krach! macht das Pulver, aber niemand hat es gehört, auch nicht die zwei neben dem Kessel in ihrem gesunden Armenschlaf. *I knew I should create a great sensation – ich wußte, ich würde ein überwältigendes Ereignis sein,* keucht sie und verlischt. Sie war einer Gans auf den Rücken gefallen. Sie hat eine Gans zum Staunen gebracht: *Großer Gott, es beginnt Stöcke zu regnen!* –

Oscar Wilde als *The Remarkable Rocket* der Londoner Gesellschaft begann in der Zeit, in der er dieses melancholisch-mokante Märchen niederschrieb, seinen steilen literarischen Aufstieg. Dieser Aufstieg hatte in der Tat etwas von raketenhafter Energie und prasselnder Prachtentfaltung. Seit 1888 nimmt sein literarischer Ruhm in dem Maße zu, in dem er sich um sein gesellschaftliches In-aller-Munde-Sein nicht mehr zu kümmern brauchte. Er hat in einem Jahr – 1887 – vier Erzählungen publiziert, darunter die sehr amüsante Gruselgeschichte von einem melodramatischen Gespenst, das zuweilen als romantischer Dandy posiert, und dem Erlösungswerk des Kindes Virginia in *The Canterville Ghost (Das Gespenst von Canterville).* Eine Figur wie Lady Alroy *with a mania for mystery,* einer Mystifikationsmanie, in *The Sphinx Without a Secret (Die Sphinx ohne Geheimnis)* war ideal auf die Interessen einer Gesellschaft zugeschnitten, deren Lebenselixier verfeinerter Klatsch und delikate Gerüchte sind. Wilde war der literarische *couturier* der Londoner Gesellschaft – keineswegs zufällig Herausgeber von *The Woman's World* –, ein Kenner des weiblichen seelischen Schicks. Diese mondäne Modeschneiderei Wildes, diese Gebrauchsliteratur für den Tag und die Stunde, zeigt den Unterschied seines Schreibens von der Literatur im üblichen Sinne. Man handelt die Prosa Wildes unter ihrem Wert, wenn man ihre besonderen Funktionen übersieht. Sie ist notierte Plauderei. Im Druck wirkt sie wie eine Partitur. Das gilt ebenso für seine großen kritischen Essays, die mit guten Gründen den Dialog einführen, wie für seine Bühnenstücke.

1888 brachte die Märchensammlung *The Happy Prince*, 1899 war das Jahr der großen Essays, die nicht aufhörten, bis auf den heutigen Tag, eine erstaunliche Wirkung auszuüben. Gewiß ist die Wildesche ›Erfindung‹ dieser Essays – ihr rücksichtsloser Subjektivismus, der sich in einer Kettenexplosion rücksichtsloser Paradoxe entlädt – längst im westlichen Feuilletonjournalismus allzusehr imitiert und verbraucht worden, um noch originell zu wirken. Doch man unterschätzt und verkennt auch die Absichten und Verfahrensweisen der kritischen Essays Wildes, wenn man sie nicht immer wieder auf den zentralen Punkt ihrer Entstehung bezieht, die Lebens- und Kunstmaxime Oscar Wildes: nur von sich zu sprechen. Die Weise, in der er dies zu tun wünscht, hat er immer wieder betont: *It is only the superficial qualities that last – nur Oberflächlichkeit kann Anspruch auf dauernde Wirkung erheben.*

Man betrachte nur die Titel und Untertitel seines berühmtesten Essays: *The Critic as Artist (Der Kritiker als Künstler).* Man sollte, wie das in der jüngsten Neuausgabe der kritischen Schriften Wildes geschehen ist, die Positionen der Begriffe vertauschen: *The Artist as Critic (Der Künstler als Kritiker).* Denn das Künstler-Ich bemächtigt sich aller Medien nach Belieben und so auch der literarischen Gattungen. Es unterwirft sich nicht ihren Gesetzen, es setzt sie, für den selbstherrlichen Augenblick ihres Gebrauchs, außer Kurs. *Play* und *pleasure, Spiel* und *Vergnügen* (Genuß), sind die Wappenwörter Wildes. So wird der Obertitel des ersten Titels von *The Critic as Artist: The True Function and Value of Criticism (Der wahre Sinn und Wert der Kritik)* durch den Untertitel ironisiert: *With Some Remarks on the Importance of Doing Nothing (Mit einigen Bemerkungen über die Wichtigkeit des Nichtstuns).* In der zweiten Fassung setzte Wilde einen zweiten Untertitel hinzu: *With Some Remarks upon the Importance of Discussing Everything (Mit einigen Bemerkungen über die Wichtigkeit, alles zu erörtern).*

Importance (Bedeutung, Wichtigkeit), Ausdruck Ernst erheischenden Respekts vor allgemeingültigen Werten, ist ein Lieblings- und Schlüsselwort Wildes in seinen Titeln, das seinen Darbietungen prinzipielle ›Bedeutungslosigkeit‹ sichern soll. Eine ›Bedeutungslosigkeit‹, die das Übergewicht banaler oder pathetischen Ernstes, der alle Beschäftigungen und Gesinnungen beschwert, ironisch beseitigen soll. Solange eine Sache *importance* besitzt, ist für Wilde die Perspektive des Betrachters falsch. ›Wichtigkeit‹ einer Sache ist für ihn der Beweis einer unrichtigen und unangemessenen Einstellung zu ihr. Ernest und Gilbert diskutieren in *The Critic as Artist* Walter Pater und Leonardos Mona Lisa, die Tannhäuser-Ouvertüre, Ravenna und Venedig nicht anders, als sie die Ortolane und den Chambertin ihres Abendessens ›diskutieren‹ *(After we have discussed some Chambertin and a few ortolans. . .).* Dadurch wird die Rangordnung der ›Wichtigkeit‹ der diskutierten Gegenstände aufgehoben und ein ästhetischer Absolutismus des souveränen Subjekts verkündet, der jedem der von ihm regierten Dinge, sei es ein wohlzubereiteter Ortolan, sei es die Mona Lisa, ›Wichtigkeit‹ nach höchstem Belieben des künstlerischen Gottesgnadentums verleihen kann.

Das erscheint maßlos arrogant. Aber die ironische Übertreibung der Behauptungen Wildes läßt uns erst ihre Methode und Tragweite erkennen: Allein *intensity,* das heißt die geniale Lebendigkeit des hervorragenden Individuums, kann zum Wesen einer Sache, was immer sie auch sei, vordringen. Sie ist die unerlernbare Voraussetzung für jede Aussage von Belang *(importance).* Sie ist daher auch oberstes Prinzip des Kritikers, der ein ›Künstler‹ sein muß, wenn seine Kritik etwas bedeuten will. Nur durch die Intensivierung seiner Persönlichkeit kann der Kritiker andere Individuen und ihre Werke verstehen und auslegen, ohne in den Niederungen eines nichtssagenden Historismus gelehrte Floskeln zusammenzuhäufen. Je mehr der Kritiker seine Persönlichkeit kultiviert und intensiviert, desto realer wird seine Interpretation des betrachteten Objekts, desto befriedigender, überzeugender und wahrer wird sie *(it is only by intensifying his own personality that the critic can interpret the personality and works of others, and the more strongly this personality enters into interpretation, the more real the interpretation becomes, the more satisfying, the more convincing, and the more true).*

Das ist nicht weniger als ein Vorschlag zur Lösung des Historismus-Problems in der Kunstkritik, der sich hören lassen kann. Darüber hinaus gestattet ihm dieses Intensitätsprinzip ein brillantes Plädoyer für den konsequenten Subjektivismus der interpretierenden Künste, des Pianisten, des Schauspielers. Das Paradox, daß die persönlichste Behandlung eines Kunstwerks seine Absichten am reinsten erfülle, daß die völlig personalisierte Sicht auf eine Sache die ergiebigste unter allen möglichen sein kann, wirft ein Licht auf Wildes Theorie des Paradoxen, deren Logik er witzig zu verheimlichen verstand.

Die Thesen eines anderen dialogischen Essays, *The Decay of Lying (Der Verfall des Lügens)*, der 1889 erschien, sind nicht minder atemberaubend. Wie der Kritiker als Künstler den pedantischen Historismus *ad absurdum* führt, so fertigt er den modischen Naturalismus und Psychologismus eines Zola und Bourget ab mit ihrer phantasielosen Verehrung des Häßlichen und Banalen. Vivian, der Verfasser eines Essays *The Decay of Lying: A Protest,* liest daraus seinem zigarettenrauchenden Freunde Cyril vor und überzeugt ihn mit unerschöpflichen Argumenten, daß der literarische Realismus eine Kunst sei, die das Lügen verlernt habe, daß Lügen nicht nur eine Kunst sei, sondern daß alle wahre Kunst Lüge sei und mit der Lüge aus ein und derselben Wurzel schöpferischer Imagination emporblühe. Der Realismus verderbe die Kunst dadurch, daß er die geordneten Verhältnisse von Kunst und Wirklichkeit verkehre: denn die Kunst habe nicht die Wirklichkeit zu kopieren, sondern die Wirklichkeit die Kunst. Daß Lebensläufe Romanfiguren imitieren, könne man wohl nicht leugnen. Es habe das Werther-Fieber gegeben, und in Mode seien die mit ihren Liebhabern durchbrennenden Leserinnen von Ehebruchsromanen. Und mit der Bemerkung *Mein lieber Junge, ich bin in der Lage, alles zu beweisen* erklärt er dem verblüfften Cyril, warum die Natur dem Landschaftsmaler folge und ihre berühmten Wirkungen allein ihm verdanke. Daß die Natur in Frankreich jetzt Monets und Pissaros reproduziere wie früher Corots und Daubignys, könne jeder Reisende bestätigen.

Das ist nicht nur geistreicher Unsinn, sondern in dieser Übertreibung – Übertreiben will Wilde als Kunst der Wahrheitsfindung, als hermeneutischen Akt respektiert wissen – steckt der Kern einer erstaunlich richtigen Beobachtung. Das moderne Bewußtsein kann der Natur nicht mehr unmittelbar begegnen. Bildzitate einer ausgeformten Aneignung, eines Gemäldes, eines Gedichts, stellen sich ein – diese moderne Erfahrung ist so alt wie Lottes Ausruf *Klopstock!,* als sie mit Werther das abziehende Gewitter betrachtete.

Der Verfall des Lügens ist nicht nur von einem Witz und einer Gescheitheit, wie wir sie in unserer kritischen Literatur nicht mehr kennen, sondern er enthält mehr als gescheite, außergewöhnlich kluge Bemerkungen über Shakespeare, Balzac, Meredith, die Wilde, der Künstler des ›Oberflächlichen‹, unter der Oberfläche seiner Paradoxe und vergnügten Überspitzungen verbirgt.

Der Wainewright-Essay *Feder, Pinsel und Gift. Eine Studie in Grün (Pen, Pencil and Poison). A Study in Green)*, 1889 zuerst erschienen, 1891 mit dem Zusatz des Untertitels, liest sich in manchen Partien wie die Anwendung der Imitationstheorie Vivians auf Oscar Wilde selbst. Der ebenfalls in diesen Jahren des Produktionsrausches niedergeschriebene Essay *Die Seele des Menschen unter dem Sozialismus (The Soul of Man under Socialism)*, · zuerst 1890 erschienen, treibt das, was man die schreibende Vergnügungssucht Oscar Wildes nennen könnte, auf die Spitze. Ständig wechselt die Einstellung der geistigen Optik. Einmal ist er der Märchenerzähler des Sozialismus, der Kindern von einem herrlichen Lande hinter den Sieben Bergen berichtet, ein andermal ist er der kultivierte ›Einzelne‹, der literarische Feinschmecker, der den Sozialismus als Droge, als *remedium* gegen den blasierten *ennui* empfiehlt. Dann wieder ist er der Philanthrop, der den Sozialismus als perfekte Beseitigung des Privateigentums preist. Und nicht zuletzt posiert er als Revolutionär, der die grausigste Form der gesellschaftlichen Despotie, die Macht der Presse, der manipulierten öffentlichen Meinung, als die bösartigste Knebelung und Mißachtung der Menschenrechte angreift. Alles dies ist er im Interesse eines *individualism*, des erlesensten und natürlichsten aller Menschenrechte; aber er taucht dieses Interesse immer wieder in die Wirbel seiner sprachlichen Vergnügungssucht, die alles und jedes dem Überraschungseffekt, der Pointe, der unwiderstehlichen Lust opfert, die Wörter ihres buchstäblichen Sinnes wie die herrschende Meinung ihrer Geltung zu berauben.

Es lag nahe, daß Oscar Wilde alle in den letzten Jahren aufgenommenen Ideen und gewonnenen Fertigkeiten einer größeren Arbeit zugute kommen lassen wollte. So waren die Märchen und Erzählungen nicht minder als die kritischen Essays nur kleinere Geschwister seines ›Romans‹ oder seiner Erzählung größeren Umfangs: *Das Bildnis des Dorian Gray (The Picture of Dorian Gray)*. Die Dialoge seiner Essays werden hier nur fortgesetzt, seine Märchen und Schauergeschichten nur weitererzählt. Der Roman erschien zuerst 1890 in der Zeitschrift *Lippincott's Monthly Magazine*, dann in Buchform, erweitert und verändert, 1891. Man kann nicht sagen, daß Wilde mit dieser Erzählung einen literarischen Skandal wünschte; aber er fühlte sich doch auf der gewünschten Höhe seiner Popularität, als er, der Mann gepflegten Müßiggangs, an den Herausgeber des *Scots Observer* schrieb: *Zeitungsfehden jeder Art sind mir zuwider, und von zweihundertsechzehn Kritiken des Dorian Gray, die von meinem Schreibtisch in den Papierkorb gewandert sind, bin ich nur auf drei eingegangen.*

Erstaunlich ist freilich die empfindliche Reaktion eines dezidierten ›Immoralisten‹ und Kenners der englischen Gesellschaft auf den Vorwurf der schlechten Moral seines Dorian Gray. Er möchte, daß der Liebhaber seiner Pointen entzückt ist über ein *pronunciamiento* wie *Kein Künstler hat ethische Neigungen (ethical sympathies); hat er solche, so ist das eine unverzeihliche Manieriertheit,* und daß zugleich die aufgeweckte Leserschaft ergriffen bemerkt, daß Dorian Gray *kein gefühlloses, berechnendes, gewissenloses Geschöpf war. Im Gegenteil, er ist äußerst impulsiv, absurd romantisch und wird sein Leben lang von der Stimme seines Gewissens verfolgt, die ihm jede Freude vergällt und ihm mahnend vorhält.* Hier verstößt Wilde naiv gegen seine eigene Maxime: *Alle Kunst ist zugleich Oberfläche und Gleichnis. Wer unter die Oberfläche gräbt, tut es auf eigene Gefahr. Wer das Gleichnis liest, tut es auf eigene Gefahr.*

Die zutreffendste Erklärung der Absichten, die Oscar Wilde mit *The Picture of Dorian Gray* verfolgte, hat er selbst gegeben: ... *Die Ästhetische Bewegung hat gewisse Farben kreiert, die erlesen sind in ihrer Lieblichkeit und berückend in ihrer nahezu mystischen Tönung. Sie waren und sind unsere Erwiderung auf die häßlichen Primärfarben eines zweifellos respektableren, aber gewiß weniger kultivierten Zeitalters. Meine Erzählung ist ein Essay über Dekorationskunst. Sie wendet sich gegen die krude Banalität des nackten Realismus –* hier hören wir wörtlich Vivians Argumente aus *The Decay of Lying.* Oscar Wilde möchte mit seiner Erzählung vom schönen und bösen Dorian und dem Dandy Lord Henry Wotton dem Rinnstein-Realismus des modernen Romans nicht nur eine dichterische ›Lüge‹ im Sinne Vivians entgegensetzen, sondern auch eine Stilübung vorführen. *Dekorationskunst* ist keine Vokabel blasierter Untertreibung, sondern wörtlich zu nehmen. Als gelehriger Leser von Huysmans *A rebours* und Gautiers *Émaux et Camées* verfeinerte er die Mittel dieser *Dekorationskunst.* Er verbarg in dieser Erzählung weder persönliche Sündenbekenntnisse noch Erfahrungen erlauchter Sünden; es ging ihm auch nicht um eine Variation der romantischen Emanzipation des ›Fleisches‹, sondern eben um *Dekoration* als eine Form seines permanenten Protestes gegen die ›Philister‹. Als polemische Stilübung, nicht gewichtiger, sollte man *The Picture of Dorian Gray* auf sich wirken lassen. Von weiteren Übungen dieser Art ließ er ja auch ab. Er hatte anderes zu tun: Komödien zu schreiben.

Die literarische Produktivität Oscar Wildes, die sich in diesen Jahren fast explosiv entlud und in einem Jahr (1891) die Buchfassung seiner Essays unter dem Titel *Intentions,* ein neues Märchenbuch *A House of Pomegranates (Das Granatapfelhaus),* die Neufassung von *The Picture of Dorian Gray* und die Sammlung seiner Erzählungen auf den Markt brachte, eroberte sich jetzt erst das ideale Spielfeld seiner elementaren Begabung: die Gesellschaftskomödie.

Wilde hatte schon, bevor er *Lady Windermere's Fächer (Lady Windermere's Fan. A Play about a good Woman)* niederzuschreiben begann, zwei Dramen geschrieben: *Vera; or The Nihilists (Vera oder die Nihilisten)* und *The Duchess of Padua. A tragedy of the XVI. century (Die Herzogin von Padua)*. Beide Stücke, vergessene Dokumente der unglücklichen Liebe Wildes zur Tragödie, hatten keinen oder keinen nennenswerten Erfolg. Die Gesellschaftskomödien, die nun drei Jahre lang die Londoner Theatersaison beherrschten, brachten ihn, als ob er an einem Zauberring gedreht hätte, in das Paradies der Ehren und Genüsse, das ihm bisher verschlossen geblieben war. Der Chor der Bewunderer und Neider wuchs, seine Ideen von Komfort und Eleganz konnte er realisieren, er konnte Geschenke und Reisen nach seinem Geschmack machen, opulente Essen geben, kostbar eingerichtete Landhäuser von Aristokraten mieten und tun, was ihm beliebte.

Blieb ihm verborgen, daß alle Gegenstände seines Spotts ihm als leichte Beute zufielen, daß die Gesellschaft ihren sprühenden Clown honorierte, doch daß ihm mißlang, was er immer wieder versucht hat, seitdem er seine ersten Gedichte schrieb: ein *Dichter* zu werden? Es ist gewiß kein Zufall, daß er dies in einem letzten Gewaltakt zu erzwingen versuchte, indem er sich einer fremden Sprache, des Französischen, bemächtigte. Den Einakter *Salomé* schrieb er im Winter 1891 in Paris französisch. Er verhielt sich reserviert den sprachlichen Einwänden seiner französischen Freunde gegenüber. Kein Zweifel, daß Wildes Francophilie und die ›französische‹ Mode der Nineties sein Schreiben in der bewunderten Sprache der bewunderten Dichter Balzac und Gautier, Baudelaire und Mallarmé begünstigte. Es war die Zeit der berühmtberüchtigten *Yellow Books* – gelb war die Farbe der französischen Romane, die Anstoß erregten. *Frenchified,* französiert, war in den Nineties alles, was luxuriös, üppig, verfeinert, sinnlich-melancholisch wie Beardsleys Zeichnungen, kurz, so lustvoll ›ungesund‹ *(unhealthy)* und prunkvoll ›dekadent‹ wie *The Picture of Dorian Gray* war.

Dies alles läßt jedoch für den Entschluß Wildes, die biblische Geschichte von Herodes, dem Propheten Johannes und Salome mit ihren berühmten Schrecknissen und Süchten in einer fremden Sprache zu dramatisieren, eine letzte Erklärung offen. Weder die Sprache seiner Verse noch die seiner Prosa, wo sie nicht den Zwecken seiner und seiner Figuren Plauderkünste diente, hatte die zeitgenössische Kritik überzeugen können. Wo er ›ernst‹ wurde, breiteten sich in seiner Sprache die

Fettflecke des Sentimentalen, der Gefühlskopie, der kunstgewerblichen Unaufrichtigkeit aus. Wildes sprachliche Originalität lag gerade darin, daß er die Sprache entlasten konnte von allem lyrischen Schwergewicht, von aller gedanklichen *importance,* daß er in sie hineinblasen konnte wie in gewichtlosen Schaum. Seine Sprache war ja nur dann ganz und gar die unvergleichliche Sprache Wildes, wenn er eine Sprache *of no importance, ohne Bedeutung,* sein schillernd bezauberndes Unsinnsidiom sprach, das sich aller Stilfiguren der Ironie in immer neuerfundener Anordnung bedienen konnte. Wilde hatte seine Sprache gleichsam verhext, sie unbrauchbar gemacht für alle anderen Zwecke als den einer nur anscheinend aus allen Fugen platzenden, doch blendend gezügelten und gelenkten Causerie. So mußte er scheitern – und er mußte spüren, was er nicht zugeben konnte –, sobald er in dieser Sprache den Propheten donnern lassen wollte: *Back, daughter of Sodom: Touch me not (Zurück, Tochter Sodoms: Rühre mich nicht an)* und die brünstige Königstochter drohen und flehen: *I will kiss thy mouth (Deinen Mund will ich küssen).*

Dieses Problem wurde auch nicht gelöst, als er den richtigen Ausweg in die Gesellschaftskomödie suchte. Erst die letzte löst es. Denn die drei ersten Komödien akzeptieren mit einem ›guten Ausgang‹ auch seine sittlichen Normen und Garantien. So wird das Spielfeld der Konflikte und ihrer Lösungen nicht durch den geringsten moralischen Skeptizismus verwirrt oder auch nur kompliziert. Die für Wildes Geschmack banalen Typen der opfernden Mutterliebe, der ehrbaren Verkannten, der zynischen Heuchlerin, der Überheblichen, des Ehrgeizigen, und wie sie alle heißen, stellen das Personal. In der Handlung begegnen wir ebenfalls nur Vergehen und Lastern, Tugenden und guten Taten, die dem Bilderbuch der viktorianischen Moral entnommen sind. Zugleich aber führt er Figuren ein oder läßt Mentalitäten zu Worte kommen, die sich über das System der gesellschaftlichen Verabredungen, in welchem sie handeln, ihr Ansehen gewinnen, halten oder verlieren, lustig machen und nichts für so schäbig oder lästig halten wie das eindeutige Gut und Böse, Schwarz und Weiß der Komödienmoral.

Wilde waren Art und Anlaß der Konflikte, die er in *A Woman of No Importance (Eine Frau ohne Bedeutung)* nicht anders als in *Lady Windermere's Fan* darzustellen hatte, gleichgültig oder eben nur im Interesse des Publikums interessant. Das erzeugte die sprachlichen Brüche, das Reden nicht in zwei verschiedenen Tonarten, sondern auf völlig unterschiedlichen Ebenen: der Sprache des gutverkäuflichen Boulevardstücks und der Sprache des selbstgenügsam in Paradoxen versprühenden Monologs des Mannes, der es *liebt,* das *Sprechen allein zu besorgen,* und nur von sich selber spricht, wenn er zu anderen spricht.

In *The Ideal Husband (Der ideale Gatte)* nimmt ihn das ›Problem‹, der drohende Gesellschaftsskandal in höchster gesellschaftlicher Position, mehr gefangen, und er waltet in der Handlungsführung nicht nur mit mehr Kunstverstand, sondern auch die Sprache seiner seriösen Figuren in ernsten Lagen ist nicht mehr aus dem sprachlichen Ersatzstoff gemacht, aus dem Wilde zuweilen die Rede seiner edlen Heroinen formt.

Noch einmal bricht er, nach dem Erfolg der *Salomé,* die Sarah Bernhardt bereit war zu spielen, in die ›dichterische‹ Sprache aus, zu deren Gebrauch er untauglich war. Er duldete den Versuch der Rückübersetzung der *Salomé* ins Englische, den Alfred Douglas unter seinen Auspizien unternahm. Aubrey Beardsley, mit Wilde die Hauptfigur des sogenannten *revival of Decadence* der neunziger Jahre in England, illustrierte die englische Ausgabe von *Salomé,* die 1894 in London und Boston gedruckt wurde. Im gleichen Jahr erschienen aber nicht nur *The Sphinx* – in Oxford begonnen! –, sondern auch die *Poems in Prose,* die, wie durch unterirdisches Wurzelwerk mit der Oxforder Religiosität Wildes verbunden, in einer Sprache biblischer Einfachheit religiöse Erfahrungen und Einsichten in Parabeln kleiden sollen. Diese sprachlichen Erlösungsversuche Wildes sind nur zu verstehen im Zusammenhang mit den inneren Befreiungsversuchen, die er, immer unbehauster von Wohnung zu Wohnung, von Land zu Land ziehend und reisend, von Alfred Douglas begleitet, verfolgt, gemieden, gesucht, unternommen hat. Diese kleinen Prosastücke mit Titeln anspruchsvoller Einfachheit wie *Der Meister, Der Jünger, Der Lehrer der Weisheit* sollen seiner Sprache – und da die Sprache nie lügt: seinem verlorenen Selbst – die verlorene Unschuld zurückgewinnen, die Sprache der Kindheit und des Gebets. Das mußte mißlingen. Daran änderte auch das Zuchthaus, auch das Exil nichts.

Doch etwas anderes gelang, und zwar im höchsten und rühmlichsten Grade. Alle Kenner stimmen heute darin überein, daß Oscar Wildes letzte Komödie, *The Importance of Being Earnest; A Trivial Comedy for Serious People (Die Bedeutung, Ernst zu sein),* die beste englische Komödie seit Shakespeare ist, und manche geben ihr den Rang der reinsten Gesellschaftskomödie der Weltliteratur. Diese Schätzung verdankt sie nicht ihrem witzigen Handlungsschema, das er verschieben konnte, wie der zahlende Auftraggeber des Stückes, der Schauspieler und Theaterleiter Sir George Alexander, das wünschte. Der Dichter Wystan Hugh Auden nannte das Stück *perhaps the only pure verbal opera in English.* Eine Wort-Oper – das trifft den Nagel auf den Kopf. Die Sprache Wildes ist in diesem

Stück die einzige Person. Die Sprache als Drama einer Person mit verteilten Rollen! Die auftretenden ›Personen‹ sind nur verschiedene Artikulationen dieser Sprache. Person, Aktion, Situation, alles wird der Sprache, ihrem Dialog mit sich selbst und ihrem puren Selbstzweck untergeordnet.

Man hat nicht übel Wildes Handhabung der Sprache, die hier die Behandlung des *plot*, die Zeichnung des Handlungsmusters, souverän bestimmt, mit dem Verfahren eines Ballettmeisters verglichen. Die natürlichen Bewegungen des Körpers, Gehen, Springen, Greifen, Sitzen, werden von ihren natürlichen Absichten und Funktionen getrennt und als Material tänzerischen Ausdrucks zu rein ›dekorativen‹ Zwecken formalisiert. Formalisiert man auf diese Weise die Sprache, so erfindet, improvisiert sie sich selbst in Vorführungen, die das Wortspiel als rhetorische Figur eines überaus beziehungsreichen Nonsens regiert. Der Ausruf John Worthings, mit dem er die Komödie beschließt, daß er zum ersten Male in seinem Leben begriffen habe *the vital Importance of Being Earnest*, spielt zum Titel des Stückes zurück, indem die ganze Tragweite der Irrungen und Wirrungen aus dem Wortspiel der phonetisch assimilierten Wörter *Ernest* (Vorname einer vorgetäuschten Person) und *earnest* (Eigenschaft, deren Wert die vortäuschende Person am Ende des Stücks durchaus unernst beteuert) entwickelt wird.

Die Entstehung des Stückes war mehr als andere den Zufällen der chronischen Geldnot Wildes zu verdanken, war künstlerisch ein Gelegenheitsstreich, den er, wiederum mehr aus Berechnung als aus künstlerischer Erwägung, durch einen anderen verdrängen wollte, den er aber dann auf sich beruhen ließ. Dazu paßt es, daß Wilde diese *Farce,* wie er das Stück selbst nannte (deren *Dialog zwar reinste Komödie ist, der beste, den ich je geschrieben habe),* nicht mehr ernst nimmt: *Man könnte es nicht in ein Repertoire ernster oder klassischer Stücke aufnehmen, es sei denn zum Spaß – einmal –, so wie Irving den Jeremy Diddler spielt, um den Bostonern zu zeigen, wie vielseitig er ist, und wie ein Mann, der den Hamlet gestaltet, es auch mit den besten Possenspielern aufnehmen kann.*

Dieses Possenspiel wurde eine der schönsten Komödien der Weltliteratur, in der alles Gold ist, was glänzt. Oscar Wilde schrieb sie im letzten Akt des Possenspiels seines Londoner Ruhms. Am 3. Januar 1895 wurde mit pompösem Erfolg *The Ideal Husband* im Theatre Royal, Haymarket, aufgeführt, einen Monat später, am 14. Februar, war die Premiere von *The Importance of Being Earnest* im St. James-Theater. Der *Scharlachrote Marquis,* der Vater Alfred Douglas', versuchte, von einem Boxer begleitet, sich

Eintritt in das Theater zu verschaffen, um *zum Publikum zu sprechen*. Am 22. Februar überreichte der Portier des Albemarle Clubs Oscar Wilde eine Karte des Marquess of Queensberry mit der Aufschrift: *To Oscar Wilde, posing as somdomite* (sic!).

Ein Sodomit! Der *Lord of Life*, der *the act of sodomy*, den sodomitischen Akt, an Londoner Strichjungen in Hotelzimmern vollzog. So schilderte es der Zeuge Charlie Parker im Prozeß, der am 3. April begann und am 25. Mai die Lebensposse Oscar Wildes durch eine beklemmende Posse der viktorianischen Justiz und Gesellschaft beendete: Der Richter Wills verlas seine Urteilsbegründung im Vollgefühl zermalmenden Abscheus und warf die öffentliche Haßfigur des feisten Schwätzers und perversen Lüstlings der öffentlichen Meinung zum Fraße vor. Die Justiz schickte ihn zwei Jahre ins Zuchthaus, die Gesellschaft bis zum Tode in ihre grausamere Strafanstalt: Gleichgültigkeit und *unnatürliche Tugend*, die entsetzlicher ist als *fünfzig unnatürliche Laster* und *die Welt für die Leidenden zu einer vorzeitigen Hölle macht*.

Das Ende
Zuchthaus und Exil

Im Juli 1891 hatte Oscar Wilde in ein Exemplar der großformatigen Ausgabe von *Das Bildnis des Dorian Gray* geschrieben: *Alfred Douglas von seinem Freunde, der dieses Buch geschrieben hat. Juli 91. Oscar*. Lord Alfred Bruce Douglas, der dritte Sohn des achten Marquess of Queensberry, 1870 geboren, in Winchester erzogen, Student des Oxforder Magdalen College, eine typische britische ›Schönheit‹, mußte alle Vorstellungen Wildes von einem ›griechischen‹ Engländer, einem Gedichte schreiben-den jungen Aristokraten erfüllen. Körperliche Schönheit – weniger ath-letische als schmalgliedrige – faszinierte Wilde. Er wollte sie auch, wie man weiß, bei den käuflichen Objekten seiner Ausschweifungen, den jungen Kellnern, Hotelboten, den gerissenen Kreaturen des Taylorschen Männerbordells, nicht entbehren. Die ›Vorläufer‹ Bosies, der *blue coat boy* Harry Marillier, ein Student aus Cambridge, der als Fünfzehnjähriger Wilde und seinem Freund Miles in Salisbury Street *Kaffee serviert* hatte, mehr noch der mysteriöse John Gray, der Protegé Wildes, der seine Briefe an Wilde mit *Dorian* unterzeichnete und so auch von anderen genannt wurde, waren junge Männer von auffallender Schönheit.

Alfred Douglas, ›Bosie‹, war für Wilde kein schönes Phantom außer-halb einer ästhetisch vernichteten häßlichen Wirklichkeit, kein Spielzeug seiner Bezauberungsübungen, wohl auch kein erotischer Partner, den Wilde der Abartigkeit seiner Bedürfnisse aussetzen konnte oder wollte. Bosie war die wirkliche, entsetzlich quälende, unerbittliche, vernichtende Leidenschaft seines Lebens. Sie machte diesen mächtigen, impulsiven Menschen, der mit seinem kindischen sinnlichen Appetit, der *greediness,* der Schlingsucht nach jeder Art billiger Süßspeisen eine komische Figur und gewiß kein Krimineller war, im mythischen Sinne blind. Wilde war von Natur ebenso arglos wie wehrlos. Seine Leidenschaft für Bosie entsprach Alfred Douglas' fataler Zwangsbindung an Wilde. Diese Zwangsbindung, den narzißtischen Ausnutzungszwang eines Wesens, das sich keinem Du ergeben, nicht lieben kann, hat der Dichter Auden sehr einleuchtend beschrieben als das verhängnisvolle Treffen des *Overloved,* Wildes, des Vielgeliebten, in seiner Kindheit von seiner Mutter bis zur Verhätschelung Verwöhnten, mit dem *Underloved,* dem Ungeliebten, von seinem Vater Zurückgestoßenen und Gehaßten. Sein zur praktischen Bosheit angestautes Gefühl der Minderwertigkeit heftet sich saugend an sein Opfer, das von einem Überfluß empfangener Sympathien durchblutet und durchwärmt ist.

Wildes Leidenschaft ist bei aller Devotion, Erniedrigung, Anhänglichkeit nicht Liebe. Er selbst ist nicht minder, nur auf kehrseitige Weise, ein Narziß. Es gibt den warmblütigen und den kaltblütigen Typ. Man kann impulsiv, arglos, wehrlos, freundlich, liebenswürdig sein und dennoch völlig unfähig zur Liebe. Dieser Defekt kann sich nicht nur bei Verweigerung von Sympathien einstellen, sondern auch bei Überfütterung mit Neigungsbeweisen. Im ersten Fall kühlt sie die Psyche aus bis zur Vereisung, im zweiten weicht sie sie auf bis zur Bewegungsuntauglichkeit. Gefühle sind Handlungen, und Liebe ist Gefühl in höchster Aktion. Leidenschaft ist nicht Handlung, sondern Dulden, Passion. Oscar Wilde hat versucht, gewiß, seinen Gefühlen für Bosie den Charakter der Handlung, der Liebe zu geben. Aber in dieser spezifischen Handlungsunfähigkeit seiner Leidenschaft gleicht er zwar nicht einem Gelähmten und Erfrorenen – wie Douglas in der Zwangswelt seines Minderwertigkeitskomplexes –, sondern einem Verfetteten, dessen verweichlichte Glieder durch ihr eigenes Gewicht daran gehindert werden, lebenswichtige Bewegungen zu machen.

Es gibt einen Brief von Campbell Dodgson an Lionel Johnson, der Douglas mit Wilde bekannt gemacht und Dodgson als Repetitor für Bosie empfohlen hatte, aus der glücklichsten Zeit des unglückseligen Paares. Dieser Brief und ein Brief Wildes an Campbell Dodgson, beide im Februar 1893 im luxuriösen Refugium in Babbacombe geschrieben, sind ungemein aufschlußreich für die Natur der Beziehung zwischen diesem ›Liebhaber‹ und seinem ›Geliebten‹. Diese Briefe würden durch jedes noch so behutsame Referat ihres Reizes einer mit unheimlichen Einschüssen verdunkelten Ausgelassenheit und ihrer Vergegenwärtigungskraft beraubt. Deshalb sollen sie im vollen Wortlaut folgen, der ironisch affektierte, ganz à la Oscar verfaßte Bericht des jungen Dodgson, des *Zuschauers,* über das Paar und der Brief des Hauptakteurs Oscar Wilde, der ihn von seiner unwiderstehlichsten Seite zeigt, in seiner kapriziösen Gutmütigkeit und sprühenden Laune.

Wildes Frau Constance ist mit ihrer Tante in der geschilderten Zeit in Florenz und Rom; aber seine beiden kleinen Söhne Cyril und Vyvyan, die *das Meer abgöttisch lieben,* wohnen bei ihm.

Campbell Dodgson an Lionel Johnson.

8. Februar 1893, Babbacombe Cliff

Mein lieber Lionel, Bosies Launen haben mich seit Samstag abend auf allerhand Ab- und Umwege geführt, und in diesen paar Tagen sind mir mehr unwahrscheinliche Dinge zugestoßen als sonst in ebenso vielen Monaten meines farblosen Kuh-Daseins. Als Zuschauer amüsiert mich die ganze Geschichte höchlichst, während ich mir als Hauslehrer wie eine glatte Niete vorkomme: nur daß offenbar niemand etwas anderes erwartet. Meine letzten Tage zu Hause wurden durch pausenlose Telegramme der Familie Douglas belebt, die bewirkten, daß ich schließlich von Samstag bis Montag nach Winchester ging, statt nach Salisbury. Ich genoß diese Tage sehr; das Wetter war himmlisch, die Richardsons empfingen mich mit größter Herzlichkeit, und ich begegnete keinen langweiligen Leuten.

Am Montag fuhr ich dann nach Salisbury in der Hoffnung, Bosie zu Hause vorzufinden: nichts dergleichen – er trieb sich noch immer herum. Ich verbrachte einen sehr angenehmen Tag mit Lady Queensberry, streifte in der Kathedrale und der Domfreiheit umher; wurde in die Kreuzgänge eingesperrt und drang in die bischöflichen Gärten ein. Am Abend tauchte Bosie auf – inmitten eines Schwarms von Telegrammen – mit aufgelösten Locken und stürzte sich sofort in seine Redaktionskorrespondenz. Das dauerte den ganzen Abend, während ich friedlich in Deinem Goethe und der Westminster Gazette las.

Am nächsten Tag studierte Bosie mit Feuereifer seinen Platon eineinhalb Stunden lang. Dann teilte er mir beim Lunch in aller Ruhe mit, daß wir am Nachmittag nach Torquay zu Oscar Wilde reisen würden. Ich japste überrascht, bin jedoch phlegmatisch und von kräftiger Konstitution, wurde mit dem Schock daher gut fertig, und resigniert verbrachte ich den ganzen Nachmittag damit, den Koffer wieder zu packen, den ich gerade erst ausgepackt hatte. Unser Aufbruch war damatisch; Bosie veranstaltete den üblichen Wirbel; er hatte kein Buch, kein Geld, keine Zigaretten und viele Telegramme von äußerster Wichtigkeit abzuschicken vergessen. Dann mußten wir in dem Minimum von Zeit, die noch blieb, um den Zug zu erwischen, eine kleine Pony-Chaise mit einer großen Anzahl von Reisekoffern überladen, während mir ein Foxterrier anvertraut wurde und eine scharlachrote Maroquin-Schreibmappe, ein prächtiges und schönes Geschenk von Oscar. Nach eiligem Abschiednehmen von den Damen preschten wir in wildem Karacho los, Bosie kutschierte. Ich war darauf gefaßt, nur noch meine zerschmetterten Gliedmaßen ins Spital von Salisbury zu schleppen, doch wir kamen heil am Bahnhof an.

Als wir etwa eine Stunde gefahren waren, fiel Bosie ein, daß er Oscar überhaupt nicht von unserer Ankunft benachrichtigt hatte, es wurde also von Exeter aus ein langes Telegramm abgesandt. Gegen neun Uhr waren wir schließlich am Ziel und dinierten aufs üppigste. Das Haus ist wunderschön, voll von Überraschungen und wunderlichen Räumen, Rossetti an allen Ecken und Enden. Es gehört Lady Mount-Temple und ist an Oscar vermietet. Unser Leben ist lässig und luxuriös; unsere moralischen Grundsätze sind lax. Wir argumentieren stundenlang über verschiedene Interpretationen des Platonismus. Oscar beschwört mich mit ausgebreiteten Armen und Tränen in den Augen, ich solle meine Seele Seele sein lassen und sechs Wochen lang meinen Körper pflegen. Bosie ist schön und faszinierend, aber sehr bösartig. Er ist begeistert von Platons Bild vom demokratischen Menschen, und keines meiner Argumente vermag ihn zu überzeugen, daß es so etwas wie absolute ethische Maßstäbe gibt. Wir studieren keine Logik, keine Geschichte, sondern spielen mit Täubchen und Kindern und fahren am Meer entlang spazieren.

Oscar sitzt im allerkünstlerischsten aller Zimmer, genannt ›Wunderland‹, und meditiert über sein nächstes Stück. Ich finde ihn einfach hinreißend, bin allerdings überzeugt, daß seine Moral abscheulich ist. Er behauptet, entdeckt zu haben, daß meine genauso schlecht sei. Seine Sprachgewandtheit ist außergewöhnlich, so wenigstens erscheint sie mir, der ich unartikuliert bin und die Iren bewundere, die es nicht sind. Am Samstag fahre ich zurück. Wahrscheinlich werde ich alles dort lassen, was von meiner Religion und meinen moralischen Grundsätzen noch übrig ist. Stets Dein C. D.

Oscar Wilde an Campbell Dodgson

[Poststempel 23. Februar 1893] *Babbacombe Cliff*

Mein lieber Dodgson, wir freuen uns sehr, daß Ihnen das Papiermesser gefällt, hoffentlich weckt es in Ihnen angenehme Erinnerungen. Ich kann Ihnen meinerseits nur versichern, wie sehr ich Ihren Besuch genossen habe. Ich freue mich

darauf, Sie in London wiederzusehen, entweder wunderbare Rembrandt-Radie-
rungen hütend oder einfach in Schönheit wandelnd, was noch besser ist, und
wir müssen von purpurnen Dingen sprechen und purpurnen Wein trinken.

Ich führe das Institut noch immer im alten Sinne weiter und glaube wirklich,
daß es mir gelungen ist, die Vorzüge einer öffentlichen Schule mit denen einer
privaten Irrenanstalt zu kombinieren, was, wie Sie wissen, mein Bestreben war.
Bosie ist sehr goldhaarig, und ich habe Salome in Purpur binden lassen, damit sie
zu ihm paßt. Diese tragische Tochter der Leidenschaft erschien letzten Donnerstag
und tanzt jetzt um den Kopf des englischen Publikums. Sollten Sie ihr begegnen,
dann sagen Sie mir, wie sie Ihnen gefällt. Ich möchte, daß sie Ihnen gut gefällt.

Alle Jungen der Schule schicken beste Grüße und freundliche Wünsche. Mit
vielen Grüßen Ihr

Oscar Wilde, Direktor der Schule von Babbacombe

Schule von Babbacombe

Direktor – Mr. Oscar Wilde
Konrektor – Mr. Campbell Dodgson
Schüler – Lord Alfred Douglas

Hausordnung

Tee für Lehrer und Schüler um 9 Uhr 30 morgens
Frühstück um 10 Uhr 30
Arbeiten 11 Uhr 30–12 Uhr 30
Um 12 Uhr 30 Sherry und Biskuits für Direktor und Schüler (der Konrektor ist
dagegen)
12 Uhr 40–13 Uhr 30 Arbeit
13 Uhr 30 Lunch
14 Uhr 30–16 Uhr 30 Versteckspiel mit dem Direktor (Pflichtfach)
17 Uhr Tee für Rektor und Konrektor, Cognac mit Soda (nicht mehr als sieben) für
Schüler
18–19 Uhr Arbeit
19 Uhr 30 Abendessen, Champagnerzwang
20 Uhr 30–24 Uhr Ecarté, pro Auge höchstens fünf Guineas
24 1 Uhr Lesen im Bett (Pflichtfach). Schüler, die bei Übertretung dieser Vor-
schrift ertappt werden, werden sofort aufgeweckt.
Nach Schluß des Schuljahres wird dem Rektor von den dankbaren Schülern ein
silbernes Tintenzeug überreicht werden, dem Konrektor ein Federmäppchen.

Diese Idylle des Witzes und Wohllebens spielt sich auf einem Hintergrund ab, dessen Kontrast jeden Betrachter erschrecken läßt. Doch beides gehört zusammen. Es ist die gleiche Person Oscar Wilde, die im *Wunderland* von *Babbacombe Cliff* wie ein Glücksprinz waltet und *Salome, in tyrischer Purpur und blasses Silber gebunden,* in *stürmischer Nacht liest* und die in Paris und London *diners* für sinistre Mietlinge und Erpresser des Männermarktes gibt und seine männlichen *Belles de jour* zu Pascal schickt, dem berühmten Pariser Coiffeur im Grand Hotel, damit er ihre Haare onduliere.

In seinem Buch *Feasting with Panthers (Gelage mit Panthern)* gibt Rupert Croft-Cooke ein ungeschminktes Bild dieses Treibens. Wilde war 1893 völlig vertraut mit der Welt, in der sein späterer Mitangeklagter Alfred Waterhouse Somerset Taylor seine Geschäfte machte. Er wechselte die jungen Männer so oft, wie die Routine seiner Annäherung und Verabschiedung von trister Eintönigkeit war: ein Abendessen mit vielen Gängen in einem Restaurant von plattem Luxus, Champagner, vergeudete Monologe Wildes über Dichtung und Kunst und *the old Roman days,* die Gastmähler der römischen Dekadenz, bei Cognac und Zigarren, die Fütterung seines *boy* mit gezuckerten Kirschen, ein Hotelzimmer, ein silbernes Zigarettenetui mit dem Namenszug Oscars zum Andenken.

So floß unter der Oberfläche seiner Erfolge, seiner Arbeiten, seines geselligen Verkehrs der Strom seiner gewöhnlichen Tage und die bunte Prozession seiner *boys,* seiner *painted pageants.* Er bezahlte und entließ sie *wie die Hansom-Droschken, die er mietete.* Er aß täglich zuviel und zu gut, ein von Jahr zu Jahr dicker werdender Schlemmer, lunchte im Café Royal, dinierte im Savoy und soupierte *at Willis's,* trank zuviel beim Essen und zu viele *drinks* an Vor- und Nachmittagen. Zuweilen hatte er Schwierigkeiten mit dem Hoteldirektor, wenn er seine *boys* mit auf sein Zimmer nahm. Dann mietete er eine Wohnung in der Stadt, um ungestört zu arbeiten.

Was er in diesen Jahren schrieb, wissen wir. Was er dachte, wissen wir kaum – oder aus Berichten anderer, die seinen Selbstmystifikationen glaubten: ein erlauchter Nachgeborener spätrömischer Lustgelage zu sein, ein Lebens-Künstler, der den ›Satanismus‹ der romantischen Poeten mit allen Fibern nicht dichtete, sondern lebte. Noch im Zuchthaus konnte er das banale Faktum, einer bezahlten Ausschnüffelei seiner ›spätrömischen Späße‹ in die Falle gegangen zu sein, nur durch die Mystifikation ertragen, als großer ›Sünder‹ im höllischen Malebolge eingekerkert zu sein.

Er mag, als er mit den kleinen schmutzigen Erpressern verhandelte, die gestohlene Briefe an Bosie kopierten, sein ›Doppelleben‹ als eine Art stimulierenden Gruselreizes empfunden haben. Solche Vorkommnisse konnten ihn weder warnen noch beeindrucken, und wenn, dann nur für sehr kurze Zeit. Seine äußere Lebenseinrichtung wurde freilich unstabil, auf Wechsel und Abbruch berechnet, durch Schulden und Arbeitsunfähigkeit mehr gefährdet, als er sich eingestehen wollte. Es wurde ihm zur Gewohnheit, Wohnungen oder Landhäuser zu mieten, er reist mit Alfred Douglas im Mai 1894 nach Florenz, im Oktober dieses Jahres nach Brighton, taucht während der Proben von *The Importance of Being Earnest* in Algier auf, wo André Gide das Paar trifft (*Ich hab ihn* [Bosie] *inständig gebeten, noch während der Proben bleiben zu dürfen, doch so schön ist seine Natur, daß er spontan ablehnte,* schreibt Wilde an Ada Leverson), fährt mit Alfred Douglas noch im März, als Wilde bereits gegen den Vater seine verhängnisvolle Verleumdungsklage erhoben hatte, nach Monte Carlo. Dann kommt das Ende.

Oscar Wildes Briefe aus dem Holloway-Gefängnis und später aus dem Zuchthaus in Reading zeigen, wie er den Adressaten, seinen Freunden, seine Handlungen, ihre Motive und seinen jetzigen Zustand darzustellen wünschte. Sie zeigen auch, wie diese Selbstinterpretation sich änderte unter der Härte der abgelebten Zuchthausstunden, die inkommensurabel ist wie alle unvermittelte Wirklichkeit, wie alles ohne Kulturschutz nackt berührte Leben. Der große Liebesbrief an Alfred Douglas vom 20. Mai 1895, *Mein Kind* ihn anredend, in der Euphorie der Vorstellung, *in Demut der Liebe alle Schmach zu dulden für den Geliebten,* ist ebenso ›wahr‹, wie es die Sätze des traurigen Abscheus vor dem Freunde und der *unseligen Freundschaft* sind, die er in den beiden folgenden Jahren niederschreibt. Die ›Wahrheit‹ seiner Gefühle wird er auch in seinem *De Profundis*-Brief an Alfred Douglas so klar und zugleich so widerruflich sagen, wie in den späteren Zeugnissen im Exil, wo er zu seiner *Liebe,* zu Alfred Douglas zurückkehrt und die *vergoldete Säule der Schändlichkeit* wieder verläßt, verlassen muß. Gegen seinen Willen, mit seinem Willen – man drohte Wilde mit Entzug seiner kümmerlichen Rente, falls er sich von Alfred Douglas nicht trennte –, die ›Wahrheit‹ ist hier gleichgültig für einen, der weiß: *Ohne ihn war mein Leben ohne Licht* und zugleich *weil er mein Leben zerstörte, muß ich ihn lieben.*

In Neapel, wenige Tage vor seiner Abreise nach Paris im Februar 1898, schrieb er: *Mein Leben ist hier in Scherben gegangen, ich habe keine Ideen, keine Energien.* Der letzte Versuch, sein Leben zu formen, die auseinanderfließenden Massen seiner unbelehrbaren Bedürfnisse zu festigen, war gescheitert, weil er kein Versuch, sondern ein Vorwand war, den schneidenden Bedingungen eines Versuchs zu entkommen. Denn diese Bedingungen hoben seine Lebensbedingungen auf. Er hatte sich zum Geschöpf der ›Gesellschaft‹ gemacht; als sie sich ihm entzog, erfuhr er, wie Tiere, die nur in einem bestimmten Klima, unter bestimmten Nahrungs- und Schutzbedingungen gedeihen können, seine existentielle Abhängigkeit von dem Milieu, das er nicht durch ein anderes ersetzen konnte. *Die Ballade vom Zuchthaus zu Reading (The Ballad of Reading Gaol)* zeigte, wie vergeblich es war, als *poète maudit* zu dichten und als ›Feind der Gesellschaft‹ gegen die Gesellschaft zu leben.

Wie seine Handschrift, *einst von attischer Anmut*, zerläuft und *zerrüttet* ist – *genau wie mein Charakter,* schreibt er an Robert Ross –, so zerläuft sein Leben, das er in armseligen Hotels zwischen Paris und der Riviera hinschleppt, einmal am Genfer See in einer Villa als Gast eines reichen und geizigen Schweizers, der ihm *gräßlichsten vin ordinaire* vorsetzt, einmal auch in Genua an Constances Grab: *Es war furchtbar traurig, ihren Namen in einen Grabstein geschnitten zu sehen – ihren Vornamen, meinen Namen natürlich nicht – nur »Constance Mary, Tochter von Horace Lloyd, Q. C.« und einen Vers aus der Offenbarung. Ich legte ein paar Blumen hin. Ich war tief bewegt, unter anderem auch von dem Gefühl der Sinnlosigkeit aller Reue. Nichts hätte anders sein können, und das Leben ist etwas Schreckliches.*

Die Reisen im letzten Jahr seines Lebens sind wie Zuckungen vor dem Tode: Palermo, Rom – wo der Papst Leo XIII. an ihm vorbeigetragen wurde, *eine weiße Seele in Weiß gewandet* –, Genfer See und die letzte Station Paris, *Hôtel d'Alsace.* In Rom war er noch einmal, in einem sehr einfachen, physischen Sinn des Wortes, glücklich.

Die letzten Briefe, die er hinterließ, sind, zwischen Operation und Tod geschrieben, Geldforderungen mit sehr genauen geschäftlichen Details. Das Geld thematisierte die echten Erregungen dieses Lebens, das im Wesen des Geldes die Wirklichkeit begriff, mehr noch begriff, daß in der Zivilisation, in der er lebte und in der wir leben, das Geld die reale Form der Freiheit ist. Daß diese Realität nicht die Freiheit des Dichters und seines einzigen Schützlings, des Menschen, ist, hat Oscar Wilde, das Geschöpf dieser Zivilisation, sehr wohl gewußt und mit unverbindlichem Spott im *Sozialismus*-Essay seine Leser wissen lassen.

Wir haben den Bericht der letzten Tage von Robert Ross, seines Sterbens von Father Cuthbert Dunne. Wir kennen den Ablauf der Krankheit, nicht die Gedanken des Kranken. In Palermo, ein Jahr vor seinem Tode, schrieb Wilde, daß ihn, den großen ›Plauderer‹, eine seltsame Lähmung der Mitteilung befallen habe, eine ›Krankheit‹, die *Sucht des Schweigens: ich kann einfach nicht schreiben. Es ist so schrecklich, nicht von mir, sondern für mich. Es ist eine Art Lähmung – cacoethes tacendi –, die Spezialform, die diese Krankheit bei mir annimmt.*

In Rom sitzt er *in einem winzigen Café vor der Fontana di Trevi: das Rauschen des Wassers ist wundervoll: es beruhigt: es hat καϑαροις.*

Wenn jemand mitteilt, was er tut, und für sich behält, was er weiß, hat er die allen offene und allen auffindliche Schutzzone des Menschlichen erreicht, wo die Brocken und Brösel des zerschlagenen, unfertigen, vertanen und vergeblichen Lebens im Geheimnis aufgehoben werden.

Über Härte
(1982)

Im Krieg, Februar 1943, wurde ich für einige Tage nach Paris abkommandiert, von einem Dorf in der Normandie, in das wir aus Rußland verlegt worden waren. An einem Sonntagnachmittag saß ich im Kathedralen-Garten von Notre-Dame am Seine-Ufer. Es war ein erster Vorfrühlingstag. Ich hatte bei einem Bouquinisten ein Heft mit Gedichten Paul Claudels gekauft. In der letzten Religionsstunde vor dem Abitur hatte der Lehrer, der in Kaplanssoutane unterrichtete, wenn der Herr Oberstudiendirektor in SA-Uniform seine Schulhof-Ansprache hielt, das kurze Prosastück *Ma Conversion* von Paul Claudel vorgelesen. Ich dachte daran, als ich in den Gedichten zu blättern und *Ballade* zu lesen begann. Mein Blick blieb hängen an der viermal wiederholten Refrain-Zeile: *Nous ne reviendrons plus vers vous.* Wir werden nicht wiederkehren zu euch. Keine Drohung, keine dramatische Beschwörung, keine Klage, sondern eine ruhige Feststellung: wir kommen nicht wieder, wie man sagt ›Auf Widersehen‹ oder ›Alles Gute‹.

Ein Soldat war an Abschied gewöhnt. Diese Gewöhnung gehörte zu seiner militärischen Ausrüstung. Wir waren, schon auf dem Weg nach Stalingrad, in die Normandie verlegt worden. Jeder konnte jeden Tag irgendwohin in ›Marsch gesetzt‹ werden. Aber wer sagte, wenn man überhaupt etwas sagte: wir kommen nicht wieder? Und wer sagte es so, gleichsam nur der guten Ordnung halber, als Punkt hinter einem Satz, zu dem es nichts mehr hinzuzufügen gab, als eine Art syntaktischen Trosts für die Ratlosen?

Seitdem ich das Gedicht *Ballade* zum ersten Mal gelesen habe, im Garten der Konversions-Kathedrale Paul Claudels, sind nun fast vierzig Jahre vergangen. Von Zeit zu Zeit lese ich es wieder. Das Gedicht ist eines der großen religiösen Gedichte, das wiederholter Lektüre in veränderten Lagen standhält.

Ballade[1]

Nous sommes partis bien des fois déjà, mais cette fois-ci est la bonne.

Adieu, vous tous à qui nous sommes chers, le train qui doit nous prendre n'attend
  pas.

Nous avons répété cette scène bien des fois, mais cette fois-ci est la bonne.

Pensiez-vous donc que je ne puis être séparé de vous pour de bon? alors vous voyez
  que ce n'est pas le cas.

Adieu, mère. Pourquoi pleurer comme ceux qui ont une espérance?

Les choses qui ne peuvent être autrement ne valent pas une larme de nous.

Ne savez-vous pas que je suis une ombre qui passe, vous-même ombre et appa-
  rence?

                          Nous ne reviendrons plus vers vous.

Et nous laissons toutes les femmes derrière nous, les vraies épouses, et les autres, et
  les fiancées.

C'est fini de l'embarras des femmes et des gosses, nous voilà tout seuls et légers.

Pourtant à ce dernier moment encore, à cette heure solennelle et ombragée,

Laisse-moi voir ton visage encore, avant que je ne sois le mort et l'étranger,

Avant que dans un petit moment je ne sois plus, laisse-moi voir ton visage encore!
  avant qu'il soit à un autre.

Du moins prends bien soin où tu seras de l'enfant, l'enfant qui nous était né de
  nous.

De l'enfant qui est ma chair et mon âme et qui donnera le nom de père à un autre.

                          Nous ne reviendrons plus vers vous.

Adieu, amis! Nous arrivions de trop loin pour mériter votre croyance.

Seulement un peu d'amusement et d'effroi. Mais voici le pays jamais quitté qui est
  familier et rassurant.

Il faut garder notre connaissance pour nous, comprenant, comme une chose
  donnée dont l'on a d'un coup jouissance,

L'inutilité de l'homme et le mort en celui qui se croit vivant.

Tu demeures avec nous, certaine connaissance, possession dévorante et inutile!

»L'art, la science, la vie libre«, … – ô frères, qu'y a-t-il entre vous et nous?

Laissez-moi seulement m'en aller, que ne me laissiez-vous tranquille?

                          Nous ne reviendrons plus vers vous.

Envoi

Vous restez tous, et nous sommes à bord, et la planche entre nous est retirée.
Il n'y a plus qu'un peu de fumée dans le ciel, vous ne nous reverrez plus avec vous.
Il n'y a plus que le soleil éternel de Dieu sur les eaux qu'Il a crées.
Nous ne reviendrons plus vers vous.

Ein großes religiöses Gedicht? Gibt es das? Im 20. Jahrhundert? Und wer kann, wer mag religiöse Gedichte heute noch lesen? Ist sein Sinn für ›Aktualität‹, für ›Authentizität‹ nicht völlig deformiert? Was geht denn überhaupt vor in dem Gedicht, von dem hier die Rede ist? Nun, es ist ein dreistrophiges Abschiedsgedicht – *Abschied,* welch ein obsoletes Thema! – mit einem nachgeschickten *Envoi,* einer Zueignung an die wie Hinterbliebene Zurückgebliebenen. Schon die erste Zeile stellt klar: Abschied und Abschied sind zweierlei. Sie geht sofort auf Distanz zu allem Abschiedslyrismus der traditionellen Abschiedsdichtung, die so leicht und so oft dem Kunstgewerbe des Gemüts und der Rhetorik verfällt. Das Gefühlsritual des Abschieds läßt sich keiner unserer virtuosen Sentimentalen entgehen, die uns die zahlreichen verbalen Seufzer-Sonaten in Moll beschert haben. Die Abschiede dieser Lieder kennt Claudel. Er hat diese Abschiede *bien des fois déjà* geübt und sich daran gewöhnt. Doch dieses Mal, *cette fois-ci,* ist der Abschied ein anderer Abschied. Er weiß es, und die anderen, die zurückbleiben, wissen es nicht. Sie können es nicht wissen. Ihr Gemüt, ihre Anhänglichkeit, ihre Treue, man kann sagen, ihre Moral hindert sie daran. Doch er, der Abschied nimmt, hat keine ›Moral‹, er hat Religion, er scheidet sich von ihnen wie der, der die ›Nachfolge‹ antritt, wie der, der Vater und Mutter, Weib und Kind, seine Freunde, seine Arbeit verlassen muß, um die ›Toten ihre Toten begraben zu lassen‹. Lukas 9,60–62 und 14,26–35 faßt die Abschieds-Lehre Christi in klare Gleichnisse. Der religiöse Abschied kann nicht Rücksicht nehmen auf die Moral gemütlicher Bindungen oder sittlicher Verpflichtungen. Dieser Abschied ist ein moralisches Ärgernis, aber zugleich auch das religiöse Bekenntnis zum ›Kreuz‹ des Unverständnisses, des Fremdwerdens vor den anderen, der ›Nachfolge‹, die den Nächsten als absurde Entäußerung erscheinen mag. Ohne dieses *Adieu, vous tous à qui nous sommes chers* tritt kein ›Moralist‹, kein Mann der haushaltenden Vernunft, die schwierige, die abschiednehmende ›Nachfolge‹ an. Eher geht ein Kamel durch ein Nadelöhr. Religion ist Abschied. Vor allem vom Verständnis derer, die uns lieben. Es wird preisgegeben in einer Entscheidung, die nicht gegen die anderen, sondern gegen sich selbst ge-

richtet ist: er ›opfert‹ sein Verständnis, er verzichtet auf Verstandenwer-
den um der ›Nachfolge‹ willen. Da murren und trauern sie nun, die
Abschiedsversammlungen auf den Bahnsteigen und an den Landungs-
stegen. Sie meinen, er könne ohne sie, ihr Verstehen und Lieben nicht
leben? Man wird sehen, er kann. Die Mutter soll nicht weinen wie Leute,
die noch Hoffnung haben, Hoffnung, daß der Sohn zurückkehrt. Das ist
nicht nur eine falsche, sondern auch eine schlimme Hoffnung, die den
Sohn um den Sinn seines Abschieds bringen will. Denn er hat nur Sinn,
wenn er unwiderruflich ist, und er ist nur erträglich, wenn er definitiv ist.
Was nicht anders sein kann, ist unserer Tränen nicht wert. *Les choses qui ne
peuvent être autrement ne valent pas une larme de nous.* Diese Härte ist wie das
›Salz‹ des Gleichnisses Lukas 14,34 etwas ›Gutes‹. *Bonum est sal.*

Die Härte des christlichen Weggehens von den Seinen, von seiner
›Habe‹, haben die Dichter der Moderne sich zu eigen und zunutze gemacht, keiner in betonterer Analogie als der Dichter der *Aufzeichnungen
des Malte Laurids Brigge,* die mit der Umdeutung der Geschichte des
Verlorenen Sohnes enden als der ›Legende dessen, der nicht geliebt
werden wollte‹. Die Einsamkeit ist die condition humaine des modernen
Dichters. Aber die Einsamkeit des Christen ist ›Jüngerschaft‹, opus Dei,
nicht ästhetische Disposition zur Hervorbringung von Kunstgebilden.
Claudels *Ballade* setzt die Einsamkeit des Dichters und des Christen in
eins. In der Form des Gedichts vollzieht er den Abschiedsgehorsam des
Christen, der sich von seiner Habe trennt – *sic ergo omnis ex vobis, qui non
renuntiat omnibus quae possidet, non potest meus esse discipulus.* Er läßt hinter
sich die Frauen, *les vraies épouses, et les autres, et les fiancées.* Schluß nun, sagt
er hart, mit den Beschwernissen, den Bedürfnissen, dem *embarras* der
Weiber und Kinder. Jetzt sind wir, endlich, allein und ohne Last (*legers*),
ohne Abhaltungen der Fürsorge und der Neigung, die zerstreuen und
ablenken vom einzigen Geschäft, das not tut, dem opus Dei. Noch einmal will er in diesem *Zuletzt* der Trennung, *à cette heure solennelle et
ombragée,* ihr Gesicht sehen, das Gesicht seiner Frau, bevor er der *Tote* und
der *Andere* ist, bevor es ein *Anderer* kennt, der, den sein Kind, *l'enfant qui
est ma chair et mon âme,* bald Vater nennen wird.

Hat dieser Abschied nicht etwas von einer geradezu obszönen Versto-
ßung? Und ist er nicht zugleich von einer widerwärtigen Sentimentalität? Man würde sich gegen diesen Eindruck nicht wehren können,
wenn er überhaupt aufkäme und nicht unmöglich würde durch eine
ungeheure Spannung des Schweigens, das den Anderen, den Nächsten,
den Liebsten den Abschied verschweigt, das den Abschied unter den
Schutz eines Mysteriums stellt, des *silentium,* das nach einem alten mysti-

schen Satz allein der *custos virtutis* ist. Die Geheimhaltung des Abschieds, unter dem Druck einer immensen Wehmut, bestimmt seine religiöse Dimension. Diesem Schweigen entspricht die Härte der abverlangten Ablösung. Niemand weiß, daß der Abschiednehmende nicht wiederkommt. Dieses Nicht-wissen-Lassen schützt ihn vor der Sentimentalität, deren parasitäre Witterung für alle großen Gefühle und Erregungen auch vor der Religion nicht zurückscheut.

So wissen auch die Freunde, die Mitstreiter, die Vertrauten nicht, daß er geht ohne Wiederkehr. Sie müßten es immer schon gespürt haben, daß er ihren Glauben an ihn nicht verdient hatte. *Nous arrivions de trop loin pour mériter votre croyance.* Er war nicht von ›dieser Welt‹, er kam von weit her, als er sie mit seinem Dichten und Treiben ergötzte oder auch erschreckte, *un peu d'amusement et d'effroi.* Nie hat er das Land verlassen, das ihm vertraut, *familier,* das ›Haus seines Vaters‹ war. Sein Wissen verschweigt er, sein sicheres Wissen, die *certaine connaissance,* dieser wunderbare verzehrende und »unverwendbare« Besitz des Glaubens, *possession dévorante et inutile.* In ›dieser Welt‹ ist jeder dem andern nutzlos und als ›Lebender schon tot‹. Der Verzicht ist die Ironie des Religiösen. *L'art, la science, la vie libre – ô frères, qu'y a-t-il entre vous et nous?* Claudel zitiert ironisch die Modewörter des Fortschritts, der ›Kultur‹: die Kunst, die Wissenschaft, das mündige Leben, die freie Moral. Was sollen sie ihm? Hatten seine Freunde je mit ihm etwas gemeinsam? Laßt mich gehen, *laissez-moi seulement m'en aller.* Warum laßt ihr den nicht in Ruhe, der nicht zu euch zurückkehrt? Und so ist sein Abschieds-Gruß nicht ohne Triumph, ohne das entschiedene Aufatmen dessen, der sich von den Fesseln quälender Anhänglichkeiten und wohlwollender Mißverständnisse befreit hat. *Vous restez tous* – ihr alle bleibt zurück, wenn das Schiff vom Ufer der Zurückbleibenden sich unaufhaltsam absetzt und bald nur noch ›ein wenig Rauch‹ am Himmel ist.

Die Verschwiegenheit des inneren Abschiedsdramas harrt der Erlösung durch den physischen Entzug. Das Schiff verschwindet hinter dem Horizont. Ein Vorgang, wie er sich allerorts und alltäglich ereignet. Freilich bezieht ihn der Dichter ebenso unauffällig wie bedeutend auf ein ältestes metaphorisches Muster der christlichen Heils-Symbolik, auf das ›Schiff‹, auf die ›Reise über das Meer‹. Claudels *Ballade* könnte von einem Leser, der keine Ahnung von Claudel und keinen Sinn für religiöse Vorgänge oder Situationen hat, bis zum Ausbruch, dem jubelnden Finale der Schlußzeile, gelesen werden als Abschiedsgedicht, wie es eine bewährte lyrische Gattung uns immer wieder beschert hat. Dann aber bricht Claudel das geistliche Schweigen dieses Gedichts. Die religiöse

Dimension des Abschieds, die anagogische Struktur des Textes tritt klar hervor. Der Dichter ist, allen entzogen, endlich im ›Hause des Vaters‹, auf den ›Wassern, die Er geschaffen hat‹, *sur les eaux qu'Il a crées,* unter der Sonne Gottes. *Il n'y a plus que le soleil éternel de Dieu.*

Was mich vor vier Jahrzehnten, als ich *Ballade* im Pariser Notre-Dame-Garten zum ersten Mal las, in einer Weise getroffen hatte, die ich mir nicht sofort deutlich machen konnte, war die ›Härte‹ dieses Gedichts und seines Refrains *Nous ne reviendrons plus vers vous.* Ich war vorbereitet auf diese Härte. Man war ›getrennt‹, seit Jahren, von seinem ›Hause‹, seiner ›Habe‹, und man wußte, man würde ›getrennt‹ an jedem Tag von Jahren, deren Tage man nicht mehr zählen würde. Man hatte sich verabschiedet. Rückkehr und Abreise, jene galvanisierten Urlaubs-Umarmungen von Abschieds-Toten, fanden außerhalb des Abschieds statt, der sie abgerichtet hatte auf Nichtwiederkehr. Das gequälte ›Fleisch‹ des Krieges, das Rohe, das Gemeine, die Hysterie der Befehle – nur Dummköpfe hielten das für eine Schule der Härte. Der Wahnsinn, der die Härte auf die Probe stellte, war in den Sonntags-Kasernen, paralysierte die Empfindsamkeit eines gestiefelten Lesers im Tingeltangel einer besetzten Weltstadt.

Der Sinn für diese Härte ist wie sie selbst verschwunden, abhanden gekommen wie eine Ausrüstung für besondere Umstände, die nicht mehr bestehen. Wir sind eingetreten in das Zeitalter der großen Erlaubnis. Erlaubt ist, was erleichtert, und die Exzesse der Erleichterung türmen den Müll, in dem die Schwammgeschwulste, die Mollusken der Gewalttat sich mästen. Es muß dies mit dem Verschwinden jener Härte zusammenhängen, die christliches, das heißt geistliches Leben von profanem Leben unterscheidet. Die Kirchen, die Priester, leben sie geistlich? Lehren sie die Evangelien, die Lehren der ›Härte‹ sind? Die große Erlaubnis der Erleichterung ist auch über sie gekommen, Funktionäre des Sentimentalen, die Brandstiftern das ›Wort zum Sonntag‹ predigen.

Anmerkungen

›Jugenstil‹ in der Literatur

1. Zitierte Literatur

Quellen

Bahr, Hermann: *Renaissance. Neue Studien zur Kritik der Moderne.* Berlin 1897. [Zueignung an Leopold Andrian und Hugo von Hofmannsthal. Polemik gegen die *Décadence,* gegen Oscar Wilde, dessen *Programm* der *Graf Montesquiou* und der *Däne Hermann* (sic) *Bang und der Deutsche Stefan George nicht zögern würden, [...] zu zeichnen* (S. 9); *Colour Musik* (über Dauthendey, S. 63 ff.); *Verlaine* (S. 112 ff.); *Malerei 1894* (S. 175 ff.); *Die Secessionisten* (zu Ludwig von Hofmann, S. 196); *Malerei* (zu Walter Crane und Khnopff, S. 204).]

Bahr, Hermann: *Die Überwindung des Naturalismus. Als zweite Reihe von ›Zur Kritik der Moderne‹* Dresden/Leipzig 1891, ²1899. [*Kunst und Kritik,* S. 118 ff. (*Ich liebe J. K. Huysmans sehr,* S. 119) und das Bekenntnis (*Der Kritiker muß ein Verwandlungsmensch sein, ein Kautschukmann und Schlangenmensch des Geistes); zur écriture* bes. *Vom Stile,* S. 129 ff.]

Bahr, Hermann: *Secession.* Wien ²1900. [Zu Olbrich vor seiner Berufung nach Darmstadt, S. 60–65, zu Khnopffs Beziehungen zu Maeterlinck, S. 25.]

Bahr, Hermann: *Bildung. Essays. Geschmückt von Vogeler-Worpswede.* Berlin/Leipzig 1900. [Zueignung an Seine Königliche Hoheit Ernst Ludwig, Großherzog von Hessen und bei Rhein (o. J.); *Ein Document deutscher Kunst* (S. 45–52), vgl. auch die Kapitel *Placate, L'écriture artiste, Die Insel.*]

Bahr, Hermann: *Premièren. Winter 1900 bis Sommer 1901.* München 1902. [Zu D'Annunzio, S. 118 f.]

Bahr, Hermann: *Wien.* Stuttgart 1907 (= *Staedte und Landschaften*).

Bahr, Hermann: *Die Bücher zum wirklichen Leben nebst Briefen von Peter Altenberg, Raoul Auernheimer, Gertrud Eysoldt (Berlin), Prof. A. Forel (Zürich), Hofrat Prof. Dr. Theodor Gomperz, Hermann Hesse, Ricarda Huch, Harry Graf Kessler (Weimar), Univ. Prof. Dr. Ernst Mach, Rosa Mayreder, Hans Müller (Wien), Josef Popper (Lynkeus), Rainer Maria Rilke, Peter Rosegger, Richard Schaukal, Dr. Arthur Schnitzler, Prof. Hans Thoma, Stefan Zweig u. a.* Wien 1908. Umfrage des Verlegers Hugo Heller. [Eine Fundgrube für die historische Leser-Forschung.]

Bahr, Hermann: *Buch der Jugend.* Wien/Leipzig 1908. [Nachruf auf Olbrich, S. 70 ff.]

Bahr, Hermann: *Bilderbuch.* Wien/Leipzig 1921. [Zu Otto Wagner (S. 47 ff.); Klimt (S. 52 ff.); Arno Holz (S. 78 ff.); Gerhart Hauptmann (S. 88 ff.); Dehmel (S. 94 ff.).]

Bahr, Hermann: *Expressionismus.* Mit 18 Tafeln im Kupferdruck. München (o.J.) 1920. [Die 3. Aufl. 1919 besaß noch 2 Tafeln mehr, Matisse: *Sommertag,* Severini: *Ruhelose Tänzerin.* Die Auswahl besorgte August L. Mayer. Zu Olbrich und Wien 1895 (österr. »Kunstgewerbe«), S. 74.]

Bahr, Hermann: *Sendung des Künstlers.* Leipzig 1923.

Bahr, Hermann: *Die schöne Frau. Novellen.* Mit einem Nachwort von Stefan Zweig. Leipzig 1924 (= *Reclams Universal-Bibliothek,* Nr. 6451).

Bahr, Hermann: *Selbstbildnis.* Erste bis vierte Auflage. Berlin 1923. [*Ich war immer freizügig gestimmt; nichts als diese Freizügigkeit ist mir geblieben.* (S. 301).]

Beer-Hofmann, Richard: *Gesammelte Werke.* Geleitwort von Martin Buber. Frankfurt a.M. 1963. [*Der Tod Georgs,* S. 523–624.]

Benjamin, Walter: *Gesammelte Schriften.* Bd. I, 2; I, 3; III; IV, 1; IV, 2. Hrsg. von Rolf Tiedemann, Hermann Schweppenhäuser, Tillmann Rexroth, Hella Tiedemann-Bartels unter Mitwirkung von Theodor W. Adorno und Gershom Scholem. Frankfurt a.M. 1972 und 1974. [*Das Kunstwerk im Zeitalter seiner technischen Reproduzierbarkeit.* Beide Fassungen. Bd. I, 2, S. 431–508; *Über einige Motive bei Baudelaire,* Bd. I, 2, S. 605–657. *Rückblick auf Stefan George,* Bd. III, S. 392–399. *Berliner Kindheit um Neunzehnhundert,* Bd. IV, 1, S. 235–304.]

Bloch, Ernst: *Verfremdungen II. Geographica.* Frankfurt a.M. 1965. [*Herbst, Sumpf, Heide und Sezession (1932),* S. 67–77.]

Däubler, Theodor: *Dichtungen und Schriften.* Hrsg. von Friedhelm Kemp. München 1956. [Darin: Nachwort des Herausgebers, S. 865–892.]

Dehmel, Richard: *Gesammelte Werke.* 10 Bde. Berlin 1906–1909.

Deutsche Chansons, Brettl-Lieder. Von Bierbaum, Dehmel, Falke, Finckh, Heymel, Holz, Liliencron, Schröder, Wedekind, Wolzogen. Leipzig 1911. [Bierbaum: *Gigerlette,* S. 9f.]

Falke, Gustav: *Zwischen zwei Nächten. Gedichte.* Berlin 1894.

Falke, Gustav: *Neue Fahrt, Gedichte.* Berlin 1897.

Flaischlen, Cäsar: *Von Alltag und Sonne. Gedichte in Prosa. Rondos, Lieder und Tagebuchblätter, Mönchguter Skizzenbuch, Lotte, eine Lebensidylle, Morgenwanderung.* 240. bis 244. Tausend. Stuttgart/Berlin 1923. [Zierstücke nach Originalzeichnungen für die Kunst-Zeitschrift PAN (S. 32 *Tanzende Mädchen* von Ludwig von Hofmann).]

Flaischlen, Cäsar: *Aus den Lehr- und Wanderjahren des Lebens. Gesammelte Gedichte. Brief- und Tagebuchblätter. Aus den Jahren 1884 bis 1899.* Dreiundvierzigste Auflage. Berlin 1919. [Zierstücke nach Originalzeichnungen von Ludwig von Hofmann, Ernst Orlik und Philipp Franck.]

Geibel, Emanuel: *Gesammelte Werke.* In acht Bänden. Stuttgart 1888.

George, Stefan: *Werke.* Hrsg. von Robert Boehringer. Band 1.2. München/Düsseldorf [2]1968.

Briefwechsel zwischen Stefan George und Hugo von Hofmannsthal. 2., erg. Aufl., München/Düsseldorf 1953.

Günther, Agnes: *Von der Hexe, die eine Heilige war.* Marburg a.d.L. 1913.

Heym, Georg: *Dichtungen und Schriften. Gesamtausgabe.* Hrsg. von Karl Ludwig Schneider. Bd. 1–3. Hamburg/München 1960ff.

Hofmannsthal, Hugo von: *Buch der Freunde. Tagebuch-Aufzeichnungen.* Viertes bis achtes Tausend. Wiesbaden 1949.

234

Hofmannsthal, Hugo von: *Gesammelte Werke in Einzelausgaben,* Hrsg. von Herbert Steiner. Frankfurt a. M. 1951 ff.

Holz, Arno: *Werke* (sieben Bände). Hrsg. von Wilhelm Emrich und Anita Holz. Neuwied 1961 ff. [*Die Blechschmiede* II, Bd. VII, S. 7: *Bergsee -, holdes nacktes, schleierloses, doppelfischschwänziges, ein imaginäres Schilfried zerteilendes Nixoid mit tiefdunkelgrünblauen Augen, weißgoldenem Seerosenkranz und langem, ihr über knospende Brüste fallendem, flutendem, fließendem Lurleihaar:* [...] Zum »Undinen-Zauber« Jost Hermand, in: *Jugendstil* (*Wege der Forschung,* Bd. CX).]

Holz, Hans Heinz: *Vom Kunstwerk zur Ware. Studien zur Funktion des ästhetischen Gegenstands im Spätkapitalismus.* Darmstadt/Neuwied 1972 (= *Sammlung Luchterhand,* Nr. 65). [S. 140 ff. (Die Repristination des Ornaments).]

Jünger, Ernst: *Essays III. Das Abenteuerliche Herz.* Fassung I und II. Stuttgart o. J. (= *Werke,* Bd. 7). [*Violette Endivien,* S. 184.]

Kassner, Rudolf: *Sämtliche Werke.* Im Auftrag der Rudolf Kassner Gesellschaft hrsg. von Ernst Zinn. Pfullingen 1969 ff. (Bd. I, 1969; Bd. II, 1974). [Über »Ornament«, Bd. I, S. 296.]

Keyserling, Eduard von: *Werke,* mit einer Einleitung *Schloßgeschichten* und einem editorischen Anhang des Herausgebers. Hrsg. von Rainer Gruenter. Frankfurt a. M. 1973. [*Harmonie* (1905), S. 222, 230, 232, 252 (Interieur-Schilderung, das weiße Zimmer Annemaries v. Bassenow, vgl. Proust, Odettes *Jardin d'hiver* in *A l'hombre des jeunes filles en fleur,* a.a.O. v. III, p. 213 svv.).]

Liliencron, Detlef von: *Gesammelte Werke.* Bd. 1–8. Berlin 1911, 1912.

Lyrik des Jugendstils, Eine Anthologie. Mit einem Nachwort hrsg. von Jost Hermand. Stuttgart 1969 (= *Reclams Universal-Bibliothek,* Nr. 8928).

Mann, Heinrich: *Die Göttinnen oder Die drei Romane der Herzogin von Assy.* Hamburg/Düsseldorf 1969.

Mann, Thomas: *Sämtliche Erzählungen.* Frankfurt a. M. 1963. [*Tristan* (1902), S. 170–206.]

Mombert, Alfred: *Dichtungen. Gesamtausgabe in drei Bänden.* Hrsg. von Elisabeth Herberg. München 1963.

Schlaf, Johannes: *Christus und Sophie.* Wien/Leipzig 1906.

Schlaf, Johannes: *Leonore und Anderes.* Berlin 1899 (= *Novellen,* Bd. I).

Schlaf, Johannes: *Peter Boies Freite.* 2. Aufl., Leipzig 1903.

Baudelaire, Charles: *Œuvres complétes.* Texte établi et annoté par Y.-G. Le Dantec. Édition révisée, complétée et présentée par Claude Pichois. Paris 1961. [*L'invitation au voyage* (p. 51); *Là, tout n'est qu'ordre et beauté; Luxe, calme et volupté; Le peintre de la vie moderne,* pp. 1152–1190, vor allem: *Le Beau, la Mode et le Bonheur; La Modernité; Le Dandy; Les Femmes et les Filles.*]

Beardsley, Aubrey: *The Collected Drawings of Aubrey Beardsley.* With an Appreciation by Arthur Symons. Ed. Bruce S. Harris. New York 1967 *(Bounty Books).*

Huysmans, Jorris-Karl (Charles-Marie-Georges): *Œuvres complètes* (vol. I–XII); *A Rebours,* vol. VI. Genève 1972. (Réimpression des éditions de Paris, de 1928 à 1934). [Die Anteilnahme und hohe Schätzung, die Des Esseintes im Bibliotheks-Kapitel XIV Baudelaire, Verlaine, vor allem auch Edmond de Goncourt (*c'était la nostalgie du siècle précédent, un retour vers des élégances d'une société à jamais perdue)* und Mallarmé (*Hérodiade)* entgegenbringt, gestattet es, eine Romanfigur zum Gegenstand der Leser-Forschung zu machen: Lektüre-Prädilektionen im Roman des Fin de siècle!]

Mallarmé, Stéphane: *Œuvres complètes.* Texte établi et annoté par Henri Mondor et Georges Jean-Aubry. Paris 1970 (= *Bibliothèque de la Pléiade,* 65). [*La Dernière Mode,* p. 705 (Facsimilé de la couverture de la *Dernière Mode)* – 847, vor allem *La Mode (Bijoux),* p. 711–715; *Hérodiade,* p. 41–49; *L'Après-midi d'un Faune,* p. 50–53.]

Proust, Marcel: *A la recherche du temps perdu.* Bd. I–X. Paris 1954. [*A l'hombre des jeunes filles en fleurs,* vol. III, p. 213 svv. (Intérieur-Schilderung *Jardin d'hiver,* Möbel, Garderobe, Odettes Blumen vgl. mit Intérieur in *Harmonie* (1905) von Eduard v. Keyserling, S. 230, 232).]

Régnier, Henri de: *Poèmes. 1887–1892. Poèmes anciens et romanesques/Tel qu'en songe/Augmentés de plusieurs poèmes.* Paris 1895. [Das von mir benutzte Exemplar hat folgenden Exlibris-Text: *Aus.der.Bücherei.von.Harry.Graf. Kessler.* Auch ein Beitrag zur Leser-Forschung!]

Régnier, Henri de: *Les jeux rustiques et divins. Aréthuse. Les Roseaux de la flute. Inscriptions pour les treize portes de la ville. La corbeille des heures. Poèmes divers.* Quatorzième édition. Paris 1918 [*Flutes d'Avril et de Septembre* (à Stéphane Mallarmé), p. 81–112; *Les Roseaux de la Flute* (à Pierre Lonÿs), p. 113–180 (darin *L'ŷle,* p. 125).]

Verhaeren, Emile: *Impressions. Première série. Des flambeaux noirs aux flammes hautes. Poèmes en prose. Celui des voyages.* Sixième édition. Paris 1926. [*Les Résidences,* p. 71–73; *Une Promenade* (1899), p. 113–116.]

Verlaine, Paul: *Œuvres poétiques complètes.* Texte établi et annoté par Y.-G. Le Dantec. Édition révisée, complétée et présentée par Jacques Borel. Paris 1973 (= *Bibliothèque de la Pléiade,* 47).

Wilde, Oscar: *Complete Works.* With an Introduction by Vyvyan Holland. London/Glasgow [2]1966. [*Poems,* p. 709–860. Hier *In the Gold Room; Fantaisies Décoratives; Stories, The Remarkable Rockett,* p. 310–320; *Plays, Salomé,* p. 552–575.]

Wilde, Oscar: *Werke in zwei Bänden. Theaterstücke, Briefe, Gedichte, Nachwort.* Hrsg. von Rainer Gruenter. München 1970. [Darin: Gruenter, Rainer, *Versuch über Oscar Wilde,* Bd. II, S. 587–638, hier bes. S. 600ff.]

Wilde, Oscar: *The Letters.* Ed. by Rupert Hart-Davis. London 1962.

Wilde, Oscar: *Briefe.* Hrsg. von Rupert Hart-Davis. Deutsch von Hedda Soellner. Reinbek bei Hamburg 1966.

Yeats, William Butler: *The Variorum Edition of the Poems of W. B. Y.* Edited by Peter Allt and Russell King Alspach. New York [6]1973, p. 157f. [*He gives his Beloved certain Rhymes,* in: *The Wind among the Reeds.* Wichtig: *Notes,* p. 840.]

2. Kunst- und Literaturzeitschriften der Jahrhundertwende

Pan. Hrsg. von Otto Julius Bierbaum und Julius Meier-Graefe. Berlin 1895 bis 1900.

Jugend. Münchner illustrierte Wochenschrift für Kunst und Leben. Hrsg. von Georg Hirth. München 1896–1940.

Simplizissimus. Hrsg. und Verlag Albert Langen. München 1896ff.

Ver Sacrum. Organ der Vereinigung bildender Künstler Österreichs. Red.: W. Schölermann, Wien 1898–1900.

Die Insel. Monatsschrift mit Buchschmuck und Illustrationen. Hrsg. von Otto Julius Bierbaum, Alfred Wilhelm Heymel und Rudolf Alexander Schröder. Berlin bzw. Leipzig 1899–1902.

Die Weißen Blätter. Eine Monatsschrift. Hrsg. von René Schickele. Leipzig bzw. Zürich 1913–1921.

3. Literatur über Kunst und Literatur im ›Jugendstil‹

Adorno, Theodor W.: *Prismen. Kulturkritik und Gesellschaft.* Berlin/Frankfurt a.M. 1955. George und Hofmannsthal. [Zum Briefwechsel, S. 232 ff.]

Ahlers-Hestermann, Friedrich: *Stilwende. Aufbruch der Jugend um 1900.* Berlin 1941.

Ahlers-Hestermann, Friedrich: *Stilwende. Aufbruch der Jugend um 1900.* Zweite, veränderte Neuausgabe. Berlin 1956.

Aler, Jan: *Symbol und Verkündigung. Studien um Stefan George.* Düsseldorf/ München 1976. [Kunst der Komposition im *Teppich des Lebens,* S. 214–235.]

Behrens, Peter: *Feste des Lebens und der Kunst.* Jena 1900.

Bie, Oscar: *Das Kunstgewerbe.* Frankfurt a.M. 1905 (= *Die Gesellschaft. Sammlung sozialpsychologischer Monographien.* Hrsg. von Martin Buber, Band 20).

Bie, Oscar: *Das Ballett.* Mit drei mehrfarbigen Kunstbeilagen und vierzehn Vollbildern in Tonätzung. Berlin o.J. (1905) (= *Die Literatur.* Hrsg. von Georg Brandes, Band 15).

Bühne, Ball und Bänkel. Farbige Meisterbilder. Mit einer Einführung von Oscar Bie. Bielefeld/Leipzig [1923].

Im Konzert. Ein leitmotivischer Text von Oscar Bie. Mit vierundfünfzig Steinzeichnungen von Eugen Spiro. Zweite Auflage. Berlin [1922].

Denker, Klaus Peter: *Literarischer Jugendstil im Drama. Studien zu Felix Braun.* Wien 1971. [Das ›Besondere Lebensgefühl‹. Zum Programm der Erneuerungsbewegung um 1900, S. 11–24; auch 2. Kap. III, S. 49 ff., bes. auch Auswahlbibl. S. 124 ff.]

Die Stadt Düsseldorf und ihre Verwaltung im Ausstellungsjahre 1902. Festschrift im Auftrage des Oberbürgermeisters verfaßt von Dr. jur. Hans Meydenbauer. Düsseldorf 1902. [Bes. III. Kap.: *Die Kunst in Düsseldorf.*]

Fritz, Horst: *Literarischer Jugendstil und Expressionismus. Zur Kunsttheorie, Dichtung und Wirkung Richard Dehmels.* Stuttgart 1969 (= *Germanistische Abhandlungen,* 29). [Bes. Kap. II, darin: *Liebesdichtung als Ornament,* S. 58 ff.]

Stefan George Kolloquium. Hrsg. von Eckhard Heftrich, Paul Gerhard Klussmann, Hans Joachim Schrimpf. Köln 1971.

Haack, Friedrich: *Die Kunst des XIX. Jahrhunderts.* Vierte, vermehrte und verbesserte Auflage. Esslingen a.N. 1913 (= *Grundriß der Kunstgeschichte* von Wilhelm Lübke, Bd. V), S. 334–613.

Hajek, Edelgard: *Literarischer Jugendstil. Vergleichende Studien zur Dichtung und Malerei um 1900.* Düsseldorf 1971 (= *Literatur in der Gesellschaft.*

Hrsg. von Klaus Günther Just, Leo Kreutzer und Jochen Vogt, Band 6). [Begriffsbestimmungen, S. 9ff., bes. S. 36ff. Zu Wildes *Salomé*, S. 40–62.]

Hermand, Jost: *Der Schein des schönen Lebens. Studien zur Jahrhundertwende.* Mit 46 Abbildungen. Frankfurt a. M. 1972 (= *Athenäum Paperbacks, Germanistik*).

Hermand, Jost: *Jugendstil. Ein Forschungsbericht 1918–1964.* Stuttgart 1965 (= *Referate aus der Deutschen Vierteljahrsschrift für Literaturwissenschaft und Geistesgeschichte*, hrsg. von Richard Brinkmann und Hugo Kuhn).

Hermand, Jost: *Jugendstil.* Darmstadt 1971 (= *Wege der Forschung*, Band CX).

Hofstätter, Hans H.: *Jugendstil. Druckkunst.* Unter Mitarbeit von W. Jaworska und S. Hofstätter. Dritte, unveränderte Auflage. Baden-Baden 1973.

Hofstätter, Hans H.: *Geschichte der europäischen Jugendstilmalerei. Ein Entwurf.* Köln 1963 (= *DuMont Dokumente Kultur und Geschichte*).

Jost, Dominik: *Literarischer Jugendstil.* Stuttgart 1969 (= *Sammlung Metzler*, Bd. 81).

Jugendstil. Vom Beitrag Darmstadts zur internationalen Kunstbewegung um 1900. Zusammengestellt und erläutert von Gerhard Bott. Darmstadt 1965.

Jugend-Stil. Stil der Jugend. Thesen und Aspekte. Hrsg. von Hermann Glaser mit Beiträgen von Dieter Baacke, Klaus Peter Denker, Gert Heidenreich, Hermann Glaser, Eberhard Roters. München 1971. [Interessant: Dieter Baacke: *Die Andere Kultur. Idylle und Provokation*, S. 26–56.]

Klein, Elisabeth: *Jugendstil in deutscher Lyrik.* Diss. Köln 1957. [Bes. Teil II, S. 120–226 und Einzel-Interpretationen, 227ff.]

König, René: *Macht und Reiz der Mode. Verständnisvolle Betrachtungen eines Soziologen.* Düsseldorf/Wien 1971, bes. S. 9–60.

Koreska-Hartmann, Linda: *Jugendstil – Stil der »Jugend«. Auf den Spuren eines alten, neuen Stil- und Lebensgefühls.* München 1969.

Lanson, Gustave: *Histoire de la Littérature Française.* Remaniée et complétée pour la période 1850–1950 par Paul Tuffran. Paris 1960.

Neuwirth, Waltraud: *Österreichische Keramik des Jugendstils. Sammlung des Österreichischen Museums für angewandte Kunst*, Wien. München 1974 (= *Materialien zur Kunst des 19. Jahrhunderts*, Band 18).

Objekte des Jugendstils aus der Sammlung des Kunstgewerbemuseums Zürich. Bearbeitet und hrsg. von Erika Gysling-Billeter. Bern 1975.

Petzet, Heinrich Wiegand: *Von Worpswede nach Moskau. Heinrich Vogeler. Ein Künstler zwischen den Zeiten.* Köln 1972.

Rasch, Wolfdietrich: *Zur deutschen Literatur seit der Jahrhundertwende. Gesammelte Aufsätze.* Stuttgart 1967. [Bes. zu Thomas Manns Erzählung *Tristan*, S. 146–185.]

Schmalenbach, Fritz: *Jugendstil. Ein Beitrag zur Theorie und Geschichte der Flächenkunst.* Würzburg 1935.

Schmalenbach, Fritz: *Jugendstil und neue Sachlichkeit*, in: *Kunsthistorische Studien.* Basel 1941.

Simon, Hans-Ulrich: *Sezessionismus. Kunstgewerbe in literarischer und bildender Kunst.* Mit 14 Abb. Stuttgart 1976 (= *Metzler Studienausgabe*).

Sterner, Gabriele: *Jugendstil. Kunstform zwischen Individualismus und Massen-*

gesellschaft. Köln 1975 (= *dumont kunsttaschenbücher,* Band 25). [Über René Lalique, S. 56 ff.]

Le Symbolisme en Europe. (Exposition). Rotterdam Novembre 1975 – Janvier 1976, Bruxelles Janvier – Mars 1976, Baden-Baden Mars – Mai 1976, Paris Mai – Juillet 1976. Rotterdam/Paris 1975/76. [Fernand Khnopff, p. 88–93.]

Wallis, Mieczyslaw: *Jugendstil.* München 1974. Deutsche Ausgabe. Titel der Originalausgabe: *Secesja.* Verlag Arkady, Warschau 1967.

Walser, Karl: *Das Theater. Bühnenbilder und Kostüme.* Mit Text von Oscar Bie. Berlin [1912].

Rede über Stefan George. Zum 100. Geburtstag

1. Der Brief Kommerells (s. unten im Anschluß an diese Rede) ist zitiert nach Boehringers Abdruck in seinem Kommentar zu *Mein Bild von Stefan George* (s. Quellennachweis). Vergleiche damit den Brieftext, den Inge Jens publiziert hat: Max Kommerell, *Briefe und Aufzeichnungen, 1919–1944.* Aus dem Nachlaß hrsg. v. Inge Jens, Olten/Freiburg i. Br. 1967, S. 194–198.

2. Zitierte Quellen

Stefan George: *Werke.* Ausgabe in zwei Bänden. (2. Ausgabe) Bd. 1–2. – München. Düsseldorf. 1958.

(Bertram, Ernst): *Über Stefan George.* Referat von Ernst Bertram. In: *Mitteilungen der literarhistorischen Gesellschaft in Bonn.* – Dortmund. 3 (1908). S. 27–35. 8 (1913). S. 3–29.

Bie, Richard: *Stefan George: Richter der Zeit – Künder des Reichs.* – Berlin. (1934). (= *Die deutsche Innerlichkeit.* [Bd. 5].)

Boehringer, Robert: *Mein Bild von Stefan George.* – München. Düsseldorf. (1951).

(Borchardt, Rudolf): *Die Gestalt Stefan Georges.* In: Rudolf Borchardt: *Prosa I.* (Hrsg. von Maria Luise Borchardt.) – Stuttgart. (1957). S. 295–313. (= Ders.: *Gesammelte Werke in Einzelbänden.)* [Erschien 1928 in der Deutschen Allgemeinen Zeitung und in den Horen unter dem Titel *Der Dichter und seine Zeit.]*

David, Claude, *Stefan George. Sein dichterisches Werk. [Stefan George, Son Œuvre Poétique,* dt.] (Autorisierte Übertragung aus dem Französischen von Alexa Remmen [I–VI] und Karl Thiemer [VII–X].) – München. (1967). (= *Literatur als Kunst.* [. . .].)

Gundolf, Friedrich: *George.* – Berlin. 1930 [Copyright 1920.]

Hennecke, Günter: *Stefan Georges Beziehung zur antiken Literatur und Mythologie. Die Bedeutung antiker Motivik und der Werke des Horaz und Vergil für die Ausgestaltung des locus amoenus in den Hirten- und Preisgedichten Stefan Georges.* Diss. phil. Köln. (22. Februar 1964.)

(Landmann, Georg Peter): *Der George-Kreis. Eine Auswahl aus seinen Schriften.* Hrsg. von Georg Peter Landmann. – Köln. Berlin. (1965). (= *Neue Wissenschaftliche Bibliothek.* [. . .]. [Bd.] 8.)

Lepsius, Sabine: *Stefan George: Geschichte einer Freundschaft.* – Berlin 1935.

Leyen, Friedrich von der: *Begegnung mit Stefan George.* In: *Dichtung und Volkstum. Neue Folge des Euphorion.* [. . .]. – Stuttgart. 35 (1934). S. 263–267.

Linke, Hansjürgen: *Das Kultische in der Dichtung Stefan Georges und seiner Schule.* – München. Düsseldorf. (1960).

Lützeler, Heinrich: *Gedicht-Aufbau und Welthaltung des Dichters.* In: *Dichtung und Volkstum. Neue Folge des Euphorion.* [. . .]. – Stuttgart. 35 (1934). S. 247–262.

Salin, Edgar: *Um Stefan George: Erinnerung und Zeugnis.* 2., neugestaltete und wesentlich erweiterte Auflage. – (München. Düsseldorf. 1954.) [1. Auflage 1948.]

(Ders.): ΑΝΤΙΔΩΡΟΝ. Edgar Salin zum 70. Geburtstag. Hrsg. von Erwin von Beckenrath, Heinrich Popitz, Hans Georg Siebeck [und] Harry W. Zimmermann. – Tübingen 1962.

Steinen, Wolfram von den: *Stefan George.* In: Schweizer Annalen. – Zürich. 1 (1935/1936). S. 113–124).

Wolters, Friedrich: *Herrschaft und Dienst.* 3. Auflage. – Berlin. 1923.

Ders. *Stefan George und die Blätter für die Kunst. Deutsche Geistesgeschichte seit 1890.* – Berlin. 1930.

Despotismus und Empfindsamkeit
Zu Schillers *Kabale und Liebe*

1. Benutzte Literatur

Die zahlreichen Studien und Noten zu *Kabale und Liebe,* ältere und neuere, wurden zwar, wenn möglich, zur Kenntnis genommen, aber nicht immer genutzt.

Zur »revolutionären Kühnheit« von *Kabale und Liebe* hat man sich immer wieder geäußert, mit Skepsis Gerhard Storz in seinem Buch *Der Dichter Friedrich Schiller* (Stuttgart 1959). Er verweist auf die Monarchen-Verklagung Ramlers und Ewalds von Kleist, dessen Mentor Gleim nichts einzuwenden hatte gegen die Schlußstrophe des Gedichts *Ein Gemälde:*

> *Religion und Eid war ihm ein Puppenspiel.*
> *Durch Labyrinthe ging er stets zum nahen Ziel,*
> *Hurt' und verfolgte Wild . . . O Maler, halt ein wenig,*
> *Halt! ich versteh dich schon, das heißt: er war ein König.*

»Kräftige Äußerungen antimonarchistischer Polemik gab es seit etwa 1750 die Menge . . .« (Storz, S. 93 f.).

1 *Kabale und Liebe* zitiert nach der Horenausgabe (hrsg. von C. Schüdde-
   kopf und C. Höfer, München, Leipzig, Berlin 1910–1926, XXII Bde.)
   Bd. II, S. 293–409.,
2 Dazu: *Schillers ›Kabale und Liebe‹. Mannheimer Soufflierbuch*, hrsg. und
   interpr. v. Herbert Kraft. Forschungen zur Geschichte Mannheims und
   der Pfalz. N. F. Bd. III, Mannheim 1963.
3 Zu Beaumarchais: *Œuvres complètes de Beaumarchais* (précedées d'une
   notice sur sa vie et ses ouvrages p. M. Saint-Marc Girardin), Paris 1835,
   p. 8 svv.
   Zur Aufführung des *Mariage de Figaro (Cette première représentation fut
   und délire général)* vgl. die Beschreibung bei Porel und Monval, *L'Odeon*,
   Paris 2 vol., 1876–1882, t. I.
4 Zu Mirabeau: Jules Michelet, *Histoire de la Révolution Française*, Paris
   1877, vol. I. Vgl. das grandiose Portrait Mirabeaus, Livre I, p. 102 svv.
   (*Tout le monde présentait en lui la grande voix de la France*); p. 105, p. 109.
   Dazu die Darstellungen von E. Rousse (1891), L. Barthou (1914), J.-J.
   Chevalier (1947).
   In den *Considérations sur les principaux événements de la Révolution Fran-
   çaise (Œuvres compl. de M. d. Staël publ. p. son fils*, Bruxelles 1830; T. XII,
   p. 178 s.) beschreibt Madame de Staël Mirabeau als *Catilina*, Necker als
   Cicéron der beginnenden Revolution. Ein – verständlicherweise – par-
   teiliches Bild einer ebenso brutalen wie geschmeidigen Intelligenz und
   Kraft, einer *Fiesco*-Figur, die Necker selbst *tribun par calcul et aristocrate par
   goût* nannte.

Schiller und der Hof Karl Eugens

5 E. Müller, *Der junge Schiller*, Tübingen/Stuttgart 1947.
6 Ders., *Der Herzog und das Genie. Friedrich Schillers Jugendjahre*, Stuttgart
   1955.
7 H. Baake, *Karl Eugen, Herzog von Württemberg*, Berlin 1895.
8 *Herzog Karl Eugen von Württemberg und seine Zeit*. Hrsg. v. Württembergischen Geschichts- und Altertumsverein, Stuttgart 1903 ff. (Heft 1–7).

Ausführlich herangezogen wurden:

9 *Beschreibung der Hohen Karls-Schule zu Stuttgart*, [Batz, A. F.], (Mit Titel-
   vignette und 3 Plänen), Stuttgart 1783.
10 H. Wagner, *Geschichte der Hohen Carls-Schule* (Mit Illustr. von C. A. v.
    Heideloff), 2 Bde. mit Erg.-Bd., Würzburg 1856–58.
11 R. Uhland, *Geschichte der Hohen Karlsschule in Stuttgart*, Stuttgart 1953.
12 E. Vely, *Herzog Karl Eugen von Württemberg und Franziska von Hohenheim*,
    Stuttgart 1876.
13 Herzog Carl Eugen von Württemberg,
    *Tagebücher seiner Rayßen nach Prag und Dresden, durch die Schweiz und
    deren Gebürge, nach Nieder Sachßen und Dännemarck, durch die angesehen-
    sten Clöster Schwabens, auf die Franckforter Messe, nach Mömpelgardt, nach
    den beiden Königreichen Franckreich und Engelland, nach Holland und manch
    andern Orten in den Jahren 1783–1791 vom Herzog Carl Eugen selbsten
    geschrieben und seiner liebsten Freundin und Gemahlin Franziska von Hohen-
    heim gewidmet zum Andencken seiner Hochachtung*. Hrsg. v. R. Uhland,

Tübingen o.J. [1968]. Vgl. die Eintragung des Herzogs in sein Pariser Reisetagebuch von *Dienstag, den 26ten Aprill* 1791 über die Zustände in Frankreich, zwei Jahre nach dem Sturm auf die Bastille und seinem letzten Besuch in Frankreich (14. Januar bis 22. Februar 1789):

Ganz unbegreifflich mag es wohl jedem Frembden sein, Franckreich, besonders aber Paris in einem Zeitraum von zwey Jahren so ganz geändert und umgeschmolzen zu finden. Wo sonsten ein König durch seine Ministers ganz despotisch herrschte, da findet mann jezo einen König, der außer den Nahmen nichts der Crone ähnliches führet, Ministers, die ohne alle Gewalt und Einfluß nur das thun müssen, was ihnen eine die Gewalt in Handen habende Gesellschafft gebietet. Der Handel, der sonsten Franckreich so emporgebracht, [ist] ganz darniedergelegt, die Circulation des Geldes ganz gehemmet; statt Luxus, der doch, so übel er sonsten ist, doch die Fabriquen erhielt, in eine an sich schmuzige Einfachheit umgekleidet, und was das Auffallendste ist, ein Nation, die sonsten seinen Souverain so liebte, so umgeschmolzen zu sehen, das sie mit Verachtung von ihm spricht und ihme nur das Vorrecht alß erster Bürger lasset.

Das Militair ist im Grund verdorben, die Disciplin ist verlohren und kein Oberer wird geachtet. Die Kirche ist dahin und die Priester werden gezwungen, Lohnknechte zu sein. Kein Adel soll mehr sein und der Staat verliert seine Stüze. Alle dieße Einrichtungen haben einige hizige Köpffe gemacht, die sich unter zwölffhundert, die die sogenannte Nationalversammlung ausmachen, auszeichnen wollen, und die Franckreich, das so schöne Königreich, in Bälde vollends im Abgrund bringen werden. Mögte doch dießes Beyspiel allen Staaten zur Warnung dienen und sie überzeugen, das nur Ordnung von oben und daraus fließender Gehorsam der Weeg seye, Länder glücklich zu machen und zu erhalten.

14 Zur ›Empfindsamkeits‹-Diskussion vgl. jetzt die in zwei Bänden (I und III) vorliegende Monographie von Gerhard Sauder, *Empfindsamkeit. Voraussetzungen und Elemente*, I; *Quellen und Dokumente*, III; Stuttgart 1974 und 1980.

15 Zur Geschichte des Lesens im Achtzehnten Jahrhundert: *Leser und Lesen im Achtzehnten Jahrhundert.* Beiträge zur Geschichte der Literatur und Kunst des 18. Jahrhunderts, Bd. 1, hrsg. v. Rainer Gruenter, Heidelberg 1977.

Erotische Buchmetaphorik
in Casanovas *Histoire de ma vie*

1 Jacques Casanova de Seingalt, *Histoire de ma vie.* Edition intégrale. Tome Premier. Wiesbaden/Paris 1960, S. 137–160.
2 Rolf Engelsing, *Der Bürger als Leser. Lesergeschichte in Deutschland 1500–1800.* Stuttgart 1974.

Der reisende Fürst
Fürst Hermann Pückler-Muskau in England

1 Vgl. Heinz Gollwitzer, *Die Standesherren. Die politische und gesellschaftliche Stellung der Mediatisierten 1815–1918.* 2. durchgesehene und ergänzte Ausgabe. Göttingen 1964.

2 An dieser Stelle möchte ich in Erinnerung bringen die Reiseratschläge des Freiherrn Knigge im zweiten Teil seines Sittenkompendiums *Ueber den Umgang mit Menschen* (Nr. 10 des Lit.-Verz.), 2. Theil, pp. 222–242. Der Reise-Alltag sieht hier ganz anders aus. Postkutschen und Postknechte sind bestechliche Grobiane, vor allem die Wirte in ihren rauchigen Gaststuben und mit ihren schmutzigen Schlafstellen sind mit allen Wassern gewaschene Gauner, die Wagenwerkstätten sind unzuverlässig, und das Wegegeld der Chausseeaufseher wird so willkürlich beigetrieben wie auf einer italienischen *autostrada.* Knigges ideales Reisen ist die promenade à pied, das *Fußgehn.* Er schwärmt von seiner Fußreise durch das *Paradies von Deutschland,* die Pfalz. Freilich ist das *Fußgehn* für *einen Mann von Stande* nicht nur unüblich, sondern auch unopportun, da er auf diese Weise *zu viel Aufmerksamkeit erregt,* und die *Gasthalter nicht eigentlich wissen, wie sie uns behandeln sollen. Ist man nämlich besser gekleidet, als gewöhnliche Fußgänger; so hält man uns entweder für verdächtige Menschen, für Abentheurer, oder für Geizhälse; Man wird beobachtet, ausgefragt, und mit einem Worte! man paßt nicht in den Tarif, nach welchem die Wirthe ihre Fremden zu taxiren pflegen. Ist man aber schlecht gekleidet; so wird man, wie ein reisender Handwerkspursche, in Dachstübchen und schmutzige Betten einquartirt, oder man muß jedesmal weitläufig erzählen: wer man ist, und warum man nicht mit Kutschen und Pferden erscheint?* Was der aufgeklärte Freiherr vom *Hang zum Reisen Grosser, besonders regierender Herren* hält, sagt er ungeschminkt: *Zu den mehrentheils schädlichen Liebhabereyen großer, besonders regierender Herrn, gehört auch die Lust, ausser Lande zu reisen. Ungern mögte ich einen Fürsten darinn bestärken. Sie rennen da gewöhnlich in fremden Himmels-Gegenden herum, bevor sie ihr eigenes Land kennen, in welchem tausend Gegenstände, mehr als die Carnavals von Venedig und die Pferderennen in England, ihrer Aufmerksamkeit werth sind, kaufen für den sauren Erwerb ihrer Unterthanen ausländische Possen, Krankheiten des Leibes und der Seele, und bringen nicht selten große Forderungen, Hang zur Verschwendung, Wollust und Ueppigkeit, böse Laune, Müßiggang, Avantüriers u.d.gl. in ihre arme Residenz zurück.* Avantüriers als feudales Reisemitbringsel! Das Gegenstück einer solchen Lasterreise eines *regierenden Herrn* ist geschildert in den Reisetagebüchern des Herzogs Carl Eugen, die er für seine *liebste Freundin und Gemahlin* Franziska von Hohenheim aufgeschrieben hat (Nr. 7 des Lit.-Verz.).

3 Vgl. Heinz Gollwitzer, a.a.O., *Der standesherrliche Grandseigneur,* pp. 318–327, vor allem pp. 322 ff.

4 Zitierte Literatur

1 [Pückler-Muskau, Hermann Fürst von], *Briefe eines Verstorbenen. Ein fragmentarisches Tagebuch aus Deutschland, Holland und England, geschrie-*

ben in den Jahren 1826, 1827 und 1828. Dritter und Vierter Theil. Stuttgart: Hallberg'sche, vormals Franckh'sche Verlagsbuchhandlung 1831. [Stadtbibliothek Wuppertal-Elberfeld, Sign. 706 Bp 3 1/2 und 4 1/2].

2 [Pückler-Muskau, Hermann Fürst von], *Briefe eines Verstorbenen. Ein fragmentarisches Tagebuch aus England, Wales, Irland und Frankreich, geschrieben in den Jahren 1828–1829.* Erster und Zweiter Theil. München: Franckh 1830. [Landes- und Stadtbibliothek Düsseldorf, Sign. + 4029 840 01 und 841 01].

3 *Briefwechsel und Tagebücher des Fürsten Hermann von Pückler-Muskau.* Aus dem Nachlaß des Fürsten Pückler-Muskau. Hrsg. von Ludmilla Assing. 10 Bde. Bern 1971 [Nachdruck der Ausgabe des Verlags Hoffmann und Campe Hamburg 1873 und des Verlags Wedekind und Schwieger Berlin 1874].

4 [Pückler-Muskau, Hermann Fürst von], *Tutti Frutti: Aus den Papieren des Verstorbenen.* [Motto: *De mortuis nil nisi bene* (zur Bemerkung für alle Reisenden)] 5 Bde. Stuttgart: Hallbergersche Verlagsbuchhandlung 1834. [Stadtbibliothek Wuppertal-Elberfeld. Sign. 745 Aa 1 1/2–5 1/2].

5 *The Works of Laurence Sterne, in ten volumes complete [. . .], 5th Vol.: A Sentimental Journey Through France and Italy by Mr Yorick.* London, MDCCXCIII.

6 Sterne, Laurence, *A Sentimental Journey Through France and Italy.* With an introduction by Virginia Woolf. London 1967 *(The World's Classics, 333).*

7 Uhland, Robert (Hrsg.), *Tagbücher seiner Rayßen nach Prag und Dresden, durch die Schweiz und deren Gebürge, nach Nieder Sachßen und Dännemarck, durch die angesehensten Clöster Schwabens, auf die Franckforter Messe, nach Mömpelgardt, nach den beiden Königreichen Franckreich und Engelland, nach Holland und manch anderen Orten in den Jahren 1783–1791 vom Herzog Carl Eugen selbsten geschrieben und seiner liebsten Freundin und Gemahlin Franziska von Hohenheim gewidmet zum Andencken seiner Hochachtung.* Tübingen o. J. (1968), S. 317–363, *1789, Diarium der Rayße nach denen beeden Königreichen Franckreich und Engelland von dem Herzog selbsten geschrieben und seiner geliebtesten Gehüllffin zum Angedenken übergeben* (13. 1. 1789–13. 5. 1789).

8 *Ansichten vom Niederrhein, von Braband, Flandern, Holland, England und Frankreich im April, Mai und Junius 1790 von George Forster,* 1. Theil, Berlin 1800 (neue Auflage); 2. Theil, Berlin, 1791; 3. Theil, Berlin 1794 (mit einem Vorwort von L. F. Huber).

9 *Voyage philosophique et pittoresque en Angleterre et en France fait en 1790[. . .] par George Forster, l'un des Compagnons de Cook.* Trad. de l'allemand [. . .] par Charles Pougens, Paris, l'an quatrième de la Republique Française, une et indivisible (Übersetzung des dritten Teils der Ansichten).

10 *Über den Umgang mit Menschen von Adolph Freyherrn Knigge. In drey Theilen.* Dritte und vermehrte Auflage. Hannover 1790, 2. Theil, pp. 222–242.

11 Immermann, Karl, *Reisejournal.* Düsseldorf: J. E. Schaub 1833.

Zur Reiseliteratur

12 Beck, Carl, *Deutsches Reisen im Wandel der Jahrhunderte*. Berlin: Volksverband der Bücherfreunde Wegweiser Verlag GmbH 1936.

13 Frantz, Ray William, *The English Traveller and the Movement of Ideas 1660–1732*. New York: Octagon Books 1968.

14 Batten, Charles Linwood Jr., *Pleasurable Instruction. Form and Convention in Eighteenth-Century Travel Literature*. Berkeley and Los Angeles, London: University of California Press 1978.

Zu Fürst Pückler-Muskau

15 Jäger, August, *Das Leben des Fürsten von Pückler-Muskau*. Mit dem Bilde des Fürsten. Stuttgart: J. B. Metzler 1843.

16 von Metternich, Clemens Fürst, *Aus Metternichs nachgelassenen Papieren*. Herausgegeben von dem Sohne des Staatskanzlers Fürsten Richard Metternich-Winneberg. Zweiter Theil, Friedens-Aera 1816–1848, 4. Bd. Wien: Braumüller 1883 XI.

17 Schnirch, Paula, *Fürst Hermann von Pückler-Muskau und Karl August Varnhagen von Ense*. Dissertation Wien 1914 [Maschinenschr.].

18 Muncker, Franz, *Anschauungen vom englischen Staat und Volk in der deutschen Literatur der letzten vier Jahrhunderte. Theil 2: Von Pückler-Muskau bis zu den Jungdeutschen*. München 1918–1925 (*Sitzungsberichte der Bayerischen Akademie der Wissenschaften*, Philosophisch-philologische und historische Klasse, Jg. 1925, Abh. 1.).

19 Butler, Elisabeth Mary, *The Tempestuous Prince: Hermann Pückler-Muskau*. London: Longmans Green and Co. 1929 XII.

20 Ehrhard, Auguste, *Fürst Pückler*. (*Le Prince de Pückler-Muskau*, Deutsch). *Das abenteuerreiche Leben eines Künstlers und Edelmannes*. Berechtigte Übertr. von Fr. von Oppeln-Bronikowski. Berlin, Zürich: Atlantis 1935.

21 Rave, Paul Ortwin (Hrsg.), *Fürst Hermann Pückler-Muskau*. Breslau: W. G. Korn 1935.

22 Grabein, Anna Cecilie, *Der letzte große Kavalier. Hermann Fürst von Pückler-Muskau*. [Roman] Berlin: Bernard & Graefe 1943.

24 Weber, Lucia, *Die Ansichten des Fürsten Hermann von Pückler-Muskau über England und Frankreich aus den »Briefen eines Verstorbenen«*. Dissertation Wien 1948 [Maschinenschr.].

25 Symonds, Emily Morse (George Paston, pseud.), *Little Memoirs of the Nineteenth Century*. Freeport, New York: Books for Libraries Press 1969.

Das kleine Weinjahr
Ein Walliser Jahreszeiten-Zyklus Rainer Maria Rilkes

1 Rainer Maria Rilke, *Sieben Entwürfe aus dem Wallis oder Das kleine Weinjahr*, in: *Sämtliche Werke (GW)*, Bd. II, Leizpig: Insel, 1963, S. 145–148.

2 Baudelaire, *Œuvres complètes* (Texte établi et annoté par Y. G. Le Dantec,

éd. révisée, compl. et prés. par Claude Pichois), Bibl. de la Pléiade, Editions Gallimard, 1961; *Les Fleurs du Mal, Spleen et Idéal,* IV, *Correspondances,* p. 11.

3 Rainer Maria Rilke, *Gesammelte Briefe in sechs Bänden (GB),* Leipzig: Insel, 1937, Bd. V, Briefe aus Muzot 1921 bis 1926, S. 7 f.

4 Die Frage scheint erlaubt, ob nicht Lyrik höchsten Ranges überhaupt an die Bedingung solchen Umganges gebunden ist, ob ihr Gedicht sich nicht immer aus den *correspondances* der Natur zusammensetzt, ob es – im Sinne rubrizierender Poetologie – nicht ein Natur-Gedicht ist? Unter diesem Gesichtspunkt verweise ich auf die großen Gedichte von Saint-John Perse *Éloges, Anabase, Exil, Pluies, Vents (Mais toi n'aille point, ô Vent, rompre ton alliance!);* ebenfalls auf einen Dichter, der Rilke hoch achtete, den Rilke schätzte, William Butler Yeats. Einsamer Turm-Bewohner auch er, und sein bester deutscher Kenner, Werner Vortriede, spricht von der *besonderen Gemeinsamkeit* von *Duineser Elegie* und Turmgedichten, *The Tower* (Werner Vortriede in: W. B. Yeats, *Werke,* Neuwied u. Berlin 1970, Bd. I, S. 8). Diese Turm-Dichter – das politische Exil von Saint-John Perse ließ ihn andere Formen wohnender Einsamkeit finden – haben gleichsam einen Vertrag, einen Ausschließlichkeitsvertrag mit ihrem Partner, der als ›Schöpfung‹ sich darbietenden Landschaft ihrer Wahl geschlossen. Der Turm bewacht und garantiert diesen Vertrag.

5 *GB* V, S. 209 f.

6 *GB* V, S. 211.

7 *GB* V, an Frau Amman Volkart, S. 263 f.

8 *GB* V, an Clara Rilke, S. 296.

9 *GW* II, S. 158, S. 162, S. 166, S. 168 f.

10 *GW* II, *Vorfrühling,* S. 158.

11 *GB* V, S. 385.

12 *GB* V, S. 398 f.

Über die *Liederlichkeit der Gefühle*
Brief an Richard Alewyn

1 Vgl. Gerhard Möbus, *Die Christus-Frage in Goethes Leben und Werk,* Osnabrück 1964.

2 Joseph Freiherr von Eichendorff, *Geschichte der poetischen Literatur Deutschlands,* zit. nach J. Fr. v. E., *Werke und Schriften,* hrsg. in Verb. m. S. Grosse von G. Baumann, Stuttgart 1958, Bd. 4 *(Literarhistorische Schriften, Historische Schriften, Politische Schriften),* S. 9–240.

3 Ebd., S. 227. Zum folgenden S. 227 ff.

4 Ebd., S. 234.

5 Ebd., S. 237 f.

6 Vgl. ebd., S. 239 f.

7 Ich nenne hier nur jüngere Versuche einer Begriffsbestimmung durch Karl Rahner, der die Unterschiede und Überschneidungen von Häresie und Apostasie ebenso scharf wie behutsam untersucht. Vgl. Karl Rahner,

Schriften zur Theologie, Bd. 5, Einsiedeln/Zürich/Köln 1962, S. 527–576 (*Neuere Schriften, Was ist Häresie?*).

8 *Werke und Schriften,* a.a.O., Bd. 4, S. 645–859.

9 Ebd., S. 711.

10 Ebd., S. 712.

11 Vgl. zum folgenden ebd., S. 713 ff.

12 Ebd., S. 714.

13 José Ortega y Gasset, *Um einen Goethe von innen bittend. Brief an einen Deutschen,* in: Die Neue Rundschau, 43. Jg. der Freien Bühne, Bd. 1, 1932, S. 551–570.

14 S. Anm. 1.

15 Emil Staiger, *Goethe,* Bd. 1 (1749–1786), Zürich [2]1957, S. 113.

16 *Der junge Goethe.* Neu bearbeitete Ausgabe in fünf Bänden, hrsg. v. H. Fischer-Lamberg, Bd. 1 (August 1749–März 1770), Berlin 1963, S. 260 f.

17 Der Aufmerksamkeit des Literarhistorikers möchte ich in diesem Zusammenhang empfehlen eine Vortragssammlung des Theologen Wilhelm Anz, *Kierkegaard und der deutsche Idealismus,* Tübingen 1956 (= *Sammlung gemeinverständlicher Vorträge und Schriften aus dem Gebiet der Theologie und Religionswissenschaften,* 210/211); vor allem S. 15 ff., S. 27: *Blicken wir im Lichte der Hinsichten, die uns Kierkegaards Existenzkategorien geben, auf Goethe, dann dürfen wir etwa sagen: es gibt unwiderleglich das Erlebnis unserer Einheit mit dem Ganzen des Lebens, dem wir angehören und das wir in unserer Tiefe selbst zu sein vermeinen. Aber die Echtheit dieser Erfahrung verbürgt noch nicht ihre endgültige Wahrheit. Vielmehr verfällt Goethe dem Irrtum, indem er seinen Erlebnissen eine eigene ›metaphysische‹ Wirklichkeit zuschreibt. Seine genialische Verzauberung läßt ihn den menschlichen Geist als Erscheinung des göttlichen Geistes verstehen. Die Souveränität der Ironie als beherrschten Momentes hebt dabei jene genialische Ergriffenheit nicht auf, sondern ganz im Gegenteil, sie nimmt daraus ihr Selbstbewußtsein. Herrschen heißt hier nur: etwas fraglos Hingenommenes soweit regulieren, daß dieser kostbarste Besitz sich ganz auswirken kann. Darin liegt etwas Selbstisches, das bewirkt, daß die Lebensweisheit in Wahrheit nur Lebenskunst ist. Dieses Selbstische ist Zeugnis ›dämonischer‹ Unfreiheit; es bezeugt Verfallenheit an die Leidenschaft, Ergriffenheit von der Welt. Trotz aller Ironie ist also die goethische Persönlichkeit sich noch nicht bis in den Grund ihrer selbst durchsichtig geworden; sie ist noch nicht ihrer selbst mächtig.*

18 *Der junge Goethe,* a.a.O., Bd. 2, S. 11.

19 Zit. bei Emil Staiger, a.a.O., S. 101; vgl. den ganzen Absatz S. 100 f.

20 *Der junge Goethe,* a.a.O., Bd. 1, S. 263 f.

21 Vgl. hierzu Richard H. Grützmacher, *Die Religionen in der Anschauung Goethes,* Baden-Baden 1950. Vor allem Peter Meinhold, *Goethe zur Geschichte des Christentums,* Freiburg i. B./München 1958 (= *Deutsche Klassik und Christentum*). Weitere Literaturhinweise bei Gerhard Möbus, a.a.O., S. 364 f.

22 Vgl. ebd., S. 59.

23 Vgl. zum folgenden Emil Staiger, a.a.O., Bd. 3, S. 108 ff.

24 Nach Abschluß meines Manuskriptes erreichte mich die Dissertation von Peter Pfaff, *Das Glücksmotiv im Jugendwerk Goethes,* Heidelberg 1965 (= *Beihefte zum Euphorion,* 2).

25 So auch Emil Staiger, a.a.O., Bd. 3, S. 116.

26 Ebd., S. 112, S. 116 und Bd. 1, S. 62 ff.
27 Ebd., S. 123.

Hebbel, *Herodes und Mariamne*

1 Friedrich Hebbel, *Sämtliche Werke*, historisch-kritische Gesamtausgabe, hrsg. von Richard Maria Werner. Abt. I, Bd. 2, Berlin 1901, S. 195–365. Wo die Säk.-Ausg. (Berlin 1912 ff., 3. Aufl. von *Sämtl. Werke*) von *Sämtl. Werke* in 1. u. 2. Aufl. abweicht, ist nach der Säk.-Ausg. zitiert. *Briefe*, Berlin 1904–07, 8 Bde., Abt. 3 von *Sämtl. Werke. Tagebücher*, Berlin 1905, 4 Bde., Abt. 2 von *Sämtl. Werke. Fr. Hebbels Briefwechsel mit Freunden und berühmten Zeitgenossen*, hrsg. v. F. Bamberg, Berlin 1890–92, 2 Bde.
Die Einzelstudien, auf die sich der Verfasser im Text unmittelbar bezieht, sind in den Anmerkungen angeführt. Wesentlich für die Interpretation des Dramas sind: Marcus Landau, *Die Dramen von Herodes und Mariamne*, in: Zeitschr. f. vergl. Literaturgesch., N. F., Bd. 8, 1895, S. 175 ff., S. 279 ff., Bd. 9, 1896, S. 185 ff.; Paul Bornstein, *Hebbels Herodes und Mariamne*, Hamburg–Leipzig 1904; Otto Spiess, *Hebbels Herodes und Mariamne. Versuch einer Erläuterung zwischen den Zeilen für Schauspieler und Hebbel-Verehrer*, Halle 1913; Elise Dosenheimer, *Das zentrale Problem in der Tragödie Fr. Hebbels*, (Buchreihe d. Dt. Vjschr., Bd. 4), Halle 1925; Josef Körner, *Fr. Hebbels Hauptwerk, in: Jahrb. d. Freien Dt. Hochstifts, 1928; Franz Weichenmayr, Dramatische Handlung und Aufbau in Hebbels Herodes und Mariamne*, in: *Bausteine z. Gesch. d. dt. Lit.*, Bd. 24, Halle 1929; Klaus Ziegler, *Mensch und Welt in der Tragödie Fr. Hebbels*, Berlin 1938; Ders., *Drama*, Sp. 1091–1104, Sp. 1219–1225; Kurt May, *Hebbels Herodes und Mariamne*, in: *Form und Bedeutung*, Stuttgart 1957, S. 299–311 (zuerst in Hebbel-Jahrbuch 1949/50); Wiese, *Tragödie*, S. 604–614.
2 Körner, S. 220 und 225, Vgl. dazu die sehr aufschlußreichen Bemerkungen in Abschnitt VII: *Gefahr*, S. 215–226.
3 Körner nennt im Titel seines Aufsatzes *Herodes und Mariamne* Hebbels *Hauptwerk.*
4 *Sämtl. Werke*, Bd. II, S. 247. Die der Ludovico-Kritik Hebbels entnommenen Zitate werden im folgenden nicht gesondert aufgeführt. Wir verweisen auf *Sämtl. Werke*, Bd. II, S. 247–260.
5 *The Duke of Milan*, in: *The dramatic works of Massinger and Ford*. With an introduction of Hartley Coleridge, London 1889, p. 49–73.
6 Vgl. dazu Maurice Jacques Valency, *The Tragedies of Herodes and Mariamne*, New York 1940, p. 175–180 u. Maurice Chelli, *Le drame de Massinger*, Lyon 1923, p. 119 svv., p. 228 svv.
7 Brief an E. Janinski, in: *Briefe*, Bd. 4, S. 126 ff.
8 Die einschlägige Literatur ist bei Wiese S. 697, Anm. 21, und bei Ziegler, *Drama*, Sp. 1297, verzeichnet. Die Arbeiten von Wolfgang Liepe über den Einfluß, den G. H. Schubert und L. Feuerbach auf Hebbel ausgeübt haben, enthalten wichtige neue Erkenntnisse, die die Vorstellung der Hebbel-Forschung von der *Entstehung des Weltbildes* Hebbels korrigiert und bereichert haben. Vgl. Wolfgang Liepe, *Hebbel zwischen G. H. Schubert*

und L. Feuerbach, Studien zur Entstehung seines Weltbildes, Dt. Vjschr. 26, 1952, S. 447–477.

9 *Sämtl. Werke,* Bd. 2, S. 30.
10 Vgl. die Vorbemerkung Rötschers, *Sämtl. Werke,* Bd. 2, S. 415 ff.
11 Weichemayr, s. L., bietet eine genaue Aufbau-Analyse. Treffende Bemerkungen bei Körner, s. L. S. 208–215.
12 *Briefe,* Bd. 4, S. 74.
13 Körner, S. 202.
14 *Sämtl. Werke,* Bd. 2, S. 476.
15 Ebd., S. 476.
16 *Briefwechsel,* Bd. 1, S. 327.
18 Körner, S. 205.
19 Vgl. Valency, s. Anm. 6, S. 245: *Hebbel forces them ›his female characters‹ to insist hysterically upon the requirements of an inner life which defies comprehension. As the other characters are forced to cooperate in these artifices, they too are twisted out of their natural shape. Thus, while Hebbel deals almost exclusively with neurotic types, he permits them to follow not even a natural neurotic pattern, so that ultimately his characters are incapable of exhibiting anything save the distortion to which they have been subjected by the author.*
20 Körner, S 217 f.
21 437.V.:

>*Wenn Du Dir sagen darfst,*
>*Daß Du die Welt mir aufgewogen hast,*
>*Was sollte mich wohl in der Welt noch halten?*

22 Vgl. zum folgenden die Studie des Verfassers, *Der Prosastil des jungen Hebbel,* Diss. Köln 1949, ungedr., S. 45–109.
23 Vgl. Verfasser, *Hebbels ästhetische Theorie des Wortes,* in: *Euphorion,* Bd. 45, 1950, S. 365–372.
24 Vgl. Georg Lukacs, *Dt. Realisten des 19. Jahrh.,* Berlin 1956, S. 19 f.
25 Théophile Gautier, in: *Les Fleurs du Mal,* précédées de la notice par Th. G., Vienne, o. J., p. XXXIV.
26 *Sämtl. Werke,* Bd. 7, S. 98.
27 *Tagebücher,* Bd. 3, Nr. 3404.

Ein *Schritt vom Wege*
Geistliche Lokalsymbolik in Wilhelm Raabes *Unruhige Gäste*

1 *Unruhige Gäste. Ein Roman aus dem Säkulum.* Zitiert nach der Braunschweiger Ausgabe: Wilhelm Raabe, *Sämtliche Werke.* Im Auftrag der Braunschweigischen Wissenschaftlichen Gesellschaft herausgegeben von K. Hoppe. 16. Band, bearbeitet von H. Oppermann. Göttingen 1961, S. 181–337. Dazu Anhang, S. 545–571. Die Handschrift der *Unruhigen Gäste* wird im Braunschweiger Stadtarchiv aufbewahrt (Katalog-Nr. H III 10). Sie enthält zahlreiche Korrekturen und Streichungen, die H. Oppermann, den textkritischen Prinzipien der Edition (vgl. dazu den Anhang, a.a.O.) folgend, nicht vollständig mitteilt. Eine erneute Prüfung der Ergiebigkeit

aller textlichen Ergänzungen, Veränderungen und Tilgungen in der Handschrift unternimmt G. Höhler in einer Mannheimer Dissertation über die *Unruhigen Gäste.*

2 Der Roman erschien zuerst unter dem Titel: *Unruhige Gäste. Ein Roman aus der Gesellschaft,* in laufenden Fortsetzungen in der *Gartenlaube: Die Gartenlaube, Illustrirtes Familienblatt.* Begründet v. Ernst Keil 1853. Jahrgang 33, Leipzig 1885: S. 446–451; 462–467; 477–480; 494–498; 509–511; 525–527; 543–547; 558–562; 575–578; 591–595; 606–610; 622–624. In Buchform erschien der Roman ein Jahr später unter dem Titel: *Unruhige Gäste. Ein Roman aus dem Säkulum,* Berlin 1886, in der Groteschen *Sammlung von Werken zeitgenössischer Schriftsteller,* Bd. 24. Zweite, unveränderte Aufl. 1886. Dritte und vierte Aufl. 1900. Fünfte und sechste Aufl. 1906. Die für die Druckfassung des Romans in der *Gartenlaube* wichtige Korrespondenz zwischen Raabe und dem Herausgeber der *Gartenlaube,* Adolf Kröner, ist in der Briefsammlung des Braunschweiger Stadtarchivs einzusehen (Katalog-Nr. H III 10). Vgl. auch *In alls gedultig. Briefe Wilhelm Raabes (1842– 1910).* Im Auftrage der Familie Raabe hrsg. v. W. Fehse, Berlin 1940.

3 *Unruhige Gäste,* S. 205 f. Im folgenden beziehen sich Seitenzahlen ohne Titelangabe immer auf *Unruhige Gäste,* a.a.O.

4 Vgl. *Kol.* 1, 23.

5 S. 206.

6 Ebd.

7 W. Preisendanz, *Humor als dichterische Einbildungskraft. Studien zur Erzählkunst des poetischen Realismus.* München 1963 (= *Theorie und Geschichte der Literatur und der schönen Künste.* Texte und Abhandlungen. Bd. 1).

8 *Jac.* 1, 27: *Religio munda et immaculata apud Deum et Patrem haec est: visitare pupillos et viduas in tribulatione eorum et immaculatum se custodire ab hoc saeculo. Matth.* 13, 22: *sollicitudo saeculi istius et fallacia divitiarum suffocat verbum.*

9 S. 337.

10 S. 190.

11 S. 190: *Ich befehle euch aber unsere Schwester Phöbe, welche ist im Dienste der Gemeinde zu Kenchrea, daß ihr sie aufnehmet und tut ihr Beistand in allem Geschäft, darinnen sie euer bedarf!*

12 Raabe veränderte in der Handschrift während der Korrekturen für den Druck in der *Gartenlaube* den ursprünglichen Namen der weiblichen Hauptfigur *Maria* in *Phöbe.*

13 Raabes ›Kunst des Zitats‹ ist schon mehrfach Gegenstand gelehrter Untersuchungen gewesen. Vgl. dazu Walther Scharrer, *Wilhelm Raabes literarische Symbolik, dargestellt an Prinzessin Fisch.* München 1927. Vgl. vor allem Herman Meyers Arbeiten über das ›Zitat‹ in der Literatur: *Das Zitat in der Erzählkunst. Zur Geschichte und Poetik des Europäischen Romans.* Stuttgart (1961). Das Bibel-Zitat als solches hat noch keine monographische Darstellung erfahren. Vgl. dazu die in Anm. 1 erwähnte Mannheimer Arbeit von G. Höhler.

14 Überzeugend dargestellt von Herman Meyer, a.a.O., S. 166–206. Meyer (S. 259) polemisiert in diesem Zusammenhang gegen Louis Kientz *(Wilhelm Raabe. L'homme, la pensée et l'œuvre.* Paris 1939), dem er einen ebenso naheliegenden wie geistreichen Irrtum vorwerfen zu können glaubt: Raabe habe als halbgebildeter Leser der *Conversationslexica für die gebildeten*

Stände eine *estime naïve pour un savoir mal compris.* Seine *Zitatfreudigkeit* sei nichts anderes als hemmungsloses Ausbreiten abstruser Lesefrüchte eines philiströsen Handbuchbenutzers. Vgl. ebenfalls W. Killy, *Geschichte gegen die Geschichte. Raabe:* ›*Das Odfeld*‹*.* In: W. Killy: *Wirklichkeit und Kunstcharakter. (Neun Romane des 19. Jahrhunderts).* München 1963, S. 146–165.

15 Vgl. W. Preisendanz, a.a.O., S. 262 ff.

16 S. 290.

17 Ebd.

18 S. 291.

19 S. 336.

20 Vgl. Herman Meyer, *Raum und Zeit in Wilhelm Raabes Erzählkunst.* In: DVjs. 27, 1953, S. 236–267; ebenfalls W. Preisendanz, a.a.O., S. 261 f.

21 Vgl. dazu E. Auerbach, *Mimesis. Dargestellte Wirklichkeit in der abendländischen Literatur.* Zweite, verbesserte und erweiterte Auflage. Bern 1949 (= *Sammlung Dalp.* Bd. 90), S. 515.

22 S. 181.

23 S. 241: *in der Torheit und im leeren Pathos des Moments* habe er das Grab gekauft, sagt Bielow auf dem Rückweg ins Dorf.
S. 272: »*Ach, wenn er nur wüßte, wie grade uns bunte Törinnen im öden Lärm und Wirbel da draußen unter unserer Tanzmusik dann und wann die bitterste Sehnsucht nach solcher Stille . . . überkommen mag!*« bemerkt Valerie zu Phöbe.
S. 276: Das Mädchen Valerie bezeichnet sich nach seinem Besuch bei Phöbe als *eifersüchtige, neidische, scheelsüchtige Törin.*
S. 336: »*Er ist ein Tor und schreibt töricht und schwächlich*«, so urteilt der Dorfpfarrer über seinen Jugendfreund Bielow und dessen Brief.

24 *Ein Schritt vom Wege* ist der Titel eines beliebten zeitgenössischen Lustspiels (1873) von Ernst Wichert (1831–1902).
Am 30. Oktober 1872 hat Theodor Fontane das Stück in der *Vossischen Zeitung* besprochen. *Irgendein Innerliches, das man als Naivität oder Idealität bezeichnen mag, befangene Unbefangenheit, scheue Keckheit, sie üben einen Reiz, der mir höher steht. . .*
Fontane läßt *Effi Briest* in seinem gleichnamigen Roman die weibliche Hauptrolle des Stückes, Ella von Schmettwitz – auf Vorschlag von Crampas! –, spielen. Crampas selbst sollte den Partner Ellas, Arthur von Schmettwitz, spielen.
Nach einem Crampasschen Plane nämlich sollte noch vor Weihnachten ›*Ein Schritt vom Wege*‹ *aufgeführt werden, und als man vor dem dritten italienischen Abend stand, nahm Gieshübler die Gelegenheit wahr, mit Effi, die die Rolle der Ella spielen sollte, darüber zu sprechen . . .* [Effi:] »*Und wird er* [Crampas] *auch mitspielen?*« »*Nein, das hat er abgelehnt. Ich muß sagen, leider. Denn er kann ja alles und würde den Arthur von Schmettwitz ganz vorzüglich geben. Er hat nur die Regie übernommen.*« . . .
[Effi:] »*Auf der anderen Seite freilich, der Major hat so etwas Gewaltsames, er nimmt einem die Dinge gern über den Kopf fort. Und man muß dann spielen, wie er will, und nicht, wie man selber will.*«
. . . *Der* ›*Schritt vom Wege*‹ *kam wirklich zustande . . .*
Fontane spielte in der Literatur-Rolle Effis unter dem Titel *Ein Schritt vom Wege* auf die künftigen Verwirrungen an, in die sich Effi und Crampas verstricken sollten. Ein Beitrag zu Fontanes ›Kunst des Zitats‹! Vgl. dazu

Effi Briest in: Theodor Fontane: *Sämtliche Werke.* Hrsg. v. W. Keitel. Bd. IV, München 1963, S. 144 und S. 701.

25 *Matth.* 19, 29.

26 S. 206; 254; 259; 331.

27 S. 242.

28 Vgl. Anhang, S. 545.

29 Ebda.

30 S. 194.

31 S. 220 f.

32 *An der Ecke der Kirche trieb ihm der Wind die Haare in das Gesicht, und als er sie zurückstrich, sah er zum erstenmal auf zu dem jagenden Nachtgewölk und den Sternen, die zwischendurch flimmerten. Da er aber das wenige Gefühl für Naturschönheit, das er je besessen haben mochte, ohne viel Mühe in sich ertötet hatte, sagte ihm das nichts* (S. 209).

33 S. 207.

34 S. 217.

35 C. M. Wieland, *Geschichte des Agathon,* 6. Buch, 2. Kapitel (Gartenschilderung des Eingangs). Wielands Schilderung entspricht den Gartenbeschreibungen, wie wir sie bei A. J. Dezallier-D'Argenville in seinem *Traité sur la théorie et la practique du Jardinage,* Paris 1709, finden. Zum ›Französischen Garten‹ im Stile von Le Nôtre vgl. Christian Cajus Lorenz Hirschfeld, *Theorie der Gartenkunst.* 5 Bde. Leipzig 1777–1782.

36 S. 274.

37 S. 270.

38 F. Fellini, *8 1/2. Drehbuch.* Mit einem Nachwort von Hans Stempel und Martin Ripkens. Hamburg 1963 (= *Cinemathek. Ausgewählte Filmtexte.* Hrsg. v. Enno Patalas. Bd. 8).

39 Originaltitel: *L'Année dernière à Marienbad.* Drehbuch: Alain Robbe-Grillet, *Letztes Jahr in Marienbad.* München 1961.

40 S. 257.

41 S. 254.

42 S. 291.

43 S. 281.

44 S. 197.

45 S. 211.

46 S. 300.

47 S. 251.

48 Raabe übersetzte auf Kröners Anraten, neben anderen fremdsprachigen Zitaten, auch den Titel des Lustspiels von Shakespeare *Much Ado about Nothing.* (Vgl. Anhang, S. 561.)

49 S. 251 f.

50 S. 251.

51 *»Du wußtest es doch noch nicht ganz genau, wie sehr du mein Eigentum warst. Du hast mir viele Schmerzen bereitet und zu mancherlei bösen Gedanken verholfen; aber es hilft nichts, ich will mein Recht an dich nicht aufgeben. Du gehörst mir und keinem andern! Ich lasse dich keinem andern auf dieser Erde, und der Erde selbst fürs erste auch nicht. Ich nehme dich für Gut und Böse, für Gesundheit und Krankheit, für Leben und Tod«* (S. 333).

52 S. 257.

53 S. 268.
54 S. Anm. 51.
55 S. 255; s. Anm. 26.
56 S. 330.
57 S. 261.
58 S. 260.
59 S. 300.
60 S. 334.

Über Härte

1 Paul Claudel, *Œuvre poétique*. Introduction par Stanislas Fumet. Textes établis et annotés par Jacques Petit. Bibliothèque de la Pléiade. Editions Gallimard, 1967, p. 434–435.

Veröffentlichungsnachweise

Präambel

Wie, warum und zu welchem Ende wurde ich Literaturhistoriker? Veröffentlicht in: Siegfried Unseld (Hrsg.), *Wie, warum und zu welchem Ende wurde ich Literaturhistoriker? Eine Sammlung von Aufsätzen aus Anlaß des 70. Geburtstags von Robert Minder.* 1972 (= *suhrkamp taschenbuch* 60), S. 100–105.

Vorträge

›Jugendstil‹ in der Literatur
Vortrag vor der Deutschen Akademie für Sprache und Dichtung in Darmstadt am 21. Oktober 1976. Veröffentlicht in: Deutsche Akademie für Sprache und Dichtung Darmstadt. *Jahrbuch 1976*, Heidelberg 1977, S. 98–144. Mit 11 Bildtafeln.

Rede über Stefan George. Zum 100. Geburtstag (1868–1968) Vortrag beim Stefan George Kolloquium, veranstaltet von der Stadt Köln vom 30. September bis 6. Oktober 1968. Veröffentlicht in: *Euphorion* 63, 1969, S. 149–166.

Despotismus und Empfindsamkeit. Zu Schillers ›Kabale und Liebe‹. Vortrag anläßlich einer Neuinszenierung im Wuppertaler Schauspielhaus, 16. Februar 1976. Veröffentlicht in: *Jahrbuch des Freien Deutschen Hochstifts*, Neue Folge, Tübingen 1981, S. 207–227.

Erotische Buchmetaphorik in Casanovas ›Histoire de ma vie‹. Vortrag beim Colloquium *Leser und Lesen im 18. Jahrhundert*, veranstaltet von der Arbeitsstelle Achtzehntes Jahrhundert, Gesamthochschule Wuppertal/ Universität Münster vom 24. bis 26. Oktober 1975 in Schloß Lüntenbeck. Veröffentlicht in: *Leser und Lesen im 18. Jahrhundert.* Hrsg. von Rainer Gruenter. Heidelberg 1977 (*Beiträge zur Geschichte der Literatur und Kunst des 18. Jahrhunderts*, Bd. 1), S. 11-15.

Der reisende Fürst. Fürst Hermann Pückler-Muskau in England. Vortrag beim Colloquium *Die Englandreise im 18. Jahrhundert*, veranstaltet von der Arbeitsstelle Achtzehntes Jahrhundert, Gesamthochschule Wuppertal/ Universität Münster vom 11. bis 12. Dezember 1980 in Schloß Wilkinghege bei Münster. Veröffentlicht in: *Der curieuse Passagier. Deutsche Englandreisende des achtzehnten Jahrhunderts als Vermittler kultureller und technologischer Anregungen.* Hrsg. von der Arbeitsstelle 18. Jahrhundert, Universität Münster. Heidelberg 1983 (*Beiträge zur Geschichte der Literatur und Kunst des 18. Jahrhunderts*, Bd. 6), S. 119–137.

›*Das kleine Weinjahr*‹. *Ein Walliser Jahreszeiten-Zyklus Rainer Maria Rilkes.*
Vortrag beim Colloquium *Die vier Jahreszeiten im 18. Jahrhundert*, veranstaltet
von der Arbeitsstelle Achtzehntes Jahrhundert, Gesamthochschule Wupper-
tal/Universität Münster vom 3. bis 5. Oktober 1983 in Schloß Langenburg.
Veröffentlicht in: *Die vier Jahreszeiten im 18. Jahrhundert.* Hrsg. von der Arbeitsstelle Achtzehntes Jahrhundert, Gesamthochschule Wuppertal. Heidelberg
1986 (*Beiträge zur Geschichte der Literatur und Kunst des 18. Jahrhunderts,* Bd. 10),
S. 235–245.

Existenz als Arbeit. Über einige Mißverständnisse des Künstlers. Vortrag bei der
Jahresversammlung der Hanns Martin Schleyer Stiftung in Essen am 29. Mai
1985. Veröffentlicht in: *Merkur* 39, Heft 11, 1985, S. 1031–1036.

Abhandlungen

Über die ›*Liederlichkeit der Gefühle*‹. *Brief an Richard Alewyn.* Veröffentlicht in:
Herbert Singer und Benno von Wiese (Hrsg.), *Festschrift für Richard Alewyn.*
Köln, Graz 1967, S. 242–258.

Hebbel, ›*Herodes und Mariamne*‹. Veröffentlicht in: Benno von Wiese (Hrsg.), *Das
Deutsche Drama. Vom Barock bis zur Gegenwart. Interpretationen.* Band 2, Düsseldorf 1958, S. 123–140.

Ein ›*Schritt vom Wege*‹. *Geistliche Lokalsymbolik in Wilhelm Raabes* ›*Unruhige Gäste*‹.
Veröffentlicht in: *Euphorion* 60, 1966, S. 209–221.

Essays

Bemerkungen zu den ›*Schloßgeschichten*‹ *Eduards von Keyserling.* Veröffentlicht in:
Eduard von Keyserling, *Werke.* Hrsg. von Rainer Gruenter. Frankfurt am Main
1973, S. VII–XX.

Versuch über Oscar Wilde. Veröffentlicht in: Oscar Wilde, *Werke in zwei Bänden.*
Hrsg. von Rainer Gruenter. München 1970. Bd. II, S. 587–636.

Über Härte. Veröffentlicht in: *Merkur* 36, Heft 4, 1982, S. 376–379.

Karl Heinz Bohrer
Der romantische Brief
Die Entstehung ästhetischer Subjektivität

1987. 268 Seiten. Leinen
3-446-14864-7

»Bohrers Untersuchung des romantischen Briefs zielt nicht auf eine Bestimmung der Gattung Brief in der Romantik, sondern auf das Selbstverständnis der romantischen, genauer: einiger romantischen Dichter, wie
es sich in ihren Briefen darstellt. (...) Bohrers Studie ist deshalb wichtig,
weil sie den Ursprung der literarischen Moderne in der Romantik nicht
bloß anhand einzelner poetologischer Gedanken aufweist, sondern anhand der entscheidenden Frage nach dem Ich. Und sie ist außerordent-
lich anregend, weil sich von ihr immer wieder Ausblicke eröffnen auf
diese literarische Moderne von Baudelaire bis Kafka und Benn.«
Thomas Ehrsam, NEUE ZÜRCHER ZEITUNG, 6. 8. 1987

Carl Hanser Verlag